Uni-Taschenbücher 1764

UTB
FÜR WISSEN
SCHAFT

Eine Arbeitsgemeinschaft der Verlage

Wilhelm Fink Verlag München
Gustav Fischer Verlag Jena und Stuttgart
Francke Verlag Tübingen und Basel
Paul Haupt Verlag Bern · Stuttgart · Wien
Hüthig Verlagsgemeinschaft
Decker & Müller GmbH Heidelberg
Leske Verlag + Budrich GmbH Opladen
J. C. B. Mohr (Paul Siebeck) Tübingen
Quelle & Meyer Heidelberg · Wiesbaden
Ernst Reinhardt Verlag München und Basel
F. K. Schattauer Verlag Stuttgart · New York
Ferdinand Schöningh Verlag Paderborn · München · Wien · Zürich
Eugen Ulmer Verlag Stuttgart
Vandenhoeck & Ruprecht in Göttingen und Zürich

Okko Behrends / Rolf Knütel
Berthold Kupisch / Hans Hermann Seiler

Corpus Iuris Civilis
Die Institutionen

Text und Übersetzung

CFM

C. F. Müller Juristischer Verlag
Heidelberg

Prof. Dr. *Okko Behrends*
Institut für Römisches Recht und Gemeines Recht der Georg-August-Universität Göttingen

Prof. Dr. *Rolf Knütel*
Institut für Römisches Recht der Rheinischen Friedrich-Wilhelms-Universität Bonn

Prof. Dr. *Berthold Kupisch*
Institut für Römisches Recht der Westfälischen Wilhelms-Universität Münster

Prof. Dr. *Hans Hermann Seiler*
Seminar für Römisches Recht und Vergleichende Rechtsgeschichte der Universität Hamburg

Diese Arbeit wurde mit Mitteln der Alfried Krupp von Bohlen und Halbach-Stiftung gefördert.

Einbandgestaltung: Alfred Krugmann, Stuttgart
Satz: Satzrechenzentrum, Berlin
Druck und Verarbeitung: Wilhelm Röck, Weinsberg

Printed in Germany

ISBN 3-8252-1764-7

Vorwort

Die Institutionen sind das maßgebliche Lehrbuch des römischen Rechts. Sie sind eine Einführung für Anfänger und zugleich eine Art juristischer Grammatik und systematischer Quintessenz des Corpus iuris civilis. Seit dem hohen Mittelalter bis weit in das 19. Jahrhundert hinein standen sie am Anfang und am Ende des juristischen Studiums an den europäischen Universitäten.

Die Institutionen wurden vom oströmischen Kaiser Justinian (527-565 n.Chr.) mit Wirkung vom 30. Dezember 533 mit Gesetzeskraft ausgestattet und bilden den ersten Teil der großen Sammlung des römischen Rechts, des sog. Corpus iuris civilis. Ihnen folgen als zweiter Teil die ebenfalls zum 30. Dezember 533 in Kraft getretenen Digesten oder Pandekten, eine umfangreiche Zusammenstellung von Fragmenten aus Lehrwerken, Kommentaren und Gutachten der großen römischen Juristen aus der Zeit vom 1. Jh. v.Chr. bis etwa zur Mitte des 3. Jh. n.Chr. Den dritten Teil bildet der mit Wirkung vom 29. Dezember 534 geltende Codex Iustinianus, eine überarbeitete Sammlung von Kaisergesetzen (Konstitutionen). Die damit abgeschlossene Kodifikation wurde in der Folgezeit noch von Justinian durch zahlreiche Einzelgesetze, die Novellen, 'novelliert' und ergänzt.

Das römische Recht des Corpus iuris civilis, das in starkem Maße auch das Kirchenrecht beeinflußt hat, erlangte aufgrund sehr komplexer Rezeptionsvorgänge seit dem ausgehenden 13. Jh. in den deutschen Territorien sowie nahezu überall in Kontinentaleuropa als ius commune Geltung. Von Europa aus ist es dann um die Welt gegangen; fast alle Rechtsordnungen sind von ihm und seiner Methode mehr oder minder stark geprägt.

Im Deutschen Reich wurde das römische Recht — von landesrechtlichen Vorbehalten abgesehen — erst mit Inkrafttreten des Bürgerlichen Gesetzbuchs am 1.1.1900 in complexu außer Kraft gesetzt. Bis dahin hatte es in der durch die jahrhundertelange Praxis gewonnenen Ausgestaltung und Modifizierung als 'gemeines Recht' noch für rund 16,5 Millionen Einwohner — ein Drittel der damaligen Reichsbevölkerung — unmittelbar gegolten. In Wissenschaft und Ausbildung war seine Stellung ohnehin beherrschend.

Im heute geltenden Recht wirkt das römische Recht in vielfältiger Weise nach. Dies gilt sowohl für Grundwertungen und Einzelregelungen unserer Privatrechtsordnung als auch für Begrifflichkeit, System und Methode.

Die Kenntnis dieser Zusammenhänge droht im heutigen Rechtsleben verloren zu gehen, nicht zuletzt aus sprachlichen Gründen. Eine moderne Übersetzung, die dem juristisch interessierten Leser den Zugang zu den antiken Quellen erleichtert, bedarf unter diesen Umständen keiner Rechtfertigung. Überdies eröffnet sie in einem zusammenwachsenden Europa den deutschen Juristen den Zugang zur gemeinsamen

Grundlage der kontinentaleuropäischen Gesetzbücher und — mit Einschränkungen — auch der englischen Rechtsordnung.

Der Text der Institutionen beruht hauptsächlich auf den um die Mitte des zweiten Jahrhunderts n.Chr. verfaßten Institutionen des Gaius sowie auf Auszügen aus den Lehrwerken anderer römischer Juristen der Prinzipatszeit, wie Ulpian und Florentin. Diese aus der Zeit der klassischen Jurisprudenz stammenden Ausführungen, die in einfachem und präzisem Juristenlatein formuliert sind, werden gelegentlich von Reformgesetzen Justinians unterbrochen, die durch rhetorisch aufgeblähte, lange und verschachtelte Satzkonstruktionen auffallen.

Die Übersetzung wendet sich nicht an den Spezialisten, sondern allgemein an den Juristen und an den juristisch interessierten Leser. Sie folgt deshalb der 'zielsprachenorientierten' Methode. Danach wurde der Text möglichst so übersetzt, daß er in der Zielsprache natürlich und unmittelbar verständlich wirkt. Nur in Ausnahmefällen, etwa bei Formeln, wurde die 'ursprungssprachenorientierte' Methode angewandt, die mit der Übersetzung nur eine Brücke zum Verständnis des Originals schaffen will.

Die zielsprachenorientierte Übersetzung bot sich für einen juristischen Text besonders an, da sie sich auf eine weithin erfolgreiche Eindeutschung der römischrechtlichen Terminologie stützen kann, die mit den Institutionenübersetzungen des Humanismus begann und in der Pandektenwissenschaft des 19. Jh. für das geltende Recht im wesentlichen vollendet wurde. In dieser Tradition wird etwa dominium und proprietas mit 'Eigentum', possessio mit 'Besitz' übersetzt, bona fides in schuldrechtlichen Zusammenhängen mit 'Treu und Glauben', in sachenrechtlichen mit 'guter Glaube' wiedergegeben. Wo Neuschöpfungen erforderlich waren, wurden möglichst einfache, klare und leicht aussprechbare Ausdrücke ausgewählt, z.B. 'Statusänderung' für capitis deminutio und 'Völkergemeinrecht' für ius gentium.

Der lateinische Text dieses Taschenbuchs folgt der heute maßgeblichen Edition von Paul Krüger, die auf den besten der verfügbaren Handschriften beruht und 1921 zuletzt in 4. Auflage erschienen ist.

Der deutsche Text entspricht mit geringfügigen Verbesserungen der im Jahre 1990 erschienenen, zusätzlich mit Anhängen und Registern versehenen "großen" Institutionenausgabe. Diese bildet den ersten Band des Gesamtvorhabens 'Corpus Iuris Civilis — Text und Übersetzung' (Verlag C. F. Müller) und wird 1994 in zweiter Auflage zugleich mit dem ersten Digestenband erscheinen, der die Einführungskonstitutionen und die Bücher 1-10 der Digesten umfaßt.

Wasserburg Welbergen, im Juli 1993

Okko Behrends, Rolf Knütel
Berthold Kupisch, Hans Hermann Seiler

Vorwort zur ersten Auflage der gebundenen Ausgabe

Zu dem Unternehmen, das Corpus iuris civilis zu übersetzen, haben wir uns im Februar 1985 entschlossen. Nach Klärung vieler technischer und finanzieller Vorfragen haben wir Ende 1986 mit der gemeinschaftlichen Übersetzung der Institutionen begonnen. Sie ist in drei Arbeitsgängen entstanden. Zunächst wurde zu jedem Buch eine Rohübersetzung vorgelegt, zum ersten Buch und zur Constitutio 'Imperatoriam' von R. Knütel, zum zweiten Buch von H. H. Seiler, zum dritten Buch von O. Behrends und zum vierten Buch von B. Kupisch. Diese Vorlagen sind sodann in gemeinsamen Sitzungen Satz für Satz überarbeitet worden, wobei Zweifelsfragen vom Erstübersetzer des jeweiligen Buches zu klären waren. Den daraus entstandenen, nur in wenigen Fällen auf Mehrheitsentscheidungen beruhenden Text haben wir am Ende noch einer weiteren Durchsicht unterzogen. Die Verantwortung für die Übersetzung liegt deshalb auch dort, wo die Vorlage beibehalten wurde, bei allen vier Übersetzern gemeinsam.

Die Übersetzung beruht auf dem von Paul Krüger in der vierten Auflage von 1921 edierten Institutionentext. Dessen Wiedergabe wurde dadurch wesentlich erleichtert, daß die von Herrn Dr. Josef Menner beim Institut für Römisches Recht der Johannes-Kepler-Universität Linz elektronisch gespeicherte und für diesen Druck vorbereitete Version übernommen werden konnte.

Für die Mitarbeit an der Übersetzung der Digesten, mit der inzwischen begonnen worden ist, haben wir zahlreiche Fachkollegen aus dem deutschsprachigen Raum gewinnen können. Auch hier wird eine gemeinsame Überarbeitung der einzelnen Übersetzungsbeiträge stattfinden. Für die Digesten ist wie für die Institutionen eine zweisprachige Ausgabe vorgesehen. Sie soll nach und nach in mehreren Bänden erscheinen.

Das Übersetzungsvorhaben hätte ohne die großzügige Förderung durch die Alfried Krupp von Bohlen und Halbach-Stiftung nicht begonnen werden können. Der Stiftung und insbesondere den Herren Professor Dr. h. c. Berthold Beitz und Professor Dr. Dr. h. c. mult. Paul Mikat sprechen wir auch an dieser Stelle unseren besonderen Dank aus.

Dank schulden wir auch Herrn Professor Dr. Manfred Fuhrmann, der uns nach einer Einsichtnahme in Teile der ersten Fassung durch Rat und Anerkennung unterstützt und ermuntert hat. Für die Mithilfe bei der Klärung mancher philologischer Detailfragen danken wir Herrn Ingo Reichard, für die Überprüfung des lateinischen Textausdrucks Herrn Dr. Klaus Wille und für die sorgfältige Vorbereitung der Druckvorlage Frau Dagmar Bibelhausen. Schließlich gilt unser Dank dem C. F. Müller Verlag für die spontane Bereitschaft, auf das verlegerische Wagnis unseres Vorhabens einzugehen.

Nicht zuletzt sei auch hier unserem germanistischen, uns freundschaftlich verbundenen Kollegen Hans Hattenhauer gedankt, auf dessen Anregung und Drängen unser Unternehmen überhaupt zurückgeht.

Im Januar 1990

Okko Behrends, Rolf Knütel
Berthold Kupisch, Hans Hermann Seiler

Inhaltsübersicht

Abkürzungen und Zitierweise

C.	Codex Iustinianus; Kaiserkonstitutionen vom 2. Jh. n. Chr. (Hadrian) bis 534 (Teil des Corpus iuris civilis)
Collatio	Collatio legum Mosaicarum et Romanarum, Anfang 4. Jh. n. Chr.; nachklassischer Vergleich von Stellen des Alten Testaments mit Fragmenten des Hochklassikers Gaius und der Spätklassiker sowie mit einzelnen Kaiserkonstitutionen
CTh.	Codex Theodosianus, 438/439 n. Chr.; Sammlung von Konstitutionen christlicher Kaiser seit Konstantin
D.	Digesten; Fragmente aus den Schriften der klassischen Juristen (Teil des Corpus iuris civilis)
Fragmenta Vaticana	Fragmenta Vaticana, 4. Jh. n. Chr.; Bruchstück einer nachklassischen Sammlung von Fragmenten spätklassischer Juristen und von Kaiserkonstitutionen
Gaius	Institutionen des Gaius, um 160 n. Chr.
Inst.	Institutionen Justinians (Teil des Corpus iuris civilis)
Nov.	Novellen; Konstitutionen Justinians ab 535 n. Chr. (Teil des Corpus iuris civilis)
Pauli sententiae	Pauli sententiae, Ende 3. Jh. n. Chr.; nachklassische Auszüge aus Schriften des spätklassischen Juristen Paulus
Theophilus	Griechische Paraphrase der Institutionen Justinians von Theophilus, dem Mitverfasser der Institutionen
Ulpiani regulae	Ulpiani regulae, 4. Jh. n. Chr.; nachklassische Auszüge aus den Schriften klassischer Juristen, insbesondere Ulpians
XII tab.	Lex XII tabularum (Zwölftafelgesetz), 450/451 v. Chr.; Rekonstruktion der indirekt überlieferten Bruchstücke

IN NOMINE DOMINI NOSTRI JHESU CHRISTI

IMPERATOR CAESAR FLAVIUS IUSTINIANUS ALAMANNICUS GOTHICUS FRANCICUS GERMANICUS ANTICUS ALANICUS VANDALICUS AFRICANUS PIUS FELIX INCLITUS VICTOR AC TRIUMPHATOR SEMPER AUGUSTUS CUPIDAE LEGUM IUVENTUTI

Imperatoriam maiestatem non solum armis decoratam, sed etiam legibus oportet esse armatam, ut utrumque tempus et bellorum et pacis recte possit gubernari et princeps Romanus victor existat non solum in hostilibus proeliis, sed etiam per legitimos tramites calumniantium iniquitates expellens, et fiat tam iuris religiosissimus quam victis hostibus triumphator.

1. Quorum utramque viam cum summis vigiliis et summa providentia adnuente deo perfecimus. et bellicos quidem sudores nostros barbaricae gentes sub iuga nostra deductae cognoscunt et tam Africa quam aliae innumerosae provinciae post tanta temporum spatia nostris victoriis a caelesti numine praestitis iterum dicioni Romanae nostroque additae imperio protestantur. omnes vero populi legibus iam a nobis vel promulgatis vel compositis reguntur.

2. Et cum sacratissimas constitutiones antea confusas in luculentam ereximus consonantiam, tunc nostram extendimus

Im Namen unseres Herrn Jesus Christus.

Der Imperator Caesar Flavius Justinian, Besieger der Alemannen, Goten, Franken, Germanen, Anten, Alanen, Vandalen und Africaner, der Fromme, Glückliche, Ruhmreiche, der Sieger und Triumphator, der allzeit Erhabene, an die nach Rechtskenntnis verlangende Jugend.

Die kaiserliche Majestät muß nicht allein mit Waffen geschmückt, sondern auch mit Gesetzen gerüstet sein. Dann vermag sie zu jeder Zeit, im Krieg wie im Frieden, gut zu regieren, und der römische Kaiser bleibt Sieger nicht nur im Kampf gegen die Feinde, sondern auch dadurch, daß er auf den Wegen des Gesetzes den Ungerechtigkeiten der Böswilligen wehrt. Und so wird er ebenso zum gewissenhaftesten Hüter des Rechts wie zum Triumphator über die besiegten Feinde[1].

1. Diese beiden Ziele haben wir mit Gottes Segen in unermüdlichem Wirken und durch sorgfältigstes Planen erreicht. Haben doch die unter unsere Botmäßigkeit gebrachten barbarischen Völkerschaften unsere gewaltigen kriegerischen Anstrengungen erfahren, und sowohl Africa als auch zahllose andere Provinzen, die nach so langer Zeit dank unserer vom himmlischen Willen gewährten Siege wieder der römischen Herrschaft und unserem Reiche einverleibt worden sind, geben davon Zeugnis. In der Tat werden nunmehr alle Völker durch Gesetze regiert, die wir neu verkündet oder verfaßt haben.

2. Und nachdem die früher ganz ungeordneten kaiserlichen Konstitutionen von uns in lichtvolle Übereinstimmung gebracht worden sind,

1 Vgl. zu Rom als 'Mutter der Waffen und Gesetze' Claudian, De laudibus stilichonis 3, 135-137; Rutilius Namatianus, De reditu suo 67-80.

curam et ad immensa prudentiae veteris volumina, et opus desperatum quasi per medium profundum euntes caelesti favore iam adimplevimus.

haben wir unser Bemühen dann auf die unzähligen Schriften der alten Rechtswissenschaft erstreckt und dieses geradezu aussichtslos erscheinende Unternehmen, sozusagen ein tiefes Meer durchschreitend[2], dank der Gunst des Himmels soeben vollendet.

3. Cumque hoc deo propitio peractum est, Triboniano viro magnifico magistro et exquaestore sacri palatii nostri nec non Theophilo et Dorotheo viris illustribus antecessoribus, quorum omnium sollertiam et legum scientiam et circa nostras iussiones fidem iam ex multis rerum argumentis accepimus, convocatis specialiter mandavimus, ut nostra auctoritate nostrisque suasionibus componant institutiones: ut liceat vobis prima legum cunabula non ab antiquis fabulis discere, sed ab imperiali splendore appetere et tam aures quam animae vestrae nihil inutile nihilque perperam positum, sed quod in ipsis rerum optinet argumentis accipiant: et quod in priore tempore vix post quadriennium prioribus contingebat, ut tunc constitutiones imperatorias legerent, hoc vos a primordio ingrediamini digni tanto honore tantaque reperti felicitate, ut et initium vobis et finis legum eruditionis a voce principali procedat.

3. Nachdem auch dies durch die Gnade Gottes vollbracht ist, haben wir unseren großwürdigen Kanzler und früheren Justizminister Tribonian und ebenso auch die erlauchten Rechtslehrer Theophilus und Dorotheus, deren aller Klugheit, Gesetzeskenntnis und Ergebenheit gegenüber unseren Befehlen wir schon bei vielen Gelegenheiten erfahren haben, zu uns gerufen und ihnen den besonderen Auftrag erteilt, kraft unserer Autorität und nach unseren Weisungen diese Institutionen zu verfassen. So braucht ihr die Anfangsgründe des Rechts nicht mehr aus veralteten Geschichten zu erlernen, sondern ihr könnt sie einem glänzenden kaiserlichen Werk entnehmen, und eure Ohren und euer Verstand werden nichts Unnützes und nichts Falsches mehr aufnehmen, sondern nur das, was im Rechtsleben wirklich gilt. Und was den Studenten früher kaum nach vier Jahren zuteil wurde, nämlich kaiserliche Konstitutionen zu studieren, damit sollt ihr sogleich beginnen. So großer Ehre und so großen Glücks seid ihr für wert befunden, daß euch der Rechtsunterricht am Anfang und am Ende aus kaiserlichem Munde erteilt wird.

4. Igitur post libros quinquaginta digestorum seu pandectarum, in quos omne ius antiquum collatum est (quos per eundem virum excelsum Tribonianum nec non ceteros viros illustres et facundissimos confecimus), in hos quattuor libros easdem institutiones partiri iussimus, ut sint totius legitimae scientiae prima elementa.

4. Deshalb haben wir nach den fünfzig Büchern der Digesten oder Pandekten, in denen das gesamte alte Recht zusammengefaßt ist (und die wir ebenfalls durch den unvergleichlichen Tribonian und auch andere erlauchte und überaus sprachgewandte Männer geschaffen haben), diese Institutionen in den folgenden vier Büchern zusammenstellen lassen, damit sie die Grundlagen der ganzen Rechtswissenschaft bilden.

2 Vgl. zum Bild Livius 31, 1, 5.

5. Quibus breviter expositum est et quod antea optinebat et quod postea desuetudine inumbratum ab imperiali remedio illuminatum est.

6. Quas ex omnibus antiquorum institutionibus et praecipue ex commentariis Gaii nostri tam institutionum quam rerum cottidianarum aliisque multis commentariis compositas cum tres praedicti viri prudentes nobis optulerunt, et legimus et cognovimus et plenissimum nostrarum constitutionum robur eis accommodavimus.

7. Summa itaque ope et alacri studio has leges nostras accipite et vosmet ipsos sic eruditos ostendite, ut spes vos pulcherrima foveat toto legitimo opere perfecto posse etiam nostram rem publicam in partibus eius vobis credendis gubernare.

Data undecimo kalendas Decembres Constantinopoli domino nostro Iustiniano perpetuo Augusto tertium consule.

5. In diesen Büchern wird in kurzer Form sowohl das dargelegt, was seit jeher gegolten hat, als auch das, was später durch mangelnden Gebrauch verdunkelt war, aber mit kaiserlicher Hilfe wieder ins Licht gerückt worden ist.

6. Sie sind auf der Grundlage aller Institutionenwerke der alten Juristen, vor allem aber der Werke unseres Gaius, und zwar seiner Institutionen wie auch seiner 'Alltäglichen Dinge', und vieler anderer Werke verfaßt worden; und nachdem sie uns von den erwähnten drei gelehrten Männern vorgelegt worden sind, haben wir sie gelesen, geprüft und mit der vollen Kraft unserer Konstitutionen ausgestattet[3].

7. Nehmt also mit größtem Eifer und freudiger Lernlust diese unsere Gesetze auf und erweist euch darin so gut ausgebildet, daß euch die schönsten Hoffnungen beflügeln dürfen, nach Abschluß des gesamten Rechtsstudiums auch unseren Staat in den Ämtern leiten zu können, die wir euch dann anvertrauen!

Gegeben zu Konstantinopel am elften Tag vor den Kalenden des Dezember im dritten Konsulat unseres Kaisers Justinian, des allzeit Erhabenen [21.11.533].

3 Vgl. C. 1, 17, 2, 11; 19; 23 (533) sowie das Einführungsgesetz zum Codex, Constitutio Cordi 1; 3 (534).

Titelübersicht

LIBER QUARTUS — VIERTES BUCH

Domini nostri
Iustiniani perpetuo Augusti

Institutionum sive Elementorum

compositorum per Tribonianum virum excelsum magistrum et ex quaestore sacri palatii iurisque doctissimum et Theophilum virum magnificum iuris peritum et antecessorem huius almae urbis et Dorotheum virum magnificum quaestorium iuris peritum et antecessorem Berytensium inclitae civitatis

Unseres kaiserlichen Herrn Justinian, des allzeit Erhabenen,

Institutionen oder Anfangsgründe,

verfaßt von dem unvergleichlichen Tribonian, dem Kanzler, früheren Justizminister und hochgelehrten Kenner des Rechts, sowie von dem großwürdigen Theophilus, dem Rechtsgelehrten und Rechtslehrer in dieser segensreichen Stadt, und von dem großwürdigen Dorotheus, dem früheren Quästor, Rechtsgelehrten und Rechtslehrer in der berühmten Stadt der Bürger von Beryt

LIBER PRIMUS

I

De iustitia et iure

Iustitia est constans et perpetua voluntas ius suum cuique tribuens.

1. Iuris prudentia est divinarum atque humanarum rerum notitia, iusti atque iniusti scientia.

2. His generaliter cognitis et incipientibus nobis exponere iura populi Romani ita maxime videntur posse tradi commodissime, si primo levi ac simplici, post deinde diligentissima atque exactissima interpretatione singula tradantur. alioquin si statim ab initio rudem adhuc et infirmum animum studiosi multitudine ac varietate rerum oneraverimus, duorum alterum aut desertorem studiorum efficiemus aut cum magno labore eius, saepe etiam cum diffidentia, quae plerumque iuvenes avertit, serius ad id perducamus, ad quod leniore via ductus sine magno labore et sine ulla diffidentia maturius perduci potuisset.

ERSTES BUCH

Erster Titel

Über Gerechtigkeit und Recht

Gerechtigkeit ist der unwandelbare und dauerhafte Wille, jedem sein Recht zu gewähren.

1. Rechtswissenschaft ist die Kenntnis von den göttlichen und menschlichen Dingen, das Wissen vom Rechten und Unrechten.

2. Nach dieser allgemeinen Unterrichtung beginnen wir, das Recht des römischen Volkes darzulegen, das sich, wie uns scheint, am zweckmäßigsten vor allem in der Weise vermitteln läßt, daß die einzelnen Materien zuerst in leichter und einfacher Fassung vorgetragen werden und danach in sehr sorgfältiger und genauer. Andernfalls tritt, wenn wir den noch unkundigen und unsicheren Studenten gleich von Anfang an mit der Masse und Vielfalt des Stoffes belasten, eines von beiden ein: Entweder bewirken wir, daß er das Studium abbricht, oder wir bringen ihn unter großen Anstrengungen seinerseits, oft auch unter Selbstzweifeln, die junge Menschen so häufig entmutigen, allzu spät dahin, wohin er auf einem bequemeren Weg ohne große Anstrengungen und ohne Selbstzweifel rascher hätte gebracht werden können.

3. Iuris praecepta sunt haec: honeste vivere, alterum non laedere, suum cuique tribuere.

4. Huius studii duae sunt positiones, publicum et privatum. publicum ius est, quod ad statum rei Romanae spectat, privatum, quod ad singulorum utilitatem pertinet. dicendum est igitur de iure privato, quod est tripertitum: collectum est enim ex naturalibus praeceptis aut gentium aut civilibus.

3. Die Gebote des Rechts sind folgende: Ehrenhaft leben, niemanden verletzen, jedem das Seine gewähren.

4. Für das Studium des Rechts gibt es zwei Ansatzpunkte, das öffentliche Recht und das Privatrecht. Öffentliches Recht ist das, was sich auf die Ordnung des römischen Staatswesens bezieht, Privatrecht das, was das Interesse der einzelnen betrifft. Zu handeln ist nunmehr vom Privatrecht, das aus drei Teilen besteht. Denn es setzt sich aus Vorschriften des Naturrechts, des Völkergemeinrechts und des Zivilrechts zusammen.

II
De iure naturali et gentium et civili

Ius naturale est, quod natura omnia animalia docuit. nam ius istud non humani generis proprium est, sed omnium animalium, quae in caelo, quae in terra, quae in mari nascuntur. hinc descendit maris atque feminae coniugatio, quam nos matrimonium appellamus, hinc liberorum procreatio et educatio: videmus etenim cetera quoque animalia istius iuris peritia censeri.

1. Ius autem civile vel gentium ita dividitur: omnes populi, qui legibus et moribus reguntur, partim suo proprio, partim communi omnium hominum iure utuntur: nam quod quisque populus ipse sibi ius constituit, id ipsius proprium civitatis est vocaturque ius civile, quasi ius proprium ipsius civitatis: quod vero naturalis ratio inter omnes homines constituit, id apud omnes populos peraeque custoditur vocaturque ius gentium, quasi quo iure omnes gentes utuntur. et populus itaque Romanus partim suo proprio, partim communi omnium hominum iure utitur. quae singula qualia sunt, suis locis proponemus.

2. Sed ius quidem civile ex unaquaque civitate appellatur, veluti Atheniensium:

Zweiter Titel
Über Naturrecht, Völkergemeinrecht und Zivilrecht

Naturrecht ist das, was die Natur alle Lebewesen gelehrt hat. Denn dieses Recht ist nicht allein dem Menschengeschlecht eigen, sondern allen Lebewesen, die es in der Luft, auf dem Lande und im Wasser gibt. Hieraus leitet sich die Verbindung des männlichen Geschlechts mit dem weiblichen ab, die wir Menschen Ehe nennen, ebenso die Erzeugung und Erziehung der Kinder; wir sehen ja, daß auch die übrigen Lebewesen nach der Kenntnis dieses Rechts eingestuft werden.

1. Zivilrecht aber und Völkergemeinrecht [ius gentium] werden wie folgt unterschieden: Alle Völker, die durch Gesetz und Gewohnheit regiert werden, leben teils nach ihrem eigenen, teils nach dem allen Menschen gemeinsamen Recht. Denn was jedes Volk sich selbst als Recht gesetzt hat, das ist das seiner civitas, Bürgerschaft, eigentümliche Recht und wird Zivilrecht [Bürgerliches Recht] genannt, weil es das nur dieser Bürgerschaft eigene Recht ist. Was dagegen die natürliche Vernunft für alle Menschen bestimmt hat, das wird bei allen Völkern gleichermaßen beachtet und Völkergemeinrecht genannt, weil alle Völkerschaften dieses Recht befolgen. Das römische Volk lebt mithin teils nach seinem eigenen, teils nach dem allen Menschen gemeinsamen Recht. Welcher Art die einzelnen Bestimmungen sind, werden wir jeweils an passender Stelle darlegen.

2. Das Zivilrecht wird nun nach der jeweiligen Bürgerschaft benannt, zum Beispiel nach

nam si quis velit Solonis vel Draconis leges appellare ius civile Atheniensium, non erraverit. sic enim et ius, quo populus Romanus utitur, ius civile Romanorum appellamus: vel ius Quiritium, quo Quirites utuntur: Romani enim a Quirino Quirites appellantur. sed quotiens non addimus, cuius sit civitatis, nostrum ius significamus: sicuti cum poetam dicimus nec addimus nomen, subauditur apud Graecos egregius Homerus, apud nos Vergilius. ius autem gentium omni humano generi commune est. nam usu exigente et humanis necessitatibus gentes humanae quaedam sibi constituerunt: bella etenim orta sunt et captivitates secutae et servitutes, quae sunt iuri naturali contrariae. iure enim naturali ab initio omnes homines liberi nascebantur. ex hoc iure gentium et omnes paene contractus introducti sunt, ut emptio venditio, locatio conductio, societas, depositum, mutuum et alii innumerabiles.

der Bürgerschaft der Athener. Denn wenn jemand die Gesetze des Solon oder des Drakon das Zivilrecht der Athener nennen will, macht er nichts falsch. So bezeichnen wir auch das Recht, nach welchem das römische Volk lebt, als das Zivilrecht der Römer oder als Recht der Quiriten, weil die Quiriten es anwenden. Die Römer werden nämlich nach Quirinus auch Quiriten genannt. Aber wenn wir nicht angeben, um das Recht welcher Bürgerschaft es sich handelt, meinen wir immer das unsere; so wie wenn man nur 'der Dichter' sagt, ohne den Namen hinzuzufügen; dann wird darunter der herausragende verstanden, bei den Griechen Homer, bei uns Vergil. Das Völkergemeinrecht hingegen ist dem ganzen Menschengeschlecht gemeinsam. Denn aufgrund der Bedürfnisse des Verkehrs und der Notwendigkeiten des menschlichen Lebens haben sich die menschlichen Völkerschaften gewisse Einrichtungen geschaffen: Kriege brachen aus und zogen Gefangenschaft und Sklaverei nach sich, die dem Naturrecht widersprechen. Nach Naturrecht wurden nämlich am Anfang alle Menschen frei geboren. Kraft dieses Völkergemeinrechts sind auch nahezu alle Verträge eingeführt worden, wie Kauf, Miete, Pacht, Dienst- und Werkvertrag, Gesellschaft, Verwahrung, Darlehen und zahllose andere.

3. Constat autem ius nostrum aut ex scripto aut ex non scripto, ut apud Graecos: τῶν νόμων οἳ μὲν ἔγγραφοι, οἳ δὲ åcravpi. scriptum ius est lex, plebi scita, senatus consulta, principum placita, magistratuum edicta, responsa prudentium.

3. Unser Recht besteht aus geschriebenem und ungeschriebenem Recht, wie auch die Griechen unterscheiden: Die einen Rechtssätze sind geschrieben, die anderen ungeschrieben. Geschriebenes Recht sind das Gesetz, Plebiszite, Senatsbeschlüsse, Kaisererlasse, Edikte der Magistrate und Gutachten der Rechtsgelehrten.

4. Lex est, quod populus Romanus senatore magistratu interrogante, veluti consule, constituebat. plebi scitum est, quod plebs plebeio magistratu interrogante, veluti tribuno, constituebat. plebs autem a populo eo differt, quo species a genere: nam appellatione populi universi cives significantur connumeratis etiam patriciis et senatoribus: plebis autem appellatione sine patriciis et senatoribus ceteri cives significantur. sed et plebi scita lege Hortensia lata non minus valere quam leges coeperunt.

4. Ein Gesetz ist, was vom römischen Volk auf Antrag eines senatorischen Magistrats, zum Beispiel eines Konsuls, beschlossen wurde. Ein Plebiszit ist, was von der Plebs auf Antrag eines plebejischen Magistrats, zum Beispiel eines Volkstribunen, beschlossen wurde. Dabei unterscheidet sich die Plebs vom Volk so wie die Art von der Gattung. Denn die Bezeichnung 'Volk' umfaßt die Gesamtheit aller Bürger einschließlich der Patrizier und Senatoren. Dagegen werden mit der Bezeichnung 'Plebs' die übrigen Bürger unter Ausschluß der Patrizier und Senatoren bezeichnet. Doch haben auch die Plebiszite seit Er-

laß der lex Hortensia[1] nicht weniger Geltungskraft als die Gesetze.

5. Senatus consultum est, quod senatus iubet atque constituit. nam cum auctus est populus Romanus in eum modum, ut difficile sit in unum eum convocare legis sanciendae causa, aequum visum est senatum vice populi consuli.

5. Ein Senatsbeschluß ist, was der Senat verordnet und beschließt. Denn als das römische Volk so groß geworden war, daß es schwierig wurde, es zur Verabschiedung von Gesetzen an einen Ort zusammenzurufen, da erschien es angemessen, den Senat anstelle des Volkes damit zu befassen.

6. Sed et quod principi placuit, legis habet vigorem, cum lege regia, quae de imperio eius lata est, populus ei et in eum omne suum imperium et potestatem concessit. quodcumque igitur imperator per epistulam constituit vel cognoscens decrevit vel edicto praecepit, legem esse constat: haec sunt, quae constitutiones appellantur. plane ex his quaedam sunt personales, quae nec ad exemplum trahuntur, quoniam non hoc princeps vult: nam quod alicui ob merita indulsit, vel si cui poenam irrogavit, vel si cui sine exemplo subvenit, personam non egreditur. aliae autem, cum generales sunt, omnes procul dubio tenent.

6. Aber auch das, was der Kaiser bestimmt, hat Gesetzeskraft, weil das Volk durch das 'königliche' Gesetz, das über die Herrschaft des Kaisers ergangen ist, diesem und auf diesen seine gesamte Herrschaftsgewalt übertragen hat. Alles, was der Kaiser durch Brief bestimmt, aufgrund richterlicher Untersuchung entscheidet oder durch Edikt verordnet, ist daher anerkanntermaßen Gesetz. All dies bezeichnet man als Konstitutionen. Von ihnen sind einige allerdings persönliche, und sie werden nicht auf ähnliche Fälle erstreckt, weil das vom Kaiser nicht gewollt ist. Denn wenn er jemandem wegen seiner Verdienste etwas gewährt hat oder wenn er jemandem eine Strafe auferlegt hat oder jemandem, ohne damit einen Präzedenzfall zu schaffen, zu Hilfe gekommen ist, dann wirkt dies über die jeweilige Person nicht hinaus. Doch sind die übrigen Konstitutionen, da sie genereller Art sind, zweifellos für alle bindend.

7. Praetorum quoque edicta non modicam iuris optinent auctoritatem. haec etiam ius honorarium solemus appellare, quod qui honores gerunt, id est magistratus, auctoritatem huic iuri dederunt. proponebant et aediles curules edictum de quibusdam casibus, quod edictum iuris honorarii portio est.

7. Auch die Edikte der Prätoren sind Recht von nicht geringem Rang. Man pflegt sie auch als Amtsrecht [Honorarrecht] zu bezeichnen, weil diejenigen, die Ehrenämter, honores, bekleiden, das heißt die Magistrate, diesem Recht Geltung verliehen haben. Auch die kurulischen Ädilen verkündeten für gewisse Fälle ein Edikt, das Teil des Amtsrechts ist.

8. Responsa prudentium sunt sententiae et opiniones eorum, quibus permissum erat iura condere. nam antiquitus institutum erat, ut essent qui iura publice interpretarentur, quibus a Caesare ius respondendi datum est, qui iuris consulti appellabantur. quorum omnium sententiae et opiniones

8. Gutachten der Rechtsgelehrten sind die Auffassungen und Meinungen der Juristen, denen gestattet war, das Recht fortzubilden. Von alters her war es nämlich so eingerichtet, daß es Männer gab, die das Recht öffentlich auslegen sollten; ihnen wurde vom Kaiser das Recht, Gutachten zu erteilen, verliehen, und sie wur-

1 287 v. Chr.

eam auctoritatem tenent, ut iudici recedere a responso eorum non liceat, ut est constitutum.

den Rechtsgutachter, iuris consulti, genannt. Ihrer aller Auffassungen und Meinungen haben einen solchen Rang, daß der Richter, wie durch eine Konstitution[1] bestimmt ist, von ihrem Gutachten nicht abweichen darf.

9. Ex non scripto ius venit, quod usus comprobavit. nam diuturni mores consensu utentium comprobati legem imitantur.

9. Ungeschrieben kommt Recht zustande, wenn es durch Übung gebilligt worden ist. Denn langwährende Gewohnheit, die von denen, die sie üben, übereinstimmend gebilligt wird, kommt einem Gesetz gleich.

10. Et non ineleganter in duas species ius civile distributum videtur. nam origo eius ab institutis duarum civitatium, Athenarum scilicet et Lacedaemonis, fluxisse videtur: in his enim civitatibus ita agi solitum erat, ut Lacedaemonii quidem magis ea, quae pro legibus observarent, memoriae mandarent, Athenienses vero ea, quae in legibus scripta reprehendissent, custodirent.

10. In sehr treffender Weise unterscheidet man also diese beiden Erscheinungsformen des Zivilrechts. Denn man sieht seinen Ursprung in den Einrichtungen zweier Bürgerschaften, nämlich der Athener und der Spartaner. Von diesen beiden Bürgerschaften pflegten die Spartaner so zu verfahren, daß sie das, was sie als Gesetz beachteten, lieber dem Gedächtnis anvertrauten, während die Athener das befolgten, was sie in Gesetzen schriftlich festgehalten[2] hatten.

11. Sed naturalia quidem iura, quae apud omnes gentes peraeque servantur, divina quadam providentia constituta semper firma atque immutabilia permanent: ea vero, quae ipsa sibi quaeque civitas constituit, saepe mutari solent vel tacito consensu populi vel alia postea lege lata.

11. Die naturrechtlichen Rechtssätze aber, die bei allen Völkerschaften gleichermaßen befolgt werden, sind von wahrhaft göttlicher Vorsehung geschaffen worden und bleiben immer gültig und unwandelbar. Dagegen pflegen die Rechtssätze, die eine jede Bürgerschaft sich gibt, oft geändert zu werden, sei es durch stillschweigende Übereinstimmung des Volkes, sei es durch ein später erlassenes anderes Gesetz.

12. Omne autem ius, quo utimur, vel ad personas pertinet vel ad res vel ad actiones. ac prius de personis videamus. nam parum est ius nosse, si personae, quarum causa statutum est, ignorentur.

12. Alles Recht aber, das wir anwenden, bezieht sich auf Personen, auf Sachen oder auf Klagen. Und zuerst wollen wir die Personen betrachten. Denn man hat wenig vom Recht erfaßt, solange man nicht über die Personen unterrichtet ist, für die es geschaffen ist.

III
De iure personarum

Summa itaque divisio de iure personarum haec est, quod omnes homines aut liberi sunt aut servi.

1. Et libertas quidem est, ex qua etiam liberi vocantur, naturalis facultas eius quod

Dritter Titel
Über das Recht der Personen

Die oberste Einteilung des Rechts der Personen ist nun die, daß alle Menschen entweder Freie sind oder Sklaven.

1. Und die Freiheit, libertas, nach der man auch von freien Menschen, liberi, spricht, ist die

1 Reskript des Kaisers Hadrian, vgl. Gaius 1,7.
2 So nach der Lesart 'comprehendissent'.

cuique facere libet, nisi si quid aut vi aut iure prohibetur.

natürliche Fähigkeit, das zu tun, was einem jeden zu tun beliebt, sofern es nicht durch Gewalt oder Recht verhindert wird.

2. Servitus autem est constitutio iuris gentium, qua quis dominio alieno contra naturam subicitur.

2. Dagegen ist die Sklaverei eine Einrichtung des Völkergemeinrechts, durch die jemand entgegen dem Naturzustand dem Eigentum eines anderen unterworfen wird.

3. Servi autem ex eo appellati sunt, quod imperatores captivos vendere iubent ac per hoc servare nec occidere solent. qui etiam mancipia dicti sunt, quod ab hostibus manu capiuntur.

3. Sklaven, servi, sind danach benannt worden, daß Feldherrn die Gefangenen verkaufen lassen und sie dadurch in der Regel am Leben erhalten, servare, und nicht töten. Man hat sie auch mancipia, mit der Hand Ergriffene, genannt, weil sie mit der Hand, manus, aus der Mitte der Feinde ergriffen werden.

4. Servi autem aut nascuntur aut fiunt. nascuntur ex ancillis nostris: fiunt aut iure gentium, id est ex captivitate, aut iure civili, cum homo liber maior viginti annis ad pretium participandum sese venumdari passus est. in servorum condicione nulla differentia est.

4. Sklave ist man aber entweder von Geburt an oder man wird es später. Von Geburt an sind Sklaven diejenigen, die von unseren Sklavinnen geboren werden; später wird man Sklave entweder nach Völkergemeinrecht, das heißt durch Kriegsgefangenschaft, oder nach Zivilrecht, nämlich dann, wenn ein freier Mann, der über zwanzig Jahre alt ist, sich selbst verkaufen läßt, um am Kaufpreis teilzuhaben. In der rechtlichen Lage der Sklaven gibt es keine Unterschiede.

5. In liberis multae differentiae sunt. aut enim ingenui sunt aut libertini.

5. Bei den Freien bestehen viele Unterschiede. Zunächst sind sie entweder Freigeborene oder Freigelassene.

IV
De ingenuis

Ingenuus is est, qui statim ut natus est liber est, sive ex duobus ingenuis matrimonio editus, sive ex libertinis, sive ex altero libertino altero ingenuo. sed et si quis ex matre libera nascatur, patre servo, ingenuus nihilo minus nascitur: quemadmodum qui ex matre libera et incerto patre natus est, quoniam vulgo conceptus est. sufficit autem liberam fuisse matrem eo tempore quo nascitur, licet ancilla conceperit. et ex contrario si libera conceperit, deinde ancilla facta pariat, placuit eum qui nascitur liberum nasci, quia non debet calamitas matris ei nocere, qui in utero est. ex his et illud

Vierter Titel
Über die Freigeborenen

Freigeborener ist, wer sogleich mit der Geburt frei ist, gleichgültig ob er von zwei Freigeborenen ehelich abstammt oder von zwei Freigelassenen oder von einer freigelassenen und einer freigeborenen Person. Doch auch wenn jemand von einer freien Mutter geboren wird, während der Vater Sklave ist, kommt er nichtsdestoweniger als Freigeborener zur Welt, ebenso wie der, welcher von einer freien Mutter und einem nicht feststehenden Vater abstammt, weil er außerehelich empfangen worden ist. Allerdings genügt es, wenn die Mutter zur Zeit seiner Geburt frei war, selbst wenn sie als Sklavin empfangen hat. Auch für den umgekehrten Fall, daß sie als Freie empfangen hat und dann als Sklavin niederkommt, hat sich die Meinung durchgesetzt, daß das Kind frei geboren ist, weil das Unglück der Mutter nicht zu Lasten des Kindes im Mut-

quaesitum est, si ancilla praegnans manumissa sit, deinde ancilla postea facta peperit, liberum an servum pariat? et Marcellus probat liberum nasci: sufficit enim ei qui in ventre est liberam matrem vel medio tempore habuisse: quod et verum est.

terleibe gehen darf. In diesem Zusammenhang hat man auch die folgende Frage aufgeworfen: Wenn eine schwangere Sklavin freigelassen wurde und dann, nachdem sie wieder versklavt worden ist, niederkommt, bringt sie dann einen Freien oder einen Sklaven zur Welt? Und Marcellus[1] spricht sich dafür aus, daß das Kind frei geboren werde. Denn es genüge für das Kind im Mutterleibe, wenn es auch nur in der Zwischenzeit eine freie Mutter gehabt habe. Und das ist richtig.

1. Cum autem ingenuus aliquis natus sit, non officit illi in servitute fuisse et postea manumissum esse: saepissime enim constitutum est natalibus non officere manumissionem.

1. Ist aber jemand frei geboren, so schadet es ihm nicht, wenn er [faktisch] in Sklaverei gerät und danach freigelassen wird. Denn es ist sehr oft entschieden worden[2], daß eine Freilassung den Geburtsstatus nicht schmälert.

V
De libertinis

Libertini sunt, qui ex iusta servitute manumissi sunt. manumissio autem est datio libertatis: nam quamdiu quis in servitute est, manui et potestati suppositus est, et manumissus liberatur potestate. quae res a iure gentium originem sumpsit, utpote cum iure naturali omnes liberi nascerentur nec esset nota manumissio, cum servitus esset incognita: sed posteaquam iure gentium servitus invasit, secutum est beneficium manumissionis. et cum uno communi nomine homines appellaremur, iure gentium tria genera hominum esse coeperunt, liberi et his contrarium servi et tertium genus libertini, qui desierant esse servi.

Fünfter Titel
Über die Freigelassenen

Freigelassene sind diejenigen, die aus rechtswirksamer Sklaverei freigelassen sind. Freilassung, manumissio, ist die Erteilung der Freiheit. Denn solange jemand in Sklaverei ist, befindet er sich in der Hand, manus, und der Herrschaftsgewalt [seines Eigentümers], und er wird, sobald er aus dieser Hand entlassen, manumissus, ist, von der Gewalt frei. Diese Einrichtung entstammt dem Völkergemeinrecht, da nach Naturrecht ja alle frei geboren wurden[3] und, als man die Sklaverei noch nicht kannte, auch die Freilassung unbekannt war. Nachdem sich aber die Sklaverei durch das Völkergemeinrecht ausgebreitet hatte, folgte ihr die Rechtswohltat der Freilassung. Und während wir [anfangs] nur mit dem einen allen gemeinsamen Namen 'Menschen' bezeichnet wurden, entstanden nach Völkergemeinrecht drei Klassen von Menschen: Freie und — als Gegensatz zu diesen — Sklaven sowie als dritte Klasse die Freigelassenen, die nicht mehr Sklaven sind.

1. Multis autem modis manumissio procedit: aut enim ex sacris constitutionibus in sacrosanctis ecclesiis aut vindicta aut inter

1. Die Freilassung geht nun in vielfachen Formen vor sich, nämlich entweder aufgrund kaiserlicher Konstitutionen in den hochheiligen

1 Wohl irrtümlich statt Marcian, D. 1, 5, 5, 3.
2 C. 7, 14, siehe auch D. 49, 15, 21 pr./1; Pauli Sententiae 5, 1, 2; anders bei rechtlicher Versklavung, D. 1, 5, 21.
3 Vgl. Inst. 1, 2, 2.

amicos aut per epistulam aut per testamentum aut aliam quamlibet ultimam voluntatem. sed et aliis multis modis libertas servo competere potest, qui tam ex veteribus quam nostris constitutionibus introducti sunt.

2. Servi vero a dominis semper manumitti solent: adeo ut vel in transitu manumittantur, veluti cum praetor aut proconsul aut praeses in balneum vel in theatrum eat.

3. Libertinorum autem status tripertitus antea fuerat: nam qui manumittebantur, modo maiorem et iustam libertatem consequebantur et fiebant cives Romani, modo minorem et Latini ex lege Iunia Norbana fiebant, modo inferiorem et fiebant ex lege Aelia Sentia dediticiorum numero. sed dediticiorum quidem pessima condicio iam ex multis temporibus in desuetudinem abiit, Latinorum vero nomen non frequentabatur: ideoque nostra pietas omnia augere et in meliorem statum reducere desiderans in duabus constitutionibus hoc emendavit et in pristinum statum reduxit, quia et a primis urbis Romae cunabulis una atque simplex libertas competebat, id est eadem, quam habebat manumissor, nisi quod scilicet libertinus fit qui manumittitur, licet manumissor ingenuus sit. et dediticios quidem

Kirchen[1] oder 'durch Stab'[2], vor Freunden[3], durch Freilassungsbrief[4] oder durch Testament[5] oder jede Art von letztem Willen[6]. Doch kann der Sklave die Freiheit auch in vielen anderen Formen erlangen, die sowohl durch ältere als auch durch von uns erlassene Konstitutionen[7] eingeführt worden sind.

2. Sklaven können von ihren Eigentümern zu jeder beliebigen Zeit freigelassen werden, sogar in der Weise, daß ihre Freilassung 'im Vorübergehen' erfolgt, zum Beispiel wenn der Prätor, der Prokonsul oder ein anderer Statthalter ins Bad oder ins Theater geht.

3. Früher gab es im Freigelassenenstand drei Gruppen. Denn teils erlangten Freigelassene die volle rechtliche Freiheit und wurden römische Bürger, teils erlangten sie die geringere Freiheit und wurden Latiner nach der lex Iunia Norbana[8], teils erlangten sie nur die Freiheit geringsten Grades und zählten aufgrund der lex Aelia Sentia[9] zu den Unterworfenen ohne Rechte. Doch ist der höchst nachteilige Status der Unterworfenen ohne Rechte schon seit langer Zeit außer Gebrauch gekommen; auch der Begriff der Latiner kam kaum noch vor. Deshalb hat unser Gerechtigkeitssinn in dem Bestreben, alles zu vervollkommnen und in einen besseren Zustand zu versetzen, dies in zwei Konstitutionen bereinigt[10] und auf den alten Zustand zurückgeführt, erwarb man doch auch seit den ersten Anfängen der Stadt Rom nur eine einzige und einfache Freiheit, das heißt dieselbe, die der Freilasser hatte, mit dem Unterschied freilich, daß derjenige, der freigelassen wird, nur den Status eines Freigelassenen erlangt, mag auch der Freilasser ein Freigeborener sein. Und zwar

1 C. 1, 13, 1 (316); 2 (321).
2 Nach der Verwendung eines Stabes, mit dem ursprünglich den Sklaven berührte, wer dessen Freiheit im Freilassungsverfahren vor dem Prätor behauptete; in nachklassischer Zeit zur Freilassung vor staatlichen Organen geworden, C. 7, 1, 4 (319–323).
3 C. 7, 6, 1, 2 (531).
4 C. 7, 6, 1, 1 c (531).
5 C. 7, 2.
6 Vgl. C. 7, 3, 1 (528).
7 C. 7, 6, 1, 3–13 (531); 1, 4, 24 (529) sowie C. 4, 57.
8 19 n. Chr.
9 4 n. Chr.
10 C. 7, 5, 1 (530); 7, 6, 1 (531).

per constitutionem expulimus, quam promulgavimus inter nostras decisiones, per quas suggerente nobis Triboniano viro excelso quaestore antiqui iuris altercationes placavimus: Latinos autem Iunianos et omnem quae circa eos fuerit observantiam alia constitutione per eiusdem quaestoris suggestionem correximus, quae inter imperiales radiat sanctiones, et omnes libertos nullo nec aetatis manumissi nec dominii manumissoris nec in manumissionis modo discrimine habito, sicuti antea observabatur, civitate Romana donavimus: multis additis modis, per quos possit libertas servis cum civitate Romana, quae sola in praesenti est, praestari.

haben wir die Gruppe der Unterworfenen ohne Rechte durch eine Konstitution[1] beseitigt, die wir mit den anderen Entscheidungen bekannt gemacht haben, mit denen wir, unterstützt durch unseren unvergleichlichen Justizminister Tribonian, den Streitereien des alten Rechts ein Ende gemacht haben. Den Status der Latiner nach der lex Iunia aber und alle Regeln, die sich darauf bezogen, haben wir mit Unterstützung desselben Ministers durch eine andere Konstitution[2], die unter den kaiserlichen Verordnungen erglänzt, beseitigt und alle Freigelassenen ohne Beachtung irgendeines Unterschieds — weder des Alters des Freigelassenen noch der Art des Eigentums des Freilassers noch der Form der Freilassung — ganz so, wie es vormals gehalten wurde, mit dem römischen Bürgerrecht beschenkt, und dies unter Hinzufügung vieler weiterer Wege, auf denen den Sklaven die Freiheit zusammen mit dem römischen Bürgerrecht, das es gegenwärtig allein noch gibt, verschafft werden kann.

VI

Qui ex quibus causis manumittere non possunt

Non tamen cuicumque volenti manumittere licet. nam is qui in fraudem creditorum manumittit nihil agit, quia lex Aelia Sentia impedit libertatem.

1. Licet autem domino, qui solvendo non est, testamento servum suum cum libertate heredem instituere, ut fiat liber heresque ei solus et necessarius, si modo nemo alius ex eo testamento heres extiterit, aut quia nemo heres scriptus sit, aut quia is qui scriptus est qualibet ex causa heres non extiterit. idque eadem lege Aelia Sentia provisum est et recte: valde enim prospiciendum erat, ut egentes homines, quibus alius heres extaturus non esset, vel servum

Sechster Titel

Wer nicht freilassen kann und aus welchen Gründen

Allerdings sind Freilassungen nicht jedem, der will, gestattet. Denn wer zum Nachteil seiner Gläubiger freiläßt, erreicht nichts, weil die lex Aelia Sentia[3] den Eintritt der Freiheit verhindert.

1. Doch ist es dem zahlungsunfähigen Eigentümer erlaubt, seinen Sklaven testamentarisch unter Erteilung der Freiheit zum Erben einzusetzen, so daß er frei und zugleich sein Alleinerbe und sein Zwangserbe wird, vorausgesetzt, daß aufgrund dieses Testaments kein anderer Erbe wird, entweder weil niemand sonst als Erbe eingesetzt ist oder weil der Eingesetzte aus irgendeinem Grunde nicht Erbe wird. Auch das wird durch die erwähnte lex Aelia Sentia bestimmt, und zwar mit Recht, war doch mit Nachdruck entweder dafür zu sorgen, daß verarmte Bürger, für die kein anderer sich als Erbe

1 C. 7, 5, 1 (530).
2 C. 7, 6, 1 (531).
3 4 n. Chr.

suum necessarium heredem habeant, qui satisfacturus esset creditoribus, aut hoc eo non faciente creditores res hereditarias servi nomine vendant, ne iniuria defunctus afficiatur.

finden würde, wenigstens ihren Sklaven als Zwangserben haben, der die Gläubiger befriedigen könnte, oder — wenn er dies nicht zuwege bringt — dafür, daß die Gläubiger die Nachlaßgegenstände namens des Sklaven als Schuldner verkaufen, damit der Verstorbene keinen Ehrverlust erleidet.

2. Idemque iuris est et si sine libertate servus heres institutus est. quod nostra constitutio non solum in domino, qui solvendo non est, sed generaliter constituit nova humanitatis ratione, ut ex ipsa scriptura institutionis etiam libertas ei competere videatur, cum non est verisimile eum, quem heredem sibi elegit, si praetermiserit libertatis dationem, servum remanere voluisse et neminem sibi heredem fore.

2. Dasselbe gilt auch dann, wenn der Sklave ohne Erteilung der Freiheit als Erbe eingesetzt ist. Dazu hat unsere Konstitution[1] nicht nur für den Fall, daß der Eigentümer zahlungsunfähig ist, sondern aus einem neuen Verständnis von Menschlichkeit ganz allgemein bestimmt, daß anzunehmen ist, daß dem Sklaven allein schon wegen der schriftlichen Erbeinsetzung auch die Freiheit zusteht. Denn es ist nicht wahrscheinlich, daß jemand, der sich einen Erben aussucht und es unterläßt, ihm die Freiheit zu erteilen, den Willen hat, daß er Sklave bleiben und so niemand sein Erbe werden soll.

3. In fraudem autem creditorum manumittere videtur, qui vel iam eo tempore quo manumittit solvendo non est, vel qui datis libertatibus desiturus est solvendo esse. praevaluisse tamen videtur, nisi animum quoque fraudandi manumissor habuit, non impediri libertatem, quamvis bona eius creditoribus non sufficiant: saepe enim de facultatibus suis amplius quam in his est sperant homines. itaque tunc intellegimus impediri libertatem, cum utroque modo fraudantur creditores, id est et consilio manumittentis et ipsa re, eo quod bona non suffectura sunt creditoribus.

3. Erkennbar zum Nachteil der Gläubiger aber läßt frei, wer entweder schon zur Zeit der Freilassung zahlungsunfähig ist oder wer erst durch die Freiheitserteilungen seine Zahlungsfähigkeit verliert. Doch hat offenbar die Auffassung überwogen, daß der Eintritt der Freiheit nicht verhindert wird, wenn der Freilasser keine Benachteiligungsabsicht hatte, mag auch sein Vermögen für die Gläubiger nicht ausreichen. Denn oft erhoffen sich die Menschen von ihrem Vermögen mehr, als es hergibt. Daher nehmen wir an, daß der Erwerb der Freiheit nur dann ausscheidet, wenn die Gläubiger in beiderlei Hinsicht benachteiligt werden, das heißt sowohl durch die Absicht des Freilassers als auch tatsächlich dadurch, daß das Vermögen für die Gläubiger nicht ausreicht.

4. Eadem lege Aelia Sentia domino minori annis viginti non aliter manumittere permittitur, quam si vindicta apud consilium iusta causa manumissionis adprobata fuerint manumissi.

4. Nach derselben lex Aelia Sentia darf ein noch nicht zwanzigjähriger Eigentümer die Freiheit nur erteilen, wenn die Sklaven 'durch Stab' freigelassen werden, nachdem das Freilassungsgremium einen rechtlichen Grund für die Freilassung anerkannt hat.

5. Iustae autem manumissionis causae sunt, veluti si quis patrem aut matrem aut filium filiamve aut fratrem sororemve naturales aut paedagogum nutricem educato-

5. Rechtliche Gründe für die Freilassung aber sind beispielsweise gegeben, wenn jemand den Vater, die Mutter, den Sohn oder die Tochter, den Bruder oder die Schwester als seine leibli-

1 C. 6, 27, 5, 1 a/b (531), vgl. Inst. 2, 14 pr.

rem aut alumnum alumnamve aut collactaneum manumittat, aut servum procuratoris habendi gratia, aut ancillam matrimonii causa, dum tamen intra sex menses uxor ducatur, nisi iusta causa impediat, et qui manumittitur procuratoris habendi gratia ne minor septem et decem annis manumittatur.

chen Angehörigen oder den Lehrer, die Amme, den Erzieher, den Schüler oder die Schülerin oder den Milchbruder freiläßt oder einen Sklaven, um ihn als Vermögensverwalter zu haben, oder eine Sklavin, um sie zu heiraten, wenn er sie nur, falls kein rechtlicher Grund entgegensteht, binnen sechs Monaten zur Frau nimmt und wenn derjenige, der freigelassen wird, um Vermögensverwalter zu werden, bei der Freilassung nicht jünger als siebzehn Jahre ist.

6. Semel autem causa adprobata, sive vera sive falsa sit, non retractatur.

6. Ein einmal anerkannter Freilassungsgrund kann, mag er wahr oder falsch sein, nicht mehr angegriffen werden.

7. Cum ergo certus modus manumittendi minoribus viginti annis dominis per legem Aeliam Sentiam constitutus sit, eveniebat, ut, qui quattuordecim annos aetatis expleverit, licet testamentum facere possit et in eo heredem sibi instituere legataque relinquere possit, tamen, si adhuc minor sit annis viginti, libertatem servo dare non poterat. quod non erat ferendum, si is, cui totorum bonorum in testamento dispositio data erat, uni servo libertatem dare non permittebatur. quare nos similiter ei quemadmodum alias res ita et servos suos in ultima voluntate disponere quemadmodum voluerit permittimus, ut et libertatem eis possit praestare. sed cum libertas inaestimabilis est et propter hoc ante vicesimum aetatis annum antiquitas libertatem servo dari prohibebat: ideo nos mediam quodammodo viam eligentes non aliter minori viginti annis libertatem in testamento dare servo suo concedimus, nisi septimum et decimum annum impleverit et octavum decimum tetigerit. cum enim antiquitas huiusmodi aetati et pro aliis postulare concessit, cur non etiam sui iudicii stabilitas ita eos adiuvare credatur, ut et ad libertates dandas servis suis possint pervenire.

7. Da nun für die Eigentümer, die unter zwanzig waren, durch die lex Aelia Sentia eine bestimmte Art der Freilassung vorgeschrieben war, kam es vor, daß jemand, der das vierzehnte Lebensjahr vollendet hatte, obwohl er ein Testament errichten und darin für sich einen Erben einsetzen und Vermächtnisse hinterlassen konnte, dennoch, wenn er noch unter zwanzig war, einem Sklaven die Freiheit nicht erteilen konnte. Doch war unerträglich, daß es jemandem, der testamentarische Verfügungsbefugnis über sein ganzes Vermögen hatte, versagt blieb, einem einzigen Sklaven die Freiheit zu erteilen. Deshalb gestatten wir ihm, gleich wie über andere Sachen so auch über seine Sklaven in seinem letzten Willen, ganz wie er will, zu verfügen, so daß er ihnen auch die Freiheit erteilen kann. Da die Freiheit aber unschätzbar ist und man deswegen in alter Zeit verbot, daß jemand vor seinem zwanzigsten Lebensjahr einem Sklaven die Freiheit erteilte, gestatten wir — gewissermaßen den Mittelweg wählend — einem noch nicht Zwanzigjährigen nur dann, seinem Sklaven testamentarisch die Freiheit zu erteilen, wenn er das siebzehnte Lebensjahr vollendet und das achtzehnte erreicht hat. Da man es nämlich in früherer Zeit dieser Altersklasse gestattet hat, auch für andere vor Gericht aufzutreten, weshalb sollte dann nicht zugleich darauf vertraut werden, daß die Sicherheit ihres Urteils auch dazu ausreicht, daß sie auch ihren Sklaven die Freiheit erteilen können?

VII
De lege Fufia Caninia sublata

Lege Fufia Caninia certus modus constitutus erat in servis testamento manumittendis. quam quasi libertatibus impedientem et quodammodo invidam tollendam esse censuimus, cum satis fuerat inhumanum vivos quidem licentiam habere totam suam familiam libertate donare, nisi alia causa impediat libertati, morientibus autem huiusmodi licentiam adimere.

Siebter Titel
Über die aufgehobene lex Fufia Caninia

Durch die lex Fufia Caninia[1] waren hinsichtlich der Sklaven, die durch Testament freigelassen werden durften, feste Grenzen bestimmt. Dieses Gesetz haben wir als der Freiheit hinderlich und gewissermaßen mißgünstig aufzuheben für nötig befunden[2], weil es wenig menschlich war, zwar Lebenden die Befugnis zu gewähren, ihrer gesamten Sklavenschar die Freiheit zu schenken, sofern nicht irgendein Grund der Freilassung entgegenstand, Sterbenden aber diese Befugnis zu nehmen.

VIII
De his qui sui vel alieni iuris sunt

Sequitur de iure personarum alia divisio. nam quaedam personae sui iuris sunt, quaedam alieno iuri subiectae sunt: rursus earum, quae alieno iuri subiectae sunt, aliae in potestate parentum, aliae in potestate dominorum sunt. videamus itaque de his quae alieno iuri subiectae sunt: nam si cognoverimus, quae istae personae sint, simul intellegemus, quae sui iuris sunt. ac prius dispiciamus de his qui in potestate dominorum sunt.

1. In potestate itaque dominorum sunt servi. quae quidem potestas iuris gentium est: nam apud omnes peraeque gentes animadvertere possumus dominis in servos vitae necisque potestatem esse: et quodcumque per servum adquiritur, id domino adquiritur.

2. Sed hoc tempore nullis hominibus, qui sub imperio nostro sunt, licet sine causa legibus cognita et supra modum in servos suos saevire. nam ex constitutione divi Pii Antonini qui sine causa servum suum occi-

Achter Titel
Über diejenigen, die eigenen Rechts sind, und diejenigen, die dem Recht eines anderen unterstehen

Nun folgt eine andere Einteilung des Personenrechts. Einige Personen sind nämlich eigenen Rechts, einige sind fremdem Recht unterworfen. Von denen, die fremdem Recht unterworfen sind, stehen wiederum die einen in der Gewalt ihrer Eltern, die anderen in der Gewalt ihrer Herren und Eigentümer. Betrachten wir also die, die fremdem Recht unterworfen sind. Denn wenn wir erkannt haben, wer diese Personen sind, verstehen wir zugleich, welche Personen eigenen Rechts sind. Und zuerst wollen wir die näher untersuchen, die in der Gewalt ihrer Eigentümer stehen.

1. In der Gewalt ihrer Eigentümer also stehen die Sklaven. Diese Gewalt gehört zweifellos zum Völkergemeinrecht. Denn wir können bei allen Völkerschaften übereinstimmend beobachten, daß die Eigentümer über ihre Sklaven die Gewalt über Leben und Tod haben. Und was immer durch einen Sklaven erworben wird, das wird seinem Eigentümer erworben.

2. Aber in heutiger Zeit ist es keinem, der unter unserer Herrschaft lebt, erlaubt, an seinen Sklaven ohne gesetzlich anerkannten Grund und ohne Maß seinen Zorn auszulassen. Denn nach einer Konstitution des vergöttlichten Kai-

1 2 v. Chr.
2 C. 7, 3, 1 (528).

derit, non minus puniri iubetur, quam qui servum alienum occiderit. sed et maior asperitas dominorum eiusdem principis constitutione coercetur. nam consultus a quibusdam praesidibus provinciarum de his servis, qui ad aedem sacram vel ad statuas principum confugiunt, praecepit ut, si intolerabilis videatur dominorum saevitia, cogantur servos bonis condicionibus vendere, ut pretium dominis daretur, et recte: expedit enim rei publicae, ne quis re sua male utatur. cuius rescripti ad Aelium Marcianum emissi verba haec sunt: 'dominorum quidem potestatem in suos servos illibatam esse oportet nec cuiquam hominum ius suum detrahi. sed dominorum interest, ne auxilium contra saevitiam vel famem vel intolerabilem iniuriam denegetur his qui iuste deprecantur. ideoque cognosce de querellis eorum, qui ex familia Iulii Sabini ad statuam confugerunt, et si vel durius habitos, quam aequum est, vel infami iniuria affectos cognoveris, veniri iube, ita ut in potestatem domini non revertantur. qui Sabinus, si meae constitutioni fraudem fecerit, sciet me admissum severius executurum.'

sers Antoninus Pius[1] soll, wer seinen Sklaven grundlos tötet, nicht weniger bestraft werden als jemand, der einen fremden Sklaven tötet. Aber auch einer allzu großen Strenge der Eigentümer werden durch eine Konstitution desselben Kaisers Schranken gesetzt. Denn auf Anfragen einiger Provinzstatthalter wegen solcher Sklaven, die sich in einen heiligen Tempel oder zu den Kaiserstatuen flüchten, hat er angeordnet, daß die Eigentümer dann, wenn ihre Grausamkeit unerträglich erscheint, gezwungen werden, die Sklaven zu günstigen Bedingungen zu verkaufen, und daß die Eigentümer den Kaufpreis erhalten, und das mit Recht. Denn es ist dem Gemeinwesen förderlich, daß niemand seine Sache mißbraucht. Die Worte seines an Aelius Marcianus gerichteten Reskripts sind diese: 'Zwar muß die Gewalt der Eigentümer über ihre Sklaven ungeschmälert bleiben und darf keinem Menschen sein Recht genommen werden, doch liegt es im Interesse der Eigentümer, daß Hilfe gegen Grausamkeit, Hunger oder unerträgliches Unrecht denen nicht versagt wird, die sie mit Recht erflehen. Deshalb untersuche die Beschwerden derer, die aus der Sklavenschar des Iulius Sabinus sich zur Statue geflüchtet haben, und wenn du findest, daß sie härter behandelt wurden, als billig ist, oder daß ihnen schändliches Unrecht zugefügt wurde, so befiehl, sie mit der Maßgabe zu verkaufen, daß sie nicht in die Gewalt ihres Eigentümers zurückkommen dürfen. Und dieser Sabinus soll wissen, daß ich sein Vergehen noch strenger ahnden werde, wenn er meine Konstitution umgeht.'

IX
De patria potestate

In potestate nostra sunt liberi nostri, quos ex iustis nuptiis procreaverimus.

1. Nuptiae autem sive matrimonium est viri et mulieris coniunctio, individuam consuetudinem vitae continens.

2. Ius autem potestatis, quod in liberos habemus, proprium est civium Romano-

Neunter Titel
Über die väterliche Gewalt

In unserer Gewalt stehen unsere Kinder, die wir in rechtmäßiger Ehe gezeugt haben.

1. Ehe oder Heirat ist die Verbindung von Mann und Frau zu ungeteilter Lebensgemeinschaft.

2. Das Recht der väterlichen Gewalt aber, das wir über die Kinder haben, ist eine Eigentüm-

1 Vgl. D. 1, 6, 2; Collatio 3, 3.

rum: nulli enim alii sunt homines, qui talem in liberos habeant potestatem, qualem nos habemus.

3. Qui igitur ex te et uxore tua nascitur, in tua potestate est: item qui ex filio tuo et uxore eius nascitur, id est nepos tuus et neptis, aeque in tua sunt potestate, et pronepos et proneptis et deinceps ceteri. qui tamen ex filia tua nascitur, in tua potestate non est, sed in patris eius.

lichkeit der römischen Bürger. Es gibt nämlich anderswo keine Menschen, die solche Gewalt über ihre Kinder haben wie wir.

3. Wer also dir und deiner Ehefrau geboren wird, steht in deiner Gewalt, ebenso wer deinem Sohn und dessen Ehefrau geboren wird, das heißt, daß dein Enkel und deine Enkelin gleichfalls in deiner Gewalt stehen sowie der Urenkel und die Urenkelin und dann folgend die übrigen. Wer jedoch von deiner Tochter geboren wird, steht nicht in deiner Gewalt, sondern in der seines Vaters.

X
De nuptiis

Iustas autem nuptias inter se cives Romani contrahunt, qui secundum praecepta legum coeunt, masculi quidem puberes, feminae autem viripotentes, sive patres familias sint sive filii familias, dum tamen filii familias et consensum habeant parentum, quorum in potestate sunt. nam hoc fieri debere et civilis et naturalis ratio suadet in tantum, ut iussum parentis praecedere debeat. unde quaesitum est, an furiosi filia nubere aut furiosi filius uxorem ducere possit? cumque super filio variabatur, nostra processit decisio, qua permissum est ad exemplum filiae furiosi filium quoque posse et sine patris interventu matrimonium sibi copulare secundum datum ex constitutione modum.

Zehnter Titel
Über die Ehe

Eine rechtmäßige Ehe schließen römische Bürger untereinander, die sich im Rahmen der gesetzlichen Vorschriften verbinden, die männlichen aber, wenn sie geschlechtsreif, die Frauen dagegen, wenn sie mannbar sind, seien die Beteiligten Hausväter[1], seien sie Hauskinder; als Hauskinder jedoch nur, wenn sie auch die Zustimmung ihrer Väter haben, in deren Gewalt sie stehen. Denn daß dies geschehen muß, verlangt die zivilrechtliche wie die natürliche Vernunft, und zwar so sehr, daß das väterliche Einverständnis vorangehen muß. Und daher ist gefragt worden, ob die Tochter eines Geisteskranken heiraten oder ob der Sohn eines Geisteskranken sich eine Ehefrau nehmen kann. Und da hinsichtlich des Sohnes verschiedene Ansichten bestanden, erging unsere Entscheidung[2], durch die es gestattet ist, daß nach dem Beispiel der Tochter eines Geisteskranken auch der Sohn sich ebenfalls ohne Mitwirkung in der Weise ehelich verbinden kann, die sich aus der Konstitution ergibt.

1. Ergo non omnes nobis uxores ducere licet: nam quarundam nuptiis abstinendum est. inter eas enim personas, quae parentum liberorumve locum inter se optinent, nuptiae contrahi non possunt, veluti inter patrem et filiam vel avum et neptem

1. Wir dürfen nun aber nicht jede Frau zur Ehefrau nehmen. Denn der Ehe mit einigen Frauen müssen wir uns enthalten. Es kann nämlich zwischen den Personen, die untereinander die Stellung von Eltern und Kindern haben, keine Ehe geschlossen werden, zum Beispiel zwi-

1 Als Hausvater gilt jeder gewaltfreie Römer, auch der unmündige. Vgl. D. 1, 6, 4; 50, 16, 195, 2.

2 C. 5, 4, 25 (530).

vel matrem et filium vel aviam et nepotem et usque ad infinitum: et si tales personae inter se coierint, nefarias atque incestas nuptias contraxisse dicuntur. et haec adeo ita sunt, ut, quamvis per adoptionem parentum liberorumve loco sibi esse coeperint, non possint inter se matrimonio iungi in tantum, ut etiam dissoluta adoptione idem iuris maneat: itaque eam, quae tibi per adoptionem filia aut neptis esse coeperit, non poteris uxorem ducere, quamvis eam emancipaveris.

schen Vater und Tochter oder Großvater und Enkelin oder Mutter und Sohn oder Großmutter und Enkel und endlos so weiter. Und wenn solche Personen sich miteinander verbinden, so sagt man, daß sie eine frevelhafte und blutschänderische Ehe eingegangen sind. Und das geht so weit, daß sie selbst dann sich miteinander nicht ehelich verbinden können, wenn sie die Stellung von Eltern und Kindern durch Adoption erlangt haben, und dies sogar mit der Konsequenz, daß das auch bei Auflösung der Adoption rechtens bleibt. Deshalb kannst du die, die durch Adoption deine Tochter oder Enkelin geworden ist, nicht zur Frau nehmen, auch wenn du sie aus der Gewalt entlassen hast.

2. Inter eas quoque personas, quae ex transverso gradu cognationis iunguntur, est quaedam similis observatio, sed non tanta. sane enim inter fratrem sororemque nuptiae prohibitae sunt, sive ab eodem patre eademque matre nati fuerint, sive ex alterutro eorum. sed si qua per adoptionem soror tibi esse coeperit, quamdiu quidem constat adoptio, sane inter te et eam nuptiae consistere non possunt: cum vero per emancipationem adoptio dissoluta sit, poteris eam uxorem ducere: sed et si tu emancipatus fueris, nihil est impedimento nuptiis. et ideo constat, si quis generum adoptare velit, debere eum ante filiam suam emancipare: et si quis velit nurum adoptare, debere eum ante filium emancipare.

2. Auch unter den Personen, die in der Seitenlinie verwandt sind, besteht eine ähnliche, aber nicht so weit gehende Regelung. Denn natürlich ist zwischen Bruder und Schwester die Ehe verboten, sei es, daß sie von demselben Vater und derselben Mutter abstammen, sei es nur von einem der beiden. Wenn aber eine Frau durch Adoption deine Schwester geworden ist, dann kann zwar, solange die Adoption Bestand hat, zwischen dir und ihr eine Ehe natürlich nicht bestehen. Wenn die Adoption jedoch durch Entlassung aus der Gewalt beendet ist, kannst du sie zur Frau nehmen. Aber auch wenn du aus der Gewalt entlassen wirst, besteht kein Hindernis für die Ehe. Daher steht auch fest, daß, wer seinen Schwiegersohn adoptieren will, vorher seine Tochter aus der Gewalt entlassen muß, und daß, wer seine Schwiegertochter adoptieren will, vorher seinen Sohn aus der Gewalt entlassen muß.

3. Fratris vel sororis filiam uxorem ducere non licet. sed nec neptem fratris vel sororis ducere quis potest, quamvis quarto gradu sint: cuius enim filiam uxorem ducere non licet, eius neque neptem permittitur. eius vero mulieris, quam pater tuus adoptavit, filiam non videris impediri uxorem ducere, quia neque naturali neque civili iure tibi coniungitur.

3. Die Tochter des Bruders oder der Schwester darf man nicht zur Frau nehmen. Aber man kann auch nicht die Enkelin seines Bruders oder seiner Schwester zur Frau nehmen, obwohl sie nur im vierten Grade verwandt sind. Wessen Tochter man nämlich nicht zur Frau nehmen darf, dessen Enkelin darf man auch nicht heiraten. Aber die Tochter einer Frau, die dein Vater adoptiert hat, zur Frau zu nehmen, bist du nicht gehindert, weil sie mit dir weder nach natürlichem Recht noch nach Zivilrecht verbunden ist.

4. Duorum autem fratrum vel sororum liberi vel fratris et sororis iungi possunt.

4. Aber die Kinder zweier Brüder oder die zweier Schwestern oder von Bruder und Schwester können sich ehelich verbinden.

5. Item amitam licet adoptivam uxorem ducere non licet, item materteram, quia parentum loco habentur. qua ratione verum est magnam quoque amitam et materteram magnam prohiberi uxorem ducere.

5. Ferner darf man die Tante väterlicherseits, selbst wenn sie eine Adoptivtante ist, nicht zur Frau nehmen, und ebenso nicht die Tante mütterlicherseits, weil angenommen wird, daß sie die Stellung von Vorfahren haben. Aus demselben Grunde trifft es zu, daß man auch die Großtante väterlicherseits und die Großtante mütterlicherseits nicht zur Frau nehmen darf.

6. Adfinitatis quoque veneratione quarundam nuptiis abstinere necesse est. ut ecce privignam aut nurum uxorem ducere non licet, quia utraeque filiae loco sunt. quod scilicet ita accipi debeat, si fuit nurus aut privigna: nam si adhuc nurus est, id est si adhuc nupta est filio tuo, alia ratione uxorem eam ducere non possis, quia eadem duobus nupta esse non potest: item si adhuc privigna tua est, id est si mater eius tibi nupta est, ideo eam uxorem ducere non poteris, quia duas uxores eodem tempore habere non licet.

6. Auch aus Ehrfurcht vor der Schwägerschaft muß man sich der Ehe mit bestimmten Frauen enthalten. Zum Beispiel ist es nicht erlaubt, eine Stieftochter oder eine Schwiegertochter zur Frau zu nehmen, da beide die Stellung einer Tochter haben. Dies gilt natürlich nur dann, wenn sie Schwiegertochter oder Stieftochter gewesen ist. Denn wenn sie noch Schwiegertochter ist, das heißt, wenn sie noch mit deinem Sohn verheiratet ist, dann könntest du sie schon aus einem anderen Grunde nicht zur Frau nehmen, weil dieselbe Frau nicht mit zwei Männern verheiratet sein kann. Und auch wenn sie noch deine Stieftochter ist, das heißt, wenn ihre Mutter noch mit dir verheiratet ist, kannst du sie deshalb nicht zur Frau nehmen, weil man nicht zwei Ehefrauen zur gleichen Zeit haben darf.

7. Socrum quoque et novercam prohibitum est uxorem ducere, quia matris loco sunt. quod et ipsum dissoluta demum adfinitate procedit: alioquin si adhuc noverca est, id est si adhuc patri tuo nupta est, communi iure impeditur tibi nubere, quia eadem duobus nupta esse non potest: item si adhuc socrus est, id est si adhuc filia eius tibi nupta est, ideo impediuntur nuptiae, quia duas uxores habere non possis.

7. Auch seine Schwiegermutter oder Stiefmutter zu heiraten ist verboten, da sie die Stellung einer Mutter haben. Auch diese Regel greift als solche erst nach Auflösung der Schwägerschaft ein. Andernfalls, wenn sie noch deine Stiefmutter ist, das heißt, wenn sie noch mit deinem Vater verheiratet ist, ist sie schon nach allgemeinem Recht gehindert, dich zu heiraten, weil dieselbe Frau nicht mit zwei Männern verheiratet sein kann. Und auch wenn sie noch deine Schwiegermutter ist, das heißt, wenn ihre Tochter noch mit dir verheiratet ist, ist eine Ehe deswegen ausgeschlossen, weil du nicht zwei Ehefrauen haben kannst.

8. Mariti tamen filius ex alia uxore et uxoris filia ex alio marito vel contra matrimonium recte contrahunt, licet habeant fratrem sororemve ex matrimonio postea contracto natos.

8. Doch können der von einer anderen Ehefrau abstammende Sohn des Ehemannes und die von einem anderen Ehemann abstammende Tochter der Ehefrau oder umgekehrt wirksam die Ehe miteinander eingehen, selbst wenn sie einen Bruder oder eine Schwester haben, die aus der später eingegangenen Ehe stammen.

9. Si uxor tua post divortium ex alio filiam procreaverit, haec non est quidem privigna tua: sed Iulianus huiusmodi nuptiis

9. Wenn nach der Scheidung deine Ehefrau einem anderen eine Tochter geboren hat, dann ist diese zwar nicht deine Stieftochter. Aber Juli-

abstinere debere ait: nam nec sponsam filii nurum esse nec patris sponsam novercam esse, rectius tamen et iure facturos eos, qui huiusmodi nuptiis se abstinuerint.

an[1] sagt, man müsse sich einer derartigen Ehe enthalten. Auch die Verlobte des Sohnes sei nämlich keine Schwiegertochter und auch die Verlobte des Vaters keine Schwiegermutter; dennoch würden diejenigen richtiger und rechtmäßig handeln, die sich einer solchen Ehe enthielten.

10. Illud certum est serviles quoque cognationes impedimento esse nuptiis, si forte pater et filia aut frater et soror manumissi fuerint.

10. Sicher ist, daß auch die Verwandtschaft zwischen Sklaven einer Ehe entgegensteht, wenn etwa Vater und Tochter oder Bruder und Schwester freigelassen worden sind.

11. Sunt et aliae personae, quae propter diversas rationes nuptias contrahere prohibentur, quas in libris digestorum seu pandectorum ex veteri iure collectarum enumerari permisimus.

11. Es gibt auch andere Personen, denen aus verschiedenen Gründen die Eheschließung verboten ist und die wir in den Büchern der aus dem alten Recht zusammengestellten Digesten oder Pandekten haben aufzählen lassen.

12. Si adversus ea quae diximus aliqui coierint, nec vir nec uxor nec nuptiae nec matrimonium nec dos intellegitur. itaque ii, qui ex eo coitu nascuntur, in potestate patris non sunt, sed tales sunt, quantum ad patriam potestatem pertinet, quales sunt ii, quos mater vulgo concepit. nam nec hi patrem habere intelleguntur, cum is etiam incertus est: unde solent filii spurii appellari, vel a Graeca voce quasi σποράδην concepti vel quasi sine patre filii. sequitur ergo, ut et dissoluto tali coitu nec dotis exactioni locus sit. qui autem prohibitas nuptias coeunt, et alias poenas patiuntur, quae sacris constitutionibus continentur.

12. Werden geschlechtliche Verbindungen entgegen dem, was wir dargelegt haben, eingegangen, gibt es rechtlich weder Ehemann noch Ehefrau noch Heirat noch Ehe noch Mitgift. Daher stehen die, die aus einer solchen Verbindung geboren werden, nicht in der Gewalt des Vaters, sondern sie sind, was die väterliche Gewalt betrifft, denjenigen gleich, die die Mutter nichtehelich empfangen hat. Denn auch diese haben rechtlich keinen Vater, zumal da dieser auch ungewiß ist. Daher pflegt man sie filii spurii, nichteheliche Kinder, zu nennen, entweder nach dem griechischen Wort 'sporaden' als 'verstreut Empfangene' oder als sine patre filii, Kinder ohne Väter. Damit ergibt sich, daß auch nach Auflösung einer solchen Verbindung für eine Rückforderung der Mitgift kein Raum ist. Wer eine verbotene Ehe eingeht, muß auch andere Strafen hinnehmen, die sich in kaiserlichen Konstitutionen[2] finden.

13. Aliquando autem evenit, ut liberi, qui statim ut nati sunt in potestate parentum non fiant, postea tamen redigantur in potestatem. qualis est is, qui, dum naturalis fuerat, postea curiae datus potestati patris subicitur. nec non is, qui a muliere libera procreatus, cuius matrimonium minime legibus interdictum fuerat, sed ad quam pa-

13. Gelegentlich kommt es vor, daß Kinder, die nicht sogleich mit der Geburt in die Gewalt ihrer Erzeuger fallen, dennoch später in ihre Gewalt kommen. So verhält es sich mit einem zunächst Nichtehelichen, der später in einen Gemeinderat eingewiesen und dadurch der Gewalt seines Vaters unterstellt wird[3]. Auch der von einer freien Frau Geborene, mit der die Ehe ge-

1 Vgl. D. 23, 2, 12, 3.

2 Vgl. C. 5, 5, 4 (392); 6 (396); 9, 9, 18 (258); Collatio 6, 4, 3; 8 (295), siehe auch Nov. 12, 1 (535).

3 Vgl. Inst. 3, 1, 2 a.

ter consuetudinem habuerat, postea ex nostra constitutione dotalibus instrumentis compositis in potestate patris efficitur: quod et aliis, si ex eodem matrimonio fuerint procreati, similiter nostra constitutio praebuit.

setzlich keineswegs untersagt war, mit der aber der Vater zunächst nur zusammengelebt hatte, wird später gemäß unserer Konstitution[1] mit der Errichtung der Mitgifturkunden in die Gewalt seines Vaters gebracht. Dieses gewährt unsere Konstitution[2] in gleicher Weise auch den anderen Kindern, wenn sie aus derselben Ehe hervorgegangen sind.

XI
De adoptionibus

Non solum tamen naturales liberi secundum ea quae diximus in potestate nostra sunt, verum etiam ii quos adoptamus.

1. Adoptio autem duobus modis fit, aut principali rescripto aut imperio magistratus. imperatoris auctoritate adoptamus eos easve, qui quaeve sui iuris sunt. quae species adoptionis dicitur adrogatio. imperio magistratus adoptamus eos easve, qui quaeve in potestate parentium sunt, sive primum gradum liberorum optineant, qualis est filius filia, sive inferiorem, qualis est nepos neptis, pronepos proneptis.

2. Sed hodie ex nostra constitutione, cum filius familias a patre naturali extraneae personae in adoptionem datur, iura potestatis naturalis patris minime dissolvuntur nec quicquam ad patrem adoptivum transit nec in potestate eius est, licet ab intestato iura successionis ei a nobis tributa sunt. si vero pater naturalis non extraneo, sed avo filii sui materno, vel si ipse pater naturalis fuerit emancipatus, etiam paterno, vel proavo simili modo paterno vel materno filium suum dederit in adoptionem: in hoc casu, quia in unam personam

Elfter Titel
Über die Adoptionen

Nicht nur die leiblichen Kinder stehen, wie schon dargelegt[3], in unserer Gewalt, sondern auch die, die wir adoptieren.

1. Die Adoption geschieht aber auf zweierlei Weise, entweder durch kaiserliches Reskript oder durch Gerichtsakt des Magistrats. Durch Hoheitsakt des Kaisers adoptieren wir die Männer und Frauen, die gewaltfrei sind. Diese Art der Adoption wird Arrogation genannt. Durch Gerichtsakt des Magistrats adoptieren wir die Männer und Frauen, die sich in väterlicher Gewalt befinden, sei es, daß sie Abkömmlinge ersten Grades sind wie Sohn und Tochter, sei es, daß sie ferneren Grades sind wie Enkel und Enkelin oder Urenkel und Urenkelin.

2. Aber aufgrund unserer Konstitution[4] werden heutzutage, wenn ein Haussohn vom leiblichen Vater einer hausfremden Person zur Adoption gegeben wird, die Rechte des leiblichen Vaters aus der Hausgewalt keineswegs aufgehoben, und weder geht irgendetwas auf den Adoptivvater über, noch fällt der Angenommene in dessen väterliche Gewalt, obwohl wir ihm das gesetzliche Erbrecht gewährt haben[5]. Gibt aber der leibliche Vater seinen Sohn nicht einem außerhalb der Familie Stehenden zur Adoption, sondern dem Großvater mütterlicherseits seines Sohnes oder — wenn der leibliche Vater selbst aus der väterlichen Gewalt entlassen ist — auch dem Großvater väterlicherseits oder — ganz entsprechend — einem Urgroßvater väterlicherseits oder mütterlicherseits, so besteht in diesem

1 C. 5, 27, 10 (529), vgl. Inst. 3, 1, 2 a.
2 C. 5, 27, 10 (529), vgl. C. 5, 27, 11 (530); Inst. 3, 1, 2 a.
3 Inst. 1, 9.
4 C. 8, 47, 10 (530), vgl. Inst. 3, 1, 14.
5 C. 8, 47, 10, 1 g (530).

concurrunt et naturalia et adoptionis iura, manet stabile ius patris adoptivi et naturali vinculo copulatum et legitimo adoptionis modo constrictum, ut et in familia et in potestate huiusmodi patris adoptivi sit.

Fall, weil die Rechte aus leiblicher Abstammung und aus Adoption in einer Person zusammenfallen, das Recht des Adoptivvaters, das sowohl durch ein natürliches Band entstanden als auch durch den Rechtsakt der Adoption begründet ist, weiter wie früher. Infolgedessen befindet sich der Angenommene sowohl in der Familie als auch in der väterlichen Gewalt eines solchen Adoptivvaters.

3. Cum autem impubes per principale rescriptum adrogatur, causa cognita adrogatio permittitur et exquiritur causa adrogationis, an honesta sit expediatque pupillo, et cum quibusdam condicionibus adrogatio fit, id est ut caveat adrogator personae publicae, hoc est tabulario, si intra pubertatem pupillus decesserit, restituturum se bona illis, qui, si adoptio facta non esset, ad successionem eius venturi essent. item non alias emancipare eos potest adrogator, nisi causa cognita digni emancipatione fuerint et tunc sua bona eis reddat. sed et si decedens pater eum exheredaverit vel vivus sine iusta causa eum emancipaverit, iubetur quartam partem ei suorum bonorum relinquere, videlicet praeter bona, quae ad patrem adoptivum transtulit et quorum commodum ei adquisivit postea.

3. Wird aber ein unmündiges [gewaltfreies] Kind durch kaiserliches Reskript adoptiert[1], so wird die Arrogation nur nach Voruntersuchung zugelassen und der Grund der Arrogation daraufhin überprüft, ob er anerkennenswert ist und dem Wohl des Mündels dient. Auch erfolgt die Arrogation unter gewissen Bedingungen. Der Annehmende muß nämlich einer Amtsperson, und zwar einem Urkundsbeamten, Sicherheit dafür leisten, daß er, wenn das Mündel vor Eintritt der Mündigkeit stirbt, dessen Vermögen an diejenigen herausgibt, die ihn beerbt hätten, wenn die Adoption nicht erfolgt wäre. Des weiteren kann der Annehmende sie nur dann aus der Gewalt entlassen, wenn eine Voruntersuchung ergibt, daß sie die Entlassung aus der Gewalt verdienen, und wenn er ihnen ihr Vermögen zurückgibt. Wenn der verstorbene Adoptivvater ihn jedoch enterbt hat oder ihn zu seinen Lebzeiten ohne rechtlichen Grund aus der Gewalt entlassen hat, muß er ihm ein Viertel seines Vermögens hinterlassen, natürlich außer dem Vermögen, das der Adoptierte seinerseits dem Adoptivvater verschafft hat, nebst den Erträgen, die er ihm später hinzuerworben hat.

4. Minorem natu non posse maiorem adoptare placet: adoptio enim naturam imitatur et pro monstro est, ut maior sit filius quam pater. debet itaque is, qui sibi per adrogationem vel adoptionem filium facit, plena pubertate, id est decem et octo annis praecedere.

4. Anerkannt ist, daß ein Jüngerer nicht einen Älteren adoptieren kann. Die Adoption ahmt nämlich die Natur nach, und es wäre ungeheuerlich, wenn der Sohn älter ist als der Vater. Deshalb muß, wer einen Sohn durch Arrogation oder durch Adoption [im engeren Sinne] bekommen will, um ein erweitertes Mündigkeitsalter, das heißt um achtzehn Jahre, älter sein.

5. Licet autem et in locum nepotis vel neptis vel in locum pronepotis vel proneptis vel deinceps adoptare, quamvis filium quis non habeat.

5. Es ist allerdings zulässig, daß man jemanden an Enkels oder Enkelin Statt oder an Urenkels oder Urenkelin Statt und so fort annimmt, auch wenn man keinen Sohn hat.

1 Vgl. Inst. 1, 22, 1.

6. Et tam filium alienum quis in locum nepotis potest adoptare, quam nepotem in locum filii.

6. Und man kann ebensogut den Sohn eines anderen an Enkels Statt annehmen wie einen Enkel an Sohnes Statt.

7. Sed si quis nepotis loco adoptet vel quasi ex eo filio, quem habet iam adoptatum, vel quasi ex illo, quem naturalem in sua potestate habet: in eo casu et filius consentire debet, ne ei invito suus heres adgnascatur. sed ex contrario si avus ex filio nepotem dat in adoptionem, non est necesse filium consentire.

7. Aber wenn einer jemanden an Enkels Statt annimmt, entweder als einen Abkömmling des Sohnes, den er schon an Kindes Statt angenommen hat, oder als einen Abkömmling des Sohnes, den er als leiblichen in seiner väterlichen Gewalt hat, so muß in einem solchen Falle auch der Sohn zustimmen, damit ihm nicht gegen seinen Willen ein Hauserbe erwächst. Umgekehrt ist jedoch, wenn der Großvater den vom Sohn abstammenden Enkel zur Adoption weggibt, eine Zustimmung des Sohnes nicht erforderlich.

8. In plurimis autem causis adsimilatur is, qui adoptatus vel adrogatus est, ei qui ex legitimo matrimonio natus est. et ideo si quis per imperatorem sive apud praetorem vel apud praesidem provinciae non extraneum adoptaverit, potest eundem alii in adoptionem dare.

8. In den meisten Beziehungen wird derjenige, der durch Adoption oder durch Arrogation als Kind angenommen worden ist, dem gleichgestellt, der in rechtmäßiger Ehe geboren ist. Und deshalb kann man einen nicht außerhalb der Familie Stehenden, den man mit Hilfe des Kaisers oder vor dem Prätor oder vor dem Provinzstatthalter adoptiert hat, einem anderen zur Adoption überlassen.

9. Sed et illud utriusque adoptionis commune est, quod et hi, qui generare non possunt, quales sunt spadones, adoptare possunt, castrati autem non possunt.

9. Aber auch das haben beide Arten der Adoption gemeinsam, daß auch diejenigen, die sich nicht fortpflanzen können, die also zeugungsunfähig sind, jemanden adoptieren können, nicht aber die Kastrierten.

10. Feminae quoque adoptare non possunt, quia nec naturales liberos in potestate sua habent: sed ex indulgentia principis ad solacium liberorum amissorum adoptare possunt.

10. Auch Frauen können [nach Zivilrecht] nicht adoptieren, weil sie selbst über ihre leiblichen Kinder keine Gewalt haben. Doch können sie als Trost für den Verlust ihrer Kinder aufgrund kaiserlichen Gnadenerweises[1] adoptieren.

11. Illud proprium est illius adoptionis, quae per sacrum oraculum fit, quod is, qui liberos in potestate habet, si se adrogandum dederit, non solum ipse potestati adrogatoris subicitur, sed etiam liberi eius in eiusdem fiunt potestate tamquam nepotes. sic enim et divus Augustus non ante Tiberium adoptavit, quam is Germanicum adoptavit: ut protinus adoptione facta incipiat Germanicus Augusti nepos esse.

11. Die Adoption, die durch kaiserlichen Ausspruch erfolgt, hat die folgende Besonderheit: Wenn jemand Kinder in seiner väterlichen Gewalt hat und sich durch Arrogation als Kind annehmen läßt, fällt nicht nur er selbst in die väterliche Gewalt des Annehmenden, sondern auch seine Kinder gelangen in die Gewalt des Annehmenden, und zwar als dessen Enkel. Dementsprechend hat nämlich auch der vergöttlichte Kaiser Augustus den Tiberius erst adoptiert, als dieser den Germanicus angenommen hatte, damit Germanicus sogleich mit vollzogener Adoption Enkel des Augustus wurde.

---

1 C. 8, 47, 5 (291).

12. Apud Catonem bene scriptum refert antiquitas, servi si a domino adoptati sint, ex hoc ipso posse liberari. unde et nos eruditi in nostra constitutione etiam eum servum, quem dominus actis intervenientibus filium suum nominaverit, liberum esse constituimus, licet hoc ad ius filii accipiendum ei non sufficit.

12. Wie die alte Rechtsliteratur überliefert[1], hat Cato vortrefflich dargelegt, daß Sklaven schon dadurch frei werden können, daß sie von ihrem Eigentümer adoptiert werden. Dadurch belehrt haben auch wir in unserer Konstitution[2] bestimmt, daß auch der Sklave frei sein soll, den sein Herr in einem gerichtlichen Protokoll als seinen Sohn bezeichnet, obgleich dies für den Sklaven nicht ausreicht, die Rechtsstellung eines Sohnes zu erlangen.

XII
Quibus modis ius potestatis solvitur

Videamus nunc, quibus modis ii, qui alieno iuri subiecti sunt, eo iure liberantur. et quidem servi quemadmodum potestate liberantur, ex his intellegere possumus, quae de servis manumittendis superius exposuimus. hi vero, qui in potestate parentis sunt, mortuo eo sui iuris fiunt. sed hoc distinctionem recipit. nam mortuo patre sane omnimodo filii filiaeve sui iuris efficiuntur. mortuo vero avo non omnimodo nepotes neptesque sui iuris fiunt, sed ita, si post mortem avi in potestatem patris sui recasuri non sunt: itaque si moriente avo pater eorum et vivit et in potestate patris sui est, tunc post obitum avi in patris sui potestate fiunt: si vero is, quo tempore avus moritur, aut iam mortuus est aut exiit de potestate patris, tunc hi, quia in potestatem eius cadere non possunt, sui iuris fiunt.

Zwölfter Titel
Wie das Recht der Hausgewalt endet

Sehen wir nun, wie diejenigen, die dem Recht eines anderen unterworfen sind, von diesem Recht frei werden. Wie aber Sklaven von der Gewalt frei werden, können wir aus dem ersehen, was wir weiter oben[3] über die Freilassung der Sklaven dargelegt haben. Dagegen werden diejenigen, die in väterlicher Gewalt stehen, mit dem Tode des Hausvaters Personen eigenen Rechts. Hierbei ist jedoch zu unterscheiden. Denn mit dem Tode eines [gewaltfreien] Vaters werden selbstverständlich die Söhne und Töchter in jedem Falle Personen eigenen Rechts. Mit dem Tode des Großvaters werden die Enkel und Enkelinnen dagegen nicht in jedem Fall Personen eigenen Rechts, sondern nur dann, wenn sie nach dem Tode des Großvaters nicht in die Gewalt ihres Vaters fallen. Wenn deshalb beim Tod des Großvaters der Vater lebt und sich seinerseits noch in der Gewalt seines Vaters befand, dann gelangen sie nach dem Tode des Großvaters in die Gewalt ihres Vaters. Wenn dieser jedoch zu der Zeit, da der Großvater stirbt, entweder bereits tot oder aus der väterlichen Gewalt gelangt ist, dann werden sie Personen eigenen Rechts, weil sie in seine Gewalt nicht mehr fallen können.

1. Cum autem is, qui ob aliquod maleficium in insulam deportatur, civitatem amittit, sequitur ut, quia eo modo ex numero civium Romanorum tollitur, perinde acsi mortuo eo desinant liberi in potestate

1. Da ferner derjenige, der wegen eines Verbrechens lebenslänglich auf eine Insel verbannt wird, das Bürgerrecht verliert und da er auf diese Weise aus dem Verzeichnis der römischen Bürger gestrichen wird, folgt daraus, daß seine

1 Vgl. Gellius, Noctes Atticae 5, 19, 11–14.
2 C. 7, 6, 1, 10 (531).
3 Inst. 1, 5, 1; 2.

eius esse. pari ratione et si is, qui in potestate parentis sit, in insulam deportatus fuerit, desinit in potestate parentis esse. sed si ex indulgentia principali restituti fuerint, per omnia pristinum statum recipiunt.

Kinder, so wie wenn er tot wäre, nicht länger in seiner Gewalt stehen. Aus dem gleichen Grunde scheidet auch, wer in väterlicher Gewalt steht, aus dieser Gewalt aus, wenn er lebenslänglich auf eine Insel verbannt wird. Werden die Verbannten jedoch aus kaiserlicher Gnade wieder in den vorigen Stand eingesetzt, so erlangen sie in jeder Hinsicht ihre frühere Stellung zurück.

2. Relegati autem patres in insulam in potestate sua liberos retinent: et e contrario liberi relegati in potestate parentum remanent.

2. Väter hingegen, die auf einer Insel auf Zeit interniert sind, behalten die Kinder in ihrer väterlichen Gewalt, und umgekehrt verbleiben auch internierte Kinder in der väterlichen Gewalt.

3. Poenae servus effectus filios in potestate habere desinit. servi autem poenae efficiuntur, qui in metallum damnantur et qui bestiis subiciuntur.

3. Wer Strafsklave geworden ist, verliert die väterliche Gewalt über seine Kinder. Strafsklaven werden diejenigen, die zu Bergwerksstrafe verurteilt[1] oder die dem Tierkampf ausgeliefert werden.

4. Filius familias si militaverit, vel si senator vel consul fuerit factus, manet in patris potestate. militia enim vel consularia dignitas patris potestate filium non liberat. sed ex constitutione nostra summa patriciatus dignitas ilico ab imperialibus codicillis praestitis a patria potestate liberat. quis enim patiatur patrem quidem posse per emancipationis modum suae potestatis nexibus filium relaxare, imperatoriam autem celsitudinem non valere eum quem sibi patrem elegit ab aliena eximere potestate?

4. Wird ein Haussohn Soldat oder wird er Senator oder Konsul, verbleibt er in der väterlichen Gewalt. Denn der Kriegsdienst oder die Würde eines Konsuls befreien den Sohn nicht von der väterlichen Gewalt. Aber nach unserer Konstitution[2] befreit die allerhöchste Würde des Patriziats sogleich mit Erteilung der kaiserlichen Ernennungsurkunde von der väterlichen Gewalt. Denn wer könnte es ertragen, daß zwar der Vater vermöge der Entlassung aus der väterlichen Gewalt den Sohn von den Fesseln seiner Gewalt befreien kann, aber die kaiserliche Hoheit nicht imstande sein soll, denjenigen, den sie neben sich zum 'Vater' erwählt hat[3], aus fremder Vatersgewalt zu lösen?

5. Si ab hostibus captus fuerit parens, quamvis servus hostium fiat, tamen pendet ius liberorum propter ius postliminii: quia hi, qui ab hostibus capti sunt, si reversi fuerint, omnia pristina iura recipiunt. idcirco reversus et liberos habebit in potestate,

5. Wenn ein Hausvater in Kriegsgefangenschaft gerät, bleibt die Rechtsstellung der Kinder, obwohl er Sklave der Feinde wird, wegen des Rückkehrrechts dennoch in der Schwebe. Denn wer in Kriegsgefangenschaft gerät, erlangt, wenn er zurückkehrt, alle früheren Rechte zurück. Deshalb wird er, wenn er zurückkehrt, auch seine Kinder in väterlicher Gewalt behal-

1 Die Strafsklaverei als Nebenfolge der Bergwerksstrafe wurde durch Nov. 22, 8 (535) aufgehoben.

2 C. 12, 3, 5 (531–533).

3 Die nicht erbliche Würde eines patricius/patrikios wurde wenigen in sehr enger Verbindung zum Kaiser stehenden Personen erteilt und häufig mit pater basileos, Vater des Kaisers, umschrieben. Vgl. auch C. 12, 3, 5 pr. (531–533) ('die von uns wie ein Vater geehrt werden').

quia postliminium fingit eum qui captus est semper in civitate fuisse: si vero ibi decesserit, exinde, ex quo captus est pater, filius sui iuris fuisse videtur. ipse quoque filius neposve si ab hostibus captus fuerit, similiter dicimus propter ius postliminii ius quoque potestatis parentis in suspenso esse. dictum est autem postliminium a limine et post, ut eum, qui ab hostibus captus in fines nostros postea pervenit, postliminio reversum recte dicimus. nam limina sicut in domibus finem quendam faciunt, sic et imperii finem limen esse veteres voluerunt. hinc et limes dictus est quasi finis quidam et terminus. ab eo postliminium dictum, quia eodem limine revertebatur, quo amissus erat. sed et qui victis hostibus recuperatur, postliminio rediisse existimatur.

ten haben. Denn das Rückkehrrecht fingiert, daß derjenige, der kriegsgefangen war, ununterbrochen im Gemeinwesen geblieben ist. Wenn er aber in der Gefangenschaft stirbt, wird angenommen, daß der Sohn von dem Augenblick an gewaltfrei geworden ist, in dem der Vater gefangengenommen wurde. Auch wenn ein Sohn oder ein Enkel in Kriegsgefangenschaft geraten ist, sagen wir gleichfalls, daß auch das Recht der väterlichen Gewalt wegen des Rückkehrrechts in der Schwebe ist. Die Bezeichnung postliminium, Rückkehrrecht, ist aber aus limen, Schwelle, und post, jenseits, gebildet, so daß wir den Kriegsgefangenen, der später in unsere Grenzen zurückgelangt ist, mit Recht als jemanden bezeichnen, der 'von jenseits der Schwelle' zurückgekehrt ist. Denn wie in Häusern die Schwellen eine Art Grenze bilden, so haben die alten Juristen auch die Grenze des Reichs als eine Schwelle begriffen. Von daher ist auch limes [Grenzwall] gebildet, gewissermaßen als Grenze und Grenzzeichen. Hiervon kommt der Ausdruck postliminium, weil man über dieselbe Schwelle zurückkehrt, über die hinweg man verloren ging. Doch nimmt man an, daß auch, wer nach einem Sieg über den Feind zurückgewonnen wird, mit Rückkehrrecht heimgekehrt ist.

6. Praeterea emancipatione quoque desinunt liberi in potestate parentum esse. sed ea emancipatio antea quidem vel per antiquam legis observationem procedebat, quae per imaginarias venditiones et intercedentes manumissiones celebrabatur, vel ex imperiali rescripto. nostra autem providentia et hoc in melius per constitutionem reformavit, ut fictione pristina explosa recta via apud competentes iudices vel magistratus parentes intrent et filios suos vel filias vel nepotes vel neptes ac deinceps sua manu dimitterent. et tunc ex edicto praetoris in huius filii vel filiae, nepotis vel neptis bonis, qui vel quae a parente manumissus vel manumissa fuerit, eadem iura praestantur parenti, quae tribuuntur patrono in bo-

6. Außerdem stehen auch Kinder nach der Entlassung aus der väterlichen Gewalt nicht mehr in der Gewalt des Hausvaters. Früher erfolgte diese Entlassung allerdings entweder nach einem alten Gesetzesbrauch, der durch Scheinverkäufe und zwischengeschaltete Freilassungen vollzogen wurde, oder durch kaiserliches Reskript. Aber unsere Fürsorge hat auch dies durch eine Konstitution[1] zum Besseren verändert, und zwar in der Weise, daß die früheren fiktiven Geschäftsformen abgeschafft sind und die Hausväter nun geradewegs vor den zuständigen Richtern oder Beamten erscheinen und ihre Söhne, Töchter, Enkel, Enkelinnen und so fort aus ihrer Gewalt entlassen können. Und damit werden dem Hausvater gemäß dem Edikt des Prätors[2] am Vermögen des Sohnes, der Tochter, des Enkels oder der Enkelin, der oder die vom Hausvater aus der Gewalt entlassen wurde, dieselben Rechte gewährt, wie sie dem

1 C. 8, 48, 6 (531).
2 Vgl. D. 37, 12, 1 pr./1.

nis liberti: et praeterea si impubes sit filius vel filia vel ceteri, ipse parens ex manumissione tutelam eius nanciscitur.

Freilasser am Vermögen des Freigelassenen eingeräumt werden. Und wenn der Sohn, die Tochter oder die übrigen unmündig sind, erlangt der Hausvater außerdem mit der Entlassung aus der Gewalt unmittelbar die Vormundschaft über sie.

7. Admonendi autem sumus liberum esse arbitrium ei, qui filium et ex eo nepotem vel neptem in potestate habebit, filium quidem de potestate dimittere, nepotem vero vel neptem in potestate retinere: et ex diverso filium quidem in potestate retinere, nepotem vero vel neptem manumittere (eadem et de pronepote vel pronepte dicta esse intellegantur), vel omnes sui iuris efficere.

7. Wir müssen aber darauf aufmerksam machen, daß es demjenigen, der einen Sohn und durch diesen einen Enkel oder eine Enkelin in seiner väterlichen Gewalt hat, freisteht, zwar den Sohn aus der Gewalt zu entlassen, den Enkel aber oder die Enkelin in der Gewalt zu behalten. Auch kann er umgekehrt den Sohn in der Gewalt behalten, den Enkel aber oder die Enkelin daraus entlassen (dasselbe versteht sich auch für den Urenkel oder die Urenkelin), oder er kann sie allesamt gewaltfrei machen.

8. Sed et si pater filium, quem in potestate habet, avo vel proavo naturali secundum nostras constitutiones super his habitas in adoptionem dederit, id est si hoc ipsum actis intervenientibus apud competentem iudicem manifestavit, praesente eo qui adoptatur et non contradicente nec non eo qui adoptat, solvitur quidem ius potestatis patris naturalis, transit autem in huiusmodi parentem adoptivum, in cuius persona et adoptionem plenissimam esse antea diximus.

8. Aber auch wenn ein Vater seinen Sohn, den er in der väterlichen Gewalt hat, gemäß unseren dazu ergangenen Konstitutionen[1] dem leiblichen Großvater oder Urgroßvater zur Adoption gibt — das heißt, wenn er ebendies in einem gerichtlichen Protokoll vor dem zuständigen Richter in Anwesenheit und ohne Widerspruch des Anzunehmenden sowie auch des Annehmenden erklärt —, erlischt das Recht der väterlichen Gewalt zwar bei dem leiblichen Vater, aber es geht auf einen solchen Adoptivvater über, in dessen Person ja, wie wir früher dargetan haben[2], die volle Adoption eintritt.

9. Illud autem scire oportet, quod, si nurus tua ex filio tuo conceperit et filium postea emancipaveris vel in adoptionem dederis praegnante nuru tua, nihilo minus quod ex ea nascitur in potestate tua nascitur: quod si post emancipationem vel adoptionem fuerit conceptum, patris sui emancipati vel avi adoptivi potestati subicitur:

9. Aber auch das muß man wissen: Wenn deine Schwiegertochter von deinem Sohn schwanger ist und du dann deinen Sohn während ihrer Schwangerschaft aus der väterlichen Gewalt entläßt oder zur Adoption gibst, wird das von ihr geborene Kind gleichwohl unter deiner Hausgewalt geboren. Wenn es dagegen nach der Entlassung des Sohnes aus der väterlichen Gewalt oder nach der Adoption empfangen wurde, fällt es unter die Gewalt seines gewaltfrei gewordenen Vaters oder seines Adoptivgroßvaters.

10. Et quod neque naturales liberi neque adoptivi ullo paene modo possunt cogere parentem de potestate sua eos dimittere.

10. Und man muß auch wissen, daß grundsätzlich weder leibliche Kinder noch Adoptivkinder ihren Gewalthaber auf irgendeine Weise zwingen können, sie aus seiner Gewalt zu entlassen.

---

1 C. 8, 47, 11 (530).
2 Inst. 1, 11, 2.

XIII
De tutelis

Transeamus nunc ad aliam divisionem. nam ex his personis, quae in potestate non sunt, quaedam vel in tutela sunt vel in curatione, quaedam neutro iure tenentur. videamus igitur de his, quae in tutela vel in curatione sunt: ita enim intellegemus ceteras personas, quae neutro iure tenentur. ac prius dispiciamus de his quae in tutela sunt.

1. Est autem tutela, ut Servius definivit, ius ac potestas in capite libero ad tuendum eum, qui propter aetatem se defendere nequit, iure civili data ac permissa.

2. Tutores autem sunt, qui eam vim ac potestatem habent, ex qua re ipsa nomen ceperunt. itaque appellantur tutores quasi tuitores atque defensores, sicut aeditui dicuntur qui aedes tuentur.

3. Permissum est itaque parentibus liberis impuberibus, quos in potestate habent, testamento tutores dare. et hoc in filio filiaque omnimodo procedit; nepotibus tamen neptibusque ita demum parentes possunt testamento tutores dare, si post mortem eorum in patris sui potestatem recasuri non sunt. itaque si filius tuus mortis tuae tempore in potestate tua sit, nepotes ex eo non poterunt testamento tuo tutorem habere, quamvis in potestate tua fuerint; scilicet quia mortuo te in patris sui potestatem recasuri sunt.

4. Cum autem in compluribus aliis causis postumi pro iam natis habentur, et in hac causa placuit non minus postumis

Dreizehnter Titel
Über die Vormundschaft

Wir wollen nun zu einer anderen Einteilung übergehen. Denn von den Personen, die keiner Gewalt unterworfen sind, stehen die einen unter Vormundschaft oder unter Pflegschaft; die anderen werden von keinem dieser beiden Rechtsverhältnisse erfaßt. Betrachten wir daher die, die unter Vormundschaft oder unter Pflegschaft stehen. Denn dann kennen wir auch die übrigen Personen, die von keinem der beiden Rechtsverhältnisse erfaßt werden. Und zuerst wollen wir die näher untersuchen, die unter Vormundschaft stehen.

1. Die Vormundschaft ist, wie Servius definiert hat, die Macht und die Gewalt[1] über einen freien Menschen, die vom Zivilrecht gegeben und gewährt wird, um den zu schützen, der sich wegen seines Alters nicht verteidigen kann.

2. Vormünder sind diejenigen, die diese Macht und Gewalt innehaben; aus eben dieser Aufgabe haben sie auch ihren Namen erhalten. Sie heißen nämlich tutores, Vormünder, weil sie tuitores, Beschützer und Verteidiger sind, ebenso wie aeditui, Tempelwärter, diejenigen genannt werden, die die aedes, Tempel, beschützen.

3. Den Vätern ist daher erlaubt, ihren unmündigen Kindern, die sie in ihrer Gewalt haben, durch Testament Vormünder zu bestellen. Und bei Sohn und Tochter geht das in jedem Fall; ihren Enkeln und Enkelinnen können die Großväter jedoch nur dann durch Testament Vormünder bestellen, wenn jene nach dem Tod des Großvaters nicht in die Gewalt ihres Vaters fallen. Wenn daher dein Sohn zur Zeit deines Todes in deiner Gewalt steht, können die Enkel, die du durch ihn hast, durch dein Testament keinen Vormund erhalten, obwohl sie in deiner Gewalt standen, weil sie nämlich mit deinem Tode in die Gewalt ihres Vaters fallen.

4. Da in mehreren anderen Fällen die nach dem Tode des Vaters Geborenen als schon vorher geboren behandelt werden, hat sich auch in diesem Fall die Ansicht durchgesetzt, daß diesen Nachgeborenen vor ihrer Geburt nicht an-

1 Die Übersetzung folgt der Lesart 'vis ac potestas', vgl. D. 26, 1, 1 pr./1.

quam iam natis testamento tutores dari posse, si modo in ea causa sint, ut, si vivis parentibus nascerentur, sui et in potestate eorum fierent.

ders als den schon Geborenen durch Testament Vormünder bestellt werden können, vorausgesetzt nur, daß sie nach ihrer Rechtslage, wären sie noch zu Lebzeiten ihrer Erzeuger geboren, Hauskinder geworden und in ihre Gewalt gefallen wären.

5. Sed si emancipato filio tutor a patre testamento datus fuerit, confirmandus est ex sententia praesidis omnimodo, id est sine inquisitione.

5. Aber wenn einem aus der Hausgewalt entlassenen Sohn vom Vater im Testament ein Vormund gegeben worden ist, muß der Vormund in jedem Fall durch Beschluß des Provinzstatthalters bestätigt werden, und zwar ohne weitere Ermittlungen.

XIV

Qui dari tutores testamento possunt

Vierzehnter Titel

Wer durch Testament zum Vormund bestellt werden kann

Dari autem potest tutor non solum pater familias, sed etiam filius familias.

Zum Vormund kann nicht nur ein Hausvater bestellt werden, sondern auch ein Haussohn.

1. Sed et servus proprius testamento cum libertate recte tutor dari potest. sed sciendum est eum et sine libertate tutorem datum tacite et libertatem directam accepisse videri et per hoc recte tutorem esse. plane si per errorem quasi liber tutor datus sit, aliud dicendum est. servus autem alienus pure inutiliter datur testamento tutor. sed ita cum liber erit utiliter datur. proprius autem servus inutiliter eo modo datur tutor.

1. Aber auch ein eigener Sklave kann bei gleichzeitiger Erteilung der Freiheit testamentarisch wirksam zum Vormund bestellt werden. Doch muß man wissen, daß auch derjenige, der ohne Erteilung der Freiheit zum Vormund bestellt wird, als jemand gilt, der stillschweigend die Freiheit unmittelbar erlangt hat und damit wirksam zum Vormund bestellt ist. Anders ist freilich zu entscheiden, wenn seine Einsetzung als Vormund in der irrigen Annahme erfolgte, er sei ein freier Mann. Ein fremder Sklave dagegen kann ohne eine entsprechende Bedingung durch Testament nicht wirksam zum Vormund bestellt werden. Unter der Bedingung 'sofern er frei sein wird' kann er jedoch wirksam bestellt werden. Wird aber ein eigener Sklave in dieser Weise zum Vormund bestellt, so ist das unwirksam.

2. Furiosus vel minor viginti quinque annis tutor testamento datus tutor erit, cum compos mentis aut maior viginti quinque annis fuerit factus.

2. Wer geisteskrank oder noch nicht fünfundzwanzig Jahre alt ist und testamentarisch zum Vormund bestellt wurde, wird Vormund erst, wenn er wieder zu Verstand gekommen ist oder das fünfundzwanzigste Lebensjahr vollendet hat.

3. Ad certum tempus et ex certo tempore vel sub condicione vel ante heredis institutionem posse dari tutorem non dubitatur.

3. Daß ein Vormund im Testament auf bestimmte Zeit, von einem bestimmten Zeitpunkt ab, unter einer Bedingung oder schon vor der Einsetzung des Erben bestellt werden kann, wird nicht bezweifelt.

4. Certae autem rei vel causae tutor dari non potest, quia personae, non causae vel rei datur.

4. Für einen einzelnen Gegenstand oder eine einzelne Angelegenheit kann ein Vormund nicht bestellt werden, weil er für eine Person be-

stellt wird, nicht für eine Angelegenheit oder einen Gegenstand.

5. Si quis filiabus suis vel filiis tutores dederit, etiam postumae vel postumo videtur dedisse, quia filii vel filiae appellatione et postumus et postuma continentur. quid si nepotes sint, an appellatione filiorum et ipsis tutores dati sunt? dicendum est, ut ipsis quoque dati videantur, si modo liberos dixit. ceterum si filios, non continebuntur: aliter enim filii, aliter nepotes appellantur. plane si postumis dederit, tam filii postumi quam ceteri liberi continebuntur.

5. Wenn jemand für seine Töchter oder Söhne Vormünder bestellt hat, ist anzunehmen, daß dies auch für eine nachgeborene Tochter oder einen nachgeborenen Sohn gilt, weil von der Bezeichnung 'Sohn' oder 'Tochter' auch nachgeborene Abkömmlinge erfaßt werden. Was aber, wenn es sich um Enkel handelt: Sind kraft der Bezeichnung 'Söhne' die Vormünder sogar für Enkel bestellt? Man muß sagen, daß sie für diese nur dann als bestellt gelten, wenn der Erblasser von 'Kindern' gesprochen hat. Hat er aber 'Söhne' gesagt, so werden sie nicht erfaßt. Denn 'Söhne' und 'Enkel' sind verschiedene Bezeichnungen. Wenn er allerdings die Vormünder für Nachgeborene bestellt, dann sind damit sowohl die nachgeborenen Söhne als auch andere nachgeborene Abkömmlinge erfaßt.

XV
De legitima adgnatorum tutela

Quibus autem testamento tutor datus non sit, his ex lege duodecim tabularum adgnati sunt tutores, qui vocantur legitimi.

1. Sunt autem adgnati per virilis sexus cognationem coniuncti, quasi a patre cognati, veluti frater eodem patre natus, fratris filius neposve ex eo, item patruus et patrui filius neposve ex eo. at qui per feminini sexus personas cognatione iunguntur, non sunt adgnati, sed alias naturali iure cognati. itaque amitae tuae filius non est tibi adgnatus, sed cognatus (et invicem scilicet

Fünfzehnter Titel
Über die gesetzliche Vormundschaft der Seitenverwandten im Mannesstamm

Für diejenigen aber, denen durch Testament kein Vormund bestellt ist, sind nach dem Zwölftafelgesetz[1] Vormünder die Seitenverwandten im Mannesstamm; man nennt sie gesetzliche Vormünder.

1. Im Mannesstamm seitenverwandt sind diejenigen, die durch Blutsverwandtschaft im männlichen Geschlecht verbunden sind, sozusagen blutsverwandt von einem Vater her[2], wie zum Beispiel der von demselben Vater abstammende Bruder, der Sohn des Bruders oder der von ihm abstammende Enkel, ebenso der Onkel väterlicherseits und der Sohn dieses Onkels und der von ihm abstammende Enkel. Dagegen sind diejenigen, die durch Blutsverwandtschaft über Personen weiblichen Geschlechts verbunden sind, nicht im Mannesstamm, sondern auf andere Weise naturrechtlich blutsverwandt. Deshalb ist der Sohn deiner Tante väterlicherseits mit dir nicht im Mannesstamm seitenverwandt, sondern nur [allgemein] blutsverwandt (und umge-

1 XII tab. 5, 6.
2 Vgl. Inst. 3, 2, 1.

tu illi eodem iure coniungeris), quia qui nascuntur patris, non matris familiam sequuntur.

kehrt bist natürlich auch du mit ihm nach demselben Recht verwandt), weil die Kinder der Familie des Vaters, nicht der der Mutter folgen.

2. Quod autem lex ab intestato vocat ad tutelam adgnatos, non hanc habet significationem, si omnino non fecerit testamentum is qui poterat tutores dare, sed si quantum ad tutelam pertinet intestatus decesserit. quod tunc quoque accidere intellegitur, cum is qui datus est tutor vivo testatore decesserit.

2. Wenn aber das Gesetz die Seitenverwandten im Mannesstamm nach einem testamentslos Verstorbenen zur Vormundschaft beruft, so ist damit nicht nur der Fall gemeint, daß derjenige, der Vormünder hätte bestellen können, überhaupt kein Testament errichtet hat, sondern auch der Fall, daß er lediglich im Hinblick auf die Vormundschaft testamentslos verstorben ist. Das trifft, wie man annimmt, auch dann zu, wenn der zum Vormund Bestellte schon zu Lebzeiten des letztwillig Verfügenden verstorben ist.

3. Sed adgnationis quidem ius omnibus modis capitis deminutione plerumque perimitur: nam adgnatio iuris est nomen. cognationis vero ius non omnibus modis commutatur, quia civilis ratio civilia quidem iura corrumpere potest, naturalia vero non utique.

3. Das Rechtsverhältnis der Seitenverwandtschaft im Mannesstamm erlischt jedoch gewöhnlich in allen Fällen der Statusänderung[1]. Denn die Seitenverwandtschaft im Mannesstamm bezeichnet eine Einrichtung des Zivilrechts. Dagegen wandelt sich das Rechtsverhältnis der [allgemeinen] Blutsverwandtschaft nicht in allen Fällen der Statusänderung, weil eine zivilrechtliche Regel zwar zivilrechtliche Rechtsverhältnisse aufheben kann, natürliche aber nicht schlechthin.

XVI
De capitis minutione

Est autem capitis deminutio prioris status commutatio. eaque tribus modis accidit: nam aut maxima est capitis deminutio aut minor, quam quidam mediam vocant, aut minima.

Sechzehnter Titel
Über die Statusänderung

Statusänderung ist die Veränderung der früheren bürgerlichen Rechtsstellung; und sie kommt in drei Arten vor. Denn entweder handelt es sich um die große Statusänderung oder um die kleinere, die einige als die mittlere bezeichnen, oder um die kleinste.

1. Maxima est capitis deminutio, cum aliquis simul et civitatem et libertatem amittit. quod accidit in his, qui servi poenae efficiuntur atrocitate sententiae, vel liberti ut ingrati circa patronos condemnati, vel qui ad pretium participandum se venumdari passi sunt.

1. Die große Statusänderung ist gegeben, wenn jemand zugleich das Bürgerrecht und die Freiheit verliert. Das trifft auf die zu, die ein sehr hartes Urteil zu Strafsklaven macht[2], oder auf Freigelassene, die wegen Undanks gegenüber ihren Freilassern verurteilt sind[3], oder auf diejenigen, die sich haben verkaufen lassen, um am Kaufpreis teilzuhaben[4].

1 Dazu Inst. 1, 16 pr.
2 Vgl. Inst. 1, 12, 3.
3 Vgl. CTh. 4, 10, 1 (313); C. 6, 7, 2 pr. (326).
4 Vgl. Inst. 1, 3, 4.

2. Minor sive media est capitis deminutio, cum civitas quidem amittitur, libertas vero retinetur. quod accidit ei, cui aqua et igni interdictum fuerit, vel ei, qui in insulam deportatus est.

2. Die kleinere oder mittlere Statusänderung ist gegeben, wenn zwar das Bürgerrecht verloren, aber die Freiheit behalten wird. Das trifft auf den Verbannten zu, dem 'Wasser und Feuer' untersagt worden sind, oder auf denjenigen, der lebenslänglich auf eine Insel verbannt worden ist[1].

3. Minima est capitis deminutio, cum et civitas et libertas retinetur, sed status hominis commutatur. quod accidit in his, qui, cum sui iuris fuerunt, coeperunt alieno iuri subiecti esse, vel contra.

3. Die kleinste Statusänderung ist gegeben, wenn Bürgerrecht und Freiheit behalten werden, aber der Familienstand geändert wird. Das trifft auf diejenigen zu, die, nachdem sie schon gewaltfrei waren, erneut dem Recht eines anderen unterworfen werden — oder umgekehrt.

4. Servus autem manumissus capite non minuitur, quia nullum caput habuit.

4. Aber wenn ein Sklave freigelassen wird, handelt es sich nicht um eine Statusänderung, weil er vorher gar keinen Status hatte.

5. Quibus autem dignitas magis quam status permutatur, capite non minuuntur: et ideo senatu motos capite non minui constat.

5. Auch diejenigen, bei denen sich mehr der Rang als die personenrechtliche Stellung ändert, erleiden keine Statusänderung. Und deshalb steht fest, daß die aus dem Senat Ausgestoßenen eine Statusänderung nicht erleiden.

6. Quod autem dictum est manere cognationis ius et post capitis deminutionem, hoc ita est, si minima capitis deminutio interveniat: manet enim cognatio. nam si maxima capitis deminutio incurrat, ius quoque cognationis perit, ut puta servitute alicuius cognati, et ne quidem, si manumissus fuerit, recipit cognationem. sed et si in insulam deportatus quis sit, cognatio solvitur.

6. Wenn aber oben[2] gesagt wurde, auch nach einer Statusänderung bleibe das Verwandtschaftsverhältnis bestehen, so gilt dies, wenn es sich um die kleinste Statusänderung handelt. Denn dann bleibt das allgemeine Verwandtschaftsverhältnis bestehen. Wenn aber die große Statusänderung eintritt, erlischt auch das Rechtsverhältnis der allgemeinen Verwandtschaft, zum Beispiel wenn ein Verwandter Sklave wird; und er erlangt das Verwandtschaftsrecht auch nicht wieder zurück, wenn er später freigelassen wird. Aber auch wenn jemand lebenslänglich auf eine Insel verbannt worden ist, wird das Verwandtschaftsverhältnis aufgelöst.

7. Cum autem ad adgnatos tutela pertineat, non simul ad omnes pertinet, sed ad eos tantum, qui proximo gradu sunt, vel, si eiusdem gradus sint, ad omnes.

7. Wenn aber die Vormundschaft den Seitenverwandten im Mannesstamm zusteht, dann steht sie nicht allen zugleich zu, sondern nur den jeweils Gradnächsten oder, wenn mehrere gleichen Grades sind, diesen allen.

1 Vgl. Inst. 1, 12, 1.
2 Inst. 1, 15, 3.

XVII
De legitima patronorum tutela

Ex eadem lege duodecim tabularum libertorum et libertarum tutela ad patronos liberosque eorum pertinet, quae et ipsa legitima tutela vocatur: non quia nominatim ea lege de hac tutela cavetur, sed quia perinde accepta est per interpretationem, atque si verbis legis introducta esset. eo enim ipso, quo hereditates libertorum libertarumque, si intestati decessissent, iusserat lex ad patronos liberosve eorum pertinere, crediderunt veteres voluisse legem etiam tutelas ad eos pertinere, cum et adgnatos, quos ad hereditatem vocat, eosdem et tutores esse iussit et quia plerumque, ubi successionis est emolumentum, ibi et tutelae onus esse debet. ideo autem diximus plerumque, quia, si a femina impubes manumittatur, ipsa ad hereditatem vocatur, cum alius est tutor.

Siebzehnter Titel
Über die gesetzliche Vormundschaft der Freilasser

Ebenfalls aufgrund des Zwölftafelgesetzes[1] steht den Freilassern und ihren Kindern die Vormundschaft über Freigelassene beiderlei Geschlechts zu. Auch sie wird als gesetzliche Vormundschaft bezeichnet, aber nicht, weil diese Vormundschaft in dem Gesetz ausdrücklich geregelt wäre, sondern weil sie infolge Auslegung so anerkannt worden ist, wie wenn sie ausdrücklich durch das Gesetz eingeführt worden wäre. Denn da das Gesetz angeordnet hatte, daß die Erbschaften der männlichen wie weiblichen Freigelassenen, sofern sie testamentslos verstorben waren, den Freilassern oder deren Kindern zustehen, nahmen die alten Juristen an, nach dem Willen des Gesetzes stehe den Freilassern auch die Vormundschaft zu, weil das Gesetz auch die Seitenverwandten im Mannesstamm, die es zur Erbschaft beruft, zugleich zu Vormündern bestimmt, und weil dort, wo der Vorteil der Erbfolge liegt, grundsätzlich auch die Last der Vormundschaft liegen soll. 'Grundsätzlich' haben wir aber deshalb gesagt, weil eine Frau, wenn sie einen Unmündigen freiläßt, selbst zwar zur Erbschaft berufen ist, während aber ein anderer Vormund wird.

XVIII
De legitima parentium tutela

Exemplo patronorum recepta est et alia tutela, quae et ipsa legitima vocatur. nam si quis filium aut filiam, nepotem aut neptem ex filio et deinceps impuberes emancipaverit, legitimus eorum tutor erit.

Achtzehnter Titel
Über die gesetzliche Vormundschaft der Hausväter

Nach dem Beispiel der Freilasser ist noch eine weitere Vormundschaft anerkannt worden, die ebenfalls als gesetzliche Vormundschaft bezeichnet wird. Denn wer seinen Sohn oder seine Tochter, die von seinem Sohn abstammenden Enkel oder Enkelinnen oder weitere Abkömmlinge als Unmündige aus der Gewalt entläßt, wird deren gesetzlicher Vormund.

1 XII tab. 5, 8.

XIX
De fiduciaria tutela

Est et alia tutela, quae fiduciaria appellatur. nam si parens filium vel filiam, nepotem vel neptem et deinceps impuberes manumiserit, legitimam nanciscitur eorum tutelam: quo defuncto si liberi virilis sexus extant, fiduciarii tutores filiorum suorum vel fratris vel sororis et ceterorum efficiuntur. atqui patrono legitimo tutore mortuo, liberi quoque eius legitimi sunt tutores: quoniam filius quidem defuncti, si non esset a vivo patre emancipatus, post obitum eius sui iuris efficeretur nec in fratrum potestatem recideret ideoque nec in tutelam, libertus autem si servus mansisset, utique eodem iure apud liberos domini post mortem eius futurus esset. ita tamen ii ad tutelam vocantur, si perfectae aetatis sint. quod nostra constitutio generaliter in omnibus tutelis et curationibus observari praecepit.

Neunzehnter Titel
Über die treuhänderische Vormundschaft

Es gibt noch eine andere Vormundschaft, die man die treuhänderische nennt. Wenn nämlich ein Hausvater seinen Sohn oder seine Tochter, seinen Enkel oder seine Enkelin oder weitere Abkömmlinge als Unmündige aus der Gewalt entläßt, erlangt er die gesetzliche Vormundschaft über sie. Wenn er dann stirbt und [volljährige] Kinder männlichen Geschlechts da sind, so werden diese treuhänderische Vormünder ihrer [aus der Gewalt entlassenen unmündigen] Söhne, Brüder oder Schwestern oder weiterer Abkömmlinge. Stirbt demgegenüber ein Freilasser während der gesetzlichen Vormundschaft [über den unmündigen Freigelassenen], so werden auch seine Kinder gesetzliche Vormünder. Denn ein Sohn des Verstorbenen würde, wäre er nicht zu Lebzeiten des Vaters aus der Gewalt entlassen worden, mit dessen Tod Person eigenen Rechts werden und nicht in die Gewalt seiner Brüder fallen und deshalb auch nicht unter deren Vormundschaft geraten. Ein Freigelassener würde sich dagegen, wäre er Sklave geblieben, nach dem Tode seines Herrn bei dessen Kindern in jedem Fall in derselben Rechtsstellung befinden. Doch sind diese nur zur Vormundschaft berufen, wenn sie volljährig sind. Diese Regelung hat unsere Konstitution[1] allgemein für jede Vormundschaft und Pflegschaft vorgeschrieben.

XX
De Atiliano tutore vel eo qui ex lege Iulia et Titia dabatur

Si cui nullus omnino tutor fuerat, ei dabatur in urbe quidem Roma a praetore urbano et maiore parte tribunorum plebis tutor ex lege Atilia, in provinciis vero a praesidibus provinciarum ex lege Iulia et Titia.

Zwanzigster Titel
Über den atilianischen Vormund und den nach der lex Iulia und Titia bestellten

Wenn jemand überhaupt keinen Vormund hatte, wurde ihm ein Vormund bestellt, und zwar in der Stadt Rom nach der lex Atilia[2] vom Stadtprätor und der Mehrheit der Volkstribunen, in den Provinzen dagegen nach der lex Iulia und Titia[3] von den Provinzstatthaltern.

---

1 C. 5, 30, 5 (529).
2 Wohl von 210 v. Chr., vgl. Livius 26, 33, 12.
3 Vermutlich von 31 v. Chr.; vielleicht aber zwei Gesetze, von 43 und 32/31 v. Chr.

1. Sed et si testamento tutor sub condicione aut die certo datus fuerat, quamdiu condicio aut dies pendebat, ex isdem legibus tutor dari poterat. item si pure datus fuerit, quamdiu nemo ex testamento heres existat, tamdiu ex isdem legibus tutor petendus erat, qui desinebat tutor esse, si condicio existeret aut dies veniret aut heres existeret.

1. Doch konnte nach diesen Gesetzen ein Vormund auch dann bestellt werden, wenn ein Vormund testamentarisch unter einer Bedingung oder von einem bestimmten Termin an bestellt war, solange die Bedingung oder der Termin noch nicht eingetreten war. Auch wenn der Vormund [im Testament] unbedingt bestellt war, konnte nach diesen Gesetzen ein Vormund beantragt werden, solange nach dem Testament noch niemand Erbe geworden war. Das Amt dieses Vormundes endete, wenn die Bedingung eingetreten, der Termin erreicht oder jemand Erbe geworden war.

2. Ab hostibus quoque tutore capto ex his legibus tutor petebatur, qui desinebat esse tutor, si is qui captus erat in civitatem reversus fuerat: nam reversus recipiebat tutelam iure postliminii.

2. Auch wenn der Vormund in Kriegsgefangenschaft geraten war, beantragte man nach diesen Gesetzen einen Vormund. Dessen Amt endete mit der Rückkehr des Kriegsgefangenen in das Gemeinwesen. Denn der Zurückgekehrte erhielt die Vormundschaft kraft des Rückkehrrechts wieder zurück.

3. Sed ex his legibus pupillis tutores desierunt dari, posteaquam primo consules pupillis utriusque sexus tutores ex inquisitione dare coeperunt, deinde praetores ex constitutionibus. nam supra scriptis legibus neque de cautione a tutoribus exigenda rem salvam pupillis fore neque de compellendis tutoribus ad tutelae administrationem quidquam cavetur.

3. Doch bestellte man für die Mündel nach diesen Gesetzen keine Vormünder mehr, nachdem zunächst die Konsuln dazu übergegangen waren, für Mündel beiderlei Geschlechts Vormünder aufgrund amtlicher Untersuchung zu bestellen, und nach ihnen aufgrund von Kaiserkonstitutionen auch die Prätoren. Denn in den oben erwähnten Gesetzen war weder bestimmt, daß Vormündern eine Sicherheitsleistung für die Erhaltung des Mündelvermögens abverlangt werden kann, noch daß Vormünder gezwungen werden können, die Vormundschaft wahrzunehmen.

4. Sed hoc iure utimur, ut Romae quidem praefectus urbis vel praetor secundum suam iurisdictionem, in provinciis autem praesides ex inquisitione tutores crearent, vel magistratus iussu praesidum, si non sint magnae pupilli facultates.

4. Bei uns ist jedoch geltendes Recht, daß in Rom der Stadtpräfekt oder im Rahmen seiner Gerichtsbarkeit der Prätor, in den Provinzen dagegen die Statthalter aufgrund amtlicher Untersuchung Vormünder ernennen oder auf statthalterliche Anordnung hin die Munizipalmagistrate, sofern das Vermögen des Mündels nicht groß ist.

5. Nos autem per constitutionem nostram et huiusmodi difficultates hominum resecantes nec exspectata iussione praesidum disposuimus, si facultas pupilli vel

5. Wir aber haben auch die sich daraus für die Beteiligten ergebenden Schwierigkeiten durch unsere Konstitution[1] beseitigt und bestimmt, daß, ohne daß eine statthalterliche Anordnung

1 C. 1, 4, 30 (531).

adulti usque ad quingentos solidos valeat, defensores civitatum una cum eiusdem civitatis religiosissimo antistite vel apud alias publicas personas, id est magistratus, vel iuridicum Alexandrinae civitatis tutores vel curatores creare, legitima cautela secundum eiusdem constitutionis normam praestanda, videlicet eorum periculo qui eam accipiant.

abzuwarten ist, dann, wenn das Vermögen des Unmündigen oder des bereits erwachsenen Mündels bis fünfhundert Goldmünzen wert ist, die städtischen Schutzbeauftragten gemeinsam mit dem verehrungswürdigsten Bischof dieser Stadt oder auch vor anderen Amtspersonen, das heißt den Magistraten, oder in der Stadt Alexandria vor dem Justizkommissar die Vormünder oder die Pfleger ernennen. Dabei ist die gesetzliche Sicherheit nach Maßgabe derselben Konstitution zu leisten, und zwar auf Gefahr derer, denen sie bestellt wird.

6. Impuberes autem in tutela esse naturali iuri conveniens est, ut is qui perfectae aetatis non sit alterius tutela regatur.

6. Daß aber Unmündige unter Vormundschaft stehen, entspricht dem Naturrecht, damit, wer nicht volljährig ist, durch die Vormundschaft eines anderen geschützt wird.

7. Cum igitur pupillorum pupillarumque tutores negotia gerunt, post pubertatem tutelae iudicio rationem reddunt.

7. Soweit nun die Vormünder die Geschäfte der männlichen oder weiblichen Mündel führen, legen sie nach deren Mündigkeit aufgrund der Vormundschaftsklage Rechnung.

XXI
De auctoritate tutorum

Auctoritas autem tutoris in quibusdam causis necessaria pupillis est, in quibusdam non est necessaria. ut ecce si quid dari sibi stipulentur, non est necessaria tutoris auctoritas: quod si aliis pupilli promittant, necessaria est: namque placuit meliorem quidem suam condicionem licere eis facere etiam sine tutoris auctoritate, deteriorem vero non aliter quam tutore auctore. unde in his causis, ex quibus mutuae obligationes nascuntur, in emptionibus venditionibus, locationibus conductionibus, mandatis, depositis, si tutoris auctoritas non interveniat, ipsi quidem qui cum his contrahunt obligantur, at invicem pupilli non obligantur.

Einundzwanzigster Titel
Über die förmliche Zustimmung der Vormünder

In einigen Fällen bedürfen Mündel der förmlichen Zustimmung des Vormunds, in anderen nicht. Lassen beispielsweise Mündel sich versprechen, daß ihnen etwas gegeben wird, ist die förmliche Zustimmung des Vormunds nicht erforderlich; versprechen sie jedoch anderen etwas, so ist sie erforderlich. Denn es hat sich die Auffassung durchgesetzt, daß sie ihre Rechtslage auch ohne förmliche Zustimmung des Vormunds verbessern können, verschlechtern aber nur mit förmlicher Zustimmung des Vormunds. Wenn deshalb in den Fällen, in denen wechselseitige Verbindlichkeiten entstehen, wie bei Kauf, bei Miete, Pacht, Dienst- und Werkvertrag, bei Auftrag und Verwahrung, eine förmliche Zustimmung des Vormunds nicht erteilt wird, werden zwar diejenigen, die mit den Mündeln abschließen, verpflichtet, die Mündel ihrerseits dagegen nicht.

1. Neque tamen hereditatem adire neque bonorum possessionem petere neque hereditatem ex fideicommisso suscipere aliter

1. Dennoch können Mündel nur mit förmlicher Zustimmung des Vormunds eine Erbschaft antreten, einen Nachlaßbesitz beantragen oder

possunt nisi tutoris auctoritate, quamvis lucrosa sit neque ullum damnum habeat.

eine Erbschaft aufgrund eines Fideikommisses annehmen, selbst wenn dies vorteilhaft ist und keinerlei Nachteil mit sich bringt.

2. Tutor autem statim in ipso negotio praesens debet auctor fieri, si hoc pupillo prodesse existimaverit. post tempus vero aut per epistulam interposita auctoritas nihil agit.

2. Der Vormund muß aber bei Abschluß des Geschäfts anwesend sein und seine förmliche Zustimmung sofort erteilen, falls er meint, daß es für das Mündel von Vorteil ist. Eine später oder brieflich erteilte Zustimmung bleibt dagegen wirkungslos.

3. Si inter tutorem pupillumve iudicium agendum sit, quia ipse tutor in rem suam auctor esse non potest, non praetorius tutor ut olim constituitur, sed curator in locum eius datur, quo interveniente iudicium peragitur et eo peracto curator esse desinit.

3. Muß zwischen Vormund und Mündel ein Prozeß geführt werden, so ernennt man — weil der Vormund in eigener Sache keine Zustimmung erteilen kann — nicht wie früher einen ‘prätorischen Vormund’, sondern man bestellt an seiner Stelle einen Pfleger, mit dessen Hilfe der Prozeß durchgeführt wird; und ist er durchgeführt, endet die Pflegschaft.

XXII
Quibus modis tutela finitur

Pupilli pupillaeque cum puberes esse coeperint, tutela liberantur. pubertatem autem veteres quidem non solum ex annis, sed etiam ex habitu corporis in masculis aestimari volebant. nostra autem maiestas dignum esse castitate temporum nostrorum bene putavit, quod in feminis et antiquis impudicum esse visum est, id est inspectionem habitudinis corporis, hoc etiam in masculos extendere: et ideo sancta constitutione promulgata pubertatem in masculis post quartum decimum annum completum ilico initium accipere disposuimus, antiquitatis normam in femininis personis bene positam suo ordine relinquentes, ut post duodecimum annum completum viripotentes esse credantur.

Zweiundzwanzigster Titel
Wie die Vormundschaft endet

Mündel beiderlei Geschlechts werden von der Vormundschaft frei, sobald sie geschlechtsreif werden. Allerdings wollten die alten Juristen die Geschlechtsreife bei Männern nicht allein nach den Jahren, sondern auch nach der körperlichen Beschaffenheit beurteilen. Doch haben wir in unserer Majestät für gut befunden, es sei unserer sittenreinen Zeit würdig, das, was bei Frauen schon den Altvorderen als unzüchtig erschien, nämlich eine Besichtigung der körperlichen Beschaffenheit, auch bei Männern für unzüchtig zu halten. Und deshalb haben wir durch Verkündung einer unverbrüchlichen Konstitution[1] verfügt, daß bei Männern die Geschlechtsreife sofort mit Vollendung des vierzehnten Lebensjahres anzunehmen ist. Für Frauen haben wir es bei der wohlangemessenen Regelung des alten Rechts belassen, wonach sie mit Vollendung des zwölften Lebensjahres als mannbar angesehen werden.

1. Item finitur tutela, si adrogati sint adhuc impuberes vel deportati: item si in servitutem pupillus redigatur vel ab hostibus fuerit captus.

1. Ferner endet die Vormundschaft, wenn noch Unmündige durch Arrogation als Kind angenommen oder lebenslänglich verbannt[2] werden; des weiteren, wenn ein Mündel in die

1 C. 5, 60, 3 (529).

2 Theophilus begründet: Weil sie als nahezu Mündige eine Schadenstat begehen und deshalb diese Strafe verdienen können.

Sklaverei zurückversetzt wird[1] oder in Kriegsgefangenschaft geraten ist.

2. Sed et si usque ad certam condicionem datus sit testamento, aeque evenit, ut desinat esse tutor existente condicione.

2. Aber auch wenn der Vormund bis zum Eintritt einer bestimmten Bedingung testamentarisch bestellt ist, ergibt sich gleichfalls, daß er bei Eintritt der Bedingung nicht mehr Vormund ist.

3. Simili modo finitur tutela morte vel tutorum vel pupillorum.

3. Ebenso endet die Vormundschaft mit dem Tode des Vormunds oder des Mündels.

4. Sed et capitis deminutione tutoris, per quam libertas vel civitas eius amittitur, omnis tutela perit. minima autem capitis deminutione tutoris, veluti si se in adoptionem dederit, legitima tantum tutela perit, ceterae non pereunt: sed pupilli et pupillae capitis deminutio licet minima sit, omnes tutelas tollit.

4. Doch erlischt jede Vormundschaft auch mit der Statusänderung, durch die der Vormund Freiheit oder Bürgerrecht verliert. Dagegen läßt die kleinste Statusänderung, wenn beispielsweise der Vormund sich adoptieren läßt, nur die gesetzliche Vormundschaft erlöschen, nicht die übrigen Vormundschaften. Eine Statusänderung beim männlichen und beim weiblichen Mündel hebt die Vormundschaft dagegen immer auf, selbst wenn es die kleinste Statusänderung ist.

5. Praeterea qui ad certum tempus testamento dantur tutores, finito eo deponunt tutelam.

5. Außerdem legen diejenigen, die testamentarisch auf bestimmte Zeit zum Vormund bestellt sind, nach Ablauf der Zeit die Vormundschaft nieder.

6. Desinunt autem esse tutores, qui vel removentur a tutela ob id quod suspecti visi sunt, vel ex iusta causa sese excusant et onus administrandae tutelae deponunt secundum ea quae inferius proponemus.

6. Auch bleiben diejenigen nicht länger Vormund, die aus der Vormundschaft entfernt werden, weil sie vertrauensunwürdig erschienen sind, oder diejenigen, die aus rechtmäßigem Grund ablehnen und die Führung der Vormundschaft gemäß dem, was wir weiter unten darlegen[2] werden, niederlegen.

XXIII
De curatoribus

Masculi puberes et feminae viripotentes usque ad vicesimum quintum annum completum curatores accipiunt: qui, licet puberes sint, adhuc tamen huius aetatis sunt, ut negotia sua tueri non possint.

1. Dantur autem curatores ab isdem magistratibus, a quibus et tutores. sed curator

Dreiundzwanzigster Titel
Über die Pfleger

Mündige Männer und mannbare Frauen erhalten bis zur Vollendung des fünfundzwanzigsten Lebensjahres Pfleger. Denn sie sind, obschon mündig, doch noch in einem Alter, in dem sie ihre Angelegenheiten nicht allein besorgen können.

1. Bestellt werden Pfleger von denselben Magistraten, die auch Vormünder bestellen. Durch

1 Nämlich von seinem Freilasser wegen Undankbarkeit, vgl. den Zusatz 'ut ingratus a patrono', den die Turiner und die Bamberger Handschrift im Anschluß an Theophilus haben. Vgl. auch Inst. 1, 16, 1.

2 Inst. 1, 25.

testamento non datur, sed datus confirmatur decreto praetoris vel praesidis.

Testament kann ein Pfleger allerdings nicht bestellt werden, doch wird ein so Bestellter durch Beschluß des Prätors oder des Statthalters bestätigt.

2. Item inviti adulescentes curatores non accipiunt praeterquam in litem: curator enim et ad certam causam dari potest.

2. Auch erhalten mündige Minderjährige einen Pfleger nicht gegen ihren Willen, außer für einen Rechtsstreit. Denn ein Pfleger kann auch für eine bestimmte Angelegenheit bestellt werden.

3. Furiosi quoque et prodigi, licet maiores viginti quinque annis sint, tamen in curatione sunt adgnatorum ex lege duodecim tabularum. sed solent Romae praefectus urbis vel praetor et in provinciis praesides ex inquisitione eis dare curatores.

3. Auch Geisteskranke und Verschwender stehen, selbst wenn sie über fünfundzwanzig Jahre alt sind, nach dem Zwölftafelgesetz[1] unter der Pflegschaft ihrer Seitenverwandten im Mannesstamm. Üblicherweise bestellen jedoch in Rom der Stadtpräfekt oder der Prätor und in den Provinzen der Statthalter aufgrund amtlicher Untersuchung für sie Pfleger.

4. Sed et mente captis et surdis et mutis et qui morbo perpetuo laborant, quia rebus suis superesse non possunt, curatores dandi sunt.

4. Aber auch für die Geistesgestörten sowie für Taube, Stumme und solche, die ein schweres Dauerleiden haben, sind Pfleger zu bestellen, weil sie ihre Angelegenheiten nicht besorgen können.

5. Interdum autem et pupilli curatores accipiunt, ut puta si legitimus tutor non sit idoneus, quia habenti tutorem tutor dari non potest. item si testamento datus tutor vel a praetore vel a praeside idoneus non sit ad administrationem nec tamen fraudulenter negotia administrat, solet ei curator adiungi. item in locum tutorum, qui non in perpetuum, sed ad tempus a tutela excusantur, solent curatores dari.

5. Bisweilen erhalten aber auch Mündel einen Pfleger, beispielsweise wenn der gesetzliche Vormund nicht geeignet ist; denn wer einen Vormund hat, dem kann kein Vormund mehr bestellt werden. Auch wenn ein durch Testament oder vom Prätor oder vom Statthalter bestellter Vormund zur Verwaltung des Amtes nicht geeignet ist, ohne daß er aber die Geschäfte ungetreu führt, wird ihm gewöhnlich ein Pfleger an die Seite gestellt. Auch werden gewöhnlich Pfleger anstelle von Vormündern bestellt, die nicht auf Dauer, sondern nur auf Zeit von der Führung der Vormundschaft entschuldigt sind.

6. Quodsi tutor adversa valetudine vel alia necessitate impeditur, quo minus negotia pupilli administrare possit, et pupillus vel absit vel infans sit, quem velit actorem periculo ipsius praetor vel qui provinciae praeerit decreto constituet.

6. Wenn aber der Vormund durch Krankheit oder andere zwingende Gründe verhindert ist, die Geschäfte des Mündels zu führen, und entweder das Mündel abwesend oder noch nicht sieben Jahre alt ist[2], dann setzt der Prätor oder wer der Provinz vorsteht nach seiner Wahl durch Beschluß jemanden auf Gefahr des Vormunds als Geschäftsführer ein.

1 XII tab. 5, 7a; 7c.

2 Andernfalls kann sich das Mündel unter förmlicher Zustimmung des Vormunds selbst einen Geschäftsführer bestellen, vgl. Theophilus 1, 23, 6 a.E.

XXIV
De satisdatione tutorum et curatorum

Ne tamen pupillorum pupillarumve et eorum, qui quaeve in curatione sunt, negotia a tutoribus curatoribusve consumantur aut deminuantur, curat praetor, ut et tutores et curatores eo nomine satisdent. sed hoc non est perpetuum: nam tutores testamento dati satisdare non coguntur, quia fides eorum et diligentia ab ipso testatore probata est: item ex inquisitione tutores vel curatores dati satisdatione non onerantur, quia idonei electi sunt.

1. Sed et si ex testamento vel inquisitione duo pluresve dati fuerint, potest unus offerre satis de indemnitate pupilli vel adulescentis et contutori vel concuratori praeferri, ut solus administret, vel ut contutor satis offerens praeponatur ei, ut ipse solus administret. itaque per se non potest petere satis a contutore vel concuratore suo, sed offerre debet, ut electionem det contutori suo, utrum velit satis accipere an satis dare. quodsi nemo eorum satis offerat, si quidem adscriptum fuerit a testatore, quis gerat, ille gerere debet: quodsi non fuerit adscriptum, quem maior pars elegerit, ipse gerere debet, ut edicto praetoris cavetur. sin autem ipsi tutores dissenserint circa eligendum eum vel eos qui gerere debent, praetor partes suas interponere debet. idem et in pluribus ex inquisitione datis probandum est, id est ut maior pars eligere possit, per quem administratio fieret.

Vierundzwanzigster Titel
Über die Sicherheitsleistung der Vormünder und Pfleger

Damit aber das Vermögen der Mündel und Pfleglinge, der männlichen wie der weiblichen, von den Vormündern oder Pflegern nicht vergeudet oder geschmälert wird, sorgt der Prätor dafür, daß Vormünder und Pfleger insoweit Sicherheit leisten. Doch ist das nicht immer so. Denn testamentarisch bestellte Vormünder werden nicht zur Sicherheitsleistung gezwungen, weil ihre Verläßlichkeit und Sorgfalt vom Erblasser selbst geprüft worden sind. Ferner wird Vormündern und Pflegern, die aufgrund amtlicher Untersuchung bestellt sind, keine Sicherheitsleistung auferlegt, weil sie als geeignet ausgewählt worden sind.

1. Aber auch wenn zwei oder mehrere Vormünder oder Pfleger testamentarisch oder aufgrund amtlicher Untersuchung bestellt sind, kann einer von ihnen Sicherheitsleistung zur Schadloshaltung des Mündels oder des mündigen Minderjährigen anbieten und dadurch bewirken, daß entweder er dem Mitvormund oder Mitpfleger vorgezogen wird und die Verwaltung allein führt, oder der Mitvormund seinerseits Sicherheitsleistung anbietet und ihm mit der Folge vorgezogen wird, daß allein er die Verwaltung führt. Er kann also nicht von sich aus von seinem Mitvormund oder Mitpfleger Sicherheitsleistung verlangen; vielmehr muß er Sicherheitsleistung anbieten, um so seinem Mitvormund die Wahl zuzuschieben, ob er die Sicherheitsleistung gelten lassen oder selbst Sicherheit leisten will. Erbietet sich jedoch niemand zur Sicherheitsleistung, so muß, wenn der Erblasser hinzugefügt hat, wer die Verwaltung führen soll, dieser sie führen. Ist aber keine solche Bestimmung getroffen, so muß der sie führen, den die Mehrheit wählt, wie das im Edikt des Prätors geregelt ist. Wenn die Vormünder selbst sich jedoch über die Wahl dessen oder derer, die die Verwaltung führen sollen, nicht einig sind, muß der Prätor seines Amtes walten. Dasselbe ist auch bei mehreren aufgrund amtlicher Untersuchung Bestellten anzuerkennen, das heißt, daß die Mehrheit wählen kann, wer die Verwaltung führt.

2. Sciendum autem est non solum tutores vel curatores pupillis et adultis ceterisque personis ex administratione teneri, sed etiam in eos qui satisdationes accipiunt subsidiariam actionem esse, quae ultimum eis praesidium possit afferre. subsidiaria autem actio datur in eos, qui vel omnino a tutoribus vel curatoribus satisdari non curaverint aut non idonee passi essent caveri. quae quidem tam ex prudentium responsis quam ex constitutionibus imperialibus et in heredes eorum extenditur.

2. Man muß aber wissen, daß nicht nur die Vormünder oder Pfleger wegen ihrer Verwaltung den Mündeln, den mündigen Minderjährigen und den übrigen Personen haften, sondern daß diesen als letztes Mittel, das ihnen Hilfe zu leisten vermag, auch eine subsidiäre Klage gegen diejenigen gegeben wird, die die Sicherheitsleistungen haben gelten lassen. Und diese subsidiäre Klage wird gegen die gewährt, die entweder nicht dafür gesorgt haben, daß von den Vormündern oder Pflegern überhaupt Sicherheit geleistet wurde, oder die zugelassen haben, daß die Sicherheit in unzureichender Weise geleistet wurde. Und diese Klage wird nach Gutachten der Rechtsgelehrten wie nach Kaiserkonstitutionen auch auf ihre Erben erstreckt.

3. Quibus constitutionibus et illud exprimitur, ut, nisi caveant tutores vel curatores, pignoribus captis coerceantur.

3. Auch wird in diesen Konstitutionen ausdrücklich bestimmt, daß Vormünder oder Pfleger, die keine Sicherheit leisten, durch amtliche Pfandnahme dazu gezwungen werden sollen.

4. Neque autem praefectus urbis neque praetor neque praeses provinciae neque quis alius cui tutores dandi ius est hac actione tenebitur, sed hi tantummodo qui satisdationem exigere solent.

4. Aus dieser Klage haften aber weder der Stadtpräfekt, der Prätor, der Statthalter noch wer sonst das Recht zur Vormundbestellung hat, sondern nur diejenigen, die die Sicherheitsleistung zu erwirken pflegen[1].

XXV
De excusationibus

Excusantur autem tutores vel curatores variis ex causis: plerumque autem propter liberos, sive in potestate sint sive emancipati. si enim tres liberos quis superstites Romae habeat vel in Italia quattuor vel in provinciis quinque, a tutela vel cura possunt excusari exemplo ceterorum munerum: nam et tutelam et curam placuit publicum munus esse. sed adoptivi liberi non prosunt, in adoptionem autem dati naturali patri prosunt. item nepotes ex filio prosunt, ut in locum patris succedant, ex filia non

Fünfundzwanzigster Titel
Über die Ablehnungsgründe

Aus verschiedenen Gründen kann man es ablehnen, Vormund oder Pfleger zu werden, und zwar zumeist wegen eigener Kinder, gleichgültig ob sie noch in väterlicher Gewalt stehen oder daraus entlassen sind. Wer nämlich in Rom drei, in Italien vier oder in der Provinz fünf lebende Kinder hat, kann wie bei anderen Dienstpflichten die Übernahme einer Vormundschaft oder einer Pflegschaft ablehnen. Denn nach herrschender Ansicht sind auch Vormundschaft und Pflegschaft öffentliche Dienstpflichten. Als Kind Angenommene zählen jedoch nicht mit. Vielmehr zählen die zur Adoption gegebenen Kinder zugunsten ihres leiblichen Vaters. Ebenso zählen die vom Sohn abstammenden Enkelkinder, soweit sie an die Stelle ihres Vaters treten; von der Tochter abstammende Enkelkinder

1 Das heißt: niedere Munizipalmagistrate.

prosunt. filii autem superstites tantum ad tutelae vel curae muneris excusationem prosunt, defuncti non prosunt. sed si in bello amissi sunt, quaesitum est, an prosint. et constat eos solos prodesse qui in acie amittuntur: hi enim, quia pro re publica ceciderunt, in perpetuum per gloriam vivere intelleguntur.

zählen nicht mit. Für die Ablehnung des Amtes eines Vormunds oder Pflegers zählen aber nur lebende Kinder, nicht die verstorbenen. Bei den im Krieg ums Leben Gekommenen war allerdings fraglich, ob sie mitzählen. Und es steht fest, daß nur die zählen, die in offener Schlacht gefallen sind; denn man sieht den, der für das Gemeinwesen gefallen ist, im Ruhm ewig weiterleben[1].

1. Item divus Marcus in semestribus rescripsit eum, qui res fisci administrat, a tutela vel cura quamdiu administrat excusari posse.

1. Ferner hat der vergöttlichte Kaiser Mark Aurel laut seiner halbjährlichen Konstitutionensammlung den Bescheid erteilt, daß ein Verwalter von Fiskalvermögen für die Dauer der Verwaltung die Übernahme einer Vormundschaft oder Pflegschaft ablehnen kann.

2. Item qui rei publicae causa absunt, a tutela et cura excusantur. sed et si fuerunt tutores vel curatores, deinde rei publicae causa abesse coeperunt, a tutela et cura excusantur, quatenus rei publicae causa absunt, et interea curator loco eorum datur. qui si reversi fuerint, recipiunt onus tutelae nec anni habent vacationem, ut Papinianus responsorum libro quinto scripsit: nam hoc spatium habent ad novas tutelas vocati.

2. Des weiteren sind diejenigen zur Ablehnung von Vormundschaft und Pflegschaft berechtigt, die in Staatsgeschäften abwesend sind. Aber auch dann, wenn sie bereits Vormund oder Pfleger sind und dann in Staatsgeschäften abwesend sein müssen, sind sie für die Dauer ihrer Abwesenheit zur Ablehnung berechtigt, und für die Zwischenzeit wird an ihrer Stelle ein Pfleger bestellt. Sobald sie zurückkehren, übernehmen sie wieder ihr Vormundschaftsamt und sind, wie Papinian im fünften Buch seiner Gutachten geschrieben hat, nicht für ein ganzes Jahr befreit. Denn diese Frist steht nur denen zu, die zur Übernahme einer neuen Vormundschaft berufen werden.

3. Et qui potestatem aliquam habent, excusare se possunt, ut divus Marcus rescripsit, sed coeptam tutelam deserere non possunt.

3. Auch wer irgendein öffentliches Amt innehat, kann, wie der vergöttlichte Kaiser Mark Aurel beschieden hat, die Übernahme ablehnen; eine bereits übernommene Vormundschaft kann er jedoch nicht aufgeben.

4. Item propter litem, quam cum pupillo vel adulto tutor vel curator habet, excusare se nemo potest: nisi forte de omnibus bonis vel hereditate controversia sit.

4. Ferner kann niemand als Vormund oder Pfleger deswegen, weil er einen Rechtsstreit gegen das Mündel oder den mündigen Minderjährigen führt, das Amt ablehnen, es sei denn, daß der Streit gerade um das gesamte Vermögen oder um die Erbschaft geht.

5. Item tria onera tutelae non affectatae vel curae praestant vacationem, quamdiu administrantur: ut tamen plurium pupillorum tutela vel cura eorundem bonorum, veluti fratrum, pro una computetur.

5. Des weiteren begründen drei Vormundschaften oder Pflegschaften, die man nicht angestrebt hat, solange einen Befreiungsgrund, wie man sie führt. Dabei wird jedoch die Vormundschaft oder Pflegschaft über mehrere

1 Vgl. Cicero, Philippica 9, 2, 4 und D. 27, 1, 18; 50, 5, 14 pr.; Fragmenta Vaticana 199.

Mündel mit demselben Vermögen, zum Beispiel über Geschwister, als eine gezählt.

6. Sed et propter paupertatem excusationem tribui tam divi fratres quam per se divus Marcus rescripsit, si quis imparem se oneri iniuncto possit docere.

6. Daß aber auch eine Ablehnung wegen Armut gestattet wird, wenn jemand dartun kann, daß er dem ihm auferlegten Amt deshalb nicht gewachsen ist, haben die vergöttlichten kaiserlichen Brüder[1] und allein nochmals der vergöttlichte Kaiser Mark Aurel auf Anfrage entschieden.

7. Item propter adversam valetudinem, propter quam nec suis quidem negotiis interesse potest, excusatio locum habet.

7. Ferner besteht ein Ablehnungsgrund auch wegen einer Krankheit, derentwegen man nicht einmal in eigenen Geschäften tätig sein kann.

8. Similiter eum qui litteras nesciret excusandum esse divus Pius rescripsit: quamvis et imperiti litterarum possunt ad administrationem negotiorum sufficere.

8. Dementsprechend kann, wie der vergöttlichte Kaiser Antoninus Pius auf Anfrage entschieden hat, auch ablehnen, wer nicht lesen und schreiben kann, obwohl auch Analphabeten den Anforderungen einer Geschäftsführung genügen können.

9. Item si propter inimicitiam aliquem testamento tutorem pater dederit, hoc ipsum praestat ei excusationem: sicut per contrarium non excusantur, qui se tutelam patri pupillorum administraturos promiserunt.

9. Des weiteren verschafft schon der bloße Umstand, daß ein Vater aus Feindschaft jemanden testamentarisch zum Vormund bestellt, diesem einen Ablehnungsgrund, so wie umgekehrt diejenigen nicht ablehnen können, die dem Vater eines Mündels versprochen haben, die Vormundschaft zu führen.

10. Non esse autem admittendam excusationem eius, qui hoc solo utitur, quod ignotus patri pupillorum sit, divi fratres rescripserunt.

10. Nach einem Bescheid der vergöttlichten kaiserlichen Brüder ist aber eine Ablehnung nicht zuzulassen, wenn jemand lediglich geltend macht, der Vater des Mündels habe ihn gar nicht gekannt.

11. Inimicitiae, quas quis cum patre pupillorum vel adultorum exercuit, si capitales fuerunt nec reconciliatio intervenit, a tutela solent excusare.

11. Eine Feindschaft, in der jemand mit dem Vater des Mündels oder des mündigen Minderjährigen lebte, gibt gewöhnlich dann einen Grund, die Übernahme der Vormundschaft abzulehnen, wenn sie eine Todfeindschaft war und eine Aussöhnung nicht stattgefunden hat.

12. Item si quis status controversiam a pupillorum patre passus est, excusatur a tutela.

12. Ebenso kann die Übernahme der Vormundschaft ablehnen, wer vom Vater des Mündels mit einem Prozeß über seinen Status überzogen worden ist.

13. Item maior septuaginta annis a tutela vel cura se potest excusare. minores autem viginti et quinque annis olim quidem excusabantur: a nostra autem constitutione prohibentur ad tutelam vel curam adspirare, adeo ut nec excusatione opus fiat. qua con-

13. Ferner kann die Übernahme einer Vormundschaft oder Pflegschaft ablehnen, wer das siebzigste Lebensjahr vollendet hat. Auch Mündige unter fünfundzwanzig Jahren konnten früher ablehnen. Nach unserer Konstitution[2] sind sie jedoch schon gehindert, die Führung einer

1 Mark Aurel und Lucius Verus.
2 C. 5, 30, 5 (529).

stitutione cavetur, ut nec pupillus ad legitimam tutelam vocetur nec adultus: cum erat incivile eos, qui alieno auxilio in rebus suis administrandis egere noscuntur et sub aliis reguntur, aliorum tutelam vel curam subire.

Vormundschaft oder einer Pflegschaft überhaupt anzustreben, so daß eine Ablehnung gar nicht nötig ist. In dieser Konstitution ist auch bestimmt, daß weder ein Mündel noch ein mündiger Minderjähriger zur gesetzlichen Vormundschaft berufen wird. Denn es wäre sachwidrig, wenn diejenigen, von denen man weiß, daß sie für die Verwaltung ihrer eigenen Angelegenheiten auf fremde Hilfe angewiesen sind, und die selbst von anderen geleitet werden, ihrerseits eine Vormundschaft oder Pflegschaft über andere übernehmen würden.

14. Idem et in milite observandum est, ut nec volens ad tutelae munus admittatur.

14. Dasselbe gilt auch für Soldaten, die daher nicht einmal mit ihrem Willen das Amt eines Vormunds übernehmen dürfen.

15. Item Romae grammatici rhetores et medici et qui in patria sua id exercent et intra numerum sunt, a tutela vel cura habent vacationem.

15. Ferner sind von der Übernahme einer Vormundschaft oder Pflegschaft in Rom die Grammatiklehrer, die Lehrer der Rhetorik und die Ärzte befreit, außerdem diejenigen, die in ihrer Heimatstadt diese Tätigkeiten ausüben und im Rahmen der jeweiligen Höchstzahl zugelassen sind.

16. Qui autem se vult excusare, si plures habeat excusationes et de quibusdam non probaverit, aliis uti intra tempora non prohibetur. qui excusare se volunt, non appellant: sed intra dies quinquaginta continuos, ex quo cognoverunt, excusare se debent (cuiuscumque generis sunt, id est qualitercumque dati fuerint tutores), si intra centesimum lapidem sunt ab eo loco, ubi tutores dati sunt: si vero ultra centesimum habitant, dinumeratione facta viginti milium diurnorum et amplius triginta dierum. quod tamen, ut Scaevola dicebat, sic debet computari, ne minus sint quam quinquaginta dies.

16. Wenn jemand aber ablehnen will und mehrere Ablehnungsgründe hat, so ist er, wenn er einige nicht beweisen kann, nicht gehindert, innerhalb der Frist die anderen geltend zu machen. Wer ablehnen will, braucht keine Berufung einzulegen. Vielmehr muß er die Ablehnungsgründe innerhalb einer natürlichen Frist von fünfzig Tagen ab Kenntnis von der Bestellung geltend machen (gleichgültig welcher Art der Vormund ist, das heißt, wie auch immer er bestellt ist). Dies gilt, sofern er nicht weiter als hundert Meilen von dem Ort entfernt wohnt, wo er zum Vormund bestellt worden ist. Wohnt er aber weiter entfernt als hundert Meilen, so wird die Frist aus je einem Tag für zwanzig Meilen und dreißig zusätzlichen Tagen errechnet. Dabei ist jedoch, wie Scaevola zu sagen pflegte, so zu 'rechnen', daß niemals weniger als fünfzig Tage herauskommen[1].

17. Datus autem tutor ad universum patrimonium datus esse creditur.

17. Wird jemand zum Vormund bestellt, so ist anzunehmen, daß er zur Verwaltung des gesamten Vermögens bestellt ist.

18. Qui tutelam alicuius gessit, invitus curator eiusdem fieri non compellitur, in tantum ut, licet pater, qui testamento tuto-

18. Wer die Vormundschaft über einen anderen geführt hat, darf gegen seinen Willen nicht dazu angehalten werden, auch dessen Pfleger zu

1 D. 27, 1, 13, 2.

rem dederit, adiecit se eundem curatorem dare, tamen invitum eum curam suscipere non cogendum divi Severus et Antoninus rescripserunt.

werden. Und dementsprechend haben die vergöttlichten Kaiser Septimius Severus und Antoninus [Caracalla] auf Anfrage entschieden, daß selbst dann, wenn der Vater testamentarisch einen Vormund bestellt und hinzugefügt hat, er bestelle ihn auch zum Pfleger, dieser gleichwohl nicht gegen seinen Willen zur Übernahme der Pflegschaft gezwungen werden darf.

19. Idem rescripserunt maritum uxori suae curatorem datum excusare se posse, licet se immisceat.

19. Dieselben Kaiser haben auf Anfrage entschieden, daß ein Ehemann, der zum Pfleger seiner Frau bestellt worden ist, auch dann ein Ablehnungsrecht hat, wenn er sich schon mit der Pflegschaft befaßt hat.

20. Si quis autem falsis allegationibus excusationem tutelae meruit, non est liberatus onere tutelae.

20. Hat jemand aber durch falsche Angaben Befreiung von der Vormundschaft erlangt, so ist er dennoch von der Last der Vormundschaft nicht frei.

XXVI
De suspectis tutoribus et curatoribus

Sechsundzwanzigster Titel
Über die vertrauensunwürdigen Vormünder und Pfleger

Sciendum est suspecti crimen e lege duodecim tabularum descendere.

Man muß wissen, daß die Anklage gegen den vertrauensunwürdigen Vormund auf das Zwölftafelgesetz[1] zurückgeht.

1. Datum est autem ius removendi suspectos tutores Romae praetori et in provinciis praesidibus earum et legato proconsulis.

1. Das Recht, unwürdige Vormünder abzusetzen, haben in Rom der Prätor und in den Provinzen die Statthalter und der Stellvertreter des Prokonsuls.

2. Ostendimus, qui possunt de suspecto cognoscere: nunc videamus, qui suspecti fieri possunt. et quidem omnes tutores possunt, sive testamentarii sint sive non, sed alterius generis tutores. quare et si legitimus sit tutor, accusari poterit. quid si patronus? adhuc idem erit dicendum: dummodo meminerimus famae patroni parcendum, licet ut suspectus remotus fuerit.

2. Damit haben wir gezeigt, wer über einen vertrauensunwürdigen Vormund zu befinden hat. Sehen wir nun, wer als unwürdiger Vormund belangt werden kann: Und das ist nun bei allen Vormündern möglich, seien sie testamentarisch bestellt oder nicht oder seien sie anderer Art. Daher kann auch ein gesetzlicher Vormund angeklagt werden. Was aber, wenn es der Freilasser ist? Auch dann wird man dasselbe sagen müssen, sofern wir nur daran denken, daß man den Ruf des Freilassers selbst dann schonen muß, wenn er als vertrauensunwürdiger Vormund abgesetzt wird.

3. Consequens est, ut videamus, qui possint suspectos postulare. et sciendum est quasi publicam esse hanc actionem, hoc est omnibus patere. quin immo et mulieres admittuntur ex rescripto divorum Severi et

3. Nun ist an der Reihe, daß wir sehen, wer unwürdige Vormünder anklagen kann. Dazu muß man wissen, daß diese Klage sozusagen eine öffentliche ist, das heißt, daß sie allen offensteht. Ja, es werden nach einem Bescheid der

1 XII tab. 8, 20 a.

Antonini, sed hae solae, quae pietatis necessitudine ductae ad hoc procedunt, ut puta mater: nutrix quoque et avia possunt, potest et soror: sed et si qua mulier fuerit, cuius praetor perpensam pietatem intellexerit non sexus verecundiam egredientis, sed pietate productam non continere iniuriam pupillorum, admittit eam ad accusationem.

vergöttlichten Kaiser Septimius Severus und Antoninus [Caracalla] sogar Frauen zu ihr zugelassen, allerdings nur die, die sich durch die Macht ihrer Liebe dazu gedrängt sehen, wie zum Beispiel eine Mutter. Auch die Amme und die Großmutter können dies, ebenso die Schwester. Aber auch wenn sonst eine Frau auftritt, läßt der Prätor sie zur Anklage zu, wenn er ihre echte Anteilnahme erkennt und sie die ihrem Geschlecht gezogenen Anstandsgrenzen nicht überschreitet, sondern durch ihre Anteilnahme dazu gebracht ist, das den Mündeln widerfahrene Unrecht nicht zu verschweigen.

4. Impuberes non possunt tutores suos suspectos postulare: puberes autem curatores suos ex consilio necessariorum suspectos possunt arguere: et ita divi Severus et Antoninus rescripserunt.

4. Unmündige können ihre Vormünder nicht als vertrauensunwürdig anklagen; hingegen können mündige Minderjährige auf den Ratschluß ihrer Angehörigen hin ihre Pfleger als vertrauensunwürdig beschuldigen. Dies haben auch die vergöttlichten Kaiser Septimius Severus und Antoninus [Caracalla] auf Anfrage entschieden.

5. Suspectus est autem, qui non ex fide tutelam gerit, licet solvendo est, ut et Iulianus quoque scripsit. sed et ante, quam incipiat gerere tutelam tutor, posse eum quasi suspectum removeri idem Iulianus scripsit et secundum eum constitutum est.

5. Vertrauensunwürdig aber ist, wie bereits Julian geschrieben hat, wer die Vormundschaft nicht getreulich führt, auch wenn er zahlungsfähig ist. Allerdings kann, wie ebenfalls Julian geschrieben hat und ihm folgend durch eine Konstitution bestimmt wurde, ein Vormund als unwürdig auch schon abgesetzt werden, ehe er überhaupt angefangen hat, die Vormundschaft zu führen.

6. Suspectus autem remotus, si quidem ob dolum, famosus est: si ob culpam, non aeque.

6. Wer als vertrauensunwürdig abgesetzt wird, ist ehrlos, wenn dies wegen vorsätzlicher Pflichtverletzung geschieht; bei nur fahrlässiger Pflichtverletzung ist es nicht so.

7. Si quis autem suspectus postulatur, quoad cognitio finiatur, interdicitur ei administratio, ut Papiniano visum est.

7. Wenn aber jemand als vertrauensunwürdig angeklagt wird, so ist ihm nach der Ansicht Papinians die Geschäftsführung bis zum Abschluß der gerichtlichen Untersuchung zu untersagen.

8. Sed si suspecti cognitio suscepta fuerit posteaque tutor vel curator decesserit, extinguitur cognitio suspecti.

8. Wenn aber die gerichtliche Untersuchung wegen des Verdachts der Untreue eröffnet ist und danach der Vormund oder der Pfleger stirbt, ist das Verfahren erledigt.

9. Si quis tutor copiam sui non faciat, ut alimenta pupillo decernantur, cavetur epistula divorum Severi et Antonini, ut in possessionem bonorum eius pupillus mittatur: et quae mora deteriora futura sunt, dato cu-

9. Wenn ein Vormund nicht dabei mitwirkt, daß der Unterhalt des Mündels gerichtlich geregelt wird, ist in einem brieflichen Bescheid der vergöttlichten Kaiser Septimius Severus und Antoninus [Caracalla] bestimmt[1], daß das Mün-

1 Vgl. D. 26, 10, 7, 2.

ratore distrahi iubentur. ergo ut suspectus removeri poterit qui non praestat alimenta.

del in den Besitz des Vermögens seines Vormunds gesetzt wird und daß alle Gegenstände, die zu verderben drohen, durch einen dafür bestellten Pfleger veräußert werden. Es kann also auch als vertrauensunwürdig abgesetzt werden, wer keinen Unterhalt leistet.

10. Sed si quis praesens negat propter inopiam alimenta posse decerni, si hoc per mendacium dicat, remittendum eum esse ad praefectum urbis puniendum placuit, sicut ille remittitur, qui data pecunia ministerium tutelae redemit.

10. Behauptet aber jemand im Termin, wegen seiner Armut könne keine Regelung über den Unterhalt getroffen werden, und hat er gelogen, so steht fest, daß er dem Stadtpräfekten zur Bestrafung zu überstellen ist, ebenso wie derjenige überstellt wird, der das Amt des Vormunds mit Geld erkauft.

11. Libertus quoque, si fraudulenter gessisse tutelam filiorum vel nepotum patroni probetur, ad praefectum urbis remittitur puniendus.

11. Auch ein Freigelassener wird dem Stadtpräfekten zur Bestrafung überstellt, wenn nachgewiesen wird, daß er die Vormundschaft über die Söhne oder Enkel seines Freilassers ungetreu geführt hat.

12. Novissime sciendum est eos, qui fraudulenter tutelam vel curam administrant, etiamsi satis offerant, removendos a tutela, quia satisdatio propositum tutoris malevolum non mutat, sed diutius grassandi in re familiari facultatem praestat.

12. Endlich muß man noch wissen, daß diejenigen, die die Vormundschaft oder die Pflegschaft ungetreu führen, vom Vormundsamt selbst dann abzusetzen sind, wenn sie Sicherheitsleistung anbieten. Denn eine Sicherheitsleistung würde die bösen Absichten des Vormunds nicht ändern, sondern ihm nur die Gelegenheit geben, sich weiterhin an dem Vermögen zu vergreifen.

13. Suspectum enim eum putamus, qui moribus talis est, ut suspectus sit: enimvero tutor vel curator quamvis pauper est, fidelis tamen et diligens, removendus non est quasi suspectus.

13. Für vertrauensunwürdig halten wir den, der sich durch sein sittliches Verhalten vertrauensunwürdig macht; also ist ein Vormund oder Pfleger, der zwar arm, aber doch treu und sorgfältig ist, natürlich nicht als vertrauensunwürdig abzusetzen.

LIBER SECUNDUS

I

De rerum divisione

Superiore libro de iure personarum exposuimus: modo videamus de rebus. quae vel in nostro patrimonio vel extra nostrum patrimonium habentur. quaedam enim naturali iure communia sunt omnium, quaedam publica, quaedam universitatis, quaedam nullius, pleraque singulorum, quae variis ex causis cuique adquiruntur, sicut ex subiectis apparebit.

1. Et quidem naturali iure communia sunt omnium haec: aer et aqua profluens et mare et per hoc litora maris. nemo igitur ad litus maris accedere prohibetur, dum tamen villis et monumentis et aedificiis abstineat, quia non sunt iuris gentium, sicut et mare.

2. Flumina autem omnia et portus publica sunt: ideoque ius piscandi omnibus commune est in portubus fluminibusque.

3. Est autem litus maris, quatenus hibernus fluctus maximus excurrit.

4. Riparum quoque usus publicus est iuris gentium, sicut ipsius fluminis: itaque navem ad eas appellere, funes ex arboribus ibi natis religare, onus aliquid in his reponere cuilibet liberum est, sicuti per ipsum flumen navigare. sed proprietas earum illorum est, quorum praediis haerent: qua de causa arbores quoque in isdem natae eorundem sunt.

5. Litorum quoque usus publicus iuris gentium est, sicut ipsius maris: et ob id quibuslibet liberum est casam ibi imponere, in qua se recipiant, sicut retia siccare et ex mare deducere. proprietas autem eorum potest intellegi nullius esse, sed eiusdem iuris esse, cuius et mare et quae subiacent mari, terra vel harena.

ZWEITES BUCH

Erster Titel

Über die Einteilung der Sachen

Im vorigen Buch haben wir das Personenrecht dargelegt; jetzt wollen wir uns den Sachen zuwenden. Diese befinden sich entweder in den einzelnen Vermögen oder außerhalb der einzelnen Vermögen. Denn manche Sachen stehen nach Naturrecht allen gemeinsam zu, manche sind öffentlich, manche gehören einer Gesamtheit, manche niemandem; die meisten aber gehören einzelnen Menschen, und diese werden auf unterschiedliche Art erworben, wie sich im folgenden zeigen wird.

1. Die folgenden Sachen stehen nach Naturrecht allen gemeinsam zu: die Luft, das fließende Wasser, das Meer und damit auch der Meeresstrand. Niemandem ist also der Zugang zum Meeresstrand verwehrt, solange er sich von Landhäusern, Denkmälern und sonstigen Gebäuden fernhält, weil diese nicht dem Völkergemeinrecht unterliegen; so verhält es sich auch beim Meer.

2. Alle Flüsse und Häfen aber sind öffentlich; daher steht das Recht, in Häfen und Flüssen zu fischen, allen gemeinsam zu.

3. Der Meeresstrand reicht aber so weit, wie die höchste Winterflut aufläuft.

4. Die öffentliche Benutzung der Flußufer ergibt sich ebenso aus dem Völkergemeinrecht wie die des Flusses selbst. Daher steht es jedem frei, am Ufer zu landen, Taue an dort vorhandenen Bäumen zu befestigen, Ladung dort zu löschen sowie den Fluß selbst zu befahren. Aber das Eigentum an den Flußufern steht denen zu, deren Grundstücke sie säumen. Darum gehören ihnen auch die Bäume, die am Ufer stehen.

5. Die öffentliche Benutzung des Meeresstrandes ergibt sich ebenso aus dem Völkergemeinrecht wie die des Meeres selbst. Daher steht es jedem frei, dort eine Hütte zu bauen, wohin er sich zurückziehen kann, sowie Netze zu trocknen und aus dem Meer zu ziehen. Aber das Eigentum am Meeresstrand steht begreiflicherweise niemandem zu, sondern es ist nach demselben Recht zu beurteilen wie das Meer selbst und der Erd- oder Sandboden unter dem Meer.

6. Universitatis sunt, non singulorum veluti quae in civitatibus sunt, ut theatra stadia et similia et si qua alia sunt communia civitatium.

6. Der Gesamtheit, nicht einzelnen Menschen, gehört das, was sich in den Städten befindet, wie beispielsweise Theater, Rennbahnen sowie ähnliche Einrichtungen und was es sonst an gemeinschaftlichen Dingen in Stadtgemeinden gibt.

7. Nullius autem sunt res sacrae et religiosae et sanctae: quod enim divini iuris est, id nullius in bonis est.

7. Niemandem gehören die sakralen, religiosen und sakrosankten Sachen: Was göttlichen Rechts ist, steht in niemandes Vermögen.

8. Sacra sunt, quae rite et per pontifices deo consecrata sunt, veluti aedes sacrae et dona, quae rite ad ministerium dei dedicata sunt, quae etiam per nostram constitutionem alienari et obligari prohibuimus, excepta causa redemptionis captivorum. si quis vero auctoritate sua quasi sacrum sibi constituerit, sacrum non est, sed profanum. locus autem, in quo sacrae aedes aedificatae sunt, etiam diruto aedificio adhuc sacer manet, ut et Papinianus scripsit.

8. Sakral sind die Sachen, die in vorgeschriebener Form unter Mitwirkung von Priestern Gott geweiht sind, wie zum Beispiel Gotteshäuser und Geschenke, die formgerecht dem Gottesdienst gewidmet sind und deren Veräußerung und Verpfändung wir auch durch eine unserer Konstitutionen[1] verboten haben, ausgenommen für den Fall des Loskaufs von Gefangenen. Wenn aber jemand für sich aus eigener Machtvollkommenheit etwas als sakral bestimmt hat, ist dies nicht sakral, sondern weltlich. Die Stätte, auf der ein Gotteshaus errichtet worden ist, bleibt sakral, selbst wenn das Gebäude abgerissen worden ist, wie auch Papinian[2] geschrieben hat.

9. Religiosum locum unusquisque sua voluntate facit, dum mortuum infert in locum suum. in communem autem locum purum invito socio inferre non licet: in commune vero sepulcrum etiam invitis ceteris licet inferre. item si alienus usus fructus est, proprietarium placet nisi consentiente usufructuario locum religiosum non facere. in alienum locum concedente domino licet inferre: et licet postea ratum habuerit, quam illatus est mortuus, tamen religiosus locus fit.

9. Einen religiosen Ort kann jedermann nach seinem Willen dadurch schaffen, daß er auf seinem Grundstück einen Toten bestattet. Auf einem gemeinschaftlichen, grabfreien Grundstück darf man ohne Erlaubnis des Miteigentümers jedoch nicht bestatten. In einer gemeinschaftlichen Grabstätte dagegen darf man auch ohne Erlaubnis der übrigen Gemeinschafter bestatten. Ebensowenig darf der Eigentümer einen Ort, an dem ein anderer den Nießbrauch hat, ohne Erlaubnis des Nießbrauchers zu einem religiosen machen. Auf einem fremden Grundstück darf man mit Einwilligung des Eigentümers bestatten. Auch wenn er die Genehmigung erst erteilt, nachdem der Tote bereits bestattet ist, wird der Ort gleichwohl religios.

10. Sanctae quoque res, veluti muri et portae, quodammodo divini iuris sunt et ideo nullius in bonis sunt. ideo autem muros sanctos dicimus, quia poena capitis constituta sit in eos, qui aliquid in muros deliquerint. ideo et legum eas partes, quibus poenas constituimus adversus eos qui contra leges fecerint, sanctiones vocamus.

10. Auch sakrosankte Sachen, zum Beispiel Stadtmauern und Tore, sind gewissermaßen göttlichen Rechts und sind daher in niemandes Vermögen. Die Stadtmauern nennen wir aber deshalb sakrosankt, weil gegen diejenigen, die in irgendeiner Weise gegen die Mauern freveln, die Todesstrafe festgesetzt worden ist. Daher nennen wir auch den Teil der Gesetze, in dem

---

1 C. 1, 2, 21 (232).

2 D. 18, 1, 73 pr.; Fragmenta Vaticana 5.

wir Strafen gegen diejenigen verhängen, die gegen die Gesetze verstoßen haben, die Sanktion.

11. Singulorum autem hominum multis modis res fiunt: quarundam enim rerum dominium nanciscimur iure naturali, quod, sicut diximus, appellatur ius gentium, quarundam iure civili. commodius est itaque a vetustiore iure incipere. palam est autem vetustius esse naturale ius, quod cum ipso genere humano rerum natura prodidit: civilia enim iura tunc coeperunt esse, cum et civitates condi et magistratus creari et leges scribi coeperunt.

11. In das Eigentum einzelner Personen gelangen Sachen auf vielfältige Art. An manchen Sachen erwerben wir nämlich das Eigentum nach Naturrecht, was, wie wir gesagt haben[1], auch Völkergemeinrecht genannt wird; an manchen Sachen erwerben wir das Eigentum nach Zivilrecht. Und so ist es wohl angemessen, mit dem älteren Recht zu beginnen. Älter ist aber offensichtlich das Naturrecht, das die Natur zugleich mit dem Menschengeschlecht hervorgebracht hat. Zivilrecht begann dagegen erst zu entstehen, als man anfing, Staaten zu gründen, Ämter einzurichten und Gesetze niederzuschreiben.

12. Ferae igitur bestiae et volucres et pisces, id est omnia animalia, quae in terra mari caelo nascuntur, simulatque ab aliquo capta fuerint, iure gentium statim illius esse incipiunt: quod enim ante nullius est, id naturali ratione occupanti conceditur. nec interest, feras bestias et volucres utrum in suo fundo quisque capiat, an in alieno: plane qui in alienum fundum ingreditur venandi aut aucupandi gratia, potest a domino, si is providerit, prohiberi ne ingrediatur. quidquid autem eorum ceperis, eo usque tuum esse intellegitur, donec tua custodia coercetur: cum vero evaserit custodiam tuam et in naturalem libertatem se receperit, tuum esse desinit et rursus occupantis fit. naturalem autem libertatem recipere intellegitur, cum vel oculos tuos effugerit vel ita sit in conspectu tuo, ut difficilis sit eius persecutio.

12. Wilde Tiere, Vögel und Fische, also alle Lebewesen, die es auf dem Lande, im Meer oder in der Luft gibt, gelangen, sobald sie von jemandem gefangen sind, nach Völkergemeinrecht sogleich in dessen Eigentum. Denn was vorher niemandem gehörte, steht nach natürlicher Vernunft demjenigen zu, der es sich zuerst aneignet. Es macht keinen Unterschied, ob jemand wilde Tiere und Vögel auf seinem eigenen Grund und Boden fängt oder auf fremdem. Freilich kann derjenige, der zu Jagd oder Vogelfang ein fremdes Grundstück betreten will, von dessen Eigentümer, der es bemerkt hat, daran gehindert werden. Jedes wilde Tier, das du fängst, wird solange als dein Eigentum angesehen, wie es in deinem Gewahrsam bleibt. Wenn es aber deinem Gewahrsam entkommt und seine natürliche Freiheit wiedererlangt, hört es auf, dir zu gehören, und wird wiederum Eigentum dessen, der es sich als nächster aneignet. Für wiedererlangt aber hält man die Freiheit dann, wenn dir das Tier aus den Augen gekommen ist oder wenn du es zwar noch im Blick hast, aber seine Verfolgung schwierig ist.

13. Illud quaesitum est, an, si fera bestia ita vulnerata sit, ut capi possit, statim tua esse intellegatur. quibusdam placuit statim tuam esse et eo usque tuam videri, donec eam persequaris, quodsi desieris persequi, desinere tuam esse et rursus fieri occupan-

13. Man hat gefragt, ob ein wildes Tier, wenn es so verwundet ist, daß es gefangen werden kann, sofort als dein Eigentum anzusehen ist. Manche haben gemeint, es gehöre sofort dir und bleibe solange dein Eigentum, wie du es verfolgst; wenn du aber die Verfolgung aufgebest,

1 Vgl. Inst. 1, 2, 1; 1, 2, 11.

tis. alii non aliter putaverunt tuam esse, quam si ceperis. sed posteriorem sententiam nos confirmamus, quia multa accidere solent, ut eam non capias.

höre es auf, dein Eigentum zu sein, und werde Eigentum dessen, der es sich als nächster aneigne. Andere haben angenommen, das Tier werde erst dann dein Eigentum, wenn du es fängst. Wir entscheiden uns für die letztgenannte Ansicht, weil oft mancherlei dazwischenkommt und du das Tier doch nicht fängst.

14. Apium quoque natura fera est. itaque quae in arbore tua consederint, antequam a te alveo includantur, non magis tuae esse intelleguntur, quam volucres, quae in tua arbore nidum fecerint: ideoque si alius eas incluserit, is earum dominus erit. favos quoque si quos hae fecerint, quilibet eximere potest. plane integra re si provideris ingredientem in fundum tuum, potes eum iure prohibere ne ingrediatur. examen, quod ex alveo tuo evolaverit, eo usque tuum esse intellegitur, donec in conspectu tuo est nec difficilis eius persecutio est: alioquin occupantis fit.

14. Auch Bienen sind ihrer Natur nach wilde Tiere. Haben sie sich daher auf deinem Baum niedergelassen, so sind sie, bevor du sie in einem Bienenstock eingefangen hast, ebensowenig dein Eigentum wie Vögel, die auf deinem Baum ein Nest gebaut haben. Fängt daher ein anderer sie ein, so wird er deren Eigentümer. Auch die Honigwaben, die sie erzeugen, kann jedermann wegnehmen. Wenn du freilich, bevor derartiges geschehen ist, jemanden dein Grundstück betreten siehst, kannst du ihn mit Recht am Betreten hindern. Der Bienenschwarm, der aus deinem Stock auszieht, wird solange als dein Eigentum angesehen, wie er in deinem Blickfeld bleibt und nicht schwer zu verfolgen ist. Andernfalls wird er Eigentum dessen, der ihn sich als nächster aneignet.

15. Pavonum et columbarum fera natura est. nec ad rem pertinet, quod ex consuetudine avolare et revolare solent: nam et apes idem faciunt, quarum constat feram esse naturam: cervos quoque ita quidam mansuetos habent, ut in silvas ire et redire soleant, quorum et ipsorum feram esse naturam nemo negat. in his autem animalibus, quae ex consuetudine abire et redire solent, talis regula comprobata est, ut eo usque tua esse intellegantur, donec animum revertendi habeant: nam si revertendi animum habere desierint, etiam tua esse desinunt et fiunt occupantium. revertendi autem animum videntur desinere habere, cum revertendi consuetudinem deseruerint.

15. Auch Pfauen und Tauben sind ihrer Natur nach wilde Tiere. Unerheblich ist, daß sie nach ihrer Gewohnheit fortfliegen und immer wieder zurückkehren. Denn die Bienen tun dasselbe, die mit Sicherheit ihrer Natur nach wild sind. Manche haben auch Hirsche so gezähmt, daß sie in den Wald laufen und zurückkehren, und trotzdem bezweifelt niemand, daß sie ihrer Natur nach wild sind. Für die Tiere aber, die nach ihrer Gewohnheit sich entfernen und immer wieder zurückkehren, ist die Regel anerkannt, daß sie so lange als dir gehörig gelten, wie sie den Willen haben zurückzukehren. Wenn sie nämlich den Willen zur Rückkehr aufgegeben haben, hören sie auch auf, dir zu gehören, und sie werden Eigentum dessen, der sie sich als nächster aneignet. Den Willen zur Rückkehr haben sie offenbar dann aufgegeben, wenn sie die Gewohnheit dazu verloren haben.

16. Gallinarum et anserum non est fera natura idque ex eo possumus intellegere, quod aliae sunt gallinae, quas feras vocamus, item alii anseres, quos feros appellamus. ideoque si anseres tui aut gallinae tuae aliquo casu turbati turbataeve evolaverint, licet conspectum tuum effugerint, quocum-

16. Unsere Hühner und Gänse sind ihrer Natur nach nicht wild. Dies können wir daraus ersehen, daß es auch Hühner gibt, die wir als wild bezeichnen, und ebenso Gänse, die wir Wildgänse nennen. Wenn deshalb deine Gänse oder Hühner, durch irgendeinen Umstand aufgeschreckt, wegfliegen, bleiben sie doch in deinem

que tamen loco sint, tui tuaeve esse intelleguntur: et qui lucrandi animo ea animalia retinet, furtum committere intellegitur.

17. Item ea, quae ex hostibus capimus, iure gentium statim nostra fiunt: adeo quidem, ut et liberi homines in servitutem nostram deducantur, qui tamen, si evaserint nostram potestatem et ad suos reversi fuerint, pristinum statum recipiunt.

18. Item lapilli gemmae et cetera, quae in litore inveniuntur, iure naturali statim inventoris fiunt.

19. Item ea, quae ex animalibus dominio tuo subiectis nata sunt, eodem iure tibi adquiruntur.

20. Praeterea quod per alluvionem agro tuo flumen adiecit, iure gentium tibi adquiritur. est autem alluvio incrementum latens. per alluvionem autem id videtur adici, quod ita paulatim adicitur, ut intellegere non possis, quantum quoquo momento temporis adiciatur.

21. Quodsi vis fluminis partem aliquam ex tuo praedio detraxerit et vicini praedio appulerit, palam est eam tuam permanere. plane si longiore tempore fundo vicini haeserit arboresque, quas secum traxerit, in eum fundum radices egerint, ex eo tempore videntur vicini fundo adquisitae esse.

22. Insula quae in mari nata est, quod raro accidit, occupantis fit: nullius enim esse creditur. at in flumine nata, quod frequenter accidit, si quidem mediam partem fluminis teneat, communis est eorum, qui ab utraque parte fluminis prope ripam praedia possident, pro modo latitudinis cuiusque fundi, quae latitudo prope ripam sit. quodsi alteri parti proximior sit, eorum est tantum, qui ab ea parte prope ripam praedia possident. quodsi aliqua parte divisum

Eigentum, an welchem Ort sie auch immer sein mögen, selbst wenn sie deinem Blick entschwunden sind. Wer diese Tiere in gewinnsüchtiger Absicht festhält, begeht ersichtlich einen Diebstahl.

17. Auch was wir den Feinden wegnehmen, wird nach Völkergemeinrecht sofort unser Eigentum, und zwar so, daß sogar freie Menschen zu unseren Sklaven werden. Sind sie aber unserer Gewalt entkommen und nach Hause zurückgekehrt, erlangen sie wieder ihre frühere Rechtsstellung.

18. Perlen, Edelsteine und was man sonst am Strand findet, werden nach Naturrecht sofort Eigentum des Finders.

19. Nach demselben Recht[1] erwirbst du die Jungen, die von Tieren geboren werden, die dir gehören.

20. Außerdem erwirbst du nach Völkergemeinrecht, was der Fluß durch Anschwemmung an dein Land anspült. Die Anschwemmung ist aber ein unmerklicher Zuwachs. Durch Anschwemmung angespült wird das, was so allmählich hinzukommt, daß man nicht erkennen kann, wieviel in jedem Augenblick angespült wird.

21. Wenn aber die Gewalt des Flusses von deinem Grundstück einen Teil abreißt und ihn an ein benachbartes Grundstück treibt, ist es klar, daß der Teil dein Eigentum bleibt. Wenn er freilich über längere Zeit am Nachbargrundstück hängen bleibt und die Bäume, die er mit sich geführt hat, Wurzeln in das Nachbargrundstück getrieben haben, so wird angenommen, daß er von diesem Zeitpunkt an zum benachbarten Grundstück gehört.

22. Eine Insel, die, was selten geschieht, im Meer entsteht, wird Eigentum dessen, der sie sich zuerst aneignet. Denn man nimmt an, daß sie vorher niemandem gehört. Entsteht die Insel aber, was häufiger geschieht, in einem Fluß, dann wird sie, wenn sie in der Flußmitte liegt, gemeinschaftliches Eigentum derer, die auf beiden Seiten des Flusses Grundstücke am Ufer besitzen, und zwar im Verhältnis zu der Breite, die jedes Grundstück am Ufer hat. Ist die Insel aber der einen Flußseite näher als der anderen, dann

1 Vgl. D. 41, 1, 6.

flumen, deinde infra unitum agrum alicuius in formam insulae redegerit, eiusdem permanet is ager, cuius et fuerat.

wird sie nur Eigentum derer, die auf dieser Seite Grundstücke am Ufer besitzen. Teilt sich jedoch der Fluß an einer Stelle, um sich weiter unterhalb wieder zu vereinigen, und macht er dadurch jemandes Grundstück zu einer Insel, so bleibt das Grundstück im Eigentum dessen, der es vorher gehabt hat.

23. Quodsi naturali alveo in universum derelicto alia parte fluere coeperit, prior quidem alveus eorum est, qui prope ripam eius praedia possident, pro modo scilicet latitudinis cuiusque agri, quae latitudo prope ripam sit, novus autem alveus eius iuris esse incipit, cuius et ipsum flumen, id est publicus. quodsi post aliquod tempus ad priorem alveum reversum fuerit flumen, rursus novus alveus eorum esse incipit, qui prope ripam eius praedia possident.

23. Hat der Fluß allerdings sein natürliches Bett ganz verlassen und begonnen, einen anderen Lauf zu nehmen, gehört das verlassene Flußbett denen, die am Ufer Grundstücke besitzen, und zwar im Verhältnis zu der Breite, die jedes Grundstück am Ufer hat. Das neue Flußbett aber unterliegt dann demselben Recht wie der Fluß selbst; es wird also öffentlich. Kehrt nun der Fluß nach einiger Zeit in sein früheres Bett zurück, so gehört das neue Flußbett wiederum denen, die am Ufer Grundstücke besitzen.

24. Alia sane causa est, si cuius totus ager inundatus fuerit. neque enim inundatio speciem fundi commutat et ob id, si recesserit aqua, palam est eum fundum eius manere, cuius et fuit.

24. Wieder anders liegt der Fall, wenn jemandes Land vollständig überschwemmt ist. Denn die Überschwemmung verändert die Eigenart des Grundstücks nicht. Wenn daher das Wasser abläuft, ist klar, daß das Grundstück Eigentum dessen bleibt, dem es vorher gehört hat.

25. Cum ex aliena materia species aliqua facta sit ab aliquo, quaeri solet, quis eorum naturali ratione dominus sit, utrum is qui fecerit, an ille potius qui materiae dominus fuerit: ut ecce si quis ex alienis uvis aut olivis aut spicis vinum aut oleum aut frumentum fecerit, aut ex alieno auro vel argento vel aere vas aliquod fecerit, vel ex alieno vino et melle mulsum miscuerit, vel ex alienis medicamentis emplastrum aut collyrium composuerit, vel ex aliena lana vestimentum fecerit, vel ex alienis tabulis navem vel armarium vel subsellium fabricaverit. et post multas Sabinianorum et Proculianorum ambiguitates placuit media sententia existimantium, si ea species ad materiam reduci possit, eum videri dominum esse, qui materiae dominus fuerat, si non possit reduci, eum potius intellegi dominum qui fecerit: ut ecce vas conflatum potest ad ru-

25. Wenn jemand aus fremdem Material eine Sache hergestellt hat, wird regelmäßig gefragt, wer von beiden kraft natürlicher Vernunft Eigentümer ist, der Hersteller oder eher derjenige, der Eigentümer des Materials gewesen ist; zum Beispiel wenn jemand aus fremden Trauben, Oliven oder Ähren Wein, Öl oder Getreide hergestellt hat oder aus fremdem Gold, Silber oder Kupfer ein Gefäß; oder wenn jemand fremden Wein und Honig zu Honigwein gemischt hat; oder wenn jemand aus fremden Arzneimitteln ein Heilpflaster oder eine Salbe angefertigt hat oder aus fremder Wolle ein Kleid oder aus fremden Brettern ein Schiff, einen Schrank oder eine Bank. Nach langem Streit zwischen den Sabinianern und Prokulianern[1] hat sich eine vermittelnde Meinung durchgesetzt. Danach wird, wenn die neue Sache in das Rohmaterial zurückgeführt werden kann, derjenige als Eigentümer anerkannt, dem das Material gehörte; ist dies nicht möglich, so wird vielmehr derjenige als Eigentümer angesehen, der das Material verarbeitet hat. So kann zum Beispiel ein gegosse-

1 Vgl. D. 41, 1, 7, 7; Gaius 2, 79.

dem massam aeris vel argenti vel auri reduci, vinum autem aut oleum aut frumentum ad uvas et olivas et spicas reverti non potest ac ne mulsum quidem ad vinum et mel resolvi potest. quodsi partim ex sua materia, partim ex aliena speciem aliquam fecerit quisque, veluti ex suo vino et alieno melle mulsum aut ex suis et alienis medicamentis emplastrum aut collyrium aut ex sua et aliena lana vestimentum fecerit, dubitandum non est hoc casu eum esse dominum qui fecerit: cum non solum operam suam dedit, sed et partem eiusdem materiae praestavit.

nes Gefäß in das Rohmaterial des Kupfers, Silbers oder Goldes zurückgeführt werden. Dagegen können Wein, Öl oder Getreide nicht in Trauben, Oliven oder Ähren zurückverwandelt werden, ebensowenig Honigwein in Wein und Honig. Wenn nun aber jemand teils aus eigenem, teils aus fremdem Material eine neue Sache hergestellt hat, zum Beispiel aus eigenem Wein und fremdem Honig Honigwein oder aus eigenen und fremden Arzneimitteln Heilpflaster oder Salbe oder aus eigener und fremder Wolle ein Kleid, so wird in diesem Fall unzweifelhaft derjenige Eigentümer, der hergestellt hat. Denn er hat nicht nur seine Arbeit eingesetzt, sondern auch einen Teil des Materials hergegeben.

26. Si tamen alienam purpuram quis intexuit suo vestimento, licet pretiosior est purpura, accessionis vice cedit vestimento: et qui dominus fuit purpurae, adversus eum qui subripuit habet furti actionem et condictionem, sive ipse est qui vestimentum fecit, sive alius. nam extinctae res licet vindicari non possint, condici tamen a furibus et a quibusdam aliis possessoribus possunt.

26. Wenn aber jemand fremde Purpurfäden seinem Kleid eingewebt hat, gehört der Purpur, obgleich er mehr wert ist, wie eine Nebensache zum Kleid. Der frühere Eigentümer des Purpurs hat gegen denjenigen, der ihn entwendet hat, die Diebstahlsklage und die Kondiktion, mag der Dieb selbst das Kleid hergestellt haben oder ein anderer. Denn obwohl nicht mehr vorhandene Sachen nicht vindiziert werden können, kann doch von den Dieben und gewissen anderen Besitzern kondiziert werden.

27. Si duorum materiae ex voluntate dominorum confusae sint, totum id corpus, quod ex confusione fit, utriusque commune est, veluti si qui vina sua confuderint aut massas argenti vel auri conflaverint. sed si diversae materiae sint et ob id propria species facta sit, forte ex vino et melle mulsum aut ex auro et argento electrum, idem iuris est: nam et eo casu communem esse speciem non dubitatur. quodsi fortuitu et non voluntate dominorum confusae fuerint vel diversae materiae vel quae eiusdem generis sunt, idem iuris esse placuit.

27. Wenn Stoffe zweier Eigentümer mit deren Willen vermischt worden sind, so gehört die ganze Sache, die aus der Vermischung entsteht, beiden gemeinschaftlich, zum Beispiel wenn sie ihre Weine vermischt oder Klumpen von Gold oder Silber zusammengeschmolzen haben. Aber auch wenn es unterschiedliche Stoffe sind und deswegen eine neuartige Sache entstanden ist, zum Beispiel aus Wein und Honig Honigwein oder aus Gold und Silber eine Legierung, so gilt dasselbe. Denn auch in diesem Fall gehört die neue Sache unzweifelhaft beiden. Wenn schließlich durch Zufall und nicht mit Willen der Eigentümer unterschiedliche oder gleichartige Stoffe vermischt worden sind, gilt nach allgemeiner Ansicht nichts anderes.

28. Quodsi frumentum Titii tuo frumento mixtum fuerit, si quidem ex voluntate vestra, commune erit, quia singula corpora, id est singula grana, quae cuiusque propria fuerunt, ex consensu vestro communicata sunt. quodsi casu id mixtum fuerit

28. Wenn aber Getreide des Titius mit deinem Getreide vermengt worden ist, so wird es gemeinschaftliches Eigentum, falls dies mit eurem Willen geschah, weil die einzelnen Sachen, das heißt die einzelnen Körner, die jedem von euch allein gehörten, mit eurer Zustimmung gemeinschaftlich geworden sind. Wenn jedoch die Vermengung zufällig geschehen ist oder Titius das

vel Titius id miscuerit sine voluntate tua, non videtur commune esse, quia singula corpora in sua substantia durant nec magis istis casibus commune fit frumentum, quam grex communis esse intellegitur, si pecora Titii tuis pecoribus mixta fuerint: sed si ab alterutro vestrum id totum frumentum retineatur, in rem quidem actio pro modo frumenti cuiusque competat, arbitrio autem iudicis continetur, ut is aestimet, quale cuiusque frumentum fuerit.

Getreide ohne deinen Willen vermengt hat, so nimmt man gemeinschaftliches Eigentum nicht an, weil die einzelnen Sachen in ihrer Beschaffenheit fortbestehen. Und das Getreide wird in diesen Fällen ebensowenig gemeinschaftlich, wie man eine Herde als gemeinschaftlich ansieht, wenn Vieh des Titius mit deinem Vieh vereinigt wird. Wenn aber der eine von euch das ganze Getreide zurückhält, hat der andere eine dingliche Klage gemäß der Menge seines Getreides; es steht jedoch im Ermessen des Richters zu berücksichtigen, von welcher Qualität das Getreide jedes einzelnen war.

29. Cum in suo solo aliquis aliena materia aedificaverit, ipse dominus intellegitur aedificii, quia omne quod inaedificatur solo cedit. nec tamen ideo is, qui materiae dominus fuerat, desinit eius dominus esse: sed tantisper neque vindicare eam potest neque ad exhibendum de ea re agere propter legem duodecim tabularum, qua cavetur, ne quis tignum alienum aedibus suis iniunctum eximere cogatur, sed duplum pro eo praestet per actionem quae vocatur de tigno iuncto (appellatione autem tigni omnis materia significatur, ex qua aedificia fiunt): quod ideo provisum est, ne aedificia rescindi necesse sit. sed si aliqua ex causa dirutum sit aedificium, poterit materiae dominus, si non fuerit duplum iam persecutus, tunc eam vindicare et ad exhibendum agere.

29. Wenn jemand auf eigenem Grundstück mit fremdem Material gebaut hat, wird er auch als Eigentümer des Gebäudes angesehen, weil alles, was auf dem Grundstück gebaut wird, zum Grundstück gehört. Dennoch hört derjenige, der Eigentümer des Materials gewesen ist, nicht auf, Eigentümer zu sein. Aber einstweilen kann er es weder vindizieren noch deswegen auf Vorlegung klagen, und zwar wegen des Zwölftafelgesetzes[1], in dem bestimmt wird, daß derjenige, der einen fremden Balken in sein Gebäude eingebaut hat, nicht gezwungen werden kann, ihn auszubauen, sondern daß er für ihn aufgrund einer Klage, die man Klage wegen des eingebauten Balkens nennt, den doppelten Wert zu leisten hat (unter der Bezeichnung 'Balken' wird alles Material verstanden, aus dem Gebäude hergestellt werden). Dies ist deshalb vorgesehen worden, damit Gebäude nicht abgerissen werden müssen. Wenn aber aus irgendeinem Grund das Gebäude zerstört worden ist, kann der Eigentümer des Materials, wenn er nicht schon den doppelten Wert erlangt hat, dieses vindizieren und auf Vorlegung klagen.

30. Ex diverso si quis in alieno solo sua materia domum aedificaverit, illius fit domus, cuius et solum est. sed hoc casu materiae dominus proprietatem eius amittit, quia voluntate eius alienata intellegitur, utique si non ignorabat in alieno solo se aedificare: et ideo, licet diruta sit domus, vindicare materiam non possit. certe illud

30. Wenn umgekehrt jemand auf fremdem Grundstück mit eigenem Material ein Haus gebaut hat, wird das Haus Eigentum dessen, dem auch das Grundstück gehört. In diesem Fall verliert der Eigentümer des Materials jedoch sein Eigentum, weil es als mit seinem Willen veräußert angesehen wird, jedenfalls wenn ihm nicht unbekannt war, daß er auf fremdem Grundstück baute. Daher soll er, selbst wenn das Haus zerstört ist, das Material nicht vindizieren kön-

1 XII tab. 6, 7.

constat, si in possessione constituto aedificatore soli dominus petat domum suam esse nec solvat pretium materiae et mercedes fabrorum, posse eum per exceptionem doli mali repelli, utique si bonae fidei possessor fuit qui aedificasset: nam scienti alienum esse solum potest culpa obici, quod temere aedificaverit in eo solo, quod intellegeret alienum esse.

nen. Folgendes steht mit Sicherheit fest: Wenn der, der gebaut hat, sich im Besitz befindet und der Eigentümer des Grundstücks das Haus als sein Eigentum in Anspruch nimmt, ohne den Wert des Materials und die Löhne der Handwerker zu bezahlen, kann der Eigentümer mit der Einrede der Arglist zurückgewiesen werden, jedenfalls dann, wenn der, der gebaut hat, gutgläubiger Besitzer gewesen ist. Denn dem, der weiß, daß es ein fremdes Grundstück ist, kann Verschulden vorgeworfen werden, weil er leichtfertig auf einem Grundstück gebaut hat, von dem er wußte, daß es ein fremdes war.

31. Si Titius alienam plantam in suo solo posuerit, ipsius erit: et ex diverso si Titius suam plantam in Maevii solo posuerit, Maevii planta erit, si modo utroque casu radices egerit. antequam autem radices egerit, eius permanet, cuius et fuerat. adeo autem ex eo, ex quo radices agit planta, proprietas eius commutatur, ut, si vicini arborem ita terra Titii presserit, ut in eius fundum radices ageret, Titii effici arborem dicimus: rationem etenim non permittere, ut alterius arbor esse intellegatur, quam cuius in fundum radices egisset. et ideo prope confinium arbor posita si etiam in vicini fundum radices egerit, communis fit.

31. Wenn Titius eine fremde Pflanze auf seinem Grundstück gepflanzt hat, wird sie sein Eigentum, und wenn umgekehrt Titius eine eigene Pflanze auf dem Grundstück des Maevius gepflanzt hat, wird sie Eigentum des Maevius, in beiden Fällen allerdings nur, wenn sie Wurzeln geschlagen hat. Bevor sie aber Wurzeln geschlagen hat, bleibt sie im Eigentum dessen, der Eigentümer war. Daß das Eigentum an der Pflanze sich ändert, wenn sie Wurzeln geschlagen hat, geht sogar so weit, daß wir folgendes sagen: Wenn Erde des Titius einen Baum des Nachbarn so fest bedeckt, daß er auf dem Grundstück des Titius Wurzeln schlägt, wird der Baum Eigentum des Titius[1]. Denn die Natur der Sache läßt es nicht zu, den Baum als Eigentum eines anderen anzusehen als desjenigen, in dessen Grundstück er Wurzeln geschlagen hat. Und darum wird ein nahe der Grenze gepflanzter Baum gemeinschaftliches Eigentum, wenn er seine Wurzeln auch in das Grundstück des Nachbarn treibt.

32. Qua ratione autem plantae, quae terra coalescunt, solo cedunt, eadem ratione frumenta quoque, quae sata sunt, solo cedere intelleguntur. ceterum sicut is qui in alieno solo aedificaverit, si ab eo dominus petat aedificium, defendi potest per exceptionem doli mali secundum ea quae diximus: ita eiusdem exceptionis auxilio tutus esse potest is, qui alienum fundum sua impensa bona fide consevit.

32. Aus demselben Grund aber, aus dem Pflanzen, die in der Erde verwurzelt sind, zum Grundstück gehören, wird auch Getreide, das ausgesät ist, als zum Grundstück gehörig angesehen. Wie im übrigen derjenige, der auf fremdem Boden gebaut hat, sich nach dem Gesagten mit der Einrede der Arglist verteidigen kann, wenn der Eigentümer das Grundstück in Anspruch nimmt, so kann sich mit Hilfe derselben Einrede auch schützen, wer ein fremdes Grund-

1 Wie der ausgewachsene Baum auf das Nachbargrundstück gelangt ist, ob durch Umpflanzen (vgl. D. 41, 1, 7, 13), durch Herüberwachsen des Wurzelwerks oder auf andere Weise, bleibt ungewiß.

stück auf seine Kosten in gutem Glauben eingesät hat.

33. Litterae quoque, licet aureae sint, perinde chartis membranisque cedunt, acsi solo cedere solent ea quae inaedificantur aut inseruntur: ideoque si in chartis membranisve tuis carmen vel historiam vel orationem Titius scripserit, huius corporis non Titius, sed tu dominus esse iudiceris. sed si a Titio petas tuos libros tuasve membranas esse nec impensam scripturae solvere paratus sis, poterit se Titius defendere per exceptionem doli mali, utique si bona fide earum chartarum membranarumve possessionem nanctus est.

33. Auch Buchstaben gehören, selbst wenn sie aus Gold sind, ebenso zum Papier und Pergament wie das, was gebaut oder gesät wird, regelmäßig zum Grundstück gehört. Wenn daher Titius auf deinem Papier oder Pergament ein Gedicht, eine Geschichte oder eine Rede geschrieben hat, so erkennt man dich, nicht Titius als den Eigentümer dieses Schriftstücks an. Aber wenn du von Titius die Bücher oder Pergamente als dir gehörig in Anspruch nimmst, ohne bereit zu sein, die Kosten für die Schrift zu bezahlen, dann kann Titius sich mit der Einrede der Arglist verteidigen, jedenfalls wenn er den Besitz an diesen Papieren oder Pergamenten in gutem Glauben erlangt hat.

34. Si quis in aliena tabula pinxerit, quidam putant tabulam picturae cedere: aliis videtur picturam, qualiscumque sit, tabulae cedere. sed nobis videtur melius esse tabulam picturae cedere: ridiculum est enim picturam Apellis vel Parrhasii in accessionem vilissimae tabulae cedere. unde si a domino tabulae imaginem possidente is qui pinxit eam petat nec solvat pretium tabulae, poterit per exceptionem doli mali summoveri: at si is qui pinxit possideat, consequens est, ut utilis actio domino tabulae adversus eum detur, quo casu, si non solvat impensam picturae, poterit per exceptionem doli mali repelli, utique si bona fide possessor fuerit ille qui picturam imposuit. illud enim palam est, quod, sive is qui pinxit subripuit tabulas sive alius, competit domino tabularum furti actio.

34. Wenn jemand auf fremder Tafel gemalt hat, meinen manche, die Tafel gehöre zum Gemälde. Nach Ansicht anderer gehört das Gemälde, wie es auch immer sein mag, zur Tafel. Aber uns scheint es richtiger zu sein, daß die Tafel zum Gemälde gehört. Denn es wäre doch lächerlich, wenn ein Gemälde des Apelles oder des Parrhasius als nebensächlicher Teil zu einer ganz wertlosen Tafel gehörte. Wenn daher der Maler das Bild von dem früheren Eigentümer der Tafel, der das Bild besitzt, herausverlangt, ohne den Wert der Tafel zu ersetzen, kann er mit der Einrede der Arglist abgewehrt werden. Wenn aber der Maler das Bild besitzt, ist es folgerichtig, daß dem früheren Eigentümer der Tafel gegen ihn eine analoge Klage gewährt wird; in dem Fall kann er, wenn er die Kosten des Gemäldes nicht bezahlt, mit der Einrede der Arglist abgewiesen werden, jedenfalls dann, wenn der, der das Bild angefertigt hat, gutgläubiger Besitzer war. Es ist nämlich klar, daß dem früheren Eigentümer der Tafeln die Diebstahlsklage zusteht, wenn der, der das Bild angefertigt hat, oder ein anderer die Tafeln entwendet hat.

35. Si quis a non domino, quem dominum esse crederet, bona fide fundum emerit vel ex donatione aliave qua iusta causa aeque bona fide acceperit: naturali ratione placuit fructus quos percepit eius esse pro cultura et cura. et ideo si postea dominus

35. Wenn jemand vom Nichteigentümer, den er für den Eigentümer hielt, in gutem Glauben ein Grundstück gekauft oder — ebenfalls gutgläubig — durch Schenkung oder aus irgendeinem anderen Rechtsgrund erlangt hat, dann ist kraft natürlicher Vernunft anerkannt worden, daß die Früchte, die er gezogen hat, als Ausgleich für die Bearbeitung und Pflege des Bodens ihm gehören. Deshalb kann der Eigentü-

supervenerit et fundum vindicet, de fructibus ab eo consumptis agere non potest. ei vero, qui sciens alienum fundum possederit, non idem concessum est. itaque cum fundo etiam fructus, licet consumpti sint, cogitur restituere.

36. Is, ad quem usus fructus fundi pertinet, non aliter fructuum dominus efficitur, quam si eos ipse perceperit. et ideo licet maturis fructibus, nondum tamen perceptis decesserit, ad heredem eius non pertinent, sed domino proprietatis adquiruntur. eadem fere et de colono dicuntur.

37. In pecudum fructu etiam fetus est, sicuti lac et pilus et lana: itaque agni et haedi et vituli et equuli statim naturali iure dominii sunt fructuarii. partus vero ancillae in fructu non est itaque ad dominum proprietatis pertinet: absurdum enim videbatur hominem in fructu esse, cum omnes fructus rerum natura hominum gratia comparavit.

38. Sed si gregis usum fructum quis habeat, in locum demortuorum capitum ex fetu fructuarius summittere debet, ut et Iuliano visum est, et in vinearum demortuarum vel arborum locum alias debet substituere. recte enim colere debet et quasi bonus pater familias uti debet.

39. Thesauros, quos quis in suo loco invenerit, divus Hadrianus naturalem aequitatem secutus ei concessit qui invenerit. idemque statuit, si quis in sacro aut in religioso loco fortuito casu invenerit. at si quis in alieno loco non data ad hoc opera, sed fortuitu invenerit, dimidium domino soli concessit. et convenienter, si quis in Caesaris loco invenerit, dimidium inventoris, dimidium Caesaris esse statuit. cui conve-

mer, wenn er danach kommt und das Grundstück vindiziert, wegen der vom Besitzer verbrauchten Früchte nicht klagen. Dem aber, der wissentlich ein fremdes Grundstück besitzt, ist nicht dasselbe zugebilligt worden. Er muß daher zusammen mit dem Grundstück auch die Früchte erstatten, selbst wenn sie verbraucht sind.

36. Derjenige, dem der Nießbrauch an einem Grundstück zusteht, wird nur dann Eigentümer der Früchte, wenn er sie selbst gezogen hat. Sind daher bei seinem Tode die Früchte zwar reif, aber noch nicht geerntet, so stehen sie nicht seinem Erben zu, sondern werden vom Grundstückseigentümer erworben. Dasselbe gilt regelmäßig für den Pächter.

37. Zu den Früchten des Viehs gehört auch das Junge, gerade so wie die Milch, das Haar und die Wolle. Deshalb gehören Lämmer, Zicklein, Kälber und Fohlen nach Naturrecht sofort dem Nießbraucher. Das Kind der Sklavin aber gehört nicht zu den Früchten und steht daher dem Eigentümer zu. Denn es wurde für widersinnig gehalten[1], daß ein Mensch zu den Früchten gehöre, da doch die Natur alle Früchte nur der Menschen wegen geschaffen hat.

38. Wer aber den Nießbrauch an einer Herde hat, muß die eingegangenen Tiere aus dem Nachwuchs ersetzen, was auch Julian für richtig gehalten hat, und an die Stelle abgestorbener Weinstöcke und Bäume muß er andere setzen. Denn er hat ordnungsgemäß zu wirtschaften und die Sache wie ein guter Hausvater zu gebrauchen.

39. Schätze, die jemand auf seinem Grundstück findet, hat der vergöttlichte Kaiser Hadrian, der natürlichen Gerechtigkeit folgend, demjenigen zugesprochen, der sie gefunden hat. Und dasselbe hat er bestimmt, wenn jemand an einem sakralen oder religiosen Ort zufällig einen Schatz gefunden hat. Hat er ihn dagegen auf fremdem Grundstück gefunden, und zwar ohne danach gesucht zu haben, sondern zufällig, dann hat der Kaiser die Hälfte dem Grundeigentümer zugesprochen. Demgemäß hat er bestimmt, daß von einem Schatz, der auf einem kaiserlichen Grundstück gefunden wird, die eine Hälfte dem Finder gehört, die andere dem

1 Seit M. Iunius Brutus (Prätor 142 v. Chr.), vgl. Cicero, De finibus 1, 4, 12; De officiis 1, 7, 22; D. 7, 1, 68 pr.

niens est, ut, si quis in publico loco vel fiscali invenerit, dimidium ipsius esse, dimidium fisci vel civitatis.

Kaiser. Dementsprechend gehört, wenn jemand einen Schatz auf einem öffentlichen oder fiskalischen Grundstück findet, die eine Hälfte ihm selbst, die andere der Gemeinde oder dem Fiskus.

40. Per traditionem quoque iure naturali res nobis adquiruntur: nihil enim tam conveniens est naturali aequitati, quam voluntatem domini, volentis rem suam in alium transferre, ratam haberi. et ideo cuiuscumque generis sit corporalis res, tradi potest et a domino tradita alienatur. itaque stipendiaria quoque et tributaria praedia eodem modo alienantur. vocantur autem stipendiaria et tributaria praedia, quae in provinciis sunt, inter quae nec non Italica praedia ex nostra constitutione nulla differentia est.

40. Auch durch Übergabe erwerben wir Sachen nach Naturrecht. Denn nichts entspricht so sehr der natürlichen Gerechtigkeit, als den Willen des Eigentümers, der seine Sache einem anderen übereignen möchte, als wirksam anzuerkennen. Daher braucht eine körperliche Sache gleich welcher Art[1] nur übergeben zu werden, und sie wird durch die Übergabe seitens des Eigentümers veräußert. Deshalb werden auch stipendiarische und tributarische Grundstücke in dieser Form veräußert. Als stipendiarisch und tributarisch werden [steuerpflichtige] Grundstücke bezeichnet, die in den [senatorischen oder kaiserlichen] Provinzen liegen. Sie weisen untereinander und auch zu den italischen Grundstücken nach unserer Konstitution[2] keinen Unterschied mehr auf.

41. Sed si quidem ex causa donationis aut dotis aut qualibet alia ex causa tradantur, sine dubio transferuntur: venditae vero et traditae non aliter emptori adquiruntur, quam si is venditori pretium solverit vel alio modo ei satisfecerit, veluti expromissore aut pignore dato. quod cavetur quidem etiam lege duodecim tabularum: tamen recte dicitur et iure gentium, id est iure naturali, id effici. sed si is qui vendidit fidem emptoris secutus fuerit, dicendum est statim rem emptoris fieri.

41. Und wenn nun Sachen aufgrund einer Schenkung oder einer Mitgift oder aus irgendeinem anderen Grund übergeben werden, wird das Eigentum unzweifelhaft übertragen. Sachen jedoch, die verkauft und übergeben sind, erwirbt der Käufer nur dann, wenn er dem Verkäufer den Kaufpreis gezahlt oder ihm in anderer Form Genüge getan hat, zum Beispiel durch Stellung eines Schuldübernehmers oder durch Pfandbestellung. Dies wird zwar auch im Zwölftafelgesetz[3] so bestimmt; doch sagt man mit Recht, daß es auch nach Völkergemeinrecht, das heißt nach Naturrecht, gilt. Wenn aber derjenige, der die Sache verkauft hat, dem Käufer den Kaufpreis kreditiert, muß man sagen, daß die Sache sogleich Eigentum des Käufers wird.

42. Nihil autem interest, utrum ipse dominus tradat alicui rem, an voluntate eius alius.

42. Es macht keinen Unterschied, ob der Eigentümer selbst die Sache jemandem übergibt oder mit seinem Willen ein anderer.

43. Qua ratione, si cui libera negotiorum administratio a domino permissa fuerit is-

43. Wenn deshalb jemand, dem vom Eigentümer die freie Verwaltung seiner Geschäfte übertragen worden ist, im Rahmen dieser Geschäfte

1 Weil die Kategorie der res mancipi abgeschafft ist, vgl. C. 7, 31, 1, 5 (531).
2 C. 7, 31, 1 (531).
3 XII tab. 7, 11.

que ex his negotiis rem vendiderit et tradiderit, facit eam accipientis.

44. Interdum etiam sine traditione nuda voluntas sufficit domini ad rem transferendam, veluti si rem, quam tibi aliquis commodavit aut locavit aut apud te deposuit, vendiderit tibi aut donaverit. quamvis enim ex ea causa tibi eam non tradiderit, eo tamen ipso, quod patitur tuam esse, statim adquiritur tibi proprietas perinde ac si eo nomine tradita fuisset.

45. Item si quis merces in horreo depositas vendiderit, simul atque claves horrei tradiderit emptori, transfert proprietatem mercium ad emptorem.

46. Hoc amplius interdum et in incertam personam collocata voluntas domini transfert rei proprietatem: ut ecce praetores vel consules, qui missilia iactant in vulgus, ignorant, quid eorum quisque excepturus sit, et tamen, quia volunt quod quisque exceperit eius esse, statim eum dominum efficiunt.

47. Qua ratione verius esse videtur et, si rem pro derelicto a domino habitam occupaverit quis, statim eum dominum effici. pro derelicto autem habetur, quod dominus ea mente abiecerit, ut id rerum suarum esse nollet, ideoque statim dominus esse desinit.

48. Alia causa est earum rerum, quae in tempestate maris levandae navis causa eiciuntur. hae enim dominorum permanent, quia palam est eas non eo animo eici, quo quis eas habere non vult, sed quo magis cum ipsa nave periculum maris effugiat: qua de causa si quis eas fluctibus expulsas vel etiam in ipso mari nactus lucrandi animo abstulerit, furtum committit. nec longe discedere videntur ab his, quae de rheda currente non intellegentibus dominis cadunt.

eine Sache verkauft und übergibt, dann macht er sie dadurch zum Eigentum des Empfängers.

44. Bisweilen genügt auch ohne Übergabe der bloße Wille des Eigentümers, um eine Sache zu übereignen, zum Beispiel wenn jemand eine Sache, die er dir geliehen oder vermietet oder bei dir hinterlegt hat, dir verkauft oder schenkt. Denn obgleich er dir die Sache nicht aus diesem Grund übergeben hat, wird sie dennoch allein dadurch, daß er sie dir zu Eigentum überläßt, sogleich dein Eigentum, wie wenn sie zu diesem Zweck übergeben worden wäre.

45. Ebenso überträgt, wer in einem Speicher gelagerte Waren verkauft, das Eigentum an den Waren auf den Käufer, sobald er die Schlüssel zum Speicher dem Käufer übergibt.

46. Darüber hinaus überträgt bisweilen sogar der an eine unbestimmte Person gerichtete Wille des Eigentümers das Eigentum an einer Sache: Prätoren oder Konsuln zum Beispiel, die Geschenke unter das Volk werfen, wissen nicht, wer was davon auffangen wird; doch weil sie wollen, daß das, was jeder auffängt, sein Eigentum wird, machen sie ihn sofort zum Eigentümer.

47. Aus diesem Grund erscheint es auch richtiger, daß jemand sofort Eigentümer wird, wenn er sich eine Sache aneignet, die der Eigentümer als aufgegeben betrachtet. Als aufgegeben wird das angesehen, dessen sich der Eigentümer in der Absicht entledigt hat, daß es nicht mehr zu seinem Vermögen gehört; und deshalb hört er sofort auf, Eigentümer zu sein.

48. Anders verhält es sich mit den Sachen, die bei Unwetter auf See über Bord geworfen werden, um das Schiff leichter zu machen. Denn diese verbleiben den Eigentümern, weil man sie offensichtlich nicht in der Absicht über Bord wirft, sie nicht mehr haben zu wollen, sondern weil man zusammen mit dem Schiff besser der Seenot entkommen will. Wer darum solche Sachen, wenn sie von der See auf den Strand geworfen werden oder noch in offener See treiben, an sich bringt und sie in gewinnsüchtiger Absicht beiseite schafft, der begeht einen Diebstahl. Solche Sachen unterscheiden sich offenbar nicht wesentlich von den Sachen, die von einem fahrenden Wagen herabfallen, ohne daß die Eigentümer es bemerken.

II

De rebus incorporalibus

Quaedam praeterea res corporales sunt, quaedam incorporales.

1. Corporales hae sunt, quae sui natura tangi possunt: veluti fundus homo vestis aurum argentum et denique aliae res innumerabiles.

2. Incorporales autem sunt, quae tangi non possunt. qualia sunt ea, quae in iure consistunt: sicut hereditas, usus fructus, obligationes quoquo modo contractae. nec ad rem pertinet, quod in hereditate res corporales continentur: nam et fructus, qui ex fundo percipiuntur, corporales sunt et id, quod ex aliqua obligatione nobis debetur, plerumque corporale est, veluti fundus homo pecunia: nam ipsum ius hereditatis et ipsum ius utendi fruendi et ipsum ius obligationis incorporale est.

3. Eodem numero sunt iura praediorum urbanorum et rusticorum, quae etiam servitutes vocantur.

Zweiter Titel

Über die unkörperlichen Sachen

Im übrigen sind manche Sachen körperlich, manche unkörperlich.

1. Körperlich sind Sachen, die sich ihrer Natur nach anfassen lassen, zum Beispiel ein Grundstück, ein Sklave, ein Kleid, Gold, Silber und weiter zahllose andere Sachen.

2. Unkörperlich sind dagegen Sachen, die man nicht anfassen kann; dieser Art sind Gegenstände, die nur rechtlich vorhanden sind, zum Beispiel die Erbschaft, der Nießbrauch und Schuldverhältnisse jeder Art. Und es ist unerheblich, daß in der Erbschaft körperliche Sachen enthalten sind. Denn auch Früchte, die aus dem Boden gewonnen werden, sind körperlich, und das, was uns aus irgendeinem Schuldverhältnis geschuldet wird, ist meistens körperlich, zum Beispiel ein Grundstück, ein Sklave oder Geld. Dennoch ist das Recht der Erbschaft, das Recht des Nießbrauchs und das Recht des Schuldverhältnisses jeweils als solches unkörperlich.

3. Zu den unkörperlichen Sachen zählt man ferner die Rechte an städtischen und ländlichen Grundstücken, die auch Dienstbarkeiten heißen.

III

De servitutibus

Rusticorum praediorum iura sunt haec: iter actus via aquae ductus. iter est ius eundi ambulandi homini, non etiam iumentum agendi vel vehiculum: actus est ius agendi vel iumentum vel vehiculum. itaque qui iter habet, actum non habet. qui actum habet, et iter habet eoque uti potest etiam sine iumento. via est ius eundi et agendi et ambulandi: nam et iter et actum in se via conti-

Dritter Titel

Über die Dienstbarkeiten

Die Rechte an ländlichen Grundstücken sind folgende: Durchgangsrecht, Viehtriftrecht, Wegerecht und Wasserleitungsrecht. Durchgangsrecht ist das Recht einer Person, über ein Grundstück zu gehen oder zu spazieren, nicht auch Vieh zu treiben oder mit einem Wagen zu fahren. Viehtriftrecht ist das Recht, über ein Grundstück Vieh zu treiben oder mit einem Wagen zu fahren. Wer daher ein Durchgangsrecht hat, hat kein Viehtriftrecht. Wer ein Viehtriftrecht hat, hat auch das Durchgangsrecht und kann das Recht auch ohne Vieh ausüben. Wegerecht ist das Recht, über ein Grundstück zu gehen, das Recht, Vieh zu treiben oder mit einem Wagen zu fahren, und das Recht zum Spazierengehen. Denn das Wegerecht schließt das Durchgangsrecht und das Viehtriftrecht in sich

net. aquae ductus est ius aquae ducendae per fundum alienum.

ein. Wasserleitungsrecht ist das Recht, Wasser über ein fremdes Grundstück zu führen.

1. Praediorum urbanorum sunt servitutes, quae aedificiis inhaerent, ideo urbanorum praediorum dictae, quoniam aedificia omnia urbana praedia appellantur, etsi in villa aedificata sunt. item praediorum urbanorum servitutes sunt hae: ut vicinus onera vicini sustineat: ut in parietem eius liceat vicino tignum immittere: ut stillicidium vel flumen recipiat quis in aedes suas vel in aream, vel non recipiat: et ne altius tollat quis aedes suas, ne luminibus vicini officiatur.

1. Dienstbarkeiten an 'städtischen' Grundstücken sind alle, die an Gebäuden bestehen. Man kann deshalb von Dienstbarkeiten an 'städtischen' Grundstücken sprechen, weil alle Gebäude als städtische Grundstücke bezeichnet werden, auch wenn sie auf einem Landgut liegen. Die Dienstbarkeiten an städtischen Grundstücken sind folgende: Der Nachbar hat Abstützungen des Nachbarhauses zu dulden; in die Mauern seines Hauses darf der Nachbar einen Balken einfügen; er hat das Abtraufen oder das Abfließen des Regenwassers auf sein Haus oder in seinen Hof hinzunehmen oder nicht hinzunehmen; er darf sein Haus nicht höher bauen und darf die Fenster des Nachbarn nicht verbauen.

2. In rusticorum praediorum servitutes quidam computari recte putant aquae haustum, pecoris ad aquam adpulsum, ius pascendi, calcis coquendae, harenae fodiendae.

2. Zu den Dienstbarkeiten an ländlichen Grundstücken zählen manche zutreffend auch das Recht, Wasser zu schöpfen, das Vieh zur Tränke zu treiben, das Weiderecht, das Recht, Kalk zu brennen oder Sand abzubauen.

3. Ideo autem hae servitutes praediorum appellantur, quoniam sine praediis constitui non possunt. nemo enim potest servitutem adquirere urbani vel rustici praedii, nisi qui habet praedium, nec quisquam debere, nisi qui habet praedium.

3. Sie heißen deshalb Dienstbarkeiten an Grundstücken [Grunddienstbarkeiten], weil sie ohne Grundstücke nicht bestellt werden können. Niemand kann nämlich eine Dienstbarkeit an einem städtischen oder ländlichen Grundstück erwerben, der nicht selbst ein Grundstück hat; und auch verpflichtet sein kann nur, wer ein Grundstück hat.

4. Si quis velit vicino aliquod ius constituere, pactionibus atque stipulationibus id efficere debet. potest etiam in testamento quis heredem suum damnare, ne altius tollat, ne luminibus aedium vicini officiat: vel ut patiatur eum tignum in parietem immittere vel stillicidium habere: vel ut patiatur eum per fundum ire agere aquamve ex eo ducere.

4. Wer seinem Nachbarn eines dieser Rechte bestellen will, muß dies durch formlose Abreden und Stipulationen tun. Es kann jemand sogar durch Testament seinen Erben verpflichten, nicht höher zu bauen, nicht die Fenster des Nachbargebäudes zu verbauen; oder zu dulden, daß sein Nachbar einen Balken in die Mauer einfügt oder das Regenwasser abtraufen läßt; oder zu dulden, daß dieser über das Grundstück geht, Vieh treibt, mit einem Wagen fährt oder Wasser aus ihm ableitet.

IV
De usu fructu

Usus fructus est ius alienis rebus utendi fruendi salva rerum substantia. est enim ius in corpore: quo sublato et ipsum tolli necesse est.

Vierter Titel
Über den Nießbrauch

Der Nießbrauch ist das Recht, fremde Sachen zu gebrauchen und zu nutzen, und zwar unter Erhaltung ihrer Substanz. Er ist nämlich ein Recht an einem körperlichen Gegenstand.

Wenn dieser untergeht, erlischt notwendigerweise auch das Recht selbst.

1. Usus fructus a proprietate separationem recipit idque plurimis modis accidit. ut ecce si quis alicui usum fructum legaverit: nam heres nudam habet proprietatem, legatarius usum fructum: et contra si fundum legaverit deducto usu fructu, legatarius nudam habet proprietatem, heres vero usum fructum: item alii usum fructum, alii deducto eo fundum legare potest. sine testamento vero si quis velit alii usum fructum constituere, pactionibus et stipulationibus id efficere debet. ne tamen in universum inutiles essent proprietates semper abscedente usu fructu, placuit certis modis extingui usum fructum et ad proprietatem reverti.

1. Der Nießbrauch entsteht als Abspaltung vom Eigentum, und dies geschieht auf mehrfache Art und Weise. Wenn zum Beispiel jemand einem anderen den Nießbrauch vermacht, hat der Erbe das bloße Eigentum, der Vermächtnisnehmer den Nießbrauch. Wenn dagegen der Erblasser ein Grundstück unter Ausschluß des Nießbrauchs vermacht, hat der Vermächtnisnehmer das bloße Eigentum, der Erbe aber den Nießbrauch. Ebenso kann er dem einen den Nießbrauch, dem anderen das Grundstück unter Ausschluß des Nießbrauchs vermachen. Wer aber ohne Testament einem anderen einen Nießbrauch bestellen will, muß dies durch formlose Abreden und Stipulationen tun. Damit jedoch die Eigentumsrechte nicht dadurch völlig nutzlos werden, daß der Nießbrauch auf Dauer von ihnen getrennt bleibt, ist anerkannt, daß der Nießbrauch unter bestimmten Voraussetzungen erlischt und zum Eigentum zurückkehrt.

2. Constituitur autem usus fructus non tantum in fundo et aedibus, verum etiam in servis et iumentis ceterisque rebus exceptis his quae ipso usu consumuntur: nam eae neque naturali ratione neque civili recipiunt usum fructum. quo numero sunt vinum oleum frumentum vestimenta. quibus proxima est pecunia numerata: namque in ipso usu adsidua permutatione quodammodo extinguitur. sed utilitatis causa senatus censuit posse etiam earum rerum usum fructum constitui, ut tamen eo nomine heredi utiliter caveatur. itaque si pecuniae usus fructus legatus sit, ita datur legatario, ut eius fiat, et legatarius satisdat heredi de tanta pecunia restituenda, si morietur aut capite minuetur. ceterae quoque res ita traduntur legatario, ut eius fiant: sed aestimatis his satisdatur, ut, si morietur aut capite minuetur, tanta pecunia restituatur, quanti

2. Ein Nießbrauch aber wird nicht nur an Grundstücken und Gebäuden bestellt, sondern auch an Sklaven, Vieh und sonstigen Sachen mit Ausnahme derjenigen, die durch den Gebrauch selbst verbraucht werden. Denn solche Sachen lassen weder nach natürlicher noch nach rechtlicher Vernunft einen Nießbrauch zu. Dazu zählen Wein, Öl, Getreide, Bekleidung. Ihnen kommt Bargeld sehr nahe. Denn dieses geht beim Gebrauch selbst durch das fortwährende Weitergeben gewissermaßen unter. Aber aus Zweckmäßigkeitsgründen hat der Senat bestimmt, auch an diesen Sachen könne ein Nießbrauch bestellt werden, vorausgesetzt, dem Erben werde in dieser Hinsicht wirksam Sicherheit geleistet. Wenn daher der Nießbrauch an Geld vermacht ist, wird es dem Vermächtnisnehmer so übergeben, daß er Eigentümer wird, und der Vermächtnisnehmer leistet dem Erben über die Rückzahlung einer ebenso hohen Geldsumme Sicherheit für den Fall, daß er stirbt oder eine Statusänderung erleidet. Auch sonstige verbrauchbare Sachen werden dem Vermächtnisnehmer so übergeben, daß er Eigentümer wird. Er läßt sie aber schätzen und leistet Sicherheit, damit, wenn er stirbt oder eine Statusänderung erleidet, so viel Geld erstattet wird, wie die

eae fuerint aestimatae. ergo senatus non fecit quidem earum rerum usum fructum (nec enim poterat), sed per cautionem quasi usum fructum constituit.

Schätzung der Sachen ergeben hat. Der Senat hat also an diesen Sachen keinen Nießbrauch geschaffen (denn das konnte er nicht), sondern er hat durch die Sicherheitsleistung einen Quasi-Nießbrauch eingeführt.

3. Finitur autem usus fructus morte fructuarii et duabus capitis deminutionibus, maxima et media, et non utendo per modum et tempus. quae omnia nostra statuit constitutio. item finitur usus fructus, si domino proprietatis ab usufructuario cedatur (nam extraneo cedendo nihil agitur): vel ex contrario si fructuarius proprietatem rei adquisierit, quae res consolidatio appellatur. eo amplius constat, si aedes incendio consumptae fuerint vel etiam terrae motu aut vitio suo corruerint, extingui usum fructum et ne areae quidem usum fructum deberi.

3. Beendet aber wird der Nießbrauch durch den Tod des Nießbrauchers und durch zwei Arten der Statusänderung, nämlich der großen und der mittleren, ferner durch nach Art und Zeit geregelten Nichtgebrauch. Dies alles hat unsere Konstitution[1] bestimmt. Ebenso endet der Nießbrauch, wenn er dem Inhaber des belasteten Eigentums vom Nießbraucher abgetreten wird (denn durch die Abtretung des Nießbrauchs an einen Dritten wird nichts bewirkt) oder wenn umgekehrt der Nießbraucher das Eigentum an der Sache erwirbt, was Konsolidation genannt wird. Ferner steht fest, daß der Nießbrauch erlischt, wenn das Haus abbrennt oder auch durch Erdbeben oder infolge seiner Mängel einstürzt; und der Nießbrauch besteht nicht einmal am Grundstück fort.

4. Cum autem finitus fuerit usus fructus, revertitur scilicet ad proprietatem et ex eo tempore nudae proprietatis dominus incipit plenam habere in re potestatem.

4. Wenn nun der Nießbrauch beendet ist, kehrt er natürlich zum Eigentum zurück, und von da an erhält der Inhaber des bloßen Eigentums wieder die volle Herrschaft über die Sache.

V
De usu et habitatione

Fünfter Titel
Über das Gebrauchsrecht und das Wohnrecht

Isdem istis modis, quibus usus fructus constituitur, etiam nudus usus constitui solet isdemque illis modis finitur, quibus et usus fructus desinit.

In eben derselben Weise, wie der Nießbrauch bestellt wird, pflegt man auch das bloße Gebrauchsrecht zu bestellen, und es erlischt in derselben Weise, wie auch der Nießbrauch endet.

1. Minus autem scilicet iuris in usu est quam in usu fructu. namque is, qui fundi nudum usum habet, nihil ulterius habere intellegitur, quam ut oleribus pomis floribus feno stramentis lignis ad usum cottidianum utatur: in eoque fundo hactenus ei morari licet, ut neque domino fundi molestus sit neque his, per quos opera rustica fiunt, impedimento sit: nec ulli alii ius quod habet aut vendere aut locare aut gratis con-

1. Aber das Gebrauchsrecht enthält natürlich weniger an Befugnissen als der Nießbrauch. Denn von dem, der an einem Grundstück das bloße Gebrauchsrecht hat, nimmt man an, daß ihm nicht mehr zusteht, als Gemüse, Obst, Blumen, Heu, Stroh und Holz für den täglichen Bedarf zu verwenden. Auch darf er sich auf dem Grundstück nur so aufhalten, daß er weder dem Eigentümer des Grundstücks lästig wird noch diejenigen, die Feldarbeiten verrichten, behindert. Und er darf das Recht, das ihm zusteht, keinem anderen verkaufen, vermieten oder un-

1 C. 3, 33, 16 (530).

cedere potest, cum is qui usum fructum habet potest haec omnia facere.

2. Item is, qui aedium usum habet, hactenus iuris habere intellegitur, ut ipse tantum habitet, nec hoc ius ad alium transferre potest: et vix receptum videtur, ut hospitem ei recipere liceat. et cum uxore sua liberisque suis, item libertis nec non aliis liberis personis, quibus non minus quam servis utitur, habitandi ius habeat, et convenienter si ad mulierem usus aedium pertineat, cum marito ei habitare liceat.

3. Item is, ad quem servi usus pertinet, ipse tantum operis atque ministerio eius uti potest: ad alium vero nullo modo ius suum transferre ei concessum est. idem scilicet iuris est et in iumento.

4. Sed si pecoris vel ovium usus legatus fuerit, neque lacte neque agnis neque lana utetur usuarius, quia ea in fructu sunt. plane ad stercorandum agrum suum pecoribus uti potest.

5. Sed si cui habitatio legata sive aliquo modo constituta sit, neque usus videtur neque usus fructus, sed quasi proprium aliquod ius. quam habitationem habentibus propter rerum utilitatem secundum Marcelli sententiam nostra decisione promulgata permisimus non solum in ea degere, sed etiam aliis locare.

6. Haec de servitutibus et usu fructu et usu et habitatione dixisse sufficiat. de hereditate autem et de obligationibus suis locis proponamus. exposuimus summatim, quibus modis iure gentium res adquiruntur: modo videamus, quibus modis legitimo et civili iure adquiruntur.

entgeltlich überlassen, während derjenige, dem ein Nießbrauch zusteht, dies alles tun darf.

2. Ebenso nimmt man an, daß derjenige, der das Gebrauchsrecht an einem Haus hat, nur berechtigt ist, allein dort zu wohnen; und er kann dieses Recht nicht auf einen anderen übertragen. Und es ist gerade noch anerkannt worden, daß er einen Gastfreund bei sich aufnehmen darf. Auch ist er berechtigt, mit seiner Ehefrau und seinen Kindern dort zu wohnen, ebenso mit seinen Freigelassenen und auch mit anderen freien Personen, die er wie Sklaven beschäftigt. Und dementsprechend darf auch eine Frau, der das Gebrauchsrecht an einem Haus zusteht, mit ihrem Mann dort wohnen.

3. Ebenso kann derjenige, dem das Gebrauchsrecht an einem Sklaven zusteht, nur selbst dessen Arbeit und Dienste nutzen; sein Recht auf einen anderen zu übertragen, ist ihm dagegen in keiner Weise gestattet. Dasselbe gilt natürlich auch bei Zugvieh.

4. Wenn aber das Gebrauchsrecht an Vieh oder Schafen vermacht ist, darf der Berechtigte weder die Milch noch die Lämmer noch die Wolle für sich verwenden, weil all dieses zu den Früchten gehört. Zum Düngen seines Ackers kann er das Vieh freilich gebrauchen.

5. Ist jemandem aber ein Wohnrecht vermacht oder in anderer Weise bestellt worden, so wird das weder als ein Gebrauchsrecht noch als ein Nießbrauch angesehen, sondern gewissermaßen als ein eigenständiges Recht. Den Inhabern eines solchen Wohnrechts haben wir, der Meinung des Marcellus folgend, in einer von uns verkündeten Entscheidung[1] aus Zweckmäßigkeitsgründen gestattet, nicht nur selbst in der Wohnung zu leben, sondern sie auch anderen zu vermieten.

6. Diese Erläuterungen über Dienstbarkeiten, Nießbrauch, Gebrauchs- und Wohnrecht mögen genügen. Über das Erbrecht aber und über die Schuldverhältnisse wollen wir an den dafür vorgesehenen Stellen[2] vortragen. Wir haben in Grundzügen dargestellt, auf welche Weise Sachen nach Völkergemeinrecht erworben werden. Jetzt wollen wir sehen, auf welche Weise Sachen nach Gesetz und Zivilrecht erworben werden.

---

1 C. 3, 33, 13 (530).
2 Inst. 2, 10 ff; 3, 13 ff.

VI

De usucapionibus et longi temporis possessionibus

Iure civili constitutum fuerat, ut, qui bona fide ab eo, qui dominus non erat, cum crediderit eum dominum esse, rem emerit vel ex donatione aliave qua iusta causa acceperit, is eam rem, si mobilis erat, anno ubique, si immobilis, biennio tantum in Italico solo usucapiat, ne rerum dominia in incerto essent. et cum hoc placitum erat, putantibus antiquioribus dominis sufficere ad inquirendas res suas praefata tempora, nobis melior sententia resedit, ne domini maturius suis rebus defraudentur neque certo loco beneficium hoc concludatur. et ideo constitutionem super hoc promulgavimus, qua cautum est, ut res quidem mobiles per triennium usucapiantur, immobiles vero per longi temporis possessionem, id est inter praesentes decennio, inter absentes viginti annis usucapiantur et his modis non solum in Italia, sed in omni terra, quae nostro imperio gubernatur, dominium rerum iusta causa possessionis praecedente adquiratur.

1. Sed aliquando etiamsi maxime quis bona fide rem possederit, non tamen illi usucapio ullo tempore procedit, veluti si quis liberum hominem vel rem sacram vel religiosam vel servum fugitivum possideat.

2. Furtivae quoque res et quae vi possessae sunt, nec si praedicto longo tempore bona fide possessae fuerint, usucapi possunt: nam furtivarum rerum lex duodecim tabularum et lex Atinia inhibet usucapionem, vi possessarum lex Iulia et Plautia.

Sechster Titel

Über die Ersitzung und den langfristigen Besitz

Vom Zivilrecht[1] war bestimmt worden, daß, wer gutgläubig von jemandem, der nicht Eigentümer war, den er aber für den Eigentümer hielt, eine Sache kaufte oder aufgrund von Schenkung oder aus irgendeinem anderen Rechtsgrund empfing, diese Sache, wenn sie beweglich war, überall nach einem Jahr ersaß, wenn sie unbeweglich war, nach zwei Jahren, aber nur im Falle italischer Grundstücke, damit das Eigentum an Sachen nicht unklar bliebe. Und während dies anerkannt war, weil die älteren Juristen glaubten, den Eigentümern genügten die eben genannten Fristen, um nach ihren Sachen zu suchen, sind wir zu einer besseren Auffassung gelangt, damit die Eigentümer nicht zu rasch um ihre Sachen gebracht werden und die Rechtswohltat der Ersitzung nicht auf ein bestimmtes Landesgebiet beschränkt bleibt. Deshalb haben wir darüber eine Konstitution[2] erlassen, in der angeordnet ist, daß bewegliche Sachen in drei Jahren ersessen werden, unbewegliche Sachen hingegen durch langfristigen Besitz, das heißt, daß sie unter Anwesenden nach zehn Jahren, unter Abwesenden nach zwanzig Jahren ersessen werden. Und nach diesen Regeln soll nicht nur in Italien, sondern in jedem Land, das unter unserer Herrschaft steht, Eigentum an Sachen erworben werden, sofern nur ein Rechtsgrund bei Besitzerwerb bestanden hat.

1. Aber manchmal tritt, auch wenn jemand eine Sache durchaus gutgläubig besitzt, dennoch zu keiner Zeit Ersitzung ein, zum Beispiel wenn jemand einen freien Menschen, eine sakrale oder religiose Sache oder einen entflohenen Sklaven besitzt.

2. Auch können gestohlene Sachen oder solche, die gewaltsam in Besitz genommen worden sind, nicht ersessen werden, selbst wenn man sie während der vorgenannten Frist gutgläubig besessen hat. Denn die Ersitzung gestohlener Sachen wird durch das Zwölftafelgesetz[3] und

1 XII tab. 6, 3.
2 C. 7, 31, 1 (531).
3 XII tab. 8, 17.

durch die lex Atinia[1] ausgeschlossen, die Ersitzung gewaltsam in Besitz genommener Sachen durch die lex Iulia Plautia[2].

3. Quod autem dictum est furtivarum et vi possessarum rerum usucapionem per legem prohibitam esse, non eo pertinet, ut ne ipse fur quive per vim possidet usucapere possit: nam his alia ratione usucapio non competit, quia scilicet mala fide possident: sed ne ullus alius, quamvis ab eis bona fide emerit vel ex alia causa acceperit, usucapiendi ius habeat. unde in rebus mobilibus non facile procedit, ut bonae fidei possessori usucapio competat. nam qui alienam rem vendidit vel ex alia causa tradidit, furtum eius committit.

3. Wenn es aber heißt, daß die Ersitzung gestohlener und gewaltsam in Besitz genommener Sachen kraft Gesetzes ausgeschlossen ist, so bezieht sich das nicht darauf, daß der Dieb oder wer sich gewaltsam in den Besitz gesetzt hat, nicht ersitzen kann — denn diese sind schon aus einem anderen Grund von der Ersitzung ausgeschlossen, weil sie nämlich bösgläubig besitzen —, sondern darauf, daß kein anderer zur Ersitzung berechtigt sein soll, auch wenn er die Sache von jenen gutgläubig gekauft oder aus einem anderen Grund empfangen hat. Daher kommt es bei beweglichen Sachen nicht leicht vor, daß einem gutgläubigen Besitzer die Ersitzung zustatten kommt. Denn wer eine fremde Sache verkauft oder aus einem anderen Grund übergeben hat, begeht an ihr einen Diebstahl.

4. Sed tamen id aliquando aliter se habet. nam si heres rem defuncto commodatam aut locatam vel apud eum depositam existimans hereditariam esse bona fide accipienti vendiderit aut donaverit aut dotis nomine dederit, quin is qui acceperit usucapere possit, dubium non est, quippe ea res in furti vitium non ceciderit, cum utique heres, qui bona fide tamquam suam alienaverit, furtum non committit.

4. Aber dennoch verhält sich dies bisweilen anders. Wenn nämlich ein Erbe eine Sache, die dem Verstorbenen verliehen oder vermietet oder bei ihm hinterlegt war, in der Meinung, sie gehöre zum Nachlaß, an einen gutgläubigen Empfänger verkauft oder verschenkt oder als Mitgift gegeben hat, dann steht außer Zweifel, daß der Empfänger sie ersitzen kann. Denn diese Sache ist nicht mit dem Makel des Diebstahls behaftet, da ein Erbe, der gutgläubig eine Sache als seine eigene veräußert, jedenfalls keinen Diebstahl begeht.

5. Item si is, ad quem ancillae usus fructus pertinet, partum suum esse credens vendiderit aut donaverit, furtum non committit: furtum enim sine affectu furandi non committitur.

5. Ebensowenig begeht derjenige, dem der Nießbrauch an einer Sklavin zusteht, einen Diebstahl, wenn er deren Kind in der Meinung, es gehöre ihm, verkauft oder verschenkt[3]. Denn ohne die Absicht zu stehlen wird kein Diebstahl begangen.

6. Aliis quoque modis accidere potest, ut quis sine vitio furti rem alienam ad aliquem transferat et efficiat, ut a possessore usucapiatur.

6. Auch auf andere Weise kann es sich ergeben, daß jemand eine fremde Sache ohne Diebstahlsmakel einem anderen übergibt und bewirkt, daß sie vom Besitzer ersessen wird.

7. Quod autem ad eas res, quae solo continentur, expeditius procedit, ut quis loci

7. Bei den Sachen, die mit dem Boden zusammenhängen, kommt es aber leichter vor, daß je-

1 Um 200 v. Chr.

2 In Wahrheit zwei Gesetze: Lex Plautia (zwischen 78 und 63 v. Chr.) und lex Iulia (ca. 45 v. Chr.), zusammengefaßt durch Augustus 17 n. Chr.

3 Vgl. Inst. 2, 1, 37.

vacantis possessionem propter absentiam aut neglegentiam domini, aut quia sine successore decesserit, sine vi nanciscatur. qui quamvis ipse mala fide possidet, quia intellegit se alienum fundum occupasse, tamen, si alii bona fide accipienti tradiderit, poterit ei longa possessione res adquiri, quia neque furtivum neque vi possessum accepit. abolita est enim quorundam veterum sententia existimantium etiam fundi locive furtum fieri et eorum, qui res soli possident, principalibus constitutionibus prospicitur, ne cui longa et indubitata possessio auferri debeat.

mand den Besitz an einem verlassenen Stück Land ohne Anwendung von Gewalt erlangt, etwa weil der Eigentümer abwesend oder nachlässig ist oder ohne Rechtsnachfolger gestorben ist. Obgleich er selbst bösgläubig besitzt, weil er weiß, daß er ein fremdes Grundstück in Besitz genommen hat, kann ein gutgläubiger Empfänger, dem er es übergeben hat, das Grundstück dennoch durch langfristigen Besitz erwerben, da er weder eine gestohlene noch eine gewaltsam in Besitz genommene Sache empfangen hat. Denn die Ansicht einiger alter Juristen[1], nach deren Meinung Diebstahl sogar an einem Grundstück oder einem Stück Land begangen werden könne, ist verworfen worden; und zugunsten derer, die Liegenschaften besitzen, wird durch kaiserliche Konstitutionen[2] Vorsorge getroffen, damit niemandem langfristiger und unbestrittener Besitz entzogen werden kann.

8. Aliquando etiam furtiva vel vi possessa res usucapi potest: veluti si in domini potestatem reversa fuerit. tunc enim vitio rei purgato procedit eius usucapio.

8. Bisweilen kann sogar eine gestohlene oder gewaltsam in Besitz genommene Sache ersessen werden, zum Beispiel wenn sie wieder in die Gewalt des Eigentümers gelangt ist. Denn dann kann, weil der Makel der Sache beseitigt ist, die Ersitzung stattfinden.

9. Res fisci nostri usucapi non potest. sed Papinianus scribit bonis vacantibus fisco nondum nuntiatis bona fide emptorem sibi traditam rem ex his bonis usucapere posse: et ita divus Pius et divus Severus et Antoninus rescripserunt.

9. Eine Sache unseres Fiskus kann nicht ersessen werden. Doch schreibt Papinian für den Fall eines erbenlosen, dem Fiskus noch nicht angezeigten Vermögens, daß ein gutgläubiger Käufer eine ihm aus diesem Vermögen übergebene Sache ersitzen kann. So haben der vergöttlichte Kaiser Antoninus Pius sowie die vergöttlichten Kaiser Septimius Severus und Antoninus [Caracalla] auf Anfrage entschieden.

10. Novissime sciendum est rem talem esse debere, ut in se non habeat vitium, ut a bona fide emptore usucapi possit vel qui ex alia iusta causa possidet.

10. Abschließend muß man sich merken, daß eine Sache, damit sie von einem gutgläubigen Käufer oder einem Besitzer mit anderem Rechtsgrund ersessen werden kann, so beschaffen sein muß, daß ihr kein Makel anhaftet.

11. Error autem falsae causae usucapionem non parit. veluti si quis, cum non emerit, emisse se existimans possideat: vel cum ei donatum non fuerat, quasi ex donatione possideat.

11. Aber die irrtümliche Annahme eines nicht gegebenen Rechtsgrundes führt nicht zur Ersitzung. Zum Beispiel wenn jemand in der Meinung besitzt, gekauft zu haben, obwohl er nicht gekauft hat, oder wenn er aufgrund vermeintlicher Schenkung besitzt, obwohl ihm nicht geschenkt worden war.

1 Vgl. Gellius, Noctes Atticae 11, 18, 13.
2 Vgl. C. 7, 31, 1 (531).

12. Diutina possessio, quae prodesse coeperat defuncto, et heredi et bonorum possessori continuatur, licet ipse sciat praedium alienum: quodsi ille initium iustum non habuit, heredi et bonorum possessori licet ignoranti possessio non prodest. quod nostra constitutio similiter et in usucapionibus observari constituit, ut tempora continuentur.

13. Inter venditorem quoque et emptorem coniungi tempora divus Severus et Antoninus rescripserunt.

14. Edicto divi Marci cavetur eum, qui a fisco rem alienam emit, si post venditionem quinquennium praeterierit, posse dominum rei per exceptionem repellere. constitutio autem divae memoriae Zenonis bene prospexit his, qui a fisco per venditionem vel donationem vel alium titulum aliquid accipiunt, ut ipsi quidem securi statim fiant et victores existant, sive conveniantur sive experiantur: adversus sacratissimum autem aerarium usque ad quadriennium liceat intendere his, qui pro dominio vel hypotheca earum rerum, quae alienatae sunt, putaverint sibi quasdam competere actiones. nostra autem divina constitutio, quam nuper promulgavimus, etiam de his, qui a nostra vel venerabilis Augustae domo aliquid acceperint, haec statuit, quae in fiscalibus alienationibus praefatae Zenonianae constitutioni continentur.

12. Die Besitzdauer [beim langfristigen Besitz], die bereits dem Verstorbenen zugute gekommen war, setzt sich für den Erben sowie für den Nachlaßbesitzer fort, auch wenn sie selbst wissen, daß es ein fremdes Grundstück ist. Hat aber der Verstorbene den Besitz nicht rechtmäßig begonnen, dann nützt dessen Besitz dem Erben oder dem Nachlaßbesitzer nicht, auch wenn sie keine Kenntnis davon haben. Daß die Besitzzeiten sich fortsetzen, hat unsere Konstitution[1] auch bei den Ersitzungen [beweglicher Sachen] zur entsprechenden Beachtung vorgeschrieben.

13. Auch die Besitzzeiten von Verkäufer und Käufer werden nach einem Bescheid der vergöttlichten Kaiser Septimius Severus und Antoninus [Caracalla] zusammengerechnet.

14. Durch eine Verordnung des vergöttlichten Kaisers Mark Aurel wird bestimmt, daß derjenige, der vom Fiskus eine fremde Sache gekauft hat, den Eigentümer der Sache mittels einer Einrede abwehren kann, wenn nach dem Verkauf fünf Jahre vergangen sind. Doch hat eine Konstitution des Kaisers Zeno[2] seligen Angedenkens für diejenigen, die vom Fiskus durch Kauf, Schenkung oder irgendeinen anderen Titel etwas erwerben, so gut vorgesorgt, daß sie selbst sofort unangreifbar werden und Sieger bleiben, mögen sie verklagt werden oder selber klagen. Aber gegen die allerkaiserlichste Staatskasse dürfen diejenigen noch innerhalb von vier Jahren klagen, die meinen, ihnen ständen an den Sachen, die veräußert worden sind, aus Eigentum oder Pfandrecht Klagrechte zu. Aber auch für diejenigen, die von unserem Hause oder dem der verehrungswürdigen Kaiserin etwas erworben haben, hat unsere kürzlich veröffentlichte kaiserliche Konstitution[3] dasselbe bestimmt, was für fiskalische Veräußerungen in der vorerwähnten Konstitution des Kaisers Zeno enthalten ist.

1 C. 7, 31, 1 (531).
2 C. 7, 37, 2 (o. J.).
3 C. 7, 37, 3 (531).

VII
De donationibus

Est etiam aliud genus adquisitionis donatio. donationum autem duo genera sunt: mortis causa et non mortis causa.

1. Mortis causa donatio est, quae propter mortis fit suspicionem, cum quis ita donat, ut, si quid humanitus ei contigisset, haberet is qui accepit: sin autem supervixisset qui donavit, reciperet, vel si eum donationis paenituisset aut prior decesserit is cui donatum sit. hae mortis causa donationes ad exemplum legatorum redactae sunt per omnia. nam cum prudentibus ambiguum fuerat, utrum donationis an legati instar eam optinere oporteret, et utriusque causae quaedam habebat insignia et alii ad aliud genus eam retrahebant: a nobis constitutum est, ut per omnia fere legatis connumeretur et sic procedat, quemadmodum eam nostra formavit constitutio. et in summa mortis causa donatio est, cum magis se quis velit habere, quam eum cui donatur, magisque eum cui donat, quam heredem suum. sic et apud Homerum Telemachus donat Piraeo.

2. Aliae autem donationes sunt, quae sine ulla mortis cogitatione fiunt, quas inter vivos appellamus. quae omnino non comparantur legatis: quae si fuerint perfectae, temere revocari non possunt. perficiuntur autem, cum donator suam voluntatem scriptis aut sine scriptis manifestaverit: et ad exemplum venditionis nostra constitutio eas etiam in se habere necessitatem traditionis voluit, ut, et si non tradantur, habeant plenissimum et perfectum robur et

Siebter Titel
Über die Schenkungen

Eine weitere Erwerbsart ist die Schenkung. Bei den Schenkungen aber gibt es zwei Arten, die von Todes wegen und die nicht von Todes wegen.

1. Eine Schenkung von Todes wegen ist eine solche, die in Erwartung des Todes erfolgt. Bei ihr schenkt jemand in der Weise, daß, falls ihn des Menschen Schicksal ereilt, der Empfänger das Geschenkte behalten soll, daß der Schenker es aber zurückbekommen soll, falls er überlebt oder falls ihn die Schenkung reut oder der Beschenkte vor ihm stirbt. Diese Schenkungen von Todes wegen sind ganz nach dem Muster der Vermächtnisse geregelt worden. Denn da es den Rechtsgelehrten zweifelhaft war, ob man sie einer Schenkung oder einem Vermächtnis gleichstellen müsse, und da sie Merkmale von beiden Rechtsverhältnissen aufwiesen und die einen sie dieser, die anderen sie jener Art zuordneten, haben wir bestimmt[1], daß sie in fast jeder Hinsicht zu den Vermächtnissen gezählt werden und so ablaufen, wie unsere Konstitution sie ausgestaltet hat. Kurz gesagt liegt eine Schenkung von Todes wegen dann vor, wenn jemand etwas lieber bei sich als bei dem Beschenkten hätte und lieber bei dem Beschenkten als bei seinem Erben. So schenkt auch bei Homer Telemach dem Piräus[2].

2. Die anderen Schenkungen aber sind diejenigen, die ohne einen Gedanken an den Tod geschehen. Wir nennen sie Schenkungen unter Lebenden. Diese werden in keiner Weise den Vermächtnissen gleichgestellt. Sind sie zustandegekommen, können sie nicht nach Belieben widerrufen werden. Zustandegekommen sind sie aber, wenn der Schenker seinen Willen schriftlich oder nicht schriftlich kundgetan hat. Und unsere Konstitution[3] hat nach dem Beispiel des Kaufs bestimmt, daß die Schenkung auch die Pflicht zur Übergabe einschließt, so daß, auch wenn nicht übergeben ist, die Schenkung voll und ganz Wirksamkeit erlangt und den Schen-

1 C. 8, 56, 4 (530).
2 Odyssee 17, 78–83.
3 C. 8, 53, 35, 5 (530).

traditionis necessitas incumbat donatori. et cum retro principum dispositiones insinuari eas actis intervenientibus volebant, si maiores ducentorum fuerant solidorum, nostra constitutio et quantitatem usque ad quingentos solidos ampliavit, quam stare et sine insinuatione statuit, et quasdam donationes invenit, quae penitus insinuationem fieri minime desiderant, sed in se plenissimam habent firmitatem. alia insuper multa ad uberiorem exitum donationum invenimus, quae omnia ex nostris constitutionibus, quas super his posuimus, colligenda sunt. sciendum tamen est, quod, etsi plenissimae sint donationes, tamen si ingrati existant homines, in quos beneficium collatum est, donatoribus per nostram constitutionem licentiam praestavimus certis ex causis eas revocare, ne, qui suas res in alios contulerunt, ab his quandam patiantur iniuriam vel iacturam, secundum enumeratos in nostra constitutione modos.

ker die Pflicht zur Übergabe trifft. Und während nach früheren Verfügungen der Kaiser Schenkungen bei Gericht zu Protokoll gegeben werden mußten, falls sie mehr als zweihundert Goldmünzen betrugen, hat unsere Konstitution[1] den Betrag, der nach ihrer Bestimmung auch ohne Protokollierung wirksam geschenkt werden kann, bis auf fünfhundert Goldmünzen erhöht, und sie hat auch weitere Schenkungen eingeführt, die in keiner Weise Protokollierung erfordern, sondern aus sich selbst heraus vollkommene Wirksamkeit erlangen. Wir haben darüber hinaus zahlreiche weitere Bestimmungen zur stärkeren Begünstigung der Schenkungen eingeführt, die sämtlich unseren Konstitutionen, die wir dazu erlassen haben, zu entnehmen sind. Doch muß man wissen: Auch für den Fall, daß Schenkungen vollkommen wirksam sind, haben wir durch unsere Konstitution[2] dennoch den Schenkern die Befugnis gewährt, ihre Schenkungen aus bestimmten Gründen zu widerrufen, wenn die Menschen, denen die Wohltat erwiesen worden ist, sich undankbar zeigen, damit diejenigen, die Gegenstände aus ihrem Vermögen anderen zuwenden, von diesen bestimmte Verletzungen oder Schädigungen in dem von unserer Konstitution im einzelnen aufgeführten Ausmaß nicht erleiden müssen.

3. Est et aliud genus inter vivos donationum, quod veteribus quidem prudentibus penitus erat incognitum, postea autem a iunioribus divis principibus introductum est, quod ante nuptias vocabatur et tacitam in se condicionem habebat, ut tunc ratum esset, cum matrimonium fuerit insecutum: ideoque ante nuptias appellabatur, quod ante matrimonium efficiebatur et nusquam post nuptias celebratas talis donatio procedebat. sed primus quidem divus Iustinus pater noster, cum augeri dotes et post nuptias fuerat permissum, si quid tale evenit, etiam ante nuptias donationem augeri et constante matrimonio sua constitutione permisit: sed tamen nomen inconveniens remanebat, cum ante nuptias quidem vocabatur, post nuptias autem tale accipiebat

3. Es gibt noch eine andere Art von Schenkungen unter Lebenden, die zwar den alten Rechtsgelehrten gänzlich unbekannt war, danach aber von den späteren vergöttlichten Kaisern eingeführt worden ist. Sie hieß 'vor der Ehe' und enthielt die stillschweigende Bedingung, daß sie nur dann wirksam war, wenn die Ehe sich anschloß, und sie wurde deshalb 'vor der Ehe' genannt, weil sie vor der Ehe erfolgte und eine solche Schenkung nach der Eheschließung in keinem Fall wirksam war. Aber da gestattet war, die Mitgift, wenn es sich ergab, auch nach der Hochzeit zu vergrößern, hat der vergöttlichte Kaiser Justinus, unser Vater, in seiner Konstitution[3] als erster erlaubt, die 'Schenkung vor der Ehe' auch während bestehender Ehe zu vergrößern. Es blieb dann jedoch der unpassende Name, da sie zwar 'vor der Ehe' genannt wur-

1 C. 8, 53, 36 (531).
2 C. 8, 55, 10 (530).
3 C. 5, 3, 19 (527?).

incrementum. sed nos plenissimo fini tradere sanctiones cupientes et consequentia nomina rebus esse studentes constituimus, ut tales donationes non augeantur tantum, sed et constante matrimonio initium accipiant et non ante nuptias, sed propter nuptias vocentur et dotibus in hoc exaequentur, ut, quemadmodum dotes et constante matrimonio non solum augentur, sed etiam fiunt, ita et istae donationes, quae propter nuptias introductae sunt, non solum antecedant matrimonium, sed etiam eo contracto et augeantur et constituantur.

de, aber nach der Hochzeit einen solchen Zuwachs erhielt. Wir aber haben in dem Wunsch, die Rechtsregeln zur höchsten Vollendung zu bringen, und in dem Bemühen, die Dinge folgerichtig zu benennen, bestimmt[1], daß solche Schenkungen nicht nur vergrößert werden, sondern auch während bestehender Ehe ihren Anfang nehmen können; und sie sollen nicht 'vor der Ehe', sondern 'wegen der Ehe' heißen und der Mitgift insoweit gleichgestellt werden, daß — so wie die Mitgift selbst während bestehender Ehe nicht nur vergrößert, sondern auch bestellt werden kann — auch solche Schenkungen, die wegen der Ehe eingeführt worden sind, nicht nur der Ehe vorausgehen, sondern auch nach der Eheschließung sowohl vergrößert wie auch erstmals vorgenommen werden können.

4. Erat olim et alius modus civilis adquisitionis per ius adcrescendi, quod est tale: si communem servum habens aliquis cum Titio solus libertatem ei imposuit vel vindicta vel testamento, eo casu pars eius amittebatur et socio adcrescebat. sed cum pessimo fuerat exemplo et libertate servum defraudari et ex ea humanioribus quidem dominis damnum inferri, severioribus autem lucrum adcrescere: hoc quasi invidiae plenum pio remedio per nostram constitutionem mederi necessarium duximus et invenimus viam, per quam et manumissor et socius eius et qui libertatem accepit nostro fruantur beneficio, libertate cum effectu procedente (cuius favore et antiquos legislatores multa et contra communes regulas statuisse manifestissimum est) et eo qui eam imposuit suae liberalitatis stabilitate gaudente et socio indemni conservato pretiumque servi secundum partem dominii, quod nos definivimus, accipiente.

4. Früher gab es noch eine andere zivilrechtliche Erwerbsart, nämlich ein Anwachsungsrecht, das folgendermaßen beschaffen war. Gab jemand einem Sklaven, den er zusammen mit Titius im Miteigentum hatte, ohne dessen Mitwirkung 'durch Stab' oder durch Testament die Freiheit, so ging in diesem Fall sein Anteil verloren und wuchs dem Miteigentümer zu. Aber da es eine beispielhaft schlechte Regelung war, den Sklaven um seine Freiheit zu betrügen und zugleich menschlicheren Eigentümern Schaden zuzufügen, härteren Eigentümern dagegen Gewinn zuwachsen zu lassen, haben wir es für notwendig gehalten, durch unsere Konstitution[2] diesem gleichsam von Gehässigkeit erfüllten Zustand mittels wohltätiger Hilfe abzuhelfen, und wir haben einen Weg gefunden, auf dem der Freilassende, sein Miteigentümer sowie derjenige, der die Freiheit empfängt, in den Genuß unserer Rechtswohltat kommen: Die Freiheit (zu deren Gunsten die alten Gesetzgeber, wie allseits bekannt, vieles auch gegen die allgemeinen Regeln bestimmt haben) tritt wirksam ein; derjenige, der sie gewährt hat, erfreut sich der Rechtswirksamkeit seiner Freigebigkeit; der Miteigentümer wird schadlos gehalten und erhält den von uns festgesetzten Preis des Sklaven entsprechend seinem Anteil am Eigentum.

1 C. 5, 3, 20 (531–533).
2 C. 7, 7, 1 (530).

VIII
Quibus alienare licet vel non

Accidit aliquando, ut qui dominus sit alienare non possit et contra qui dominus non sit alienandae rei potestatem habeat. nam dotale praedium maritus invita muliere per legem Iuliam prohibetur alienare, quamvis ipsius sit dotis causa ei datum. quod nos legem Iuliam corrigentes in meliorem statum deduximus. cum enim lex in soli tantummodo rebus locum habebat, quae Italicae fuerant, et alienationes inhibebat, quae invita muliere fiebant, hypothecas autem earum etiam volente: utrisque remedium imposuimus, ut etiam in eas res, quae in provinciali solo positae sunt, interdicta fiat alienatio vel obligatio et neutrum eorum neque consentientibus mulieribus procedat, ne sexus muliebris fragilitas in perniciem substantiae earum converteretur.

1. Contra autem creditor pignus ex pactione, quamvis eius ea res non sit, alienare potest. sed hoc forsitan ideo videtur fieri, quod voluntate debitoris intellegitur pignus alienare, qui ab initio contractus pactus est, ut liceret creditori pignus vendere, si pecunia non solvatur. sed ne creditores ius suum persequi impedirentur neque debitores temere suarum rerum dominium amittere videantur, nostra constitutione consultum est et certus modus impositus est, per quem pignorum distractio possit procedere, cuius tenore utrique parti creditorum et debitorum satis abundeque provisum est.

Achter Titel
Wer veräußern darf und wer nicht

Manchmal kommt es vor, daß jemand, der Eigentümer ist, nicht veräußern darf und daß umgekehrt jemand, der nicht Eigentümer ist, die Befugnis hat, eine Sache zu veräußern. Zum Beispiel ist dem Ehemann durch die lex Iulia[1] verboten, ein Grundstück aus der Mitgift gegen den Willen der Frau zu veräußern, obwohl es, da aufgrund der Mitgift gegeben, ihm gehört. Diese Regelung haben wir durch eine Berichtigung der lex Iulia in einen besseren Zustand gebracht[2]. Da nämlich das Gesetz sich nur auf italische Grundstücke bezog und Veräußerungen untersagte, die gegen den Willen der Frau erfolgten, und Hypothekenbestellungen sogar, wenn sie zustimmte, haben wir für beide Fälle als Verbesserung eingeführt, daß auch bei den Grundstücken, die in den Provinzen liegen, Veräußerung oder Belastung verboten ist und daß auch mit Zustimmung der Frauen keines von beiden wirksam geschieht, damit die Schwachheit des weiblichen Geschlechts nicht zum Verlust ihrer Vermögen führt[3].

1. Umgekehrt darf der Gläubiger das Pfand, obwohl es ihm nicht gehört, kraft des Vertrages veräußern. Doch erscheint dies wohl eher deshalb möglich, weil anzunehmen ist, daß der Gläubiger das Pfand mit Willen des Schuldners veräußert, der sich schon mit Abschluß des Vertrages damit einverstanden erklärt, daß der Gläubiger das Pfand veräußern darf, falls das Geld nicht gezahlt wird. Aber damit die Gläubiger an der Verfolgung ihrer Rechte nicht gehindert werden und die Schuldner nicht ohne weiteres das Eigentum an ihren Sachen verlieren, ist durch unsere Konstitution[4] Vorsorge getroffen und eine bestimmte Art und Weise vorgeschrieben worden, in der die Pfandveräußerung vor sich gehen kann; durch deren Regelung ist nämlich für beide Seiten, Gläubiger und Schuldner, mehr als ausreichend Sorge getragen.

---

1 18 v. Chr.

2 C. 5, 13, 1, 15 (530).

3 Nach Nov. 61, 1, 3 (537) ist die Verfügung wirksam, wenn die Frau ihre Zustimmung nach zwei Jahren wiederholt.

4 C. 8, 33, 3 (530).

2. Nunc admonendi sumus neque pupillum neque pupillam ullam rem sine tutoris auctoritate alienare posse. ideoque si mutuam pecuniam alicui sine tutoris auctoritate dederit, non contrahit obligationem, quia pecuniam non facit accipientis. ideoque vindicare nummos possunt, sicubi extent: sed si nummi, quos mutuos dedit, ab eo qui accepit bona fide consumpti sunt, condici possunt, si mala fide, ad exhibendum de his agi potest. at ex contrario omnes res pupillo et pupillae sine tutoris auctoritate recte dari possunt. ideoque si debitor pupillo solvat, necessaria est tutoris auctoritas: alioquin non liberabitur. sed etiam hoc evidentissima ratione statutum est in constitutione, quam ad Caesareenses advocatos ex suggestione Triboniani viri eminentissimi quaestoris sacri palatii nostri promulgavimus, qua dispositum est ita licere tutori vel curatori debitorem pupillarem solvere, ut prius sententia iudicialis sine omni damno celebrata hoc permittat. quo subsecuto, si et iudex pronuntiaverit et debitor solverit, sequitur huiusmodi solutionem plenissima securitas. sin autem aliter quam disposuimus solutio facta fuerit et pecuniam salvam habeat pupillus aut ex ea locupletior sit et adhuc eandem summam pecuniae petat, per exceptionem doli mali summoveri poterit: quodsi aut male consumpserit aut furto amiserit, nihil proderit debitori doli mali exceptio, sed nihilo minus damnabitur, quia temere sine tutoris auctoritate et non secundum nostram dispositionem solverit.

2. Wir müssen noch darauf hinweisen, daß männliche wie weibliche Mündel keine Sache ohne förmliche Zustimmung des Vormunds veräußern können. Gibt ein Mündel daher jemandem Geld als Darlehen ohne förmliche Zustimmung des Vormunds, so bringt es keine Verbindlichkeit zustande, weil es dem Empfänger kein Eigentum am Geld verschafft. Deshalb können Mündel das Geld vindizieren, wenn es noch irgendwo vorhanden ist. Sind aber die als Darlehen gegebenen Münzen vom Empfänger gutgläubig verbraucht worden, können sie kondiziert werden; sind sie jedoch bösgläubig verbraucht worden, so kann ihretwegen auf Vorlegung geklagt werden. Umgekehrt aber können alle Sachen männlichen wie weiblichen Mündeln auch ohne förmliche Zustimmung des Vormunds wirksam übereignet werden. Und so ist, wenn ein Schuldner an das Mündel leistet, die förmliche Zustimmung des Vormunds erforderlich[1]; andernfalls wird der Schuldner nicht befreit. Aber auch folgendes ist aus unmittelbar einleuchtendem Grund in der Konstitution angeordnet worden, die wir den Anwälten von Caesarea aufgrund des Berichts unseres überragenden Justizministers Tribonian bekannt gemacht haben[2]. Durch sie ist verordnet worden, daß der Schuldner des Mündels nur dann an den Vormund oder Pfleger leisten darf, wenn eine richterliche Entscheidung, die kostenfrei ergeht, dies zuvor erlaubt. Ist das geschehen, hat also der Richter entschieden und der Schuldner geleistet, so folgt einer solchen Leistung die vollkommenste Befreiung. Ist aber eine Leistung anders erfolgt, als wir es bestimmt haben, und hat das Mündel entweder das Geld noch unverbraucht bei sich oder ist es dadurch bereichert und klagt es dann noch dieselbe Geldsumme ein, so kann es mit der Einrede der Arglist abgewehrt werden. Hat das Mündel aber das Geld verschwendet oder durch Diebstahl eingebüßt, wird die Einrede der Arglist dem Schuldner nicht helfen, sondern er wird nichtsdestoweniger verurteilt, weil er voreilig ohne förmliche Zustimmung des Vormunds und nicht unserer Vorschrift entsprechend geleistet hat. Umge-

1 Eine Annahme mit Erfüllungswirkung wäre nämlich eine Veräußerung der Forderung.

2 C. 5, 37, 25 (531).

sed ex diverso pupilli vel pupillae solvere sine tutore auctore non possunt, quia id quod solvunt non fit accipientis, cum scilicet nullius rei alienatio eis sine tutoris auctoritate concessa est.

kehrt jedoch können männliche wie weibliche Mündel ohne förmliche Zustimmung des Vormunds nicht wirksam leisten, weil, was sie leisten, nicht Eigentum des Empfängers wird, da ihnen ja keinerlei Veräußerung von Sachen ohne förmliche Zustimmung des Vormunds gestattet ist.

IX
Per quas personas nobis adquiritur

Adquiritur nobis non solum per nosmet ipsos, sed etiam per eos quos in potestate habemus: item per eos servos, in quibus usum fructum habemus: item per homines liberos et servos alienos quos bona fide possidemus. de quibus singulis diligentius dispiciamus.

1. Igitur liberi vestri utriusque sexus, quos in potestate habetis, olim quidem, quidquid ad eos pervenerat (exceptis videlicet castrensibus peculiis), hoc parentibus suis adquirebant sine ulla distinctione: et hoc ita parentum fiebat, ut esset eis licentia, quod per unum vel unam eorum adquisitum est, alii vel extraneo donare vel vendere vel quocumque modo voluerant applicare. quod nobis inhumanum visum est et generali constitutione emissa et liberis pepercimus et patribus debitum reservavimus. sancitum etenim a nobis est, ut, si quid ex re patris ei obveniat, hoc secundum antiquam observationem totum parenti adquirat (quae enim invidia est, quod ex patris occasione profectum est, hoc ad eum reverti?): quod autem ex alia causa sibi filius familias adquisivit, huius usum fructum quidem patri adquiret, dominium autem apud eum remaneat, ne, quod ei suis laboribus vel prospera fortuna accessit, hoc in alium perveniens luctuosum ei procedat.

Neunter Titel
Durch welche Personen wir erwerben

Wir erwerben nicht nur durch uns selbst, sondern auch durch diejenigen, die wir in unserer Hausgewalt haben, ebenso durch die Sklaven, an denen wir einen Nießbrauch haben, ferner durch die freien Menschen und fremden Sklaven, die wir gutgläubig besitzen. Mit diesen Personen wollen wir uns im einzelnen näher befassen.

1. Hauskinder beiderlei Geschlechts, die in eurer Hausgewalt stehen, erwarben früher alles, was sie erlangten, ohne irgendeinen Unterschied für die Hausväter (mit Ausnahme natürlich des militärischen Sonderguts). Und die Hausväter erwarben all das in der Art, daß es ihnen freistand, das durch eines der Hauskinder Erworbene einem anderen oder einem Hausfremden zu schenken, zu verkaufen oder damit auf beliebige Weise zu verfahren. Dies erschien uns wenig menschlich, und wir haben durch Erlaß einer allgemeinen Konstitution[1] sowohl auf die Hauskinder Rücksicht genommen als auch den Vätern das ihnen Gebührende bewahrt. Wir haben nämlich bestimmt, daß das Hauskind alles, was es aufgrund des Vermögens des Vaters erlangt, nach der alten Regelung vollständig für den Hausvater erwirbt (denn wie kann man mißbilligen, daß zum Vater zurückkehrt, was aus seinem Vermögen stammt?). Was der Haussohn aber aus einem anderen Grund erwirbt, daran erwirbt er zwar den Nießbrauch für den Vater, das Eigentum aber bleibt bei ihm selbst, damit nicht das, was ihm durch eigene Anstrengung oder durch die Gunst des Schicksals zufällt, auf einen anderen übergeht und ihm dadurch verleidet wird.

1 C. 6, 61, 6 (529).

2. Hocque a nobis dispositum est et in ea specie, ubi parens emancipando liberum ex rebus quae adquisitionem effugiunt sibi partem tertiam retinere si voluerat licentiam ex anterioribus constitutionibus habebat quasi pro pretio quodammodo emancipationis et inhumanum quid accidebat, ut filius rerum suarum ex hac emancipatione dominio pro parte defraudetur et, quod honoris ei ex emancipatione additum est, quod sui iuris effectus est, hoc per rerum deminutionem decrescat. ideoque statuimus, ut parens pro tertia bonorum parte dominii, quam retinere poterat, dimidiam non dominii rerum, sed usus fructus retineat: ita etenim et res intactae apud filium remanebunt et pater ampliore summa fruetur pro tertia dimidia potiturus.

2. Und dies ist von uns auch für den Fall angeordnet worden, in dem der Hausvater, wenn er den Sohn aus seiner Gewalt entließ, nach früheren Konstitutionen die Befugnis hatte, von den Gegenständen, die nunmehr seinem Erwerb entgingen, sich, wenn er es wollte, den dritten Teil vorzubehalten, gewissermaßen als Preis für die Emanzipation. Und damit ergab sich die wenig menschliche Folge, daß der Sohn vom Vater durch die Emanzipation um einen Teil seines Vermögens gebracht wurde und das, was er durch die Emanzipation an Ansehen gewann, weil er gewaltfrei wurde, durch eine Minderung des Vermögens verlor. Deshalb haben wir bestimmt, der Vater solle statt des dritten Teils der Vermögensrechte, den er sich vorbehalten konnte, an der Hälfte des Vermögens nicht das Vollrecht, sondern nur den Nießbrauch behalten. Denn so bleiben die Vermögensgegenstände vollständig beim Sohn, und auch der Vater kommt in den Genuß eines größeren Ertrags, weil er statt des Drittels die Hälfte in die Hände bekommt.

3. Item vobis adquiritur, quod servi vestri ex traditione nanciscuntur sive quid stipulentur vel ex qualibet alia causa adquirunt. hoc enim vobis et ignorantibus et invitis obvenit. ipse enim servus qui in potestate alterius est nihil suum habere potest. sed si heres institutus sit, non alias nisi iussu vestro hereditatem adire potest: et si iubentibus vobis adierit, vobis hereditas adquiritur, perinde ac si vos ipsi heredes instituti essetis. et convenienter scilicet legatum per eos vobis adquiritur. non solum autem proprietas per eos quos in potestate habetis adquiritur vobis, sed etiam possessio: cuiuscumque enim rei possessionem adepti fuerint, id vos possidere videmini. unde etiam per eos usucapio vel longi temporis possessio vobis accedit.

3. Gleichfalls erwerbt ihr, was eure Sklaven durch Übergabe erlangen oder was sie sich versprechen lassen oder aus irgendeinem anderen Grund erwerben. All dies gelangt an euch nämlich auch ohne euer Wissen und Wollen. Denn der Sklave selbst, der stets in fremder Hausgewalt steht, kann nichts Eigenes haben. Wenn er aber als Erbe eingesetzt ist, kann er nicht anders als mit eurer Ermächtigung die Erbschaft antreten. Hat er sie mit eurer Ermächtigung angetreten, dann erwerbt ihr die Erbschaft so, als wäret ihr selbst zu Erben eingesetzt worden. Und ganz entsprechend erwerbt ihr durch Sklaven ein Vermächtnis. Aber nicht nur Eigentum erwerbt ihr durch diejenigen, die ihr in eurer Hausgewalt habt, sondern auch Besitz. Denn woran sie Besitz erlangt haben, das besitzt, wie man annimmt, ihr. Daher kommt euch durch sie auch die Ersitzung oder der langfristige Besitz zugute.

4. De his autem servis, in quibus tantum usum fructum habetis, ita placuit, ut, quidquid ex re vestra vel ex operibus suis adquirant, id vobis adiciatur, quod vero extra eas causas persecuti sunt, id ad dominum proprietatis pertineat. itaque si is servus heres institutus sit legatumve quid ei aut donatum fuerit, non usufructuario, sed domino

4. Hinsichtlich der Sklaven aber, an denen ihr nur einen Nießbrauch habt, hat sich die Meinung durchgesetzt, daß alles, was sie aufgrund eures Vermögens oder durch eigene Arbeit erwerben, euch zufällt, daß dagegen dem Inhaber des Eigentums zukommt, was sie außerhalb dieser Gründe erlangt haben. Ist daher ein solcher Sklave als Erbe eingesetzt oder ist ihm etwas

proprietatis adquiritur. idem placet et de eo, qui a vobis bona fide possidetur, sive is liber sit sive alienus servus: quod enim placuit de usufructuario, idem placet et de bonae fidei possessore. itaque quod extra duas istas causas adquiritur, id vel ad ipsum pertinet, si liber est, vel ad dominum, si servus est. sed bonae fidei possessor cum usuceperit servum, quia eo modo dominus fit, ex omnibus causis per eum sibi adquirere potest: fructuarius vero usucapere non potest, primum quia non possidet, sed habet ius utendi fruendi, deinde quia scit servum alienum esse. non solum autem proprietas per eos servos, in quibus usum fructum habetis vel quos bona fide possidetis, vel per liberam personam, quae bona fide vobis servit, adquiritur vobis, sed etiam possessio: loquimur autem in utriusque persona secundum definitionem, quam proxime exposuimus, id est si quam possessionem ex re vestra vel ex operibus suis adepti fuerint.

vermacht oder geschenkt worden, so erwirbt nicht der Nießbraucher, sondern der Inhaber des Eigentums. Dasselbe nimmt man auch bei demjenigen an, den ihr gutgläubig besitzt, mag er frei oder ein fremder Sklave sein. Denn was für den Nießbraucher anerkannt ist, nimmt man auch für den gutgläubigen Besitzer an. Was demnach jemand, von jenen beiden Gründen abgesehen, erwirbt, das gehört entweder, wenn er frei ist, ihm selbst oder, wenn er Sklave ist, seinem Herrn. Hat aber der gutgläubige Besitzer den Sklaven ersessen, so kann er, weil er dadurch Eigentümer wird, durch den Sklaven aus allen Gründen für sich erwerben. Der Nießbraucher kann dagegen nicht ersitzen, zum einen, weil er nicht besitzt, sondern nur das Recht zu Gebrauch und Nutzung hat, zum anderen, weil er weiß, daß es sich um einen fremden Sklaven handelt. Aber nicht nur Eigentum erwerbt ihr durch Sklaven, an denen ihr einen Nießbrauch habt oder die ihr gutgläubig besitzt, oder durch eine freie Person, die euch gutgläubig dient, sondern auch Besitz. Wir verstehen das aber bei beiden Personen unter der Voraussetzung, die wir soeben dargelegt haben, nämlich daß sie den Besitz aufgrund eures Vermögens oder durch eigene Arbeit erworben haben.

5. Ex his itaque apparet per liberos homines, quos neque iuri vestro subiectos habetis neque bona fide possidetis, item per alienos servos, in quibus neque usum fructum habetis neque iustam possessionem, nulla ex causa vobis adquiri posse. et hoc est, quod dicitur per extraneam personam nihil adquiri posse: excepto eo, quod per liberam personam veluti per procuratorem placet non solum scientibus, sed etiam ignorantibus vobis adquiri possessionem secundum divi Severi constitutionem et per hanc possessionem etiam dominium, si dominus fuit qui tradidit, vel usucapionem aut longi temporis praescriptionem, si dominus non sit.

5. Hieraus ergibt sich also, daß ihr durch freie Menschen, die nicht eurem Recht unterworfen sind und die ihr auch nicht gutgläubig besitzt, oder durch fremde Sklaven, an denen ihr weder den Nießbrauch noch rechtmäßigen Besitz habt, aus keinem Grund erwerben könnt. Und das meint man, wenn man sagt, daß durch eine hausfremde Person nichts erworben werden kann; mit der Ausnahme allerdings, daß ihr, wie anerkannt und durch eine Konstitution des vergöttlichten Kaisers Severus[1] bestätigt ist, durch eine freie Person, zum Beispiel durch einen Verwalter, den Besitz erwerbt, nicht nur, wenn ihr es wißt, sondern auch, wenn ihr es nicht wißt, und daß ihr durch diesen Besitz sogar das Eigentum erlangt, wenn derjenige, der übergeben hat, Eigentümer war, oder den Ersitzungsbesitz oder die Einrede des langfristigen Besitzes, wenn er nicht Eigentümer war.

6. Hactenus tantisper admonuisse sufficiat, quemadmodum singulae res adqui-

6. Dies mag als Erläuterung zum Erwerb einzelner Sachen einstweilen genügen. Denn über

1 C. 7, 32, 1 (196).

runtur: nam legatorum ius, quo et ipso singulae res vobis adquiruntur, item fideicommissorum, ubi singulae res vobis relinquuntur, opportunius inferiori loco referemus. videamus itaque nunc, quibus modis per universitatem res vobis adquiruntur. si cui ergo heredes facti sitis sive cuius bonorum possessionem petieritis vel si quem adrogaveritis vel si cuius bona libertatum conservandarum causa vobis addicta fuerint, eius res omnes ad vos transeunt. ac prius de hereditatibus dispiciamus. quarum duplex condicio est: nam vel ex testamento vel ab intestato ad vos pertinent. et prius est, ut de his dispiciamus, quae vobis ex testamento obveniunt. qua in re necessarium est initio de ordinandis testamentis exponere.

das Recht der Vermächtnisse, wodurch ihr ebenfalls einzelne Sachen erwerbt, sowie über das Recht der Fideikommisse, durch die euch einzelne Sachen hinterlassen werden, sprechen wir zweckmäßiger an späterer Stelle[1]. Daher wollen wir jetzt sehen, auf welche Weise ihr Sachen durch Gesamtrechtsnachfolge erwerbt. Wenn ihr nun jemandes Erben geworden seid oder den Nachlaßbesitz [erfolgreich] beantragt habt[2] oder wenn ihr jemanden durch Arrogation adoptiert habt[3] oder wenn euch jemandes Vermögen zur Erhaltung der Freiheit zugesprochen worden ist[4], dann gehen alle seine Vermögensgegenstände auf euch über. Zuerst wollen wir uns mit den Erbschaften befassen. Bei ihnen gibt es zwei Berufungsgründe. Ihr erlangt sie nämlich entweder durch Testament oder kraft Gesetzes. Als erstes erörtern wir die Erbschaften, die euch durch Testament zufallen. Dazu ist es notwendig, zunächst die Errichtung der Testamente darzulegen.

X
De testamentis ordinandis

Testamentum ex eo appellatur, quod testatio mentis est.

1. Sed ut nihil antiquitatis penitus ignoretur, sciendum est olim quidem duo genera testamentorum in usu fuisse, quorum altero in pace et in otio utebantur, quod calatis comitiis appellabatur, altero, cum in proelium exituri essent, quod procinctum dicebatur. accessit deinde tertium genus testamentorum, quod dicebatur per aes et libram, scilicet quia per emancipationem, id est imaginariam quandam venditionem, agebatur quinque testibus et libripende civibus Romanis puberibus praesentibus et eo qui familiae emptor dicebatur. sed illa quidem priora duo genera testamentorum ex veteribus temporibus in desuetudinem

Zehnter Titel
Über die Errichtung von Testamenten

Das Testament heißt so, weil es die testatio mentis, die Bezeugung des Willens ist.

1. Aber damit nicht alles aus alter Zeit in Vergessenheit gerät, sollte man wissen, daß früher zwei Arten von Testamenten in Gebrauch waren. Das eine wurde in der ruhigen Zeit des Friedens verwendet und calatis comitiis, vor einberufener Volksversammlung, genannt; das andere wurde verwendet, unmittelbar bevor man zur Schlacht ausrückte, und hieß in procinctu[5], vor kampfbereitem Heer. Später kam eine dritte Testamentsart hinzu, welche per aes et libram, durch Kupfer und Waage, hieß, weil sie durch Manzipation zustande kam, das heißt durch einen symbolischen Kauf, bei dem fünf Zeugen und der Waagehalter, sämtlich mündige römische Bürger, anwesend waren sowie eine weitere Person, welche familiae emptor, Vermögenskäufer, genannt wurde. Aber jene beiden früheren Testamentsarten sind schon in alter Zeit au-

1 Inst. 2, 20 ff.
2 Vgl. Inst. 3, 9.
3 Vgl. Inst. 3, 10.
4 Vgl. Inst. 3, 11.
5 So die durch Gaius 2, 101 bestätigte Lesart.

abierunt: quod vero per aes et libram fiebat, licet diutius permansit, attamen partim et hoc in usu esse desiit.

ßer Gebrauch gekommen. Das Testament, das durch Kupfer und Waage zustande kam, hat sich zwar länger erhalten, ist aber ebenfalls nach und nach unüblich geworden.

2. Sed praedicta quidem nomina testamentorum ad ius civile referebantur. postea vero ex edicto praetoris alia forma faciendorum testamentorum introducta est: iure enim honorario nulla emancipatio desiderabatur, sed septem testium signa sufficiebant, cum iure civili signa testium non erant necessaria.

2. Die eben erwähnten Testamentsarten wurden aber zum Zivilrecht gerechnet. Später wurde jedoch durch das prätorische Edikt eine andere Form der Testamentserrichtung eingeführt. Denn das Amtsrecht verlangte keine Manzipation, vielmehr genügten Siegel von sieben Zeugen, während nach Zivilrecht Siegel der Zeugen nicht erforderlich waren.

3. Sed cum paulatim tam ex usu hominum quam ex constitutionum emendationibus coepit in unam consonantiam ius civile et praetorium iungi, constitutum est, ut uno eodemque tempore, quod ius civile quodammodo exigebat, septem testibus adhibitis et subscriptione testium, quod ex constitutionibus inventum est, et ex edicto praetoris signacula testamentis imponerentur: ut hoc ius tripertitum esse videatur, ut testes quidem et eorum praesentia uno contextu testamenti celebrandi gratia a iure civili descendant, subscriptiones autem testatoris et testium ex sacrarum constitutionum observatione adhibeantur, signacula autem et numerus testium ex edicto praetoris.

3. Aber als allmählich Zivilrecht und Amtsrecht infolge der Gewohnheiten des Rechtslebens und aufgrund von Reformkonstitutionen immer mehr in Übereinstimmung kamen, wurde verordnet, daß den Testamenten zu ein und derselben Zeit — dies forderte gewissermaßen das Zivilrecht — unter Hinzuziehung von sieben Zeugen und mit deren Unterschrift — dies ist durch Konstitutionen eingeführt worden — Siegel aufzudrücken sind — dies nach dem Edikt des Prätors. Folglich erscheint dieses Recht dreigeteilt, weil das Erfordernis der Zeugen und ihrer ununterbrochenen Anwesenheit bei der Errichtung des Testaments aus dem Zivilrecht stammt, die Unterschriften des Erblassers und der Zeugen aber aus den Vorschriften der kaiserlichen Konstitutionen[1] herrühren, die Siegel schließlich und die Anzahl der Zeugen aus dem Edikt des Prätors.

4. Sed his omnibus ex nostra constitutione propter testamentorum sinceritatem, ut nulla fraus adhibeatur, hoc additum est, ut per manum testatoris vel testium nomen heredis exprimatur et omnia secundum illius constitutionis tenorem procedant.

4. Allen diesen Erfordernissen hat zur Sicherung der Echtheit der Testamente, um Betrug auszuschließen, unsere Konstitution[2] hinzugefügt, daß der Name des Erben durch den Erblasser oder die Zeugen eigenhändig zu schreiben ist und alles nach der Vorschrift jener Konstitution vor sich zu gehen hat.

5. Possunt autem testes omnes et uno anulo signare testamentum (quid enim, si septem anuli una sculptura fuerint?) secundum quod Pomponio visum est. sed et alieno quoque anulo licet signare.

5. Es können aber alle Zeugen, wie Pomponius angenommen hat, auch mit einem einzigen Siegelring das Testament siegeln (denn was, wenn die sieben Siegelringe mit ein und demselben Prägebild versehen sind?). Auch mit einem fremden Siegelring darf man siegeln.

6. Testes autem adhiberi possunt ii, cum quibus testamenti factio est. sed neque mu-

6. Als Zeugen können jedoch nur diejenigen hinzugezogen werden, die die Testamentsfähig-

1 C. 6, 23, 21 (439).
2 C. 6, 23, 29 (531).

lier neque impubes neque servus neque mutus neque surdus neque furiosus nec cui bonis interdictum est nec is, quem leges iubent improbum intestabilemque esse, possunt in numero testium adhiberi.

7. Sed cum aliquis ex testibus testamenti quidem faciendi tempore liber existimabatur, postea vero servus apparuit, tam divus Hadrianus Catonio Vero quam postea divi Severus et Antoninus rescripserunt subvenire se ex sua liberalitate testamento, ut sic habeatur, atque si ut oportet factum esset, cum eo tempore, quo testamentum signaretur, omnium consensu hic testis liberorum loco fuerit nec quisquam esset, qui ei status quaestionem moveat.

8. Pater nec non is, qui in potestate eius est, item duo fratres, qui in eiusdem patris potestate sunt, utrique testes in unum testamentum fieri possunt: quia nihil nocet ex una domo plures testes alieno negotio adhiberi.

9. In testibus autem non debet esse qui in potestate testatoris est. sed si filius familias de castrensi peculio post missionem faciat testamentum, nec pater eius recte testis adhibetur nec is qui in potestate eiusdem patris est: reprobatum est enim in ea re domesticum testimonium.

10. Sed neque heres scriptus neque is qui in potestate eius est neque pater eius qui habet eum in potestate neque fratres qui in eiusdem patris potestate sunt testes adhiberi possunt, quia totum hoc negotium, quod agitur testamenti ordinandi gratia, creditur hodie inter heredem et testatorem agi. licet enim totum ius tale conturbatum fuerat et veteres, qui familiae emptorem et eos, qui per potestatem ei coadunati fuerant, testamentariis testimoniis repellebant, heredi et

keit haben. Frauen, Unmündige, Sklaven, Stumme, Taube, Geisteskranke, entmündigte Verschwender, schließlich solche, die vom Gesetz für unehrlich und zeugnisunfähig erklärt sind, können also nicht als Zeugen hinzugezogen werden.

7. Aber für den Fall, daß man einen der Zeugen zur Zeit der Testamentserrichtung für frei hielt, später sich jedoch erwies, daß er Sklave war, haben der vergöttlichte Kaiser Hadrian gegenüber dem Catonius Verus[1] und ebenso später die vergöttlichten Kaiser Septimius Severus und Antoninus [Caracalla] in ihrer Großzügigkeit entschieden, dem Testament zur Geltung zu verhelfen, so daß es so angesehen wird, als sei es vorschriftsmäßig errichtet, da zu der Zeit, als das Testament gesiegelt wurde, dieser Zeuge in der Vorstellung aller als freier Mann galt und noch niemand da war, der seinen Personenstand anfocht.

8. Ein Vater und jemand, der sich in seiner Hausgewalt befindet, ebenso zwei Brüder, die in der Hausgewalt desselben Vaters stehen, können zusammen Zeugen für ein und dasselbe Testament sein, weil es unschädlich ist, mehrere aus demselben Hausverband als Zeugen zu einem fremden Rechtsgeschäft hinzuzuziehen.

9. Unter den Zeugen darf aber niemand sein, der in der Hausgewalt des Erblassers steht. Auch wenn ein Haussohn über sein militärisches Sondergut nach der Entlassung ein Testament errichtet, wird weder sein Vater als Zeuge zugelassen noch derjenige, der in der Hausgewalt des Vaters ist. Denn in diesem Zusammenhang hat man das Zeugnis eines Hausgenossen verworfen.

10. Aber weder der eingesetzte Erbe noch derjenige, der in dessen Hausgewalt steht, noch sein Vater, der ihn in der Hausgewalt hat, noch seine Brüder, die in der Hausgewalt desselben Vaters stehen, können als Zeugen hinzugezogen werden, weil man heute annimmt, daß das ganze Geschäft, das zur Errichtung des Testaments vorgenommen wird, zwischen dem Erben und dem Erblasser geschieht. Dieses ganze Recht war nämlich in Unordnung geraten, weil die alten Juristen einerseits den treuhänderischen

---

1 C. 6, 23, 1 (o. J.).

his, qui coniuncti ei per potestatem fuerant, concedebant testimonia in testamentis praestare, licet hi, qui id permittebant, hoc iure minime abuti debere eos suadebant: tamen nos eandem observationem corrigentes et, quod ab illis suasum est, in legis necessitatem transferentes ad imitationem pristini familiae emptoris merito nec heredi, qui imaginem vetustissimi familiae emptoris optinet, nec aliis personis, quae ei ut dictum est coniunctae sunt, licentiam concedimus sibi quodammodo testimonia praestare: ideoque nec eiusmodi veterem constitutionem nostro codici inseri permisimus.

Vermögenskäufer und die mit ihm durch Hausgewalt verbundenen Personen von der Zeugenschaft beim Testament ausschlossen, andererseits aber dem Erben und den mit ihm durch Hausgewalt verbundenen Personen erlaubten, das Testament zu bezeugen, mochten auch diejenigen, die das erlaubten, den Rat geben, man solle dieses Recht keineswegs mißbrauchen. Wir haben jedoch diese Regelung verbessert und das, was von den alten Juristen nur als Rat gegeben war, durch Gesetz verbindlich gemacht und haben wie beim früheren treuhänderischen Vermögenskäufer aus gutem Grund weder dem Erben, der an die Stelle des Vermögenskäufers der ganz alten Zeit getreten ist, noch den anderen mit ihm in der beschriebenen Weise verbundenen Personen die Befugnis gewährt, gewissermaßen für sich selbst Zeuge zu sein. Deshalb haben wir es auch nicht zugelassen, daß eine alte Konstitution über diesen Gegenstand in unser Gesetzbuch aufgenommen wurde.

11. Legatariis autem et fideicommissariis, quia non iuris successores sunt, et aliis personis eis coniunctis testimonium non denegamus, immo in quadam nostra constitutione et hoc specialiter concessimus, et multo magis his, qui in eorum potestate sunt, vel qui eos habent in potestate, huiusmodi licentiam damus.

11. Den Vermächtnisnehmern und Fideikommissaren jedoch versagen wir nicht die Befugnis, Zeuge zu sein, weil sie nicht Rechtsnachfolger sind, ebenso nicht den anderen mit ihnen verbundenen Personen. Wir haben dies sogar in einer unserer Konstitutionen[1] ausdrücklich zugelassen. Um so mehr erteilen wir diese Befugnis denen, die in deren Hausgewalt sind oder die einen Vermächtnisnehmer oder Fideikommissar in ihrer Hausgewalt haben.

12. Nihil autem interest, testamentum in tabulis an in chartis membranisve vel in alia materia fiat.

12. Es macht keinen Unterschied, ob das Testament auf Schreibtafeln, auf Papier, Pergament oder auf einem anderen Stoff geschrieben ist.

13. Sed et unum testamentum pluribus codicibus conficere quis potest, secundum optinentem tamen observationem omnibus factis. quod interdum et necessarium est, si quis navigaturus et secum ferre et domi relinquere iudiciorum suorum contestationem velit, vel propter alias innumerabiles causas, quae humanis necessitatibus imminent.

13. Man kann aber auch ein Testament in mehreren Exemplaren errichten, sofern sie alle unter Beachtung des geltenden Rechts abgefaßt sind. Dies ist manchmal auch nötig, wenn nämlich jemand, der eine Seereise machen muß, die Erklärung seines letzten Willens sowohl bei sich tragen als auch zu Hause zurücklassen will, oder aus unzähligen anderen Gründen, die sich aus den Notwendigkeiten des menschlichen Lebens ergeben.

14. Sed haec quidem de testamentis, quae in scriptis conficiuntur. si quis autem

14. Dies nun zu den Testamenten, die in schriftlicher Form abgefaßt werden. Will aber

1 Sie ist nicht überliefert.

voluerit sine scriptis ordinare iure civili testamentum, septem testibus adhibitis et sua voluntate coram eis nuncupata sciat hoc perfectissimum testamentum iure civili firmumque constitutum.

jemand nach Zivilrecht sein Testament nicht in schriftlicher Form errichten, soll er wissen, daß, wenn er sieben Zeugen hinzuzieht und seinen Willen vor ihnen mündlich erklärt, dies ein vollständiges und nach Zivilrecht gültig errichtetes Testament ist.

XI
De militari testamento

Supra dicta diligens observatio in ordinandis testamentis militibus propter nimiam imperitiam constitutionibus principalibus remissa est. nam quamvis hi neque legitimum numerum testium adhibuerint neque aliam testamentorum sollemnitatem observaverint, recte nihilo minus testantur, videlicet cum in expeditionibus occupati sunt: quod merito nostra constitutio induxit. quoquo enim modo voluntas eius suprema sive scripta inveniatur sive sine scriptura, valet testamentum ex voluntate eius. illis autem temporibus, per quae citra expeditionum necessitatem in aliis locis vel in suis sedibus degunt, minime ad vindicandum tale privilegium adiuvantur: sed testari quidem et si filii familias sunt propter militiam conceduntur, iure tamen communi, ea observatione et in eorum testamentis adhibenda, quam et in testamentis paganorum proxime exposuimus.

Elfter Titel
Über das Soldatentestament

Die sorgfältige Beachtung der oben erwähnten Vorschriften[1] für die Abfassung von Testamenten ist den Soldaten wegen ihrer allzu großen Unerfahrenheit durch kaiserliche Konstitutionen erlassen worden. Denn auch wenn Soldaten weder die gesetzlich angeordnete Zahl von Zeugen hinzuziehen noch andere Förmlichkeiten der Testamente beachten, testieren sie trotzdem rechtswirksam, allerdings nur, wenn sie an einer kriegerischen Unternehmung teilnehmen. Dies hat unsere Konstitution[2] zu Recht eingeführt. Denn in welcher Weise auch immer der letzte Wille des Soldaten sich äußert, ob geschrieben oder ungeschrieben: das Testament gilt kraft seines Willens. In den Zeiten hingegen, in denen die Soldaten sich frei vom Zwang kriegerischer Unternehmungen an anderen Orten oder in der Heimat befinden, wird ihnen keineswegs gestattet, ein solches Vorrecht in Anspruch zu nehmen. Zwar dürfen sie wegen des Militärdienstes sogar testieren, wenn sie Haussöhne sind, jedoch nur nach allgemeinem Recht unter Einhaltung der Bestimmungen, die wir für die Testamente von Zivilisten soeben dargelegt haben.

1. Plane de militum testamentis divus Traianus Statilio Severo ita rescripsit: 'id privilegium, quod militantibus datum est, ut quoquo modo facta ab his testamenta rata sint, sic intellegi debet, ut utique prius constare debeat testamentum factum esse, quod et sine scriptura a non militantibus quoque fieri potest. is ergo miles, de cuius

1. Allerdings hat der vergöttlichte Kaiser Trajan dem Statilius Severus über die Testamente der Soldaten den folgenden Bescheid[3] erteilt: 'Dieses Vorrecht, welches den aktiven Soldaten gewährt worden ist, daß nämlich ihre Testamente, wie auch immer errichtet, wirksam sind, ist so zu verstehen, daß jedenfalls zunächst feststehen muß, daß überhaupt ein Testament errichtet worden ist, wie es ohne Schriftform ja auch von Nichtsoldaten errichtet werden kann. Wenn al-

1 Inst. 2, 10.
2 C. 6, 21, 17 (529).
3 D. 29, 1, 24.

bonis apud te quaeritur, si convocatis ad hoc hominibus, ut voluntatem suam testaretur, ita locutus est, ut declararet, quem vellet sibi esse heredem et cui libertatem tribuere, potest videri sine scripto hoc modo esse testatus et voluntas eius rata habenda est. ceterum si, ut plerumque sermonibus fieri solet, dixit alicui: 'ego te heredem facio' aut 'tibi bona mea relinquo', non oportet hoc pro testamento observari. nec ullorum magis interest quam ipsorum, quibus id privilegium datum est, eiusmodi exemplum non admitti: alioquin non difficulter post mortem alicuius militis testes existerent, qui adfirmarent se audisse dicentem aliquem relinquere se bona, cui visum sit, et per hoc iudicia vera subvertantur.'

so der Soldat, über dessen Nachlaß vor dir verhandelt wird, Leute zu dem Zweck zusammengerufen hat, um vor Zeugen seinen letzten Willen zu erklären, und wenn er so geredet hat, daß klar wurde, wen er zu seinem Erben haben und wem er die Freiheit gewähren wollte, dann ist daraus zu ersehen, daß er auf diese Weise ohne Schriftform testiert hat, und sein Wille ist als rechtswirksam anzuerkennen. Wenn er dagegen, wie das bei Gesprächen gelegentlich vorkommt, jemandem gesagt hat: 'Ich mache dich zum Erben' oder 'Ich hinterlasse dir mein Vermögen', dann darf dies nicht als Testament angesehen werden. Es liegt niemandem mehr daran als gerade denjenigen, denen dieses Vorrecht der Formfreiheit gewährt worden ist, daß ein Fall dieser Art nicht berücksichtigt wird. Sonst könnten nach dem Tod irgendeines Soldaten leicht Zeugen auftreten, die versichern, sie hätten ihn sagen hören, daß er einem, der dies gern wollte, sein Vermögen hinterlasse, und dadurch würde der wahre letzte Wille verfälscht.'

2. Quin immo et mutus et surdus miles testamentum facere possunt.

2. Ja sogar ein stummer oder ein tauber Soldat kann ein Testament errichten.

3. Sed hactenus hoc illis a principalibus constitutionibus conceditur, quatenus militant et in castris degunt: post missionem vero veterani vel extra castra si faciant adhuc militantes testamentum, communi omnium civium Romanorum iure facere debent. et quod in castris fecerint testamentum non communi iure, sed quomodo voluerint, post missionem intra annum tantum valebit. quid igitur, si intra annum quidem decesserit, condicio autem heredi adscripta post annum extiterit? an quasi militis testamentum valeat? et placet valere quasi militis.

3. Aber dies wird den Soldaten durch kaiserliche Konstitutionen nur soweit gestattet, wie sie Dienst tun und im Lager leben. Wenn jedoch Veteranen nach ihrer Entlassung oder noch aktive Soldaten außerhalb des Lagers ein Testament errichten, müssen sie dies nach dem allgemeinen, für alle römischen Bürger geltenden Recht tun. Das Testament, das sie im Lager nicht nach allgemeinem Recht, sondern in der von ihnen gewählten Weise errichtet haben, hat nach der Entlassung nur ein Jahr Gültigkeit. Wie nun, wenn jemand zwar innerhalb eines Jahres stirbt, die dem Erben gesetzte Bedingung aber erst nach diesem Jahr eintritt? Soll dies als Soldatentestament Gültigkeit haben? Und nach herrschender Meinung ist es als Soldatentestament gültig.

4. Sed et si quis ante militiam non iure fecit testamentum et miles factus et in expeditione degens resignavit illud et quaedam adiecit sive detraxit vel alias manifesta est militis voluntas hoc valere volentis, dicendum est valere testamentum quasi ex nova militis voluntate.

4. Aber auch wenn jemand vor seiner Militärzeit ein unwirksames Testament errichtete, dann Soldat wurde und während kriegerischer Unternehmungen das Testament entsiegelte und etwas hinzufügte oder wegließ oder wenn in anderer Weise der Wille des Soldaten deutlich wurde, daß dies gelten solle, dann muß man sagen, daß das Testament aufgrund des neuen Willens des Soldaten wirksam ist.

5. Denique et si in adrogationem datus fuerit miles vel filius familias emancipatus est, testamentum eius quasi militis ex nova voluntate valet nec videtur capitis deminutione irritum fieri.

6. Sciendum tamen est, quod ad exemplum castrensis peculii tam anteriores leges quam principales constitutiones quibusdam quasi castrensia dederunt peculia, quorum quibusdam permissum erat etiam in potestate degentibus testari. quod nostra constitutio latius extendens permisit omnibus in his tantummodo peculiis testari quidem, sed iure communi: cuius constitutionis tenore perspecto licentia est nihil eorum quae ad praefatum ius pertinent ignorare.

5. Wenn schließlich ein Soldat durch Arrogation als Kind angenommen[1] oder als Haussohn emanzipiert wird, bleibt sein Testament als Soldatentestament kraft neuen Willens wirksam, und man nimmt nicht an, daß es durch die Statusänderung unwirksam geworden ist.

6. Man muß jedoch wissen, daß nach dem Muster des militärischen Sonderguts sowohl frühere Gesetze als auch kaiserliche Konstitutionen[2] bestimmten Personengruppen ein quasimilitärisches Sondergut gewährt haben, über das einige von ihnen sogar testieren durften, wenn sie in Hausgewalt lebten. Dies hat unsere Konstitution[3] weiter ausgedehnt und allen zu testieren erlaubt, allerdings nur über dieses Sondergut und nach allgemeinem Recht. Wer den Text dieser Konstitution gelesen hat, dem ist es möglich, alles, was sich auf das eben erwähnte Recht bezieht, gut zu kennen.

XII
Quibus non est permissum testamenta facere

Non tamen omnibus licet facere testamentum. statim enim hi, qui alieno iuri subiecti sunt, testamenti faciendi ius non habent, adeo quidem ut, quamvis parentes eis permiserint, nihilo magis iure testari possint: exceptis his quos antea enumeravimus et praecipue militibus qui in potestate parentum sunt, quibus de eo quod in castris adquisierint permissum est ex constitutionibus principum testamentum facere. quod quidem initio tantum militantibus datum est tam ex auctoritate divi Augusti quam Nervae nec non optimi imperatoris Traiani, postea vero subscriptione divi Hadriani etiam dimissis militia, id est veteranis, concessum est. itaque si quidem fecerint de castrensi peculio testamentum, pertinebit hoc ad eum quem heredem reliquerint: si vero intestati decesserint nullis liberis vel

Zwölfter Titel
Wer ein Testament nicht errichten darf

Nicht allen jedoch ist es erlaubt, ein Testament zu errichten. Zunächst einmal sind nämlich diejenigen, die dem Recht eines anderen unterworfen sind, nicht zur Testamentserrichtung berechtigt. Dies geht so weit, daß sie, selbst wenn ihr Hausvater es ihnen erlaubt hat, trotzdem nicht wirksam testieren können, ausgenommen diejenigen, die wir vorher aufgezählt haben, und zwar besonders die in der Hausgewalt ihrer Väter stehenden Soldaten, denen nach kaiserlichen Konstitutionen[4] erlaubt ist, über das, was sie im Militärdienst erworben haben, ein Testament zu errichten. Dieses Recht wurde anfangs kraft der Autorität des vergöttlichten Kaisers Augustus sowie des Kaisers Nerva, aber auch des vortrefflichen Kaisers Trajan nur den aktiven Soldaten gewährt. Später aber wurde es durch einen Bescheid des vergöttlichten Kaisers Hadrian auch den aus dem Militär-

1 Vgl. Inst. 1, 11, 1.
2 Vgl. C. 3, 28, 37, 1 e (531).
3 C. 3, 28, 37, 1/2 (531).
4 Vgl. C. 12, 36, 4 (o. J.).

fratribus superstitibus, ad parentes eorum iure communi pertinebit. ex hoc intellegere possumus, quod in castris adquisierit miles, qui in potestate patris est, neque ipsum patrem adimere posse neque patris creditores id vendere vel aliter inquietare neque patre mortuo cum fratribus esse commune, sed scilicet proprium eius esse id quod in castris adquisierit, quamquam iure civili omnium qui in potestate parentum sunt peculia perinde in bonis parentum computantur, acsi servorum peculia in bonis dominorum numerantur: exceptis videlicet his, quae ex sacris constitutionibus et praecipue nostris propter diversas causas non adquiruntur. praeter hos igitur, qui castrense peculium vel quasi castrense habent, si quis alius filius familias testamentum fecerit, inutile est, licet suae potestatis factus decesserit.

dienst Entlassenen, das heißt den Veteranen, zugestanden. Haben diese daher ein Testament über das militärische Sondergut errichtet, fällt dieses an den, den sie als Erben bestimmt haben. Sind sie dagegen testamentslos gestorben, ohne Kinder oder Brüder zu hinterlassen, fällt das Sondergut nach allgemeinem Recht an ihren Hausvater. Daran läßt sich folgendes erkennen: Was der in der Hausgewalt des Vaters stehende Soldat im Militärdienst erworben hat, kann weder der Vater selbst wegnehmen, noch können es die Gläubiger des Vaters verkaufen oder sonst in Anspruch nehmen, noch gehört es nach dem Tode des Vaters dem Soldaten und seinen Brüdern gemeinschaftlich. Vielmehr ist das, was der Soldat im Militärdienst erworben hat, selbstverständlich sein eigen, obgleich nach Zivilrecht das Sondergut all derer, die in der Hausgewalt ihres Vaters stehen, ebenso zum Vermögen des Vaters gerechnet wird wie das Sondergut der Sklaven zum Vermögen ihres Eigentümers gezählt wird, natürlich mit Ausnahme dessen, was die Gewalthaber aufgrund kaiserlicher und besonders auch unserer Konstitutionen aus verschiedenen Gründen nicht erwerben können. Hat ein anderer Haussohn, der also nicht zu denen gehört, die ein militärisches oder quasimilitärisches Sondergut haben, ein Testament errichtet, so ist dieses unwirksam, auch wenn er erst gestorben ist, nachdem er gewaltfrei geworden war.

1. Praeterea testamentum facere non possunt impuberes, quia nullum eorum animi iudicium est: item furiosi, quia mente carent. nec ad rem pertinet, si impubes postea pubes factus aut furiosus postea compos mentis factus fuerit et decesserit. furiosi autem si per id tempus fecerint testamentum, quo furor eorum intermissus est, iure testati esse videntur, certe eo quod ante furorem fecerint testamento valente: nam neque testamenta recte facta neque aliud ullum negotium recte gestum postea furor interveniens peremit.

1. Außerdem können Unmündige kein Testament errichten, weil ihnen die Urteilsfähigkeit fehlt, ebensowenig Geisteskranke, weil sie keinen Verstand haben. Und es ist unerheblich, wenn der Unmündige später mündig wird oder der Geisteskranke später wieder zu Verstand gekommen ist und dann stirbt. Errichten aber Geisteskranke zu dem Zeitpunkt ein Testament, in dem ihre Krankheit von einem lichten Augenblick unterbrochen ist, so haben sie, wie man annimmt, wirksam testiert, und sicherlich ist ein Testament gültig, das sie vor ihrer Krankheit errichtet haben. Denn eine später ausbrechende Geisteskrankheit beseitigt weder ein wirksam errichtetes Testament noch irgendein anderes wirksam vorgenommenes Geschäft.

2. Item prodigus, cui bonorum suorum administratio interdicta est, testamentum facere non potest, sed id quod ante fecerit,

2. Ebenso kann ein Verschwender, dem die Verwaltung seines Vermögens untersagt ist, kein Testament errichten. Aber das Testament, das er

quam interdictio ei bonorum fiat, ratum est.

3. Item mutus et surdus non semper facere testamentum possunt. utique autem de eo surdo loquimur, qui omnino non exaudit, non qui tarde exaudit: nam et mutus is intellegitur, qui eloqui nihil potest, non qui tarde loquitur. saepe autem etiam litterati et eruditi homines variis casibus et audiendi et loquendi facultatem amittunt: unde nostra constitutio etiam his subvenit, ut certis casibus et modis secundum normam eius possint testari aliaque facere quae eis permissa sunt. sed si quis post testamentum factum valetudine aut quolibet alio casu mutus aut surdus esse coeperit, ratum nihilo minus eius remanet testamentum.

4. Caecus autem non potest facere testamentum nisi per observationem, quam lex divi Iustini patris mei introduxit.

5. Eius, qui apud hostes est, testamentum quod ibi fecit non valet, quamvis redierit: sed quod dum in civitate fuerat fecit, sive redierit, valet iure postliminii, sive illic decesserit, valet ex lege Cornelia.

XIII
De exheredatione liberorum

Non tamen, ut omnimodo valeat testamentum, sufficit haec observatio, quam supra exposuimus. sed qui filium in potestate habet, curare debet, ut eum heredem instituat vel exheredem nominatim faciat: alioquin si eum silentio praeterierit, inutiliter testabitur, adeo quidem ut, etsi vivo patre filius mortuus sit, nemo ex eo testamento heres existere possit, quia scilicet ab initio non constiterit testamentum. sed non ita de

vor dem Verbot der Vermögensverwaltung errichtet hat, ist wirksam.

3. Auch ein Stummer und ein Tauber können nicht immer ein Testament errichten. Wir verstehen unter einem Tauben allerdings den, der überhaupt nicht hört, nicht den, der nur schwerhörig ist. Denn auch unter einem Stummen wird der verstanden, der gar nicht sprechen kann, nicht der, der nur mit Mühe spricht. Häufig aber verlieren auch gebildete und gelehrte Leute aus unterschiedlichen Gründen die Fähigkeit zu hören und zu sprechen. Daher kommt unsere Konstitution[1] auch ihnen zu Hilfe, so daß sie nach deren Vorschriften entsprechend ihren Gebrechen in bestimmten Formen testieren und die anderen dort erlaubten Geschäfte vornehmen können. Wenn jemand aber nach Errichtung des Testaments durch Krankheit oder durch irgendein anderes Unglück stumm oder taub wird, bleibt sein Testament trotzdem wirksam.

4. Ein Blinder jedoch kann ein Testament nur nach der Regelung errichten, die das Gesetz[2] des vergöttlichten Kaisers Justinus, meines Vaters, eingeführt hat.

5. Wer in Kriegsgefangenschaft ist und dort testiert, dessen Testament ist nicht wirksam, auch wenn er zurückgekehrt ist. Es ist aber wirksam, wenn er es zu Hause errichtet hatte, und zwar, falls er zurückkehrt, nach dem Rückkehrrecht, und wenn er dort stirbt, nach der lex Cornelia[3].

Dreizehnter Titel
Über die Enterbung der Kinder

Damit ein Testament in jeder Hinsicht gültig ist, reicht es allerdings nicht aus, das zu beachten, was wir oben dargelegt haben. Wer einen Sohn in seiner Hausgewalt hat, muß vielmehr dafür sorgen, daß er ihn entweder als Erben einsetzt oder ausdrücklich enterbt; andernfalls, wenn er ihn stillschweigend übergeht, testiert er unwirksam. Dies geht so weit, daß niemand nach einem solchen Testament Erbe werden kann, selbst wenn der [übergangene] Sohn zu

1 C. 6, 22, 10 (531).
2 C. 6, 22, 8 (521).
3 Vermutlich 81 v. Chr.

filiabus vel aliis per virilem sexum descendentibus liberis utriusque sexus fuerat antiquitati observatum: sed si non fuerant heredes scripti scriptaeve vel exheredati exheredataeve, testamentum quidem non infirmabatur, ius autem adcrescendi eis ad certam portionem praestabatur. sed nec nominatim eas personas exheredare parentibus necesse erat, sed licebat et inter ceteros hoc facere.

Lebzeiten des Vaters gestorben ist. weil nämlich das Testament von Anfang an keinen Bestand hatte. Bei Töchtern und weiteren Abkömmlingen beiderlei Geschlechts in der männlichen Linie wurde diese Regelung in früherer Zeit nicht befolgt. Waren aber diese Personen weder als Erben eingesetzt noch enterbt, so wurde zwar das Testament nicht ungültig, doch gewährte man ihnen eine Erbbeteiligung auf einen bestimmten Anteil[1]. Der Hausvater brauchte sie nicht ausdrücklich zu enterben, sondern es war ihm gestattet, dies in genereller Form zu tun.

1. Nominatim autem exheredari quis videtur, sive ita exheredetur 'Titius filius meus exheres esto', sive ita 'filius meus exheres esto' non adiecto proprio nomine, scilicet si alius filius non extet. postumi quoque liberi vel heredes institui debent vel exheredari. et in eo par omnium condicio est, quod et in filio postumo et in quolibet ex ceteris liberis sive feminini sexus sive masculini praeterito valet quidem testamentum, sed postea adgnatione postumi sive postumae rumpitur et ea ratione totum infirmatur: ideoque si mulier, ex qua postumus aut postuma sperabatur, abortum fecerit, nihil impedimento est scriptis heredibus ad hereditatem adeundam. sed feminini quidem sexus personae vel nominatim vel inter ceteros exheredari solebant, dum tamen, si inter ceteros exheredentur, aliquid eis legetur, ne videantur per oblivionem praeteritae esse, masculos vero postumos, id est filium et deinceps, placuit non aliter recte exheredari, nisi nominatim exheredentur, hoc scilicet modo: 'quicumque mihi filius genitus fuerit, exheres esto.'

1. Ausdrücklich wird enterbt, wie man annimmt, wer folgendermaßen enterbt wird: 'Mein Sohn Titius soll enterbt sein' oder, ohne ausdrückliche Hinzufügung des Namens, 'Mein Sohn soll enterbt sein', wenn nämlich kein weiterer Sohn vorhanden ist. Auch nachgeborene Kinder müssen entweder als Erben eingesetzt oder enterbt werden. Und die Lage aller Nachgeborenen ist insofern gleich, als sowohl bei einem übergangenen nachgeborenen Sohn als auch bei jedem anderen übergangenen nachgeborenen Abkömmling weiblichen oder männlichen Geschlechts das Testament zwar zunächst wirksam ist, aber später durch die Geburt des oder der Nachgeborenen umgestoßen und auf diese Weise gänzlich ungültig wird. Hat danach eine Frau, die beim Tode ihres Mannes ein Kind erwartet, eine Fehlgeburt, so steht nichts im Wege, daß die eingesetzten Erben die Erbschaft antreten. Nachgeborene Personen weiblichen Geschlechts jedoch pflegte man ausdrücklich oder in genereller Form zu enterben; doch mußte ihnen, wenn sie in genereller Form enterbt wurden, etwas vermacht werden, damit es nicht so aussah, als seien sie aus Vergeßlichkeit übergangen worden. Dagegen konnten männliche Nachgeborene, das heißt ein Sohn und so fort, nach herrschender Meinung wirksam nur in ausdrücklicher Form enterbt werden, zum Beispiel so: 'Wer auch immer mir als Sohn geboren wird, soll enterbt sein.'

2. Postumorum autem loco sunt et hi, qui in sui heredis locum succedendo quasi adgnascendo fiunt parentibus sui heredes. ut ecce si quis filium et ex eo nepotem nep-

2. Den Nachgeborenen aber stehen auch diejenigen gleich, die dadurch zu Hauserben des Hausvaters werden, daß sie gewissermaßen wie jetzt erst als Hauserben Geborene in die Stelle

1 Vgl. Gaius 2, 124.

temve in potestate habeat, quia filius gradu praecedit, is solus iura sui heredis habet, quamvis nepos quoque et neptis ex eo in eadem potestate sunt: sed si filius eius vivo eo moriatur aut qualibet alia ratione exeat de potestate eius, incipit nepos neptisve in eius locum succedere et eo modo iura suorum heredum quasi adgnatione nanciscuntur. ne ergo eo modo rumpatur eius testamentum, sicut ipsum filium vel heredem instituere vel nominatim exheredare debet testator, ne non iure faciat testamentum, ita et nepotem neptemve ex filio necesse est ei vel heredem instituere vel exheredare, ne forte vivo eo filio mortuo, succedendo in locum eius nepos neptisve quasi adgnatione rumpant testamentum. idque lege Iunia Vellaea provisum est, in qua simul exheredationis modus ad similitudinem postumorum demonstratur.

eines Hauserben nachrücken. Hat zum Beispiel jemand einen Sohn und durch ihn einen Enkel oder eine Enkelin in seiner Hausgewalt, dann hat nur der Sohn, weil er dem Grade nach vorgeht, die Rechte eines Hauserben, obgleich auch der Enkel und die Enkelin in derselben Hausgewalt stehen. Ist aber der Sohn zu Lebzeiten des Erblassers gestorben oder auf irgendeine andere Art aus der Hausgewalt ausgeschieden, dann rückt damit der Enkel oder die Enkelin in seine Stelle nach, und auf diese Weise erwerben beide die Rechte von Hauserben so, als seien sie jetzt erst als Hauserben geboren. Damit nun sein Testament dadurch nicht umgestoßen wird, muß der Erblasser so, wie er den Sohn selbst entweder als Erben einsetzen oder ausdrücklich enterben muß, um nicht ein unwirksames Testament zu errichten, auch den Enkel oder die Enkelin entweder als Erben einsetzen oder enterben, damit nicht möglicherweise, wenn zu seinen Lebzeiten der Sohn stirbt, der Enkel oder die Enkelin, indem sie in seine Stelle nachrücken, gewissermaßen wie jetzt erst als Hauserben Geborene das Testament umstoßen. Und dies wurde durch die lex Iunia Vellaea[1] bestimmt, in der zugleich die Form der Enterbung ähnlich wie bei den Nachgeborenen vorgeschrieben wird.

3. Emancipatos liberos iure civili neque heredes instituere neque exheredare necesse est, quia non sunt sui heredes. sed praetor omnes tam feminini quam masculini sexus, si heredes non instituantur, exheredari iubet, virilis sexus nominatim, feminini vero et inter ceteros. quodsi neque heredes instituti fuerint neque ita ut diximus exheredati, promittit praetor eis contra tabulas testamenti bonorum possessionem.

3. Aus der Hausgewalt entlassene Kinder braucht man nach Zivilrecht weder als Erben einzusetzen noch zu enterben, weil sie keine Hauserben sind. Doch ordnet der Prätor an, daß alle Kinder weiblichen wie männlichen Geschlechts, die nicht als Erben eingesetzt werden, zu enterben sind, und zwar diejenigen männlichen Geschlechts ausdrücklich, die weiblichen in genereller Form. Sind sie dagegen weder als Erben eingesetzt noch wie angegeben enterbt, verspricht ihnen der Prätor den Nachlaßbesitz entgegen dem Testament.

4. Adoptivi liberi quamdiu sunt in potestate patris adoptivi, eiusdem iuris habentur, cuius sunt iustis nuptiis quaesiti: itaque heredes instituendi vel exheredandi sunt secundum ea quae de naturalibus exposuimus: emancipati vero a patre adoptivo neque iure civili neque quod ad edictum praetoris attinet inter liberos numerantur. qua

4. Adoptivkinder haben, solange sie in der Hausgewalt des Adoptivvaters stehen, dieselbe Rechtsstellung wie die in rechtmäßiger Ehe geborenen Kinder. Deshalb müssen sie nach den Regeln, die wir für die leiblichen Kinder dargelegt haben, als Erben eingesetzt oder enterbt werden. Sind sie aber vom Adoptivvater aus der Hausgewalt entlassen, werden sie weder nach

1 26 oder 28 v. Chr.

ratione accidit, ut ex diverso quod ad naturalem parentem attinet, quamdiu quidem sint in adoptiva familia, extraneorum numero habeantur, ut eos neque heredes instituere neque exheredare necesse sit: cum vero emancipati fuerint ab adoptivo patre, tunc incipiant in ea causa esse, in qua futuri essent, si ab ipso naturali patre emancipati fuissent.

Zivilrecht zu den Kindern gerechnet noch nach dem, was aus dem Edikt des Prätors folgt. Hieraus ergibt sich umgekehrt, daß sie, solange sie in der Adoptivfamilie sind, im Verhältnis zu ihrem leiblichen Vater zu den Hausfremden gerechnet werden, so daß dieser sie weder als Erben einzusetzen noch zu enterben braucht. Sind sie jedoch von ihrem Adoptivvater aus der Hausgewalt entlassen, gelangen sie damit in dieselbe Rechtslage, in der sie wären, wenn ihr leiblicher Vater selbst sie aus der Hausgewalt entlassen hätte.

5. Sed haec vetustas introducebat. nostra vero constitutio inter masculos et feminas in hoc iure nihil interesse existimans, quia utraque persona in hominum procreatione similiter naturae officio fungitur et lege antiqua duodecim tabularum omnes similiter ad successiones ab intestato vocabantur, quod et praetores postea secuti esse videntur, ideo simplex ac simile ius et in filiis et in filiabus et in ceteris descendentibus per virilem sexum personis non solum natis, sed etiam postumis introduxit, ut omnes, sive sui sive emancipati sunt, et nominatim exheredentur et eundem habeant effectum circa testamenta parentum suorum infirmanda et hereditatem auferendam, quem filii sui vel emancipati habent, sive iam nati sunt sive adhuc in utero constituti postea nati sunt. circa adoptivos autem certam induximus divisionem, quae constitutioni nostrae, quam super adoptivis tulimus, continetur.

5. Aber so war es in alter Zeit. Unsere Konstitution[1] steht dagegen auf dem Standpunkt, daß in diesem Rechtsgebiet zwischen Männern und Frauen kein Unterschied bestehen soll, weil beide Geschlechter bei der Fortpflanzung der Menschen in gleicher Weise die Aufgabe der Natur erfüllen und nach dem alten Zwölftafelgesetz alle Kinder in gleicher Weise zur gesetzlichen Erbfolge berufen waren; und dem sind ersichtlich auch die Prätoren später gefolgt. Die Konstitution hat daher einfaches und gleiches Recht für Söhne und für Töchter sowie für die weiteren Abkömmlinge in der männlichen Linie, Geborene wie Nachgeborene, eingeführt, nämlich daß alle, mögen sie Hauskinder oder aus der Hausgewalt entlassen sein, ausdrücklich enterbt werden müssen; andernfalls bewirken sie die Ungültigkeit der Testamente ihrer Väter und erlangen die Erbschaft in gleicher Weise wie Haussöhne oder aus der Hausgewalt entlassene Söhne, gleichgültig, ob sie schon geboren waren oder noch im Mutterleib sind und erst später geboren werden. Hinsichtlich der Adoptivkinder aber haben wir eine besondere Unterscheidung getroffen, die in unserer Konstitution[2] enthalten ist, die wir über die Adoptivkinder erlassen haben.

6. Sed si expeditione occupatus miles testamentum faciat et liberos suos iam natos vel postumos nominatim non exheredaverit, sed silentio praeterierit non ignorans, an habeat liberos, silentium eius pro exheredatione nominatim facta valere constitutionibus principum cautum est.

6. Wenn dagegen ein Soldat während einer kriegerischen Unternehmung ein Testament errichtet und seine schon geborenen oder nachgeborenen Kinder nicht ausdrücklich enterbt, sondern stillschweigend übergeht, obwohl er weiß, daß er Kinder hat, dann gilt sein Schweigen nach einer Regelung kaiserlicher Konstitutionen[3] als ausdrückliche Enterbung.

---

1 C. 6, 28, 4 (531).
2 C. 8, 47, 10 (530).
3 C. 6, 21, 9 (238); 10 (246).

7. Mater vel avus maternus necesse non habent liberos suos aut heredes instituere aut exheredare, sed possunt eos omittere. nam silentium matris aut avi materni ceterorumque per matrem ascendentium tantum facit, quantum exheredatio patris. neque enim matri filium filiamve neque avo materno nepotem neptemve ex filia, si eum eamve heredem non instituat, exheredare necesse est, sive de iure civili quaeramus, sive de edicto praetoris, quo praeteritis liberis contra tabulas bonorum possessionem promittit. sed aliud eis adminiculum servatur, quod paulo post vobis manifestum fiat.

7. Die Mutter und der Großvater mütterlicherseits brauchen ihre Nachkommen nicht als Erben einzusetzen oder zu enterben, sondern können sie übergehen. Denn das Schweigen der Mutter oder des Großvaters mütterlicherseits und der übrigen Vorfahren mütterlicherseits steht der ausdrücklichen Enterbung durch den Vater gleich. Und es braucht weder die Mutter den Sohn oder die Tochter noch der Großvater mütterlicherseits den Enkel oder die Enkelin zu enterben, wenn sie sie nicht als Erben einsetzen, gleichgültig, ob wir dies nach Zivilrecht prüfen oder nach dem Edikt, in welchem der Prätor den übergangenen Kindern den Nachlaßbesitz entgegen dem Testament verspricht. Ihnen aber wird ein anderes Hilfsmittel gewährt, das euch weiter unten[1] klar gemacht werden soll.

XIV
De heredibus instituendis

Heredes instituere permissum est tam liberos homines quam servos tam proprios quam alienos. proprios autem olim quidem secundum plurium sententias non aliter quam cum libertate recte instituere licebat. hodie vero etiam sine libertate ex nostra constitutione heredes eos instituere permissum est. quod non per innovationem induximus, sed quoniam et aequius erat et Atilicino placuisse Paulus suis libris, quos tam ad Massurium Sabinum quam ad Plautium scripsit, refert. proprius autem servus etiam is intellegitur, in quo nudam proprietatem testator habet, alio usum fructum habente. est autem casus, in quo nec cum libertate utiliter servus a domina heres instituitur, ut constitutione divorum Severi et Antonini cavetur, cuius verba haec sunt: 'servum adulterio maculatum non iure testamento manumissum ante sententiam ab ea muliere videri, quae rea fuerat eiusdem criminis postulata, rationis est: quare se-

Vierzehnter Titel
Über die Erbeinsetzung

Als Erben darf man sowohl freie Menschen einsetzen als auch Sklaven, eigene wie fremde. Eigene Sklaven aber konnte man früher nach Ansicht mehrerer Juristen nur unter gleichzeitiger Freilassung wirksam einsetzen. Heute jedoch darf man nach unserer Konstitution[2] eigene Sklaven auch ohne Freilassung einsetzen. Dies haben wir nicht als Neuerung eingeführt, sondern weil es uns angemessener erschien und außerdem von Paulus in seinen Büchern zu Massurius Sabinus und zu Plautius als Meinung des Atilicinus berichtet wird. Als eigener Sklave wird aber auch der angesehen, an dem der Erblasser das bloße Eigentum, ein anderer aber den Nießbrauch hat. Es gibt allerdings einen Fall, in dem ein Sklave von seiner Eigentümerin auch nicht unter Freilassung wirksam als Erbe eingesetzt werden kann, wie in einer Konstitution der vergöttlichten Kaiser Septimius Severus und Antoninus [Caracalla] bestimmt ist, die folgendermaßen lautet: 'Es ist folgerichtig, daß ein des Ehebruchs beschuldigter Sklave von der Frau, die wegen desselben Verbrechens angeklagt ist, vor dem Urteil nicht rechtswirksam testamentarisch freigelassen worden ist. Daraus ergibt sich,

1 Inst. 2, 18.
2 C. 6, 27, 5 (531), vgl. Inst. 1, 6, 2.

quitur, ut in eundem a domina collata institutio nullius momenti habeatur'. alienus servus etiam is intellegitur, in quo usum fructum testator habet.

daß die von der Eigentümerin zu seinen Gunsten vorgenommene Erbeinsetzung als wirkungslos anzusehen ist.' Als fremder Sklave gilt auch der, an dem der Erblasser den Nießbrauch hat.

1. Servus autem a domino suo heres institutus, si quidem in eadem causa manserit, fit ex testamento liber heresque necessarius. si vero a vivo testatore manumissus fuerit, suo arbitrio adire hereditatem potest, quia non fit necessarius, cum utrumque ex domini testamento non consequitur. quodsi alienatus fuerit, iussu novi domini adire hereditatem debet et ea ratione per eum dominus fit heres: nam ipse alienatus neque liber neque heres esse potest, etiamsi cum libertate heres institutus fuerit: destitisse etenim a libertatis datione videtur dominus qui eum alienavit. alienus quoque servus heres institutus si in eadem causa duraverit, iussu domini adire hereditatem debet. si vero alienatus ab eo fuerit aut vivo testatore aut post mortem eius antequam adeat, debet iussu novi domini adire. at si manumissus est vivo testatore, vel mortuo antequam adeat, suo arbitrio adire hereditatem potest.

1. Ein von seinem Eigentümer als Erbe eingesetzter Sklave aber wird, wenn er [bis zum Erbfall] im Sklavenstand geblieben ist, kraft Testaments frei und Zwangserbe. Ist er jedoch zu Lebzeiten des Erblassers freigelassen worden, so steht es in seinem Belieben, die Erbschaft anzutreten, weil er dann nicht Zwangserbe wird; denn er erlangt durch das Testament des Eigentümers nicht beides [Freiheit und Erbschaft] zugleich. Wenn er aber veräußert wird, darf er nur mit Ermächtigung des neuen Eigentümers die Erbschaft antreten, und auf diese Weise wird der neue Eigentümer durch ihn Erbe. Denn als Veräußerter kann er, selbst wenn er unter gleichzeitiger Freilassung als Erbe eingesetzt worden ist, weder frei noch Erbe werden. Der Eigentümer hat nämlich mit der Veräußerung offensichtlich von der Erteilung der Freiheit Abstand genommen. Auch ein fremder Sklave, der als Erbe eingesetzt ist, darf, wenn er im Sklavenstand geblieben ist, nur mit Ermächtigung seines Eigentümers die Erbschaft antreten. Wird er aber von seinem Eigentümer entweder zu Lebzeiten des Erblassers oder nach dessen Tod, aber vor Erbantritt, veräußert, dann darf er die Erbschaft nur mit Ermächtigung des neuen Eigentümers antreten. Wird er dagegen zu Lebzeiten des Erblassers oder nach dessen Tod, aber vor Erbantritt freigelassen, so steht es in seinem Belieben, die Erbschaft anzutreten.

2. Servus alienus post domini mortem recte heres instituitur, quia et cum hereditariis servis est testamenti factio: nondum enim adita hereditas personae vicem sustinet, non heredis futuri, sed defuncti, cum et eius, qui in utero est, servus recte heres instituitur.

2. Ein fremder Sklave kann nach dem Tode seines Eigentümers wirksam als Erbe eingesetzt werden, weil auch die zu einer [noch nicht angetretenen] Erbschaft gehörenden Sklaven [passiv] testamentsfähig sind. Denn solange die Erbschaft noch nicht angetreten ist, nimmt die Erbschaft die Stelle der Person nicht des zukünftigen Erben, sondern des Verstorbenen ein, zumal da auch der Sklave desjenigen, der sich noch im Mutterleib befindet, wirksam als Erbe eingesetzt werden kann.

3. Servus plurium, cum quibus testamenti factio est, ab extraneo institutus heres unicuique dominorum, cuius iussu adierit, pro portione dominii adquirit hereditatem.

3. Wird ein Sklave, der mehreren Eigentümern gehört, die [passiv] testamentsfähig sind, von einem Außenstehenden als Erbe eingesetzt, erwirbt er die Erbschaft jeweils dem Eigentü-

mer, mit dessen Ermächtigung er die Erbschaft antritt, und zwar dem jeweiligen Eigentumsanteil entsprechend.

4. Et unum hominem et plures in infinitum, quot quis velit, heredes facere licet.

4. Man darf einen oder auch mehrere in unbegrenzter Zahl, soviel man nur will, als Erben einsetzen.

5. Hereditas plerumque dividitur in duodecim uncias, quae assis appellatione continentur. habent autem et hae partes propria nomina ab uncia usque ad assem, ut puta haec: sextans, quadrans, triens, quincunx, semis, septunx, bes, dodrans, dextans, deunx, as. non autem utique duodecim uncias esse oportet. nam tot unciae assem efficiunt, quot testator voluerit, et si unum tantum quis ex semisse verbi gratia heredem scripserit, totus as in semisse erit: neque enim idem ex parte testatus et ex parte intestatus decedere potest, nisi sit miles, cuius sola voluntas in testando spectatur. et e contrario potest quis in quantascumque voluerit plurimas uncias suam hereditatem dividere.

5. Die Erbschaft teilt man meist in zwölf Unzen, die zusammen unter der Bezeichnung As ein Ganzes ausmachen. Diese Teile haben von der Unze bis zum As ihre eigenen Bezeichnungen, nämlich die folgenden: Ein Sechstel, ein Viertel, ein Drittel, fünf Zwölftel, ein Halb, sieben Zwölftel, zwei Drittel, drei Viertel, zehn Zwölftel, elf Zwölftel, ein Ganzes. Es müssen allerdings nicht immer zwölf Unzen sein. Es machen nämlich so viele Unzen ein As aus, wie der Erblasser jeweils will, und wenn jemand zum Beispiel nur eine Person allein zur Hälfte als Erben einsetzt, ist mit der Hälfte das gesamte Ganze gemeint; denn niemand kann teils mit, teils ohne Testament sterben, außer er ist Soldat, bei dem es allein auf seinen Willen ankommt, wenn er testiert. Umgekehrt kann jemand seine Erbschaft auch in eine beliebig vergrößerte Zahl von Unzen teilen.

6. Si plures instituantur, ita demum partium distributio necessaria est, si nolit testator eos ex aequis partibus heredes esse: satis enim constat nullis partibus nominatis aequis ex partibus eos heredes esse. partibus autem in quorundam personis expressis, si quis alius sine parte nominatus erit, si quidem aliqua pars assi deerit, ex ea parte heres fit: et si plures sine parte scripti sunt, omnes in eadem parte concurrent. si vero totus as completus sit, in partem dimidiam vocatur et ille vel illi omnes in alteram dimidiam. nec interest, primus an medius an novissimus sine parte scriptus sit: ea enim pars data intellegitur quae vacat.

6. Werden mehrere als Erben eingesetzt, ist die Zuweisung bestimmter Anteile nur notwendig, wenn der Erblasser sie nicht zu gleichen Teilen einsetzen will. Denn sind keine Anteile genannt, steht zur Genüge fest, daß sie zu gleichen Teilen Erben sind. Sind aber bei einigen Personen Anteile angegeben und ist eine weitere Person ohne Anteil als Erbe genannt, dann wird diese, falls noch ein Teil vom Ganzen fehlt, Erbe zu diesem Teil; und wenn mehrere ohne Anteil eingesetzt sind, sind sie alle an diesem Teil berechtigt. Ist aber die ganze Erbschaft bereits verteilt, dann sind die [auf das Ganze] Eingesetzten nur auf die Hälfte berufen[1] und der oder die anderen [ohne Anteil Eingesetzten] alle auf die andere Hälfte. Es kommt auch nicht darauf an, ob der ohne Anteil Eingesetzte als erster, mittlerer oder letzter genannt ist; es wird nämlich so angesehen, als sei der Teil zugewiesen, der noch frei ist.

7. Videamus, si pars aliqua vacet nec tamen quisquam sine parte heres institutus

7. Sehen wir nun, was rechtens ist, wenn irgendein Anteil noch frei ist und trotzdem nie-

1 Die Übersetzung folgt der Lesart 'vocantur'.

sit, quid iuris sit? veluti si tres ex quartis partibus heredes scripti sunt. et constat vacantem partem singulis tacite pro hereditaria parte accedere et perinde haberi, ac si ex tertiis partibus heredes scripti essent: et ex diverso si plus in portionibus sit, tacite singulis decrescere, ut, si verbi gratia quattuor ex tertiis partibus heredes scripti sint, perinde habeantur, ac si unusquisque ex quarta parte scriptus fuisset.

mand als Erbe ohne Anteil eingesetzt ist, zum Beispiel wenn drei zu je einem Viertel als Erben berufen sind. Und es ist anerkannt, daß der freie Anteil den einzelnen entsprechend ihrem Erbteil stillschweigend anwächst, und man sieht es so an, als seien die Erben zu je einem Drittel eingesetzt worden. Übersteigen umgekehrt die Anteile das Ganze, ergeben sich bei den einzelnen stillschweigend Abzüge, so daß, wenn zum Beispiel vier zu je einem Drittel als Erben eingesetzt sind, man es so ansieht, als sei jeder zu einem Viertel eingesetzt worden.

8. Et si plures unciae quam duodecim distributae sunt, is, qui sine parte institutus est, quod dipondio deest habebit: idemque erit, si dipondius expletus sit. quae omnes partes ad assem postea revocantur, quamvis sint plurium unciarum.

8. Und wenn mehr als zwölf Unzen verteilt sind, erhält der ohne Anteil Eingesetzte den Teil, der an einem Doppel-As [vierundzwanzig Unzen] fehlt. Dasselbe gilt, wenn die vierundzwanzig Unzen verteilt sind. Alle diese Anteile werden dann wieder auf ein As zurückgerechnet, obwohl die Zahl der Unzen größer ist als zwölf.

9. Heres et pure et sub condicione institui potest, ex certo tempore aut ad certum tempus non potest, veluti 'post quinquennium quam moriar' vel 'ex kalendis illis' aut 'usque ad kalendas illas heres esto': diemque adiectum pro supervacuo haberi placet et perinde esse, ac si pure heres institutus esset.

9. Ein Erbe kann unbedingt oder unter einer Bedingung eingesetzt werden, nicht aber von einem bestimmten Zeitpunkt an oder bis zu einem bestimmten Zeitpunkt, zum Beispiel: 'fünf Jahre nach meinem Tode' oder: 'vom Ersten jenes Monats an' oder: 'bis zum Ersten jenes Monats soll er mein Erbe sein'. Nach herrschender Meinung wird ein beigefügter Zeitpunkt für gegenstandslos gehalten und es so angesehen, als sei der Erbe ohne Frist eingesetzt.

10. Impossibilis condicio in institutionibus et legatis nec non in fideicommissis et libertatibus pro non scripto habetur.

10. Eine unmögliche Bedingung bei Erbeinsetzungen, Vermächtnissen und auch bei Fideikommissen und Freilassungen wird als nicht geschrieben angesehen.

11. Si plures condiciones institutioni adscriptae sunt, si quidem coniunctim, ut puta 'si illud et illud factum erit', omnibus parendum est: si separatim, veluti 'si illud aut illud factum erit', cuilibet obtemperare satis est.

11. Werden mehrere Bedingungen der Erbeinsetzung beigefügt, muß ihnen, wenn sie zusammenhängen — zum Beispiel: 'wenn dies und jenes geschehen ist' —, sämtlich entsprochen werden. Hängen sie dagegen nicht zusammen — zum Beispiel: 'wenn dies oder jenes geschehen ist' —, reicht es aus, wenn eine von ihnen befolgt wird.

12. Hi, quos numquam testator vidit, heredes institui possunt. veluti si fratris filios peregri natos ignorans qui essent heredes instituerit: ignorantia enim testantis inutilem institutionem non facit.

12. Auch Personen, die der Erblasser niemals gesehen hat, können als Erben eingesetzt werden, zum Beispiel wenn er auswärts geborene Söhne seines Bruders als Erben einsetzt, ohne zu wissen, wer im einzelnen damit Erbe wird. Denn die mangelnde Kenntnis des Erblassers macht die Einsetzung nicht unwirksam.

XV
De vulgari substitutione

Potest autem quis in testamento suo plures gradus heredum facere, ut puta 'si ille heres non erit, ille heres esto': et deinceps in quantum velit testator substituere potest et novissimo loco in subsidium vel servum necessarium heredem instituere.

1. Et plures in unius locum possunt substitui, vel unus in plurium, vel singuli singulis, vel invicem ipsi qui heredes instituti sunt.

2. Et si ex disparibus partibus heredes scriptos invicem substituerit et nullam mentionem in substitutione habuerit partium, eas videtur partes in substitutione dedisse, quas in institutione expressit: et ita divus Pius rescripsit.

3. Sed si instituto heredi et coheredi suo substituto dato alius substitutus fuerit, divi Severus et Antoninus sine distinctione rescripserunt ad utramque partem substitutum admitti.

4. Si servum alienum quis patrem familias arbitratus heredem scripserit et, si heres non esset, Maevium ei substituerit isque servus iussu domini adierit hereditatem, Maevius in partem admittitur. illa enim verba 'si heres non erit' in eo quidem, quem alieno iuri subiectum esse testator scit, sic accipiuntur: si neque ipse heres erit neque alium heredem effecerit: in eo vero, quem patrem familias esse arbitratur, illud signi-

Fünfzehnter Titel
Über die einfache Einsetzung eines Ersatzerben

Man kann aber in seinem Testament unter den Erben mehrere Abstufungen vornehmen, zum Beispiel: 'wenn dieser nicht Erbe wird, soll jener Erbe sein', und der Erblasser kann darüber hinaus weitere Ersatzerben bestimmen, soviel er nur will, und an letzter Stelle hilfsweise sogar einen Sklaven als Zwangserben einsetzen.

1. Es können auch mehrere Ersatzerben anstelle eines Erben eingesetzt werden oder ein Ersatzerbe anstelle mehrerer Erben oder einzelne Ersatzerben anstelle einzelner Erben oder die als Erben Eingesetzten gegenseitig als Ersatzerben.

2. Und wenn der Erblasser die zu ungleichen Teilen eingesetzten Erben gegenseitig als Ersatzerben einsetzt und bei der Ersatzerbeneinsetzung die Anteile nicht erwähnt, dann nimmt man an, daß er für die Ersatzerbeneinsetzung dieselben Teile festgesetzt hat, die er für die Erbeinsetzung bestimmt hat; und so hat der vergöttlichte Kaiser Antoninus Pius auf Anfrage entschieden[1].

3. Ist aber für einen eingesetzten Erben, der gleichzeitig für seinen Miterben als Ersatzerbe eingesetzt ist, noch ein anderer als Ersatzerbe eingesetzt, so wird dieser nach einem Bescheid der vergöttlichten Kaiser Septimius Severus und Antoninus [Caracalla] ohne Unterscheidung für beide Erbteile als Ersatzerbe zugelassen[2].

4. Wenn jemand einen fremden Sklaven in der Meinung, dieser sei Hausvater, zum Erben bestimmt und für ihn, falls er nicht Erbe werde, den Maevius als Ersatzerben einsetzt und wenn dieser Sklave mit Ermächtigung des Eigentümers die Erbschaft antritt, wird Maevius zur Hälfte als Erbe zugelassen. Denn jene Worte 'wenn er nicht Erbe wird' werden im Hinblick auf den, von dem der Erblasser weiß, daß er fremdem Recht unterworfen ist, so verstanden: Wenn er weder selbst Erbe wird noch einen anderen zum Erben macht. Im Hinblick aber auf den, den der Erblasser für einen Hausvater hält,

1 C. 6, 26, 1 (146).
2 Vgl. D. 28, 6, 27.

ficant: si hereditatem sibi eive, cuius iuri postea subiectus esse coeperit, non adquisierit. idque Tiberius Caesar in persona Parthenii servi sui constituit.

bedeuten sie folgendes: Wenn er die Erbschaft für sich oder für den, dessen Recht er später unterworfen ist, nicht erwirbt. Und dies hat der Kaiser Tiberius im Falle seines Sklaven Parthenius bestimmt[1].

XVI
De pupillari substitutione

Liberis suis impuberibus, quos in potestate quis habet, non solum ita ut supra diximus substituere potest, id est ut, si heredes ei non extiterint, alius ei sit heres, sed eo amplius ut et, si heredes ei extiterint et adhuc impuberes mortui fuerint, sit eis aliquis heres. veluti si quis dicat hoc modo: 'Titius filius meus heres mihi esto: si filius meus heres mihi non erit, sive heres erit et prius moriatur, quam in suam tutelam venerit' (id est pubes factus sit), 'tunc Seius heres esto'. quo casu si quidem non extiterit heres filius, tunc substitutus patri fit heres: si vero extiterit heres filius et ante pubertatem decesserit, ipsi filio fit heres substitutus. nam moribus institutum est, ut, cum eius aetatis sunt, in qua ipsi sibi testamentum facere non possunt, parentes eis faciant.

1. Qua ratione excitati etiam constitutionem in nostro posuimus codice, qua prospectum est, ut, si mente captos habeant filios vel nepotes vel pronepotes cuiuscumque sexus vel gradus, liceat eis, etsi puberes sint, ad exemplum pupillaris substitutionis certas personas substituere: sin autem resipuerint, eandem substitutionem infirmari, et hoc ad exemplum pupillaris substitutionis, quae postquam pupillus adoleverit infirmatur.

Sechzehnter Titel
Über die Ersatzerbeneinsetzung für Unmündige

Für unmündige Kinder, die man in seiner Hausgewalt hat, kann man nicht nur so, wie oben ausgeführt, Ersatzerben einsetzen, das heißt, daß ein anderer Erbe sein soll, wenn sie nicht Erben werden, sondern darüber hinaus auch so, daß, selbst wenn sie Erben werden, aber noch als Unmündige sterben, jemand nach ihnen Erbe werden soll. Zum Beispiel wenn jemand folgendermaßen testiert: 'Mein Sohn Titius soll mein Erbe sein. Sollte mein Sohn nicht Erbe werden oder zwar mein Erbe werden, aber sterben, bevor er in 'eigene Vormundschaft' gekommen (das heißt mündig geworden) ist, dann soll Seius Erbe sein.' Wenn in diesem Fall der Sohn nicht Erbe wird, dann wird der als Ersatzerbe Eingesetzte Erbe des Vaters. Wenn dagegen der Sohn Erbe wird, aber vor Mündigkeit stirbt, wird der als Ersatzerbe Eingesetzte Erbe des Sohnes selbst. Denn kraft Gewohnheit ist rechtens geworden, daß dann, wenn jemand in einem Alter ist, in dem er selbst noch kein Testament errichten kann, der Vater dies für ihn tun kann.

1. Von diesem Rechtsgedanken angeregt haben wir sogar eine Konstitution[2] in unser Gesetzbuch aufgenommen, in der vorgesehen ist, daß jemand für seine geistesgestörten Kinder, Enkel oder Urenkel gleich welchen Geschlechts oder Grades, auch wenn sie mündig sind, nach dem Beispiel der Ersatzerbeneinsetzung für Unmündige bestimmte Personen als Ersatzerben einsetzen darf. Sind sie aber wieder zu Verstand gekommen, wird diese Ersatzerbeneinsetzung ungültig und dies ebenfalls nach dem Muster der Ersatzerbeneinsetzung für Unmündige, die

1 Vgl. D. 28, 5, 41/42; Ulpiani regulae 20, 16.
2 C. 6, 26, 9 (528).

ungültig wird, wenn der Unmündige mündig geworden ist.

2. Igitur in pupillari substitutione secundum praefatum modum ordinata duo quodammodo sunt testamenta, alterum patris, alterum filii, tamquam si ipse filius sibi heredem instituisset: aut certe unum est testamentum duarum causarum, id est duarum hereditatum.

2. Bei der Ersatzerbeneinsetzung für Unmündige, die in der eben erwähnten Art vergenommen ist, gibt es also gewissermaßen zwei Testamente, eines des Vaters und eines des Sohnes, gleichsam als habe der Sohn selbst einen Erben für sich eingesetzt; oder es handelt sich wenigstens um ein Testament für zwei Fälle, das heißt über zwei Erbschaften.

3. Sin autem quis ita formidolosus sit, ut timeret, ne filius eius pupillus adhuc ex eo, quod palam substitutum accepit, post obitum eius periculo insidiarum subiceretur: vulgarem quidem substitutionem palam facere et in primis testamenti partibus debet, illam autem substitutionem, per quam et si heres extiterit pupillus et intra pubertatem decesserit substitutus vocatur, separatim in inferioribus partibus scribere eamque partem proprio lino propriaque cera consignare et in priore parte testamenti cavere, ne inferiores tabulae vivo filio et adhuc impubere aperiantur. illud palam est non ideo minus valere substitutionem impuberis filii, quod in isdem tabulis scripta sit, quibus sibi quisque heredem instituisset, quamvis hoc pupillo periculosum sit.

3. Ist aber jemand so ängstlich, daß er fürchtet, nach seinem Tode könnte sein noch unmündiger Sohn deswegen, weil er öffentlich einen Ersatzerben erhalten hat, der Gefahr von Nachstellungen ausgesetzt sein, dann muß er zwar die einfache Ersatzerbeneinsetzung öffentlich und im Anfangsteil des Testaments vornehmen; doch soll er jene Ersatzerbeneinsetzung, durch die ein Ersatzerbe auch für den Fall berufen wird, daß der Unmündige Erbe geworden, aber während der Unmündigkeit gestorben ist, getrennt in einem späteren Teil des Testaments niederschreiben und diesen Teil gesondert mit Faden und Wachs versiegeln; ferner soll er im vorangehenden Teil des Testaments bestimmen, daß die späteren Tafeln zu Lebzeiten des Sohnes und, solange dieser unmündig ist, nicht geöffnet werden dürfen. Unzweifelhaft ist aber die Ersatzerbeneinsetzung für den unmündigen Sohn nicht deshalb unwirksam, weil sie auf denselben Tafeln niedergeschrieben ist, auf denen jemand für sich einen Erben eingesetzt hat, mag dieses auch für den Unmündigen gefährlich sein.

4. Non solum autem heredibus institutis impuberibus liberis ita substituere parentes possunt, ut et si heredes eis extiterint et ante pubertatem mortui fuerint, sit eis heres is quem ipsi voluerint, sed etiam exheredatis. itaque eo casu si quid pupillo ex hereditatibus legatisve aut donationibus propinquorum atque amicorum adquisitum fuerit, id omne ad substitutum pertineat. quaecumque diximus de substitutione impuberum liberorum vel heredum institutorum vel exheredatorum, eadem etiam de postumis intellegimus.

4. Aber der Vater kann nicht nur für die unmündigen Kinder, die er als Erben einsetzt, Ersatzerben so einsetzen, daß, wenn sie Erben geworden, aber vor Mündigkeit gestorben sind, nach ihnen derjenige Erbe wird, den der Vater bestimmt hat, sondern auch für die enterbten Kinder. Hat also in einem solchen Fall der Unmündige etwas aus Erbschaften, Vermächtnissen oder Schenkungen von Verwandten und Freunden erworben, so fällt dies alles dem als Ersatzerben Eingesetzten zu. Was wir über die Ersatzerbeneinsetzung für unmündige Kinder, die als Erben eingesetzt oder enterbt worden sind, gesagt haben, das gilt auch für die Nachgeborenen.

5. Liberis autem suis testamentum facere nemo potest, nisi et sibi faciat: nam pupil-

5. Niemand aber kann ein Testament für seine Kinder errichten, wenn er nicht auch für sich

lare testamentum pars et sequela est paterni testamenti, adeo ut, si patris testamentum non valeat, ne filii quidem valebit.

selbst eines errichtet. Denn das Testament für den Unmündigen ist Bestandteil und Anhängsel des väterlichen Testaments, und zwar so sehr, daß das für den Sohn errichtete Testament unwirksam ist, wenn das Testament des Vaters nicht wirksam ist.

6. Vel singulis autem liberis vel qui eorum novissimus impubes morietur substitui potest. singulis quidem, si neminem eorum intestato decedere voluit: novissimo, si ius legitimarum hereditatum integrum inter eos custodiri velit.

6. Man kann entweder für die einzelnen Kinder je einen Ersatzerben einsetzen oder nur für das Kind, das als letztes von ihnen unmündig stirbt: Für jedes einzelne, wenn man kein Kind testamentslos sterben lassen will, für das letzte, wenn man will, daß unter den Kindern das Recht der gesetzlichen Erbfolge in vollem Umfang eingreift.

7. Substituitur autem impuberi aut nominatim, veluti 'Titius', aut generaliter 'quisquis mihi heres erit': quibus verbis vocantur ex substitutione impubere filio mortuo, qui et scripti sunt heredes et extiterunt, et pro qua parte heredes facti sunt.

7. Ein Ersatzerbe für einen Unmündigen wird entweder namentlich eingesetzt, zum Beispiel: 'Titius', oder allgemein: 'Wer auch immer mein Erbe sein wird'. Mit diesen Worten werden nach dem Tode eines unmündigen Sohnes kraft Ersatzerbeneinsetzung diejenigen berufen, die als Erben eingesetzt und Erben geworden sind, und zwar je zu dem Anteil, zu dem sie als Erben berufen sind.

8. Masculo igitur usque ad quattuordecim annos substitui potest, feminae usque ad duodecim annos: et si hoc tempus excesserit, substitutio evanescit.

8. Für Knaben kann man danach bis zum vierzehnten, für Mädchen bis zum zwölften Lebensjahr Ersatzerben einsetzen. Ist dieses Alter überschritten, entfällt die Ersatzerbeneinsetzung.

9. Extraneo vero vel filio puberi heredi instituto ita substituere nemo potest, ut, si heres extiterit et intra aliquod tempus decesserit, alius ei sit heres: sed hoc solum permissum est, ut eum per fideicommissum testator obliget alii hereditatem eius vel totam vel pro parte restituere: quod ius quale sit, suo loco trademus.

9. Für einen zum Erben eingesetzten Hausfremden oder mündigen Sohn kann jedoch niemand einen Ersatzerben so einsetzen, daß, wenn der Eingesetzte Erbe geworden und innerhalb einer bestimmten Zeit gestorben ist, ein anderer sein Erbe sein soll; vielmehr ist lediglich erlaubt, daß der Erblasser den Erben durch Fideikommiß verpflichtet, seine Erbschaft ganz oder zum Teil einem anderen herauszugeben. Wie es sich mit diesem Recht verhält, werden wir an der dafür vorgesehenen Stelle[1] mitteilen.

XVII
Quibus modis testamenta infirmantur

Testamentum iure factum usque eo valet, donec rumpatur irritumve fiat.

Siebzehnter Titel
Wie ein Testament ungültig wird

Ein wirksam errichtetes Testament bleibt solange gültig, bis es umgestoßen oder unwirksam wird.

1 Inst. 2, 23.

1. Rumpitur autem testamentum, cum in eodem statu manente testatore ipsius testamenti ius vitiatur. si quis enim post factum testamentum adoptaverit sibi filium per imperatorem eum, qui sui iuris est, aut per praetorem secundum nostram constitutionem eum, qui in potestate parentis fuerit, testamentum eius rumpitur quasi adgnatione sui heredis.

2. Posteriore quoque testamento, quod iure perfectum est, superius rumpitur. nec interest, an extiterit aliquis heres ex eo, an non extiterit: hoc enim solum spectatur, an aliquo casu existere potuerit. ideoque si quis aut noluerit heres esse, aut vivo testatore aut post mortem eius antequam hereditatem adiret decesserit, aut condicione, sub qua heres institutus est, defectus sit, in his casibus pater familias intestatus moritur: nam et prius testamentum non valet ruptum a posteriore et posterius aeque nullas vires habet, cum ex eo nemo heres extiterit.

3. Sed si quis priore testamento iure perfecto posterius aeque iure fecerit, etiamsi ex certis rebus in eo heredem instituerit, superius testamentum sublatum esse divi Severus et Antoninus rescripserunt. cuius constitutionis inseri verba iussimus, cum aliud quoque praeterea in ea constitutione expressum est. 'imperatores Severus et Antoninus Cocceio Campano. testamentum secundo loco factum, licet in eo certarum rerum heres scriptus sit, iure valere, perinde ac si rerum mentio facta non esset, sed teneri heredem scriptum, ut contentus rebus sibi datis aut suppleta quarta ex lege Falcidia hereditatem restituat his, qui in priore testamento scripti fuerant, propter inserta verba secundo testamento, quibus

1. Umgestoßen wird ein Testament, wenn sich zwar die Rechtsstellung des Erblassers nicht ändert, aber die rechtliche Grundlage des Testaments selbst zerstört wird. Denn adoptiert jemand nach Errichtung eines Testaments mit Hilfe des Kaisers eine gewaltfreie Person oder mit Hilfe des Prätors gemäß unserer Konstitution[1] eine Person, die sich in väterlicher Gewalt befindet, dann wird sein Testament wie im Falle eines jetzt als Hauserben Geborenen umgestoßen.

2. Auch durch ein späteres rechtswirksam errichtetes Testament wird das frühere Testament umgestoßen. Und es ist gleichgültig, ob jemand nach diesem Testament Erbe wird oder nicht; denn es kommt allein darauf an, ob überhaupt jemand nach ihm hätte Erbe werden können. Wenn daher jemand nicht Erbe werden wollte oder zu Lebzeiten des Erblassers oder nach dessen Tode, aber vor Erbantritt gestorben ist oder wenn die Bedingung, unter der er als Erbe eingesetzt ist, ausfällt, dann stirbt der Hausvater ohne Testament. Denn das frühere Testament ist unwirksam, da es vom späteren umgestoßen wird, und das spätere Testament ist ebenfalls ungültig, da nach ihm niemand Erbe wird.

3. Hat aber jemand nach einem früheren, rechtswirksam errichteten Testament ein späteres Testament gleichfalls rechtswirksam errichtet, so ist, selbst wenn er in ihm nur für bestimmte Sachen einen Erben eingesetzt hat, das frühere Testament nach einem Reskript der vergöttlichten Kaiser Septimius Severus und Antoninus [Caracalla][2] aufgehoben. Wir haben den Wortlaut dieser Konstitution hier aufnehmen lassen, weil darin außerdem noch etwas anderes bestimmt ist. 'Die Kaiser Septimius Severus und Antoninus [Caracalla] an Cocceius Campanus. Es darf nicht bezweifelt werden, daß das als zweites errichtete Testament, obwohl in ihm der Erbe für bestimmte Sachen eingesetzt ist, so wirksam ist, wie wenn dieser Sachen keine Erwähnung getan wäre; doch muß der eingesetzte Erbe, mag er mit den für ihn bestimmten Sachen zufrieden sein oder bis zum Viertel der lex Falcidia Ergänzung verlangen, die Erbschaft denen herausgeben, die im ersten Testament eingesetzt waren, und zwar wegen der im zweiten Testa-

1 C. 8, 47, 11 (530); vgl. auch C. 8, 47, 10 (530).
2 Vgl. D. 36, 1, 30.

ut valeret prius testamentum expressum est, dubitari non oportet'. et ruptum quidem testamentum hoc modo efficitur.

ment eingefügten Worte, in denen zum Ausdruck kommt, daß das frühere Testament gültig sein soll.' Und auf diese Weise hat ein umgestoßenes Testament immerhin Wirkung.

4. Alio quoque modo testamenta iure facta infirmantur, veluti cum is qui fecerit testamentum capite deminutus sit. quod quibus modis accidit, primo libro rettulimus.

4. Auch noch auf andere Weise werden rechtswirksam errichtete Testamente ungültig, zum Beispiel wenn jemand, der ein Testament errichtet hat, eine Statusänderung erleidet. Wie dies geschieht, haben wir im ersten Buch vorgetragen[1].

5. Hoc autem casu irrita fieri testamenta dicuntur, cum alioquin et quae rumpuntur irrita fiant et quae statim ab initio non iure fiunt irrita sunt: et ea, quae iure facta sunt, postea propter capitis deminutionem irrita fiunt, possumus nihilo minus rupta dicere. sed quia sane commodius erat singulas causas singulis appellationibus distingui, ideo quaedam non iure facta dicuntur, quaedam iure facta rumpi vel irrita fieri.

5. In diesem Fall aber sagt man, daß die Testamente unwirksam werden, obgleich ja auch die Testamente, die umgestoßen werden, unwirksam werden und auch diejenigen, die sogleich von Anfang an nicht rechtswirksam errichtet werden, unwirksam sind. Auch kann man die Testamente, die rechtswirksam errichtet sind, später aber wegen einer Statusänderung unwirksam werden, ebensogut als umgestoßen bezeichnen. Weil es jedoch durchaus zweckmäßig erschien, die einzelnen Tatbestände auch durch besondere Bezeichnungen zu unterscheiden, werden die einen Testamente als nicht rechtswirksam errichtet bezeichnet, die andern, die rechtswirksam errichtet sind, als umgestoßen oder als unwirksam geworden.

6. Non tamen per omnia inutilia sunt ea testamenta, quae ab initio iure facta propter capitis deminutionem irrita facta sunt. nam si septem testium signis signata sunt, potest scriptus heres secundum tabulas testamenti bonorum possessionem agnoscere, si modo defunctus et civis Romanus et suae potestatis mortis tempore fuerit: nam si ideo irritum factum sit testamentum, quod civitatem vel etiam libertatem testator amisit, aut quia in adoptionem se dedit et mortis tempore in adoptivi patris potestate sit, non potest scriptus heres secundum tabulas bonorum possessionem petere.

6. Solche Testamente hingegen, die zunächst rechtswirksam errichtet sind, später aber wegen einer Statusänderung unwirksam werden, sind nicht völlig ohne Wirkung. Denn wenn sie mit den Siegeln von sieben Zeugen gesiegelt sind, kann der eingesetzte Erbe den Nachlaßbesitz gemäß dem Testament beantragen, sofern jedenfalls der Verstorbene zur Zeit seines Todes römischer Bürger und gewaltfrei war. Ist demnach das Testament deshalb unwirksam geworden, weil der Erblasser das Bürgerrecht oder sogar die Freiheit verloren hat oder weil er sich hat adoptieren lassen und zur Zeit seines Todes noch in der Gewalt seines Adoptivvaters war, dann kann der eingesetzte Erbe nicht den Nachlaßbesitz gemäß dem Testament beantragen.

7. Ex eo autem solo non potest infirmari testamentum, quod postea testator id noluit valere: usque adeo ut et, si quis post factum prius testamentum posterius facere coeperit et aut mortalitate praeventus, aut

7. Ein Testament kann aber nicht allein dadurch ungültig werden, daß der Erblasser später nicht will, daß es gilt. Selbst für den Fall, daß jemand nach Errichtung eines ersten Testaments ein zweites zu errichten begonnen und dieses

1 Inst. 1, 16.

quia eum eius rei paenituit, id non perfecisset, divi Pertinacis oratione cautum est, ne alias tabulae priores iure factae irritae fiant, nisi sequentes iure ordinatae et perfectae fuerint. nam imperfectum testamentum sine dubio nullum est.

nicht vollendet hat, weil er durch den Tod überrascht worden war oder weil er es sich anders überlegt hatte, hat der vergöttlichte Kaiser Pertinax in einer Senatsrede bestimmt, daß das erste rechtswirksam errichtete Testament nur dann unwirksam wird, wenn das spätere rechtswirksam und vollständig errichtet ist[1]. Denn ein unvollständiges Testament ist ohne Zweifel gar kein Testament.

8. Eadem oratione expressit non admissurum se hereditatem eius, qui litis causa principem heredem reliquerit, neque tabulas non legitime factas, in quibus ipse ob eam causam heres institutus erat, probaturum neque ex nuda voce heredis nomen admissurum neque ex ulla scriptura, cui iuris auctoritas desit, aliquid adepturum. secundum haec divi quoque Severus et Antoninus saepissime rescripserunt: 'licet enim' inquiunt 'legibus soluti sumus, attamen legibus vivimus'.

8. In derselben Rede erklärte der Kaiser ausdrücklich, er werde die Erbschaft dessen, der im Hinblick auf einen Rechtsstreit den Kaiser zum Erben bestimmt hat, nicht annehmen, noch werde er ein nicht gesetzmäßig errichtetes Testament, in dem er aus eben diesem Grund zum Erben eingesetzt ist, für gültig erklären, noch werde er eine bloß mündliche Benennung als Erbe anerkennen, noch werde er aufgrund irgendeiner Urkunde, der die rechtliche Anerkennung fehlt, etwas annehmen. In diesem Sinne haben auch die vergöttlichten Kaiser Septimius Severus und Antoninus [Caracalla] häufig auf Anfrage entschieden. 'Denn', sagen sie, 'sind wir auch von den Gesetzen befreit, leben wir doch nach den Gesetzen[2].'

XVIII
De inofficioso testamento

Quia plerumque parentes sine causa liberos suos vel exheredant vel omittunt, inductum est, ut de inofficioso testamento agere possint liberi, qui queruntur aut inique se exheredatos aut inique praeteritos, hoc colore, quasi non sanae mentis fuerunt, cum testamentum ordinarent. sed hoc dicitur, non quasi vere furiosus sit, sed recte quidem fecit testamentum, non autem ex officio pietatis: nam si vere furiosus est, nullum est testamentum.

Achtzehnter Titel
Über das pflichtwidrige Testament

Weil Eltern ihre Kinder bisweilen grundlos enterben oder übergehen, ist eingeführt worden, daß Kinder, die geltend machen, sie seien zu Unrecht enterbt oder zu Unrecht übergangen worden, wegen pflichtwidrigen Testaments klagen können, und zwar mit dem Argument, die Eltern seien anscheinend nicht bei klarem Verstand gewesen, als sie das Testament errichteten. Damit ist jedoch nicht gesagt, daß der Erblasser tatsächlich geisteskrank war. Vielmehr hat er sein Testament zwar rechtmäßig errichtet, aber nicht seiner Pflicht gegenüber der Familie entsprochen. Denn wenn er tatsächlich geisteskrank ist, ist das Testament nichtig.

1. Non tantum autem liberis permissum est parentum testamentum inofficiosum accusare, verum etiam parentibus libero-

1. Aber nicht nur Kindern ist es gestattet, das Testament ihrer Eltern als pflichtwidrig anzugreifen, sondern auch den Eltern das Testament

1 Vgl. Historia Augusta (Pertinax) 7, 2 (damit 'nicht etwa der Fiskus die Erbschaft antreten könnte').

2 Vgl. C. 6, 23, 3 (232), auch C. 1, 14, 4 (429); D. 32, 23.

rum. soror autem et frater turpibus personis scriptis heredibus ex sacris constitutionibus praelati sunt: non ergo contra omnes heredes agere possunt. ultra fratres et sorores cognati nullo modo aut agere possunt aut agentes vincere.

ihrer Kinder. Schwester und Bruder werden jedoch aufgrund kaiserlicher Konstitutionen[1] nur gegenüber übel beleumundeten Personen begünstigt, die als Erben eingesetzt sind; sie können also nicht gegen alle Erben klagen. Entferntere Verwandte als Bruder und Schwester können keinesfalls klagen oder, wenn sie klagen, obsiegen.

2. Tam autem naturales liberi, quam secundum nostrae constitutionis divisionem adoptati ita demum de inofficioso testamento agere possunt, si nullo alio iure ad bona defuncti venire possunt. nam qui alio iure veniunt ad totam hereditatem vel partem eius, de inofficioso agere non possunt. postumi quoque, qui nullo alio iure venire possunt, de inofficioso agere possunt.

2. Aber sowohl leibliche Kinder als auch Kinder, die nach Maßgabe der von unserer Konstitution[2] eingeführten Einteilung adoptiert sind, können nur dann wegen pflichtwidrigen Testaments klagen, wenn sie aus keinem anderen Recht Vermögen des Verstorbenen erlangen können. Denn wer aus einem anderen Recht die ganze Erbschaft oder einen Teil erlangt, kann nicht wegen pflichtwidrigen Testaments klagen. Auch Nachgeborene, die aus keinem anderen Recht etwas erlangen, können wegen pflichtwidrigen Testaments klagen.

3. Sed haec ita accipienda sunt, si nihil eis penitus a testatoribus testamento relictum est. quod nostra constitutio ad verecundiam naturae introduxit. sin vero quantacumque pars hereditatis vel res eis fuerit relicta, de inofficiosi querela quiescente id quod eis deest usque ad quartam legitimae partis repletur, licet non fuerit adiectum boni viri arbitratu debere eam repleri.

3. Aber dies ist unter der Voraussetzung zu verstehen, daß ihnen vom Erblasser durch Testament überhaupt nichts hinterlassen ist. All das hat unsere Konstitution[3] aus Achtung vor den natürlichen Bindungen eingeführt. Ist den Kindern dagegen ein noch so kleiner Teil der Erbschaft hinterlassen oder eine Sache vermacht, fällt die Klage wegen pflichtwidrigen Testaments weg und das, was ihnen bis zum gesetzlichen Viertel der Erbschaft fehlt, wird ergänzt, auch wenn nicht hinzugefügt ist, daß das Fehlende nach dem Ermessen eines redlichen Mannes ergänzt werden soll.

4. Si tutor nomine pupilli, cuius tutelam gerebat, ex testamento patris sui legatum acceperit, cum nihil erat ipsi tutori relictum a patre suo, nihilo minus possit nomine suo de inofficioso patris testamento agere.

4. Hat ein Vormund aus dem Testament seines Vaters im Namen des Mündels, dessen Vormundschaft er führte, ein Vermächtnis angenommen, während dem Vormund selbst von seinem Vater nichts hinterlassen war, kann er gleichwohl im eigenen Namen wegen pflichtwidrigen Testaments seines Vaters klagen.

5. Sed et si e contrario pupilli nomine, cui nihil relictum fuerit, de inofficioso egerit et superatus est, ipse quod sibi in eodem testamento legatum relictum est non amittit.

5. Aber auch wenn er umgekehrt im Namen des Mündels, dem nichts hinterlassen ist, wegen pflichtwidrigen Testaments klagt und unterlegen ist, verliert er nicht das Vermächtnis, das ihm selbst in demselben Testament hinterlassen ist[4].

1 C. 8, 47, 10 (530).
2 C. 8, 47, 10 (530), vgl. Inst. 1, 11, 2.
3 C. 3, 28, 30 (528).
4 Vgl. D. 5, 2, 8, 14.

6. Igitur quartam quis debet habere, ut de inofficioso testamento agere non possit: sive iure hereditario sive iure legati vel fideicommissi, vel si mortis causa ei quarta donata fuerit, vel inter vivos in his tantummodo casibus, quorum nostra constitutio mentionem facit, vel aliis modis qui constitutionibus continentur.

6. Man muß also das Viertel erhalten haben, um daran gehindert zu sein, wegen pflichtwidrigen Testaments zu klagen, mag man das Viertel nach dem Recht der Erbfolge, des Vermächtnisses oder des Fideikommisses erhalten haben oder mag einem das Viertel von Todes wegen oder unter Lebenden geschenkt sein — letzteres aber nur in den Fällen, die unsere Konstitution[1] erwähnt — oder mag man es auf irgendeine andere Art erlangt haben, wie sie in den Konstitutionen[2] geregelt ist.

7. Quod autem de quarta diximus, ita intellegendum est, ut, sive unus fuerit sive plures, quibus agere de inofficioso testamento permittitur, una quarta eis dari possit, ut pro rata distribuatur eis, id est pro virili portione quarta.

7. Was wir aber über das Viertel gesagt haben, ist so zu verstehen: Mag es sich um einen oder mehrere handeln, denen wegen pflichtwidrigen Testaments zu klagen gestattet ist, so kann ihnen doch nicht mehr als insgesamt ein Viertel gegeben werden, das mithin anteilig, das heißt nach Kopfteilen, unter ihnen zu verteilen ist[3].

XIX
De heredum qualitate et differentia

Heredes autem aut necessarii dicuntur aut sui et necessarii aut extranei.

1. Necessarius heres est servus heres institutus: ideo sic appellatus, quia, sive velit sive nolit, omnimodo post mortem testatoris protinus liber et necessarius heres fit. unde qui facultates suas suspectas habent, solent servum suum primo aut secundo vel etiam ulteriore gradu heredem instituere, ut, si creditoribus satis non fiat, potius eius heredis bona quam ipsius testatoris a creditoribus possideantur vel distrahantur vel inter eos dividantur. pro hoc tamen incommodo illud ei commodum praestatur, ut ea, quae post mortem patroni sui sibi adquisierit, ipsi reserventur: et quamvis non sufficiant bona defuncti creditoribus, iterum ex ea causa res eius, quas sibi adquisierit, non veneunt.

Neunzehnter Titel
Über die unterschiedlichen Arten von Erben

Die Erben sind entweder Zwangserben oder Haus- und Zwangserben oder Außenerben.

1. Zwangserbe ist der als Erbe eingesetzte Sklave. Er wird deshalb so bezeichnet, weil er, ob er will oder nicht, in jedem Fall nach dem Tode des Erblassers sofort die Freiheit erhält und zwangsweise Erbe wird. Wer daher seinen Vermögensverhältnissen mißtraut, setzt gewöhnlich einen seiner Sklaven an erster, zweiter oder auch entfernterer Stelle zum Erben ein, damit, wenn die Gläubiger nicht befriedigt werden, eher das Vermögen eines solchen Zwangserben als das des Erblassers selbst von den Gläubigern in Besitz genommen, veräußert oder unter ihnen verteilt wird. Doch wird ihm für diesen Nachteil der Vorteil gewährt, daß ihm das, was er nach dem Tode seines Freilassers für sich erwirbt, erhalten bleibt. Und auch wenn das Vermögen des Verstorbenen für die Gläubiger

1 C. 3, 28, 35, 2 (531).
2 Vgl. C. 3, 28, 29 (479).
3 Erhöhung durch Nov. 18, 1 (536); umfassende Neuregelung des Pflichtteilsrechts durch Nov. 115 (542).

nicht ausreicht, gibt es aus diesem Grund hinsichtlich der Gegenstände, die er für sich erworben hat, keinen erneuten Verkauf.

2. Sui autem et necessarii heredes sunt veluti filius filia nepos neptisque ex filio et deinceps ceteri liberi, qui modo in potestate morientis fuerint. sed ut nepos neptisve sui heredes sint, non sufficit eum eamve in potestate avi mortis tempore fuisse, sed opus est, ut pater eius vivo patre suo desierit suus heres esse aut morte interceptus aut qualibet alia ratione liberatus potestate: tunc enim nepos neptisve in locum patris sui succedit. sed sui quidem heredes ideo appellantur, quia domestici heredes sunt et vivo quoque patre quodammodo domini existimantur. unde etiam, si quis intestatus mortuus sit, prima causa est in successione liberorum. necessarii vero ideo dicuntur, quia omnimodo, sive velint sive nolint, tam ab intestato quam ex testamento heredes fiunt. sed his praetor permittit volentibus abstinere se ab hereditate, ut potius parentis quam ipsorum bona similiter a creditoribus possideantur.

2. Haus- und Zwangserben aber sind zum Beispiel Sohn und Tochter, Enkel und Enkelin, die vom Sohn abstammen, und in dieser Linie die übrigen Nachkommen, sofern sie nur in der Hausgewalt des Verstorbenen standen. Aber damit Enkel oder Enkelin Hauserben werden, genügt es nicht, daß sie zur Zeit des Todes ihres Großvaters in dessen Hausgewalt gewesen sind, sondern es ist erforderlich, daß ihr Vater zu Lebzeiten seines Vaters als Hauserbe ausgeschieden ist, weil er gestorben oder auf irgendeine andere Weise von der Hausgewalt frei geworden ist; denn nur dann treten Enkel oder Enkelin an die Stelle ihres Vaters. Hauserben heißen sie deshalb, weil sie hausangehörige Erben sind und auch zu Lebzeiten ihres Vaters gewissermaßen als Inhaber des Hausvermögens angesehen werden. Daher stehen auch, wenn jemand testamentslos stirbt, die Kinder in der Erbfolge an erster Stelle. Zwangserben aber heißen sie deshalb, weil sie in jedem Fall, ob sie wollen oder nicht, Erben werden, sei es nach Gesetz, sei es nach Testament. Der Prätor gestattet ihnen aber, wenn sie es wollen, die Erbschaft auszuschlagen, damit das Vermögen des Vaters statt ihres eigenen in der üblichen Weise von den Gläubigern in Besitz genommen wird.

3. Ceteri, qui testatoris iuri subiecti non sunt, extranei heredes appellantur. itaque liberi quoque nostri, qui in potestate nostra non sunt, heredes a nobis instituti extranei heredes videntur. qua de causa et qui heredes a matre instituuntur, eodem numero sunt, quia feminae in potestate liberos non habent. servus quoque a domino heres institutus et post testamentum factum ab eo manumissus eodem numero habetur.

3. Die übrigen, die dem Recht des Erblassers nicht unterworfen sind, heißen Außenerben. Daher werden auch unsere Kinder, die nicht in unserer Hausgewalt sind, als Außenerben angesehen, wenn sie von uns als Erben eingesetzt sind. Aus diesem Grunde zählen zu den Außenerben auch diejenigen, die von ihrer Mutter als Erben eingesetzt sind, weil Frauen ihre Kinder nicht in der Hausgewalt haben. Auch ein Sklave, der von seinem Eigentümer als Erbe eingesetzt und nach Testamentserrichtung von ihm freigelassen worden ist, wird zu den Außenerben gerechnet.

4. In extraneis heredibus illud observatur, ut sit cum eis testamenti factio, sive ipsi heredes instituantur sive hi qui in potestate eorum sunt. et id duobus temporibus inspicitur, testamenti quidem facti, ut constiterit institutio, mortis vero testatoris, ut effectum habeat. hoc amplius et cum adit here-

4. Bei Außenerben ist zu beachten, daß sie testamentsfähig sein müssen, mögen sie selbst als Erben eingesetzt werden oder diejenigen, die in ihrer Hausgewalt sind. Und dies wird für zwei Zeitpunkte geprüft, für den der Errichtung des Testaments, ob die Einsetzung zustandegekommen ist, und für den des Todes des Erblassers,

ditatem, esse debet cum eo testamenti factio, sive pure sive sub condicione heres institutus sit: nam ius heredis eo vel maxime tempore inspiciendum est, quo adquirit hereditatem. medio autem tempore inter factum testamentum et mortem testatoris vel condicionem institutionis existentem mutatio iuris heredi non nocet, quia ut diximus tria tempora inspici debent. testamenti autem factionem non solum is habere videtur, qui testamentum facere potest, sed etiam qui ex alieno testamento vel ipse capere potest vel alii adquirere, licet non potest facere testamentum. et ideo et furiosus et mutus et postumus et infans et filius familias et servus alienus testamenti factionem habere dicuntur: licet enim testamentum facere non possunt, attamen ex testamento vel sibi vel alii adquirere possunt.

ob die Einsetzung Wirkung hat. Darüber hinaus muß die Testamentsfähigkeit auch dann gegeben sein, wenn der Erbe die Erbschaft antritt, mag er unbedingt oder unter einer Bedingung als Erbe eingesetzt sein. Denn die Rechtsstellung des Erben ist für den Zeitpunkt, in dem er die Erbschaft erwirbt, sogar besonders zu prüfen. In der Zeit zwischen der Testamentserrichtung und dem Tode des Erblassers oder dem Eintritt einer Bedingung für die Erbeinsetzung aber schadet dem Erben eine Veränderung seiner Rechtsstellung nicht, weil es allein auf die drei oben erwähnten Zeitpunkte ankommt. Die Testamentsfähigkeit hat jedoch nicht nur, wer selbst ein Testament errichten kann, sondern auch, wer aus einem fremden Testament für sich oder für einen anderen erwerben kann, mag er auch kein Testament errichten können. Man sagt daher, daß Geisteskranke, Stumme, Nachgeborene, Kinder, Haussöhne oder fremde Sklaven die Testamentsfähigkeit haben. Denn obwohl sie kein Testament errichten können, so können sie doch aus einem Testament für sich oder einen anderen erwerben.

5. Extraneis autem heredibus deliberandi potestas est de adeunda hereditate vel non adeunda. sed sive is, cui abstinendi potestas est, immiscuerit se bonis hereditariis, sive extraneus, cui de adeunda hereditate deliberare licet, adierit, postea relinquendae hereditatis facultatem non habet, nisi minor sit annis viginti quinque: nam huius aetatis hominibus sicut in ceteris omnibus causis deceptis, ita et si temere damnosam hereditatem susceperint, praetor succurrit.

5. Außenerben aber haben das Recht zu überlegen, ob sie die Erbschaft antreten oder nicht antreten wollen. Wenn jedoch derjenige, der zur Ausschlagung der Erbschaft befugt ist, sich in Erbschaftsangelegenheiten eingemischt hat, oder wenn ein Außenerbe, der sich den Erbschaftsantritt überlegen darf, die Erbschaft antritt, hat er später nicht die Befugnis, auf die Erbschaft zu verzichten, es sei denn, daß er jünger als fünfundzwanzig Jahre ist. Denn wenn Personen dieses Alters unüberlegt eine überschuldete Erbschaft angenommen haben, kommt der Prätor ihnen ebenso zu Hilfe wie in allen übrigen Fällen, in denen sie benachteiligt worden sind.

6. Sciendum tamen est divum Hadrianum etiam maiori viginti quinque annis veniam dedisse, cum post aditam hereditatem grande aes alienum, quod aditae hereditatis tempore latebat, emersisset. sed hoc divus quidem Hadrianus speciali beneficio cuidam praestitit: divus autem Gordianus postea in militibus tantummodo hoc exten-

6. Doch muß man wissen, daß der vergöttlichte Kaiser Hadrian auch einem, der älter als fünfundzwanzig Jahre war, die Erlaubnis [zum Verzicht auf die Erbschaft] erteilte, als sich nach Antritt der Erbschaft eine große Schuldenlast herausstellte, die zur Zeit des Erbschaftsantritts noch unbekannt war. Aber der vergöttlichte Kaiser Hadrian gewährte dies nur einem einzelnen im Wege besonderer Rechtswohltat. Der vergöttlichte Kaiser Gordian dehnte dies dann später aus, aber lediglich auf Soldaten. Wir je-

dit: sed nostra benevolentia commune omnibus subiectis imperio nostro hoc praestavit beneficium et constitutionem tam aequissimam quam nobilem scripsit, cuius tenorem si observaverint homines, licet eis adire hereditatem et in tantum teneri, in quantum valere bona hereditatis contingit: ut ex hac causa neque deliberationis auxilium eis fiat necessarium, nisi omissa observatione nostrae constitutionis et deliberandum existimaverint et sese veteri gravamini aditionis supponere maluerint.

doch in unserer wohlwollenden Gesinnung gewährten allen Untertanen unseres Reiches diese Rechtswohltat als allgemeine und erließen eine höchst gerechte und wohlgelungene Konstitution[1]. Wenn die einzelnen sich nach deren Inhalt richten, ist es ihnen möglich, die Erbschaft anzutreten und doch nur auf das zu haften, was das Nachlaßvermögen in dem Augenblick enthält. Daher brauchen sie in diesem Fall das Hilfsmittel der Überlegungsfrist nicht mehr, es sei denn, sie lassen unsere Konstitution außer acht, halten eine Überlegung für erforderlich und nehmen lieber die früheren Nachteile des Erbantritts in Kauf.

7. Item extraneus heres testamento institutus aut ab intestato ad legitimam hereditatem vocatus potest aut pro herede gerendo vel etiam nuda voluntate suscipiendae hereditatis heres fieri. pro herede autem gerere quis videtur, si rebus hereditariis tamquam heres utatur vel vendendo res hereditarias aut praedia colendo locandove et quoquo modo si voluntatem suam declaret vel re vel verbis de adeunda hereditate, dummodo sciat eum, in cuius bonis pro herede gerit, testato intestatove obiisse et se ei heredem esse. pro herede enim gerere est pro domino gerere: veteres enim heredes pro dominis appellabant. sicut autem nuda voluntate extraneus heres fit, ita et contraria destinatione statim ab hereditate repellitur. eum, qui mutus vel surdus natus est vel postea factus, nihil prohibet pro herede gerere et adquirere sibi hereditatem, si tamen intellegit quod agitur.

7. Ein Außenerbe, der durch Testament eingesetzt oder ohne Testament zur gesetzlichen Erbfolge berufen ist, kann dadurch Erbe werden, daß er sich wie ein Erbe verhält, oder dadurch, daß er nur den Willen erklärt, die Erbschaft anzunehmen. Wie ein Erbe aber verhält sich jemand, der von Erbschaftssachen so wie ein Erbe Gebrauch macht, etwa dadurch, daß er Erbschaftssachen verkauft oder Erbschaftsgrundstücke selbst bewirtschaftet oder verpachtet, und überhaupt dadurch, daß er auf irgendeine Weise seinen Willen, die Erbschaft anzutreten, durch Wort oder Tat deutlich erklärt, sofern er nur weiß, daß der, dessen Vermögen er wie ein Erbe verwaltet, mit oder ohne Testament gestorben ist, und weiß, daß er dessen Erbe ist. Denn sich wie ein Erbe verhalten bedeutet, sich wie ein Eigentümer zu verhalten. Die alten Juristen bezeichneten nämlich den Erben als Eigentümer[2]. Wie aber ein Außenerbe durch bloße Willensäußerung Erbe wird, so wird er auch durch den entgegengesetzten Entschluß sofort von der Erbschaft ausgeschlossen. Wer stumm oder taub geboren oder es erst später geworden ist, den hindert nichts, sich wie ein Erbe zu verhalten und die Erbschaft zu erwerben, wenn er nur begreift, um was es sich handelt.

1 C. 6, 30, 22 (531).

2 Das heißt als erus (Herr, Eigentümer), was mit heres (Erbe) in Verbindung gebracht wurde, vgl. Festus 88 heres.

XX
De legatis

Post haec videamus de legatis. quae pars iuris extra propositam quidem materiam videtur: nam loquimur de his iuris figuris, quibus per universitatem res nobis adquiruntur. sed cum omnino de testamentis deque heredibus qui testamento instituuntur locuti sumus, non sine causa sequenti loco potest haec iuris materia tractari.

1. Legatum itaque est donatio quaedam a defuncto relicta.

2. Sed olim quidem erant legatorum genera quattuor: per vindicationem, per damnationem, sinendi modo, per praeceptionem: et certa quaedam verba cuique generi legatorum adsignata erant, per quae singula genera legatorum significabantur. sed ex constitutionibus divorum principum sollemnitas huiusmodi verborum penitus sublata est. nostra autem constitutio, quam cum magna fecimus lucubratione, defunctorum voluntates validiores esse cupientes et non verbis, sed voluntatibus eorum faventes, disposuit, ut omnibus legatis una sit natura et, quibuscumque verbis aliquid derelictum sit, liceat legatariis id persequi non solum per actiones personales, sed etiam per in rem et per hypothecariam: cuius constitutionis perpensum modum ex ipsius tenore perfectissime accipere possibile est.

3. Sed non usque ad eam constitutionem standum esse existimavimus. cum enim antiquitatem invenimus legata quidem stricte concludentem, fideicommissis autem, quae ex voluntate magis descendebant defuncto-

Zwanzigster Titel
Über die Vermächtnisse

Wenden wir uns nach alldem den Vermächtnissen zu. Dieses Rechtsgebiet liegt zwar offensichtlich außerhalb des hier vorgesehenen Stoffes[1]; denn wir reden über die Rechtsfiguren, durch die wir Sachen im Wege der Gesamtrechtsnachfolge erwerben. Aber da wir ganz allgemein über Testamente und über testamentarisch eingesetzte Erben gesprochen haben, kann diese Rechtsmaterie nicht ohne Grund im folgenden erörtert werden.

1. Ein Vermächtnis ist nun eine Art Schenkung, die von einem Verstorbenen hinterlassen ist.

2. Früher aber gab es vier Arten von Vermächtnissen, dinglich wirkende [Vindikationslegate], schuldrechtlich wirkende [Damnationslegate], Vermächtnisse, die eine Duldungspflicht begründen, und solche, die eine Vorwegzuwendung enthalten. Und jeder Vermächtnisart waren bestimmte Worte zugeordnet, mit denen man die einzelnen Arten kennzeichnete. Durch Konstitutionen vergöttlichter Kaiser[2] wurde jedoch die formelle Bedeutung dieser Worte völlig beseitigt. Aber weil wir den Willen des Verstorbenen zu stärken begehren und nicht seinen Worten, sondern seinem Willen den Vorrang einräumen, hat unsere in langer Nachtarbeit verfaßte Konstitution[3] bestimmt, daß alle Vermächtnisse eine einheitliche Rechtsnatur haben und daß die Vermächtnisnehmer, mit welchen Worten auch immer ihnen etwas hinterlassen ist, dieses nicht nur mit persönlichen, sondern auch mit dinglichen Klagen und mit der Hypothekenklage in Anspruch nehmen können. Die ausgewogene Regelung dieser Konstitution kann man ihrem Text selbst voll und ganz entnehmen.

3. Aber auch bei dieser Konstitution glaubten wir nicht stehenbleiben zu dürfen. Denn da wir fanden, daß das alte Recht die Vermächtnisse durch strenge Regeln begrenzte, den Fideikommissen dagegen, weil sie stärker auf dem Willen

1 Vgl. Inst. 2, 9, 6.
2 Vgl. C. 6, 37, 21 (339).
3 Vgl. C. 6, 43, 1 (529).

rum, pinguiorem naturam indulgentem: necessarium esse duximus omnia legata fideicommissis exaequare, ut nulla sit inter ea differentia, sed quod deest legatis, hoc repleatur ex natura fideicommissorum et, si quid amplius est in legatis, per hoc crescat fideicommissi natura. sed ne in primis legum cunabulis permixte de his exponendo studiosis adulescentibus quandam introducamus difficultatem, operae pretium esse duximus interim separatim prius de legatis et postea de fideicommissis tractare, ut natura utriusque iuris cognita facile possint permixtionem eorum eruditi suptilioribus auribus accipere.

der Verstorbenen beruhten, eine freiere Rechtsnatur gewährte, hielten wir es für notwendig[1], alle Vermächtnisse den Fideikommissen anzugleichen, so daß zwischen ihnen kein Unterschied besteht und auch das, was den Vermächtnissen mangelt, aus der Rechtsnatur der Fideikommisse ergänzt wird, und das, was die Vermächtnisse etwa an Weitergehendem enthalten, die Rechtsnatur des Fideikommisses anreichert. Um aber den jungen Studenten in den Anfangsgründen des Rechts nicht durch eine vermengende Darstellung der beiden Rechtsinstitute Schwierigkeiten zu bereiten, hielten wir es der Mühe wert, zunächst die Vermächtnisse für sich und später die Fideikommisse zu erörtern, damit die Studenten, nachdem ihnen die Rechtsnatur der beiden Rechtsinstitute bekannt ist, deren Vereinheitlichung mit dem erworbenen feineren Verständnis leicht begreifen können.

4. Non solum autem testatoris vel heredis res, sed et aliena legari potest: ita ut heres cogatur redimere eam et praestare vel, si non potest redimere, aestimationem eius dare. sed si talis res sit, cuius non est commercium, nec aestimatio eius debetur, sicuti si campum Martium vel basilicas vel templa vel quae publico usui destinata sunt legaverit: nam nullius momenti legatum est. quod autem diximus alienam rem posse legari, ita intellegendum est, si defunctus sciebat alienam rem esse, non et si ignorabat: forsitan enim, si scisset alienam, non legasset. et ita divus Pius rescripsit. et verius est ipsum qui agit, id est legatarium, probare oportere scisse alienam rem legare defunctum, non heredem probare oportere ignorasse alienam, quia semper necessitas probandi incumbit illi qui agit.

4. Aber nicht nur eine Sache des Erblassers oder des Erben kann vermacht werden, sondern auch eine fremde Sache. Dann muß der Erbe sie erwerben und leisten oder, wenn er sie nicht erwerben kann, deren Schätzwert leisten. Ist es dagegen eine Sache, die dem Privatrechtsverkehr entzogen ist, so wird auch ihr Schätzwert nicht geschuldet, zum Beispiel wenn jemand das Marsfeld, eine Basilika, einen Tempel oder Sachen, die dem Gemeingebrauch gewidmet sind, vermacht; denn ein solches Vermächtnis ist wirkungslos. Wenn wir aber gesagt haben, daß man eine fremde Sache vermachen kann, so ist das für den Fall zu verstehen, daß der Verstorbene wußte, daß es eine fremde Sache war, nicht auch für den, daß es ihm unbekannt war. Denn vielleicht hätte er sie nicht vermacht, wenn er gewußt hätte, daß es eine fremde war. Und so hat der vergöttlichte Kaiser Antoninus Pius auf Anfrage entschieden[2]. Und es ist richtiger, daß derjenige, der klagt, also der Vermächtnisnehmer, beweisen muß, der Verstorbene habe gewußt, er vermache eine fremde Sache, und daß nicht der Erbe beweisen muß, der Verstorbene habe die Fremdheit nicht gekannt; denn die Beweislast trifft immer den, der klagt.

5. Sed et si rem obligatam creditori aliquis legaverit, necesse habet heres luere. et

5. Aber auch wenn jemand eine dem Gläubiger verpfändete Sache vermacht, muß der Erbe

1 C. 6, 43, 2 (531).
2 Vgl. D. 31, 67, 8.

hoc quoque casu idem placet, quod in re aliena, ut ita demum luere necesse habeat heres, si sciebat defunctus rem obligatam esse: et ita divi Severus et Antoninus rescripserunt. si tamen defunctus voluit legatarium luere et hoc expressit, non debet heres eam luere.

sie einlösen. Und auch in diesem Falle gilt dasselbe wie bei einer fremden Sache, nämlich daß der Erbe sie nur dann einlösen muß, wenn der Verstorbene wußte, daß sie verpfändet war; und so haben die vergöttlichten Kaiser Septimius Severus und Antoninus [Caracalla] auf Anfrage entschieden. Wenn dagegen der Verstorbene wollte, daß der Vermächtnisnehmer die Sache einlöst, und dies ausdrücklich erklärt hat, braucht der Erbe sie nicht einzulösen.

6. Si res aliena legata fuerit et eius vivo testatore legatarius dominus factus fuerit, si quidem ex causa emptionis, ex testamento actione pretium consequi potest: si vero ex causa lucrativa, veluti ex donatione vel ex alia simili causa, agere non potest. nam traditum est duas lucrativas causas in eundem hominem et in eandem rem concurrere non posse. hac ratione si ex duobus testamentis eadem res eidem debeatur, interest, utrum rem an aestimationem ex testamento consecutus est: nam si rem, agere non potest, quia habet eam ex causa lucrativa, si aestimationem, agere potest.

6. Ist eine fremde Sache vermacht und der Vermächtnisnehmer zu Lebzeiten des Erblassers ihr Eigentümer geworden, so kann er, wenn er die Sache durch Kauf erhielt, mit der Klage aus Vermächtnis ihren Wert erlangen; wenn er sie aber unentgeltlich erhielt, zum Beispiel durch Schenkung oder aus einem anderen ähnlichen Rechtsgrund, kann er nicht klagen. Denn es ist eine alte Regel, daß zwei unentgeltliche Erwerbsgründe in derselben Person und für dieselbe Sache nicht zusammentreffen können. Wird daher jemandem aus zwei Testamenten dieselbe Sache geschuldet, kommt es darauf an, ob er aus dem einen Testament die Sache oder den Schätzwert erlangt hat. Denn hat er die Sache erlangt, kann er nicht mehr klagen, weil er sie aus einem unentgeltlichen Erwerbsgrund erlangt hat; hat er den Schätzwert erlangt, kann er klagen.

7. Ea quoque res, quae in rerum natura non est, si modo futura est, recte legatur, veluti fructus qui in illo fundo nati erunt, aut quod ex illa ancilla natum erit.

7. Auch eine Sache, die es nicht gibt, kann wirksam vermacht werden, wenn es sie künftig geben wird, zum Beispiel Früchte, die auf einem bestimmten Acker wachsen, oder Kinder, die von einer bestimmten Sklavin geboren werden.

8. Si eadem res duobus legata sit sive coniunctim sive disiunctim, si ambo perveniant ad legatum, scinditur inter eos legatum: si alter deficiat, quia aut spreverit legatum aut vivo testatore decesserit aut alio quolibet modo defecerit, totum ad collegatarium pertinet. coniunctim autem legatur veluti si quis dicat 'Titio et Seio hominem Stichum do lego': disiunctim ita 'Titio hominem Stichum do lego, Seio Stichum do lego'. sed et si expresserit 'eundem hominem Stichum', aeque disiunctim legatum intellegitur.

8. Ist dieselbe Sache zwei Personen vermacht, sei es verbunden oder getrennt, so wird das Vermächtnis, wenn es beiden anfällt, zwischen ihnen geteilt. Fällt eine Person weg, weil sie das Vermächtnis ausgeschlagen hat oder zu Lebzeiten des Erblassers gestorben oder auf irgendeine andere Art weggefallen ist, steht das ganze Vermächtnis dem anderen Vermächtnisnehmer zu. 'Verbunden' aber wird vermacht, wenn man zum Beispiel bestimmt: 'Ich vermache dem Titius und dem Seius den Sklaven Stichus.' 'Getrennt' wird so vermacht: 'Ich vermache dem Titius den Sklaven Stichus; ich vermache dem Seius den Stichus'; aber auch wenn es heißt 'denselben Sklaven Stichus', wird ebenso angenommen, daß getrennt vermacht ist.

9. Si cui fundus alienus legatus fuerit et emerit proprietatem detracto usu fructu et usus fructus ad eum pervenerit et postea ex testamento agat, recte eum agere et fundum petere Iulianus ait, quia usus fructus in petitione servitutis locum optinet: sed officio iudicis contineri, ut deducto usu fructu iubeat aestimationem praestari.

9. Ist jemandem ein fremdes Grundstück vermacht worden und hat er dann das Eigentum unter Ausschluß des Nießbrauchs käuflich erworben, ist ihm danach der Nießbrauch zugefallen und klagt er später aus Vermächtnis, dann klagt er nach Julian[1] zu Recht, wenn er das Grundstück verlangt, weil in diesem Klagbegehren der Nießbrauch als Dienstbarkeit behandelt wird; aber es liegt in der Amtsbefugnis des Richters anzuordnen, daß der Schätzwert des Grundstücks unter Abzug des Nießbrauchs zu leisten ist.

10. Sed si rem legatarii quis ei legaverit, inutile legatum est, quia quod proprium est ipsius, amplius eius fieri non potest: et licet alienaverit eam, non debetur nec ipsa nec aestimatio eius.

10. Hat aber jemand dem Vermächtnisnehmer dessen eigene Sache vermacht, so ist das Vermächtnis unwirksam, weil das, was jemandem gehört, nicht noch einmal sein Eigentum werden kann. Und auch wenn der Vermächtnisnehmer die Sache [nach Testamentserrichtung] veräußert hat, wird weder sie selbst noch ihr Schätzwert geschuldet.

11. Si quis rem suam quasi alienam legaverit, valet legatum: nam plus valet, quod in veritate est, quam quod in opinione. sed et si legatarii putavit, valere constat, quia exitum voluntas defuncti potest habere.

11. Hat jemand seine eigene Sache in der Meinung vermacht, sie sei eine fremde, so ist das Vermächtnis wirksam. Denn die Wirklichkeit gilt mehr als die Vorstellung. Aber auch wenn er geglaubt hat, sie gehöre dem Vermächtnisnehmer, ist das Vermächtnis anerkanntermaßen wirksam, weil der Wille des Verstorbenen Erfolg haben kann.

12. Si rem suam legaverit testator posteaque eam alienaverit, Celsus existimat, si non adimendi animo vendidit, nihilo minus deberi, idque divi Severus et Antoninus rescripserunt. idem rescripserunt eum, qui post testamentum factum praedia quae legata erant pignori dedit, ademisse legatum non videri et ideo legatarium cum herede agere posse, ut praedia a creditore luantur. si vero quis partem rei legatae alienaverit, pars quae non est alienata omnimodo debetur, pars autem alienata ita debetur, si non adimendi animo alienata sit.

12. Hat der Erblasser eine eigene Sache vermacht und sie später veräußert, wird sie nach der Meinung von Celsus trotzdem geschuldet, sofern er sie nicht in der Absicht veräußert hat, das Vermächtnis zu widerrufen, und dies haben die vergöttlichten Kaiser Septimius Severus und Antoninus [Caracalla] auf Anfrage entschieden. Sie haben auch entschieden[2], daß derjenige, der nach Errichtung des Testaments Grundstücke, die vermacht waren, verpfändet, dadurch das Vermächtnis nicht widerruft und daß deshalb der Vermächtnisnehmer den Erben darauf verklagen kann, daß die Grundstücke beim Gläubiger eingelöst werden. Hat jemand einen Teil der vermachten Sache veräußert, wird der nicht veräußerte Teil auf jeden Fall geschuldet, der veräußerte Teil dagegen nur dann, wenn er nicht in der Absicht, das Vermächtnis zu widerrufen, veräußert worden ist.

1 D. 30, 82, 2.
2 C. 6, 37, 3 (211).

13. Si quis debitori suo liberationem legaverit, legatum utile est et neque ab ipso debitore neque ab herede eius potest heres petere nec ab alio qui heredis loco est: sed et potest a debitore conveniri, ut liberet eum. potest autem quis vel ad tempus iubere, ne heres petat.

13. Hat jemand seinem Schuldner Befreiung von der Schuld vermacht, ist das Vermächtnis wirksam, und der Erbe kann weder den Schuldner selbst noch dessen Erben noch einen anderen, der wie ein Erbe an dessen Stelle tritt, in Anspruch nehmen. Der Schuldner aber kann vom Erben verlangen, daß er ihn befreit. Doch kann man auch nur einen Zeitraum bestimmen, in dem der Erbe nicht klagen darf.

14. Ex contrario si debitor creditori suo quod debet legaverit, inutile est legatum, si nihil plus est in legato quam in debito, quia nihil amplius habet per legatum. quodsi in diem vel sub condicione debitum ei pure legaverit, utile est legatum propter repraesentationem: quodsi vivo testatore dies venerit aut condicio extiterit, Papinianus scripsit utile esse nihilo minus legatum, quia semel constitit. quod et verum est: non enim placuit sententia existimantium extinctum esse legatum, quia in eam causam pervenit, a qua incipere non potest.

14. Hat umgekehrt der Schuldner seinem Gläubiger das vermacht, was er schuldet, so ist das Vermächtnis unwirksam, wenn das Vermächtnis nicht mehr enthält als die Schuld, weil der Gläubiger durch das Vermächtnis nichts Zusätzliches erhält. Wenn der Schuldner ihm aber das, was er befristet oder bedingt schuldet, ohne Nebenbestimmung vermacht, ist das Vermächtnis wegen der Pflicht zu sofortiger Leistung wirksam. Ist aber der Termin oder die Bedingung schon zu Lebzeiten des Erblassers eingetreten, so ist das Vermächtnis nach der Meinung Papinians[1] trotzdem wirksam, weil es einmal Gültigkeit hatte. Das ist auch richtig. Denn die Meinung derer hat sich nicht durchgesetzt, die das Vermächtnis für erloschen hielten, weil es in eine Lage gekommen ist, in der es nicht entstehen kann.

15. Sed si uxori maritus dotem legaverit, valet legatum, quia plenius est legatum quam de dote actio. sed si quam non acceperit dotem legaverit, divi Severus et Antoninus rescripserunt, si quidem simpliciter legaverit, inutile esse legatum: si vero certa pecunia vel certum corpus aut instrumentum dotis in praelegando demonstrata sunt, valere legatum.

15. Wenn aber ein Ehemann seiner Frau die Mitgift vermacht, ist das Vermächtnis wirksam, weil das Vermächtnis mehr enthält als die Klage auf Rückgabe der Mitgift. Vermacht er dagegen eine Mitgift, die er gar nicht erhalten hat, ist das Vermächtnis nach einem Reskript der vergöttlichten Kaiser Septimius Severus und Antoninus [Caracalla] unwirksam, falls die Mitgift einfach als solche vermacht ist. Ist dagegen ein bestimmter Geldbetrag, eine bestimmte Sache oder die Mitgifturkunde in dem Rückgabevermächtnis genannt, so ist das Vermächtnis wirksam.

16. Si res legata sine facto heredis perierit, legatario decedit. et si servus alienus legatus sine facto heredis manumissus fuerit, non tenetur heres. si vero heredis servus legatus fuerit et ipse eum manumiserit, teneri

16. Ist eine vermachte Sache ohne Zutun des Erben untergegangen, geht sie dem Vermächtnisnehmer verloren. Auch wenn ein fremder Sklave vermacht und ohne Zutun des Erben freigelassen worden ist, haftet der Erbe nicht. Ist aber ein Sklave des Erben vermacht und hat der Erbe selbst ihn freigelassen, so haftet er nach der

---

1 D. 35, 2, 5.

eum Iulianus scripsit, nec interest, scierit an ignoraverit a se legatum esse. sed et si alii donaverit servum et is cui donatus est eum manumiserit, tenetur heres, quamvis ignoraverit a se eum legatum esse.

Meinung Julians, und es kommt nicht darauf an, ob er gewußt hat oder nicht, daß er mit einem Vermächtnis beschwert war. Auch wenn der Erbe den Sklaven einem anderen geschenkt und der Beschenkte ihn freigelassen hat, haftet der Erbe, selbst wenn er nicht wußte, daß er mit einem Vermächtnis beschwert war.

17. Si quis ancillas cum suis natis legaverit, etiamsi ancillae mortuae fuerint, partus legato cedunt. idem est, si ordinarii servi cum vicariis legati fuerint, ut, licet mortui sint ordinarii, tamen vicarii legato cedant. sed si servus cum peculio fuerit legatus, mortuo servo vel manumisso vel alienato et peculii legatum extinguitur. idem est, si fundus instructus vel cum instrumento legatus fuerit: nam fundo alienato et instrumenti legatum extinguitur.

17. Hat jemand Sklavinnen zusammen mit ihren Kindern vermacht, gehören die Kinder zum Vermächtnis, auch wenn die Sklavinnen gestorben sind. Dasselbe gilt, wenn Hauptsklaven mit Untersklaven vermacht sind, so daß die Untersklaven zum Vermächtnis gehören, auch wenn die Hauptsklaven gestorben sind. Ist dagegen ein Sklave mit seinem Sondergut vermacht, erlischt das Vermächtnis auch des Sonderguts, wenn der Sklave gestorben ist, freigelassen oder veräußert worden ist. Dasselbe gilt, wenn ein Landgut mit vollständiger Einrichtung oder Inventar vermacht ist. Denn wenn das Landgut veräußert ist, erlischt auch das Vermächtnis des Inventars.

18. Si grex legatus fuerit posteaque ad unam ovem pervenerit, quod superfuerit vindicari potest. grege autem legato etiam eas oves, quae post testamentum factum gregi adiciuntur, legato cedere Iulianus ait: esse enim gregis unum corpus ex distantibus capitibus, sicuti aedium unum corpus est ex cohaerentibus lapidibus:

18. Ist eine Herde vermacht und hat sie sich später bis auf ein einziges Schaf verringert, so kann das übriggebliebene Schaf verlangt werden. Bei einer Herde, die vermacht ist, gehören zum Vermächtnis, wie Julian sagt, auch die Schafe, die nach Testamentserrichtung zur Herde hinzukommen; denn die Herde sei ebenso ein — aus selbständigen Stücken bestehendes — Ganzes, wie ein Haus ein — aus zusammenhängenden Steinen bestehendes — Ganzes ist.

19. Aedibus denique legatis columnas et marmora, quae post testamentum factum adiecta sunt, legato cedere.

19. Sei folglich ein Haus vermacht, so gehörten zum Vermächtnis auch die Säulen und der Marmor, die nach Testamentserrichtung eingebaut sind.

20. Si peculium legatum fuerit, sine dubio quidquid peculio accedit vel decedit vivo testatore, legatarii lucro vel damno est. quodsi post mortem testatoris ante aditam hereditatem servus adquisierit, Iulianus ait, si quidem ipsi manumisso peculium legatum fuerit, omne, quod ante aditam hereditatem adquisitum est, legatario cedere, quia dies huius legati adita hereditate cedit:

20. Ist ein Sondergut vermacht, geht ohne Zweifel alles, was zu Lebzeiten des Erblassers das Sondergut vermehrt oder verringert, zu Nutzen und zu Lasten des Vermächtnisnehmers. Hat jedoch ein Sklave, dem mit der Freilassung das Sondergut vermacht war, nach dem Tode des Erblassers, aber vor Antritt der Erbschaft etwas erworben, so gehört nach Julian[1] ihm als Vermächtnisnehmer alles, was vor Antritt der Erbschaft erworben ist, weil ein solches Vermächtnis erst mit dem Antritt der Erbschaft

1 Vgl. D. 15, 1, 57, 1/2; 33, 8, 8, 8.

sed si extraneo peculium legatum fuerit, non cedere ea legato, nisi ex rebus peculiaribus auctum fuerit peculium. peculium autem nisi legatum fuerit, manumisso non debetur, quamvis si vivus manumiserit, sufficit, si non adimatur: et ita divi Severus et Antoninus rescripserunt. idem rescripserunt peculio legato non videri id relictum, ut petitionem habeat pecuniae, quam in rationes dominicas impendit. idem rescripserunt peculium videri legatum, cum rationibus redditis liber esse iussus est et ex eo reliquas inferre.

wirksam wird. Wenn das Sondergut aber einem Außenstehenden vermacht ist, gehört dieser Erwerb nur dann zum Vermächtnis, wenn das Sondergut mit Mitteln vermehrt wird, die zu ihm gehören. Das Sondergut wird dem freigelassenen Sklaven jedoch nur dann geschuldet, wenn es ihm vermacht ist, obschon es genügt, daß der Erblasser, wenn er zu seinen Lebzeiten den Sklaven freiläßt, ihm das Sondergut nicht wegnimmt. Und so haben die vergöttlichten Kaiser Septimius Severus und Antoninus [Caracalla] auf Anfrage entschieden. Sie haben auch entschieden[1], es sei nicht anzunehmen, daß das Vermächtnis des Sonderguts dazu berechtige, das Geld einzufordern, das der Sklave für Rechnung des Herrn aufgewendet hat. Sie haben ferner entschieden, daß das Sondergut auch dann als vermacht erscheint, wenn bestimmt ist, daß der Sklave nach Rechnungslegung frei sein und die rückständigen Gelder aus dem Sondergut ersetzen soll.

21. Tam autem corporales res quam incorporales legari possunt. et ideo et quod defuncto debetur, potest alicui legari, ut actiones suas heres legatario praestet, nisi exegerit vivus testator pecuniam: nam hoc casu legatum extinguitur. sed et tale legatum valet: 'damnas esto heres domum illius reficere' vel 'illum aere alieno liberare'.

21. Wie körperliche Sachen so kann man auch unkörperliche vermachen. Und daher kann man jemandem auch das vermachen, was dem Verstorbenen geschuldet wird, so daß der Erbe seine Klagen an den Vermächtnisnehmer abzutreten hat, sofern der Erblasser nicht zu seinen Lebzeiten das Geld eingezogen hat; denn in diesem Fall erlischt das Vermächtnis. Aber auch folgendes Vermächtnis ist wirksam: 'Der Erbe ist verpflichtet, das Haus des X wiederherzustellen' oder: 'X von seiner Schuld zu befreien'.

22. Si generaliter servus vel alia res legetur, electio legatarii est, nisi aliud testator dixerit.

22. Werden Sklaven oder andere Sachen der Gattung nach vermacht, hat der Vermächtnisnehmer die Wahl, falls der Erblasser nichts anderes bestimmt hat.

23. Optionis legatum, id est ubi testator ex servis suis vel aliis rebus optare legatarium iusserat, habebat in se condicionem, et ideo nisi ipse legatarius vivus optaverat, ad heredem legatum non transmittebat. sed ex constitutione nostra et hoc in meliorem statum reformatum est et data est licentia et heredi legatarii optare, licet vivus legatari-

23. Das Wahlvermächtnis, das heißt, wenn der Erblasser bestimmt hatte, der Vermächtnisnehmer solle unter den Sklaven oder anderen Sachen des Erblassers die Wahl haben, enthielt in sich eine Bedingung. Hatte daher der Vermächtnisnehmer selbst zu seinen Lebzeiten die Wahl nicht getroffen, ging das Vermächtnis nicht auf seinen Erben über. Aber durch unsere Konstitution[2] wurde auch dies in einen besseren Zustand gebracht und ebenfalls dem Erben des Vermächtnisnehmers die Befugnis zur Wahl er-

1 Vgl. D. 33, 8, 6, 4.
2 C. 6, 43, 3 (531).

us hoc non fecit. et diligentiore tractatu habito et hoc in nostra constitutione additum est, ut, sive plures legatarii existant, quibus optio relicta est, et dissentiant in corpore eligendo, sive unius legatarii plures heredes, et inter se circa optandum dissentiant alio aliud corpus eligere cupiente, ne pereat legatum (quod plerique prudentium contra benivolentiam introducebant), fortunam esse huius optionis iudicem et sorte esse hoc dirimendum, ut, ad quem sors perveniat, illius sententia in optione praecellat.

teilt, wenn der Vermächtnisnehmer die Wahl zu seinen Lebzeiten nicht vorgenommen hatte. Und nach sorgfältiger Prüfung wurde in unsere Konstitution auch folgendes eingefügt: Gibt es mehrere Vermächtnisnehmer, denen die Wahl überlassen ist, und sind sie bei der Wahl der Sache nicht einig oder sind auch die mehreren Erben eines Vermächtnisnehmers über die Wahl nicht einig, indem jeder eine andere Sache zu wählen wünscht, dann soll, damit das Vermächtnis nicht unwirksam wird (was die meisten Rechtsgelehrten ohne jedes Wohlwollen vertraten), der Zufall Richter bei dieser Wahl sein und durch Los in der Weise entschieden werden, daß die Meinung dessen, auf den das Los fällt, bei der Wahl den Vorzug hat.

24. Legari autem illis solis potest, cum quibus testamenti factio est.

24. Man kann aber nur denen ein Vermächtnis aussetzen, die testamentsfähig sind.

25. Incertis vero personis neque legata neque fideicommissa olim relinqui concessum erat: nam nec miles quidem incertae personae poterat relinquere, ut divus Hadrianus rescripsit. incerta autem persona videbatur, quam incerta opinione animo suo testator subiciebat, veluti si quis ita dicat: 'quicumque filio meo in matrimonium filiam suam collocaverit, ei heres meus illum fundum dato': illud quoque, quod his relinquebatur, qui post testamentum scriptum primi consules designati erunt, aeque incertae personae legari videbatur: et denique multae aliae huiusmodi species sunt. libertas quoque non videbatur posse incertae personae dari, quia placebat nominatim servos liberari. tutor quoque certus dari debebat. sub certa vero demonstratione, id est ex certis personis incertae personae, recte legabatur, veluti 'ex cognatis meis qui nunc sunt si quis filiam meam uxorem duxerit, ei heres meus illam rem dato'. incertis autem personis legata vel fideicommissa relicta et per errorem soluta repeti non posse sacris constitutionibus cautum erat.

25. Unbestimmten Personen aber durfte man früher weder Vermächtnisse noch Fideikommisse hinterlassen, ja nicht einmal ein Soldat konnte einer unbestimmten Person etwas hinterlassen, wie der vergöttlichte Kaiser Hadrian auf Anfrage entschieden hat. Als unbestimmte Person aber galt jemand, von dem der Erblasser sich beim Testieren keine deutliche Vorstellung gemacht hatte, wenn zum Beispiel jemand so verfügte: 'Wer auch immer seine Tochter meinem Sohn in die Ehe gibt, dem soll mein Erbe jenes Grundstück geben.' Auch was denjenigen hinterlassen wurde, die nach Errichtung des Testaments als nächste Konsuln wurden, galt ebenso unbestimmten Personen vermacht; und so gibt es viele andere Fälle dieser Art. Auch die Freiheit konnte einer unbestimmten Person nicht erteilt werden, weil sich die Meinung durchgesetzt hatte, daß Sklaven namentlich freizulassen sind. Ein Vormund mußte ebenfalls unter genauer Benennung bestellt werden. Im Rahmen einer bestimmten Kennzeichnung, das heißt aus dem Kreise bestimmter Personen, konnte jedoch einer unbestimmten Person wirksam etwas vermacht werden, zum Beispiel: 'Wenn von meinen jetzt lebenden Verwandten jemand meine Tochter heiratet, soll mein Erbe ihm jene Sache geben.' Unbestimmten Personen hinterlassene Vermächtnisse und Fideikommisse, die irrtümlich erfüllt worden waren, konnten nach den Bestimmungen kaiserlicher Konstitutionen aber nicht zurückverlangt werden.

26. Postumo quoque alieno inutiliter legabatur: est autem alienus postumus, qui natus inter suos heredes testatoris futurus non est: ideoque ex emancipato filio conceptus nepos extraneus erat postumus avo.

26. Auch einem fremden Nachgeborenen konnte nicht wirksam vermacht werden. Ein Nachgeborener aber ist fremd, der nach seiner Geburt nicht zu den Hauserben des Erblassers gehören würde; deswegen war der Enkel, der von einem aus der Hausgewalt entlassenen Sohn abstammt, für den Großvater ein fremder Nachgeborener.

27. Sed nec huiusmodi species penitus est sine iusta emendatione derelicta, cum in nostro codice constitutio posita est, per quam et huic parti medevimus non solum in hereditatibus, sed etiam in legatis et fideicommissis: quod evidenter ex ipsius constitutionis lectione clarescit. tutor autem nec per nostram constitutionem incertus dari debeat, quia certo iudicio debet quis pro tutela suae posteritati cavere.

27. Aber auch diese Fälle sind nicht ganz ohne wohlbegründete Verbesserung geblieben, da in unser Gesetzbuch eine Konstitution[1] aufgenommen ist, durch die wir auch in diesem Teil Abhilfe geschaffen haben, und zwar nicht nur bei Erbschaften, sondern auch bei Vermächtnissen und Fideikommissen. Dies wird ganz klar, wenn man die Konstitution selbst liest. Eine unbestimmte Person aber kann auch nach unserer Konstitution nicht zum Vormund bestellt werden, weil man durch eine bestimmte Entscheidung für die Vormundschaft über seine Nachkommen sorgen muß.

28. Postumus autem alienus heres institui et antea poterat et nunc potest, nisi in utero eius sit, quae iure nostra uxor esse non potest.

28. Als Erbe konnte früher und kann auch jetzt ein fremder Nachgeborener eingesetzt werden, außer wenn er von einer Frau empfangen ist, die nicht rechtmäßig unsere Ehefrau sein kann[2].

29. Si quid in nomine cognomine praenomine legatarii erraverit testator, si de persona constat, nihilo minus valet legatum: idem in heredibus servatur et recte: nomina enim significandorum hominum gratia reperta sunt, qui si quolibet alio modo intellegantur, nihil interest.

29. Hat der Erblasser sich über den Namen, Beinamen oder Vornamen des Vermächtnisnehmers geirrt, ist das Vermächtnis trotzdem wirksam, sofern über die Person kein Zweifel besteht. Dasselbe gilt für Erben, und mit Recht. Denn die Namen sind zur Kennzeichnung der Menschen erfunden worden; versteht man auf irgendeine andere Weise, wer gemeint ist, genügt das auch.

30. Huic proxima est illa iuris regula falsa demonstratione legatum non peremi. veluti si quis ita legaverit 'Stichum servum meum vernam do lego': licet enim non verna, sed emptus sit, de servo tamen constat, utile est legatum. et convenienter si ita demonstraverit 'Stichum servum, quem a Seio emi', sitque ab alio emptus, utile legatum est, si de servo constat.

30. Dem steht jene Rechtsregel sehr nahe, nach der ein Vermächtnis durch falsche Bezeichnung nicht unwirksam wird, zum Beispiel wenn jemand so verfügt hat: 'Ich vermache meinen in meinem Hause geborenen Sklaven Stichus.' Denn auch wenn dieser nicht im Hause geboren, sondern gekauft ist, steht doch die Person des Sklaven fest; also ist das Vermächtnis wirksam. Und Gleiches gilt, wenn jemand sich so geäußert hat: ' Ich vermache den Sklaven Stichus, den ich von Seius gekauft habe.' Das Vermächtnis ist wirksam, auch wenn er von einem

1 C. 6, 48, 1 (528–529).
2 Vgl. soeben Inst. 2, 20, 26.

anderen gekauft ist, sofern nur die Person des Sklaven feststeht.

31. Longe magis legato falsa causa non nocet. veluti cum ita quis dixerit: 'Titio, quia absente me negotia mea curavit, Stichum do lego', vel ita: 'Titio, quia patrocinio eius capitali crimine liberatus sum, Stichum do lego': licet enim neque negotia testatoris umquam gessit Titius neque patrocinio eius liberatus est, legatum tamen valet. sed si condicionaliter enuntiata fuerit causa, aliud iuris est, veluti hoc modo: 'Titio, si negotia mea curaverit, fundum do lego'.

31. Noch weit weniger schadet dem Vermächtnis ein irriges Motiv, zum Beispiel wenn jemand so vermacht hat: 'Weil Titius in meiner Abwesenheit meine Geschäfte besorgt hat, vermache ich ihm den Stichus', oder folgendermaßen: 'Weil ich durch die Verteidigung des Titius von einem Kapitalverbrechen freigesprochen worden bin, vermache ich ihm den Stichus.' Denn auch wenn Titius niemals die Geschäfte des Erblassers geführt hat und wenn der Erblasser nicht durch die Verteidigung des Titius freigesprochen worden ist, ist das Vermächtnis dennoch wirksam. Anders ist die Rechtslage, wenn das Motiv zur Bedingung gemacht ist, zum Beispiel auf folgende Weise: 'Wenn Titius meine Geschäfte besorgt, vermache ich ihm das Grundstück.'

32. An servo heredis recte legamus, quaeritur. et constat pure inutiliter legari nec quicquam proficere, si vivo testatore de potestate heredis exierit, quia quod inutile foret legatum, si statim post factum testamentum decessisset testator, hoc non debet ideo valere, quia diutius testator vixerit. sub condicione vero recte legatur, ut requiramus, an, quo tempore dies legati cedit, in potestate heredis non sit.

32. Ob man einem Sklaven des Erben wirksam etwas vermachen kann, ist fraglich. Feststeht, daß ein unbedingtes Vermächtnis an ihn unwirksam ist und daß nichts dadurch gewonnen wird, daß der Sklave zu Lebzeiten des Erblassers aus der Gewalt des Erben gelangt, weil ein Vermächtnis, das unwirksam sein würde, wenn der Erblasser sofort nach Errichtung des Testaments gestorben wäre, nicht deshalb wirksam werden kann, weil der Erblasser länger lebt. Unter einer Bedingung aber kann dem Sklaven etwas wirksam vermacht werden, wobei wir allerdings prüfen müssen, ob er zu dem Zeitpunkt, zu dem das Vermächtnis [mit Bedingungseintritt] anfällt, nicht mehr in der Hausgewalt des Erben steht.

33. Ex diverso herede instituto servo quin domino recte etiam sine condicione legetur, non dubitatur. nam et si statim post factum testamentum decesserit testator, non tamen apud eum qui heres sit dies legati cedere intellegitur, cum hereditas a legato separata sit et possit per eum servum alius heres effici, si prius, quam iussu domini adeat, in alterius potestatem translatus sit, vel manumissus ipse heres efficitur: quibus casibus utile est legatum: quodsi in eadem causa permanserit et iussu legatarii adierit, evanescit legatum.

33. Ist der Sklave dagegen zum Erben eingesetzt, besteht kein Zweifel, daß seinem Herrn auch ohne Bedingung wirksam etwas vermacht werden kann. Denn auch wenn der Erblasser sofort nach Errichtung des Testaments stirbt, ist doch gegenüber dem Sklaven, der Erbe sein soll, der Anfall des Vermächtnisses noch nicht anzunehmen, weil die Erbschaft vom Vermächtnis getrennt ist. Durch diesen Sklaven kann nämlich noch jemand anders Erbe werden, wenn der Sklave nicht mit Ermächtigung seines Herrn die Erbschaft antritt, sondern vorher in die Gewalt eines anderen übergeht oder, freigelassen, selbst Erbe wird; in diesen Fällen ist das Vermächtnis wirksam. Wenn der Sklave aber in derselben

Rechtslage bleibt und mit Ermächtigung des Vermächtnisnehmers die Erbschaft antritt, erlischt das Vermächtnis.

34. Ante heredis institutionem inutiliter antea legabatur, scilicet quia testamenta vim ex institutione heredum accipiunt et ob id veluti caput atque fundamentum intellegitur totius testamenti heredis institutio. pari ratione nec libertas ante heredis institutionem dari poterat. sed quia incivile esse putavimus ordinem quidem scripturae sequi (quod et ipsi antiquitati vituperandum fuerat visum), sperni autem testatoris voluntatem: per nostram constitutionem et hoc vitium emendavimus, ut liceat et ante heredis institutionem et inter medias heredum institutiones legatum relinquere et multo magis libertatem, cuius usus favorabilior est.

34. Früher war es unwirksam, ein Vermächtnis schon vor der Einsetzung des Erben anzuordnen. Denn Testamente beziehen ihre Geltung aus der Erbeinsetzung, weswegen auch die Erbeinsetzung gleichsam als Haupt und Grundstein des ganzen Testaments angesehen wird. Aus dem gleichen Grunde konnte auch eine Freilassung nicht vor der Erbeinsetzung angeordnet werden. Aber weil wir es für unbillig hielten, zwar auf die Reihenfolge in der Urkunde zu achten (was auch der alten Zeit schon tadelnswert erschienen war), den Willen des Erblassers jedoch zu mißachten, haben wir durch unsere Konstitution[1] auch diesen Mißstand beseitigt und gestattet, vor der Erbeinsetzung und mitten zwischen Erbeinsetzungen ein Vermächtnis anzuordnen und um so mehr auch die Freilassung, die besonders zu begünstigen ist.

35. Post mortem quoque heredis aut legatarii simili modo inutiliter legabatur: veluti si quis ita dicat: 'cum heres meus mortuus erit, do lego': item 'pridie quam heres aut legatarius morietur'. sed simili modo et hoc correximus firmitatem huiusmodi legatis ad fideicommissorum similitudinem praestantes, ne vel in hoc casu deterior causa legatorum quam fideicommissorum inveniatur.

35. In ähnlicher Weise war auch die Anordnung eines Vermächtnisses für die Zeit nach dem Tode des Erben oder Vermächtnisnehmers unwirksam, wenn zum Beispiel jemand so verfügte: 'Wenn mein Erbe gestorben ist, vermache ich', oder auch: 'Am Tage, bevor der Erbe oder Vermächtnisnehmer stirbt'. Aber wir haben auch dies in gleicher Weise verbessert[2], indem wir Vermächtnissen dieser Art nach dem Vorbild der Fideikommisse Wirksamkeit verliehen haben, damit auch in diesem Fall die Rechtslage der Vermächtnisse für nicht schlechter als die der Fideikommisse befunden wird.

36. Poenae quoque nomine inutiliter legabatur et adimebatur vel transferebatur. poenae autem nomine legari videtur, quod coercendi heredis causa relinquitur, quo magis is aliquid faciat aut non faciat: veluti si quis ita scripserit: 'heres meus si filiam suam in matrimonium Titio collocaverit' (vel ex diverso 'si non collocaverit'), 'dato decem aureos Seio', aut si ita scripserit 'heres meus si servum Stichum alienaverit' (vel ex diverso 'si non alienaverit'), 'Titio decem aureos dato'. et in tantum haec regula observabatur, ut perquam pluribus prin-

36. Auch strafweise konnte man nicht wirksam vermachen, widerrufen oder umwandeln. Als strafweise vermacht aber wird das angesehen, was hinterlassen wird, um den Erben zu zwingen, etwas zu tun oder nicht zu tun, zum Beispiel wenn jemand so verfügt hat: 'Wenn mein Erbe seine Tochter dem Titius zur Frau gibt' (oder umgekehrt: 'Wenn er sie nicht gibt'), 'soll er dem Seius zehn Goldstücke geben', oder wenn er so verfügt hat: 'Wenn mein Erbe den Sklaven Stichus veräußert' (oder umgekehrt: 'Wenn er ihn nicht veräußert'), 'soll er dem Titius zehn Goldstücke geben.' Diese Regel wurde

1 C. 6, 23, 24 (528).
2 C. 8, 37, 11 (528).

cipalibus constitutionibus significetur nec principem quidem agnoscere, quod ei poenae nomine legatum sit. nec ex militis quidem testamento talia legata valebant, quamvis aliae militum voluntates in ordinandis testamentis valde observantur. quin etiam nec libertatem poenae nomine dari posse placebat. eo amplius nec heredem poenae nomine adici posse Sabinus existimabat, veluti si quis ita dicat: 'Titius heres esto: si Titius filiam suam Seio in matrimonium collocaverit, Seius quoque heres esto': nihil enim intererat, qua ratione Titius coerceatur, utrum legati datione an coheredis adiectione. at huiusmodi scrupulositas nobis non placuit et generaliter ea quae relinquuntur, licet poenae nomine fuerint relicta vel adempta vel in alios translata, nihil distare a ceteris legatis constituimus vel in dando vel in adimendo vel in transferendo: exceptis his videlicet, quae impossibilia sunt vel legibus interdicta aut alias probrosa: huiusmodi enim testatorum dispositiones valere secta temporum meorum non patitur.

so streng beachtet, daß es in sehr vielen Kaiserkonstitutionen heißt, auch der Kaiser nehme nichts an, was ihm strafweise vermacht sei. Nicht einmal in einem Soldatentestament waren solche Vermächtnisse wirksam, obwohl sonst die Willensäußerungen von Soldaten, wenn sie Testamente errichten, sehr weitgehend berücksichtigt werden. Ja, es hatte sich sogar die Meinung durchgesetzt, daß auch die Freiheit nicht strafweise gewährt werden kann. Um so weniger konnte nach der Meinung des Sabinus strafweise ein weiterer Erbe eingesetzt werden, zum Beispiel wenn jemand so verfügte: 'Titius soll mein Erbe sein; wenn Titius seine Tochter dem Seius zur Frau gibt, soll auch Seius Erbe sein.' Denn es kam nicht darauf an, in welcher Form Titius [als Erbe] unter Druck gesetzt wurde, ob durch Beschwerung mit einem Vermächtnis oder durch Hinzufügen eines Miterben. Aber eine solche Überempfindlichkeit gefiel uns nicht, und wir haben bestimmt[1], daß allgemein das, was hinterlassen wird, auch wenn es strafweise hinterlassen, widerrufen oder zugunsten anderer umgewandelt wird, sich in nichts von den übrigen Vermächtnissen unterscheidet, weder im Zuwenden noch im Widerrufen noch im Umwandeln, natürlich mit Ausnahme dessen, was unmöglich, gesetzlich verboten oder sonst verwerflich ist. Denn die Grundsätze meiner Zeit lassen derartige Verfügungen des Erblassers nicht zu.

XXI
De ademptione legatorum et translatione

Ademptio legatorum, sive eodem testamento adimantur sive codicillis, firma est, sive contrariis verbis fiat ademptio, veluti si, quod ita quis legaverit 'do lego', ita adimatur 'non do non lego', sive non contrariis, id est aliis quibuscumque verbis.

1. Transferri quoque legatum ab alio ad alium potest, veluti si quis ita dixerit: 'hominem Stichum, quem Titio legavi, Seio do

Einundzwanzigster Titel
Über den Widerruf und die Umwandlung von Vermächtnissen

Der Widerruf von Vermächtnissen, sei es in demselben Testament, sei es durch Kodizill, ist wirksam, mag der Widerruf mit genau entgegengesetzten Worten geschehen — zum Beispiel wenn jemand das, was er so vermacht hat: 'Ich vermache', folgendermaßen widerruft: 'Ich vermache nicht' — oder nicht mit genau entgegengesetzten Worten, das heißt mit irgendwelchen anderen Worten.

1. Ein Vermächtnis kann auch durch Umwandlung von einem auf den anderen übertragen werden, zum Beispiel wenn jemand so ver-

1 C. 6, 41, 1 (528).

lego', sive in eodem testamento sive in codicillis hoc fecerit: quo casu simul Titio adimi videtur et Seio dari.

fügt: 'Den Sklaven Stichus, den ich dem Titius vermacht habe, vermache ich dem Seius', mag er das in demselben Testament oder in einem Kodizill getan haben. In diesem Fall wird es so angesehen, daß gleichzeitig dem Titius durch Widerruf genommen und dem Seius gegeben wird.

XXII
De lege Falcidia

Superest, ut de lege Falcidia dispiciamus, qua modus novissime legatis impositus est. cum enim olim lege duodecim tabularum libera erat legandi potestas, ut liceret vel totum patrimonium legatis erogare (quippe ea lege ita cautum esset: 'uti legassit suae rei, ita ius esto'): visum est hanc legandi licentiam coartare, idque ipsorum testatorum gratia provisum est ob id, quod plerumque intestati moriebantur, recusantibus scriptis heredibus pro nullo aut minimo lucro hereditates adire. et cum super hoc tam lex Furia quam lex Voconia latae sunt, quarum neutra sufficiens ad rei consummationem videbatur: novissime lata est lex Falcidia, qua cavetur, ne plus legare liceat, quam dodrantem totorum bonorum, id est ut, sive unus heres institutus esset sive plures, apud eum eosve pars quarta remaneret.

Zweiundzwanzigster Titel
Über die lex Falcidia

Es steht noch aus, daß wir uns näher mit der lex Falcidia[1] befassen, die als letztes Gesetz den Vermächtnissen eine Begrenzung auferlegt hat. Denn während früher nach dem Zwölftafelgesetz die Befugnis, Vermächtnisse auszusetzen, unbegrenzt war, so daß man sogar das ganze Vermögen durch Vermächtnisse verteilen durfte (in diesem Gesetz war nämlich bestimmt: 'Wie jemand über sein Vermögen letztwillig verfügt hat, so soll es rechtens sein')[2], wurde es später für richtig gehalten, diese Verfügungsfreiheit einzuschränken. Und das hat man zum Vorteil gerade der Erblasser so geregelt, da diese häufig deswegen testamentslos starben, weil die eingesetzten Erben sich weigerten, für gar keinen oder einen sehr geringen Gewinn die Erbschaft anzutreten. Und nachdem dazu sowohl die lex Furia[3] als auch die lex Voconia[4] ergangen waren, von denen keine zur Lösung der Aufgabe ausreichend erschien, wurde zuletzt die lex Falcidia erlassen, in der bestimmt wird, daß man nicht mehr als drei Viertel vom ganzen Nachlaß vermachen darf, und das bedeutet, daß, mögen ein einziger Erbe oder mehrere Erben eingesetzt sein, in beiden Fällen immer ein Viertel verbleibt.

1. Et cum quaesitum esset, duobus heredibus institutis, veluti Titio et Seio, si Titii pars aut tota exhausta sit legatis, quae nominatim ab eo data sunt, aut supra modum onerata, a Seio vero aut nulla relicta sint legata, aut quae partem eius dumtaxat in par-

1. Wenn zwei Erben eingesetzt sind, zum Beispiel Titius und Seius, und wenn der Anteil des Titius durch Vermächtnisse, die ausdrücklich nur von ihm zu leisten sind, entweder ganz aufgezehrt oder über das zulässige Maß hinaus belastet ist, und wenn demgegenüber von Seius entweder gar keine Vermächtnisse zu leisten sind oder solche, die seinen Anteil nur um die

1 40 v. Chr.
2 XII tab. 5, 3.
3 Zwischen 204 und 169 v. Chr.
4 169 v. Chr.

tem dimidiam minuunt, an, quia is quartam partem totius hereditatis aut amplius habet, Titio nihil ex legatis, quae ab eo relicta sunt, retinere liceret: placuit retinere licere, ut quartam partem suae partis salvam habeat: etenim in singulis heredibus ratio legis Falcidiae ponenda est.

Hälfte vermindern, dann wurde gefragt, ob Titius denn nichts von den Vermächtnissen, die er zu leisten hat, zurückbehalten dürfe, weil Seius immerhin ein Viertel des ganzen Nachlasses oder mehr erhält. Es hat sich die Meinung durchgesetzt, er dürfe zurückbehalten, um sich ein Viertel seines Anteils ungekürzt zu sichern. Denn die Berechnung nach der lex Falcidia ist auf die einzelnen Miterben zu beziehen.

2. Quantitas autem patrimonii, ad quam ratio legis Falcidiae redigitur, mortis tempore spectatur. itaque si verbi gratia is, qui centum aureorum patrimonium habebat, centum aureos legaverit, nihil legatariis prodest, si ante aditam hereditatem per servos hereditarios aut ex partu ancillarum hereditariarum aut ex fetu pecorum tantum accesserit hereditati, ut centum aureis legatorum nomine erogatis heres quartam partem hereditatis habiturus sit, sed necesse est, ut nihilo minus quarta pars legatis detrahatur. ex diverso si septuaginta quinque legaverit et ante aditam hereditatem in tantum decreverint bona incendiis forte aut naufragiis aut morte servorum, ut non amplius quam septuaginta quinque aureorum substantia vel etiam minus relinquatur, solida legata debentur. nec ea res damnosa est heredi, cui liberum est non adire hereditatem: quae res efficit, ut necesse sit legatariis, ne destituto testamento nihil consequantur, cum herede in portione pacisci.

2. Der Vermögenswert aber, auf den sich die Berechnung nach der lex Falcidia bezieht, wird nach dem Zeitpunkt des Todes berechnet. Hat daher zum Beispiel jemand, der ein Vermögen von hundert Goldstücken besaß, hundert Goldstücke vermacht, so nützt es den Vermächtnisnehmern nichts, wenn vor Antritt der Erbschaft durch Erbschaftssklaven, Kinder von Erbschaftssklavinnen oder Vermehrung des Viehs dem Nachlaß so viel zugewachsen ist, daß der Erbe ein Viertel der Erbschaft auch dann behält, wenn die hundert Goldstücke für die Vermächtnisse ausgezahlt sind; vielmehr muß trotzdem ein Viertel des Nachlasses von den Vermächtnissen abgezogen werden. Hat umgekehrt jemand fünfundsiebzig Goldstücke [von hundert] vermacht und hat das Vermögen vor Antritt der Erbschaft sich etwa durch Brand, Schiffbruch oder durch Todesfälle bei den Sklaven so verringert, daß ein Nachlaßwert von nicht mehr als fünfundsiebzig Goldstücken oder sogar noch weniger übrigbleibt, dann werden die Vermächtnisse in voller Höhe geschuldet. Das ist für den Erben auch nicht nachteilig, dem es ja freisteht, die Erbschaft nicht anzutreten. Die Wirkung ist nur, daß die Vermächtnisnehmer sich mit dem Erben über eine Quote vergleichen müssen, um nicht wegen eines Testaments, das ohne Erben bleibt, gar nichts zu bekommen.

3. Cum autem ratio legis Falcidiae ponitur, ante deducitur aes alienum, item funeris impensa et pretia servorum manumissorum, tunc deinde in reliquo ita ratio habetur, ut ex eo quarta pars apud heredes remaneat, tres vero partes inter legatarios distribuantur, pro rata scilicet portione eius, quod cuique eorum legatum fuerit. itaque si fingamus quadringentos aureos legatos esse et patrimonii quantitatem, ex qua legata erogari oportet, quadringentorum esse, quarta pars singulis legatariis de-

3. Wird aber die Berechnung nach der lex Falcidia vorgenommen, werden zunächst die Schulden sowie die Kosten der Beerdigung und der Wert der freigelassenen Sklaven abgezogen; darauf wird über den Rest so abgerechnet, daß ein Viertel davon den Erben bleibt, drei Viertel dagegen unter den Vermächtnisnehmern verteilt werden, natürlich nach dem Verhältnis dessen, was jedem von ihnen vermacht ist. Nehmen wir daher an, es seien vierhundert Goldstücke vermacht und der Wert des Vermögens, aus dem die Vermächtnisse zu erbringen sind, betrage

trahi debet. quodsi trecentos quinquaginta legatos fingamus, octava debet detrahi. quodsi quingentos legaverit, initio quinta, deinde quarta detrahi debet: ante enim detrahendum est, quod extra bonorum quantitatem est, deinde quod ex bonis apud heredem remanere oportet.

vierhundert, dann muß den einzelnen Vermächtnisnehmern je ein Viertel abgezogen werden. Nehmen wir nun an, es seien dreihundertfünfzig vermacht, so muß ein Achtel abgezogen werden. Hat er aber fünfhundert vermacht, muß zunächst ein Fünftel, dann ein Viertel abgezogen werden. Denn es muß zunächst abgezogen werden, was den Nachlaßwert übersteigt, danach, was dem Erben vom Vermögen verbleiben muß.

XXIII
De fideicommissariis hereditatibus

Nunc transeamus ad fideicommissa. et prius de hereditatibus fideicommissariis videamus.

1. Sciendum itaque est omnia fideicommissa primis temporibus infirma esse, quia nemo invitus cogebatur praestare id de quo rogatus erat: quibus enim non poterant hereditates vel legata relinquere, si relinquebant, fidei committebant eorum, qui capere ex testamento poterant: et ideo fideicommissa appellata sunt, quia nullo vinculo iuris, sed tantum pudore eorum qui rogabantur continebantur. postea primus divus Augustus semel iterumque gratia personarum motus, vel quia per ipsius salutem rogatus quis diceretur, aut ob insignem quorundam perfidiam iussit consulibus auctoritatem suam interponere. quod quia iustum videbatur et populare erat, paulatim conversum est in adsiduam iurisdictionem: tantusque favor eorum factus est, ut paulatim etiam praetor proprius crearetur, qui fideicommissis ius diceret, quem fideicommissarium appellabant.

2. In primis igitur sciendum est opus esse, ut aliquis recto iure testamento heres instituatur eiusque fidei committatur, ut

Dreiundzwanzigster Titel
Über die Erbschaftsfideikommisse

Jetzt wollen wir zu den Fideikommissen übergehen und als erstes die Erbschaftsfideikommisse betrachten.

1. Man muß nun wissen, daß alle Fideikommisse anfangs unverbindlich waren, weil niemand gegen seinen Willen gezwungen wurde, etwas zu leisten, um das er lediglich gebeten worden war. Denn wenn man Personen etwas zuwenden wollte, denen man Erbschaften oder Vermächtnisse nicht zuwenden konnte, vertraute man sich der Gewissenhaftigkeit derer an, die aus einem Testament erwerben konnten, und man sprach deshalb von Fideikommissen, weil sie sich nicht auf ein rechtliches Band, sondern allein auf das Anstandsgefühl derer stützten, die gebeten wurden. Später hat als erster der vergöttlichte Kaiser Augustus einmal und dann wiederholt mit Rücksicht auf das Ansehen der Betreffenden oder weil jemand, wie es hieß, bei seinem, des Kaisers, Heil gebeten worden war oder wegen unerhörter Gewissenlosigkeit manch eines der Gebetenen den Konsuln befohlen, ihre Amtsgewalt einzusetzen[1]. Weil dies gerecht erschien und allgemein Anklang fand, wurde daraus allmählich eine ständige Gerichtsbarkeit, und die Fideikommisse wurden so beliebt, daß mit der Zeit sogar ein eigener Prätor für die Rechtsprechung über Fideikommisse eingesetzt wurde, den man den Prätor für Fideikommisse nannte.

2. Vor allem nun muß man wissen, daß es erforderlich ist, jemanden rechtswirksam durch Testament als Erben einzusetzen und erst dann

1 Vgl. Inst. 2, 25 pr.

eam hereditatem alii restituat: alioquin inutile est testamentum, in quo nemo heres instituitur. cum igitur aliquis scripserit: 'Lucius Titius heres esto', poterit adicere: 'rogo te, Luci Titi, ut, cum primum possis hereditatem meam adire, eam Gaio Seio reddas restituas'. potest autem quisque et de parte restituenda heredem rogare: et liberum est vel pure vel sub condicione relinquere fideicommissum vel ex die certo.

seiner Gewissenhaftigkeit anzuvertrauen, daß er diese Erbschaft einem anderen herausgibt; andernfalls ist das Testament, in dem niemand als Erbe eingesetzt ist, unwirksam. Wenn also jemand bestimmt hat: 'Lucius Titius soll mein Erbe sein', kann er hinzufügen: 'Ich bitte dich, Lucius Titius, sobald du meine Erbschaft antreten kannst, sie dem Gaius Seius herauszugeben.' Man kann aber auch den Erben bitten, nur einen Teil herauszugeben, und es steht auch frei, ein Fideikommiß unbedingt oder bedingt oder mit einem Anfangstermin zu hinterlassen.

3. Restituta autem hereditate is quidem qui restituit nihilo minus heres permanet: is vero qui recipit hereditatem aliquando heredis aliquando legatarii loco habebatur.

3. Ist die Erbschaft aber herausgegeben, bleibt doch derjenige, der sie herausgegeben hat, trotzdem Erbe; demgegenüber wurde derjenige, der die Erbschaft erlangt hatte, bald wie ein Erbe, bald wie ein Vermächtnisnehmer behandelt.

4. Et in Neronis quidem temporibus Trebellio Maximo et Annaeo Seneca consulibus senatus consultum factum est, quo cautum est, ut, si hereditas ex fideicommissi causa restituta sit, omnes actiones, quae iure civili heredi et in heredem competerent, ei et in eum darentur, cui ex fideicommisso restituta esset hereditas. post quod senatus consultum praetor utiles actiones ei et in eum qui recepit hereditatem quasi heredi et in heredem dare coepit.

4. Zur Zeit Neros erging unter dem Konsulat des Trebellius Maximus und des Annaeus Seneca ein Senatsbeschluß[1], in dem bestimmt wurde, daß, sobald die Erbschaft aufgrund eines Fideikommisses herausgegeben ist, alle Klagen, die nach Zivilrecht zugunsten des Erben und gegen ihn bestehen, zugunsten dessen und gegen den gegeben werden sollen, dem die Erbschaft aufgrund des Fideikommisses herausgegeben worden ist. Nach diesem Senatsbeschluß begann der Prätor, analoge Klagen zugunsten dessen und gegen den, der die Erbschaft erlangt hat, gleichsam wie zugunsten eines Erben und gegen einen Erben zu erteilen.

5. Sed quia heredes scripti, cum aut totam hereditatem aut paene totam plerumque restituere rogabantur, adire hereditatem ob nullum vel minimum lucrum recusabant atque ob id extinguebantur fideicommissa: postea Vespasiani Augusti temporibus Pegaso et Pusione consulibus senatus censuit, ut ei, qui rogatus esset hereditatem restituere, perinde liceret quartam partem retinere, atque lege Falcidia ex legatis retinere conceditur. ex singulis quoque rebus, quae per fideicommissum relinquuntur, eadem retentio permissa est. post quod senatus consultum ipse heres onera

5. Aber weil die eingesetzten Erben häufig gebeten wurden, die ganze oder fast die ganze Erbschaft herauszugeben, und sie sich daher wegen des fehlenden oder nur geringen Gewinns weigerten, die Erbschaft anzutreten, und weil deswegen die Fideikommisse unwirksam wurden, hat später zur Zeit des Kaisers Vespasian der Senat unter dem Konsulat des Pegasus und des Pusio bestimmt, es solle der Erbe, der um die Herausgabe der Erbschaft gebeten wird, ebenso den vierten Teil zurückbehalten dürfen, wie ihm dies nach der lex Falcidia gegenüber Vermächtnissen erlaubt ist. Auch bei einzelnen Gegenständen, die durch Fideikommiß hinterlassen werden, wurde dasselbe Zurückbehaltungsrecht eingeräumt. Seit diesem Senatsbeschluß trug der

1 56 oder 57 n. Chr.

hereditaria sustinebat: ille autem, qui ex fideicommisso recepit partem hereditatis, legatarii partiarii loco erat, id est eius legatarii, cui pars bonorum legabatur. quae species legati partitio vocabatur, quia cum herede legatarius partiebatur hereditatem. unde quae solebant stipulationes inter heredem et partiarium legatarium interponi, eaedem interponebantur inter eum, qui ex fideicommisso recepit hereditatem, et heredem, id est ut et lucrum et damnum hereditarium pro rata parte inter eos commune sit.

Erbe selbst die Lasten der Erbschaft. Jener aber, der aus einem Fideikommiß einen Teil der Erbschaft erhielt, erlangte die Stellung des Empfängers eines Quotenvermächtnisses, das heißt eines Vermächtnisnehmers, dem eine Quote der Erbschaft vermacht war. Diese Vermächtnisart wurde Quotenvermächtnis genannt, weil der Vermächtnisnehmer die Erbschaft mit dem Erben nach Quoten teilte. Daher wurden dieselben Stipulationen, die gewöhnlich zwischen Erben und Quotenvermächtnisnehmer eingegangen wurden, auch zwischen demjenigen, der aus einem Fideikommiß die Erbschaft erhielt, und dem Erben abgeschlossen. Das bedeutete, daß Gewinn und Verlust aus der Erbschaft auf sie gemeinsam nach dem Verhältnis ihrer Quoten entfielen.

6. Ergo si quidem non plus quam dodrantem hereditatis scriptus heres rogatus sit restituere, tunc ex Trebelliano senatus consulto restituebatur hereditas et in utrumque actiones hereditariae pro rata parte dabantur: in heredem quidem iure civili, in eum vero qui recipiebat hereditatem ex senatus consulto Trebelliano tamquam in heredem. at si plus quam dodrantem vel etiam totam hereditatem restituere rogatus sit, locus erat Pegasiano senatus consulto, et heres, qui semel adierit hereditatem, si modo sua voluntate adierit, sive retinuerit quartam partem sive noluerit retinere, ipse universa onera hereditaria sustinebat. sed quarta quidem retenta quasi partis et pro parte stipulationes interponebantur tamquam inter partiarium legatarium et heredem: si vero totam hereditatem restituerit, emptae et venditae hereditatis stipulationes interponebantur. sed si recuset scriptus heres adire hereditatem ob id, quod dicat eam sibi suspectam esse quasi damnosam, cavetur Pegasiano senatus consulto, ut desiderante eo, cui restituere rogatus est, iussu praetoris adeat et restituat hereditatem perindeque ei et in eum qui recipit hereditatem

6. Wenn demnach der eingesetzte Erbe gebeten wurde, nicht mehr als drei Viertel der Erbschaft herauszugeben, dann wurde die Erbschaft gemäß dem Senatusconsultum Trebellianum herausgegeben, und die Erbschaftsklagen wurden gegen beide nach dem Verhältnis ihrer Quoten erteilt, gegen den Erben nach Zivilrecht, gegen den, der die Erbschaft erlangte, nach dem Senatusconsultum Trebellianum gleichsam wie gegen einen Erben. Wenn aber jemand gebeten wurde, mehr als drei Viertel oder sogar die ganze Erbschaft herauszugeben, war das Senatusconsultum Pegasianum anzuwenden, und der Erbe, der einmal die Erbschaft angetreten hatte, und zwar freiwillig, trug die gesamten Lasten der Erbschaft allein, mochte er das Viertel zurückbehalten wollen oder nicht. Behielt er nun das Viertel zurück, wurden Stipulationen nach dem Verhältnis der Quoten wie zwischen einem Quotenvermächtnisnehmer und dem Erben abgeschlossen. Gab der Erbe dagegen die ganze Erbschaft heraus, wurden Stipulationen des Erbschaftskaufs abgeschlossen. Falls sich aber der eingesetzte Erbe deswegen weigerte[1], die Erbschaft anzutreten, weil sie ihm, wie er vortrug, als überschuldet verdächtig war, bestimmte das Senatusconsultum Pegasianum, daß er auf Antrag des Fideikommissars nach Anordnung des Prätors die Erbschaft anzutreten und herauszugeben hatte und daß zugunsten des Fi-

1 Der hier einsetzende Tempuswechsel, der sich aus der Entstehung des Textes erklärt, bleibt unberücksichtigt.

actiones dentur, acsi iuris est ex Trebelliano senatus consulto: quo casu nullis stipulationibus opus est, quia simul et huic qui restituit securitas datur et actiones hereditariae ei et in eum transferuntur qui recipit hereditatem, utroque senatus consulto in hac specie concurrente.

deikommissars und gegen ihn die Klagen ebenso erteilt wurden, wie es nach dem Senatusconsultum Trebellianum rechtens war. In diesem Fall bedurfte es keiner Stipulationen, weil gleichzeitig sowohl demjenigen, der die Erbschaft herausgab, Haftungsfreiheit verschafft wurde, als auch die Erbschaftsklagen auf den und gegen den Erbschaftsempfänger übertragen wurden, da beide Senatsbeschlüsse in diesem Punkt übereinstimmten.

7. Sed quia stipulationes ex senatus consulto Pegasiano descendentes et ipsi antiquitati displicuerunt et quibusdam casibus captiosas eas homo excelsi ingenii Papinianus appellat et nobis in legibus magis simplicitas quam difficultas placet, ideo omnibus nobis suggestis tam similitudinibus quam differentiis utriusque senatus consulti placuit exploso senatus consulto Pegasiano, quod postea supervenit, omnem auctoritatem Trebelliano senatus consulto praestare, ut ex eo fideicommissariae hereditates restituantur, sive habeat heres ex voluntate testatoris quartam sive plus sive minus sive penitus nihil, ut tunc, quando vel nihil vel minus quarta apud eum remaneat, liceat ei vel quartam vel quod deest ex nostra auctoritate retinere vel repetere solutum, quasi ex Trebelliano senatus consulto pro rata portione actionibus tam in heredem quam in fideicommissarium competentibus. si vero totam hereditatem sponte restituerit, omnes hereditariae actiones fideicommissario et adversus eum competunt. sed etiam id, quod praecipuum Pegasiani senatus consulti fuerat, ut, quando recusabat heres scriptus sibi datam hereditatem adire, necessitas ei imponeretur totam hereditatem volenti fideicommissario restituere et omnes ad eum et contra eum transire actiones, et hoc transponimus ad senatus consultum Trebellianum, ut ex hoc solo et necessitas heredi imponatur, si ipso nolente adire fideicommissarius desiderat restitui sibi hereditatem, nullo nec damno nec commodo apud heredem manente.

7. Weil aber die auf dem Senatusconsultum Pegasianum beruhenden Stipulationen schon in alter Zeit kritisiert wurden und weil ein Mann von so hervorragendem Verstand wie Papinian sie in manchen Fällen für gefährlich erklärte und weil uns bei den Gesetzen mehr das Einfache als das Komplizierte gefällt, haben wir nach Prüfung aller Übereinstimmungen und Unterschiede der beiden Senatsbeschlüsse beschlossen, das später entstandene Senatusconsultum Pegasianum aufzuheben und dem Senatusconsultum Trebellianum alleinige Geltung zu verschaffen. Danach sind fideikommissarische Erbschaften herauszugeben — mag der Erbe nach dem Willen des Erblassers ein Viertel oder mehr oder weniger oder gar nichts bekommen —, jedoch so, daß er dann, wenn ihm nichts oder weniger als ein Viertel verbleibt, das Viertel oder was daran fehlt kraft unserer Entscheidung zurückbehalten oder das Geleistete zurückfordern darf; und so richten sich jetzt die Klagen entsprechend dem Senatusconsultum Trebellianum sowohl gegen den Erben als auch gegen den Fideikommissar nach dem Verhältnis ihrer Quoten. Hat der Erbe hingegen die gesamte Erbschaft freiwillig herausgegeben, sind alle Erbschaftsklagen zugunsten des Fideikommissars und gegen ihn gegeben. Aber wir haben auf das Senatusconsultum Trebellianum auch die Besonderheit des Senatusconsultum Pegasianum übertragen, daß ein eingesetzter Erbe, der sich weigert, die ihm zugedachte Erbschaft anzutreten, gezwungen wird, die gesamte Erbschaft dem Fideikommissar auf dessen Verlangen herauszugeben, und daß alle Klagen — zugunsten des Fideikommissars und gegen ihn — übergehen. Damit unterliegt ein Erbe, der selbst die Erbschaft nicht antreten will, allein aufgrund dieses Senatsbeschlusses dem Zwang, die Erbschaft dem Fideikommissar auf dessen Ver-

langen herauszugeben, wobei dem Erben weder Nachteile noch Vorteile bleiben.

8. Nihil autem interest, utrum aliquis ex asse heres institutus aut totam hereditatem aut pro parte restituere rogatur, an ex parte heres institutus aut totam eam partem aut partis partem restituere rogatur: nam et hoc casu eadem observari praecipimus, quae in totius hereditatis restitutione diximus.

8. Es macht aber keinen Unterschied, ob ein auf das Ganze eingesetzter Erbe gebeten wird, die ganze Erbschaft oder einen Teil herauszugeben, oder ob ein nur auf einen Teil eingesetzter Erbe gebeten wird, diesen ganzen Teil oder nur einen Teil des Teils herauszugeben. Denn auch für diesen zweiten Fall ordnen wir an, das zu befolgen, was wir über die Herausgabe der ganzen Erbschaft gesagt haben.

9. Si quis una aliqua re deducta sive praecepta, quae quartam continet, veluti fundo vel alia re rogatus sit restituere hereditatem, simili modo ex Trebelliano senatus consulto restitutio fiat, perinde ac si quarta parte retenta rogatus esset reliquam hereditatem restituere. sed illud interest, quod altero casu, id est cum deducta sive praecepta aliqua re restituitur hereditas, in solidum ex eo senatus consulto actiones transferuntur et res quae remanet apud heredem sine ullo onere hereditario apud eum manet quasi ex legato ei adquisita, altero vero casu, id est cum quarta parte retenta rogatus est heres restituere hereditatem et restituit, scindantur actiones et pro dodrante quidem transferantur ad fideicommissarium, pro quadrante remaneant apud heredem. quin etiam licet in una re, qua deducta aut praecepta restituere aliquis hereditatem rogatus est, maxima pars hereditatis contineatur, aeque in solidum transferuntur actiones et secum deliberare debet is, cui restituitur hereditas, an expediat sibi restitui. eadem scilicet interveniunt et si duabus pluribusve rebus deductis praeceptisve restituere hereditatem rogatus sit. sed et si certa summa deducta praeceptave, quae quartam vel etiam maximam partem hereditatis continet, rogatus sit aliquis hereditatem restituere, idem iuris est. quae diximus de eo qui ex asse heres institutus est, eadem transferimus et ad eum qui ex parte heres scriptus est.

9. Wird jemand gebeten, die Erbschaft unter Einbehaltung oder Ansichnahme einer einzelnen Sache herauszugeben, die ein Viertel ausmacht, zum Beispiel eines Grundstücks oder einer anderen Sache, so hat die Herausgabe analog dem Senatusconsultum Trebellianum zu geschehen, wie wenn er gebeten worden wäre, unter Zurückbehaltung des vierten Teils die übrige Erbschaft herauszugeben. Doch besteht ein Unterschied darin, daß in dem einen Fall, also wenn die Erbschaft unter Einbehaltung oder Ansichnahme einer Sache herausgegeben wird, aufgrund dieses Senatsbeschlusses die Klagen ungeteilt übertragen werden und die Sache, die dem Erben verbleibt, ohne irgendeine Verbindlichkeit aus der Erbschaft bei ihm bleibt, wie wenn er sie durch Vermächtnis erworben hätte. Im anderen Fall, also wenn der Erbe die Erbschaft unter Zurückbehaltung des vierten Teils herauszugeben gebeten wurde und sie herausgibt, sind die Klagen dagegen zu teilen und zu drei Vierteln auf den Fideikommissar zu übertragen, zu einem Viertel dem Erben zu belassen. Ja, selbst wenn die einzelne Sache, nach deren Einbehaltung oder Ansichnahme jemand die Erbschaft herausgeben sollte, den größten Teil der Erbschaft ausmacht, werden die Klagen ebenso ungeteilt übertragen, und derjenige, dem die Erbschaft herausgegeben werden soll, muß sich überlegen, ob der Erwerb ihm Nutzen bringt. Dasselbe gilt natürlich ebenso, wenn jemand gebeten wurde, nach Einbehaltung oder Ansichnahme zweier oder mehrerer Sachen die Erbschaft herauszugeben. Aber auch wenn jemand unter Einbehaltung oder Ansichnahme eines bestimmten Betrages, der den vierten oder auch den größten Teil der Erbschaft ausmacht, die Erbschaft herauszugeben gebeten wurde, gilt dasselbe. Was wir über den, der auf das Ganze

als Erbe eingesetzt ist, gesagt haben, übertragen wir auch auf den, der nur zu einem Teil als Erbe berufen ist.

10. Praeterea intestatus quoque moriturus potest rogare eum, ad quem bona sua vel legitimo iure vel honorario pertinere intellegit, ut hereditatem suam totam partemve eius aut rem aliquam, veluti fundum hominem pecuniam, alicui restituat: cum alioquin legata nisi ex testamento non valeant.

10. Auch wer bei seinem Tode ohne Testament ist, kann denjenigen, von dem er weiß, daß ihm sein Vermögen nach Zivilrecht oder prätorischem Recht zukommt, bitten, die ganze Erbschaft oder einen Teil davon oder irgendeine Sache, zum Beispiel ein Grundstück, einen Sklaven oder Geld, einem anderen herauszugeben, obwohl Vermächtnisse sonst nur aufgrund eines Testaments wirksam sind.

11. Eum quoque, cui aliquid restituitur, potest rogare, ut id rursus alii totum aut pro parte vel etiam aliud aliquid restituat.

11. Auch denjenigen, dem als Fideikommissar etwas herausgegeben wird, kann man bitten, wiederum einem anderen dies ganz oder teilweise oder sogar etwas anderes herauszugeben.

12. Et quia prima fideicommissorum cunabula a fide heredum pendent et tam nomen quam substantiam acceperunt et ideo divus Augustus ad necessitatem iuris ea detraxit: nuper et nos eundem principem superare contendentes ex facto, quod Tribonianus vir excelsus quaestor sacri palatii suggessit, constitutionem fecimus, per quam disposuimus: si testator fidei heredis sui commisit, ut vel hereditatem vel speciale fideicommissum restituat, et neque ex scriptura neque ex quinque testium numero, qui in fideicommissis legitimus esse noscitur, res possit manifestari, sed vel pauciores quam quinque vel nemo penitus testis intervenerit, tunc sive pater heredis sive alius quicumque sit, qui fidem elegit heredis et ab eo aliquid restitui voluerit, si heres perfidia tentus adimplere fidem recusat negando rem ita esse subsecutam, si fideicommissarius iusiurandum ei detulerit, cum prius ipse de calumnia iuraverit, necesse eum habere vel iusiurandum subire, quod nihil tale a testatore audivit, vel recu-

12. Und weil die Fideikommisse in ihren ersten Anfängen von der Gewissenhaftigkeit der Erben abhingen und sie davon sowohl Bezeichnung wie Inhalt erhalten haben und weil der vergöttlichte Kaiser Augustus sie deshalb mit Rechtszwang ausgestattet hat, haben wir in dem Bemühen, diesen Kaiser zu übertreffen, aufgrund eines Falles, den unser unvergleichlicher Justizminister Tribonian vorgetragen hat, kürzlich eine Konstitution[1] verfaßt, in der wir folgendes bestimmt haben: Wenn der Erblasser es der Gewissenhaftigkeit seines Erben anvertraut hat, die Erbschaft oder einen einzelnen Gegenstand als Fideikommiß herauszugeben, und wenn diese Tatsache weder urkundlich noch durch die fünf Zeugen, die bei Fideikommissen bekanntlich gesetzlich vorgeschrieben sind[2], bewiesen werden kann, sondern weniger als fünf Zeugen oder überhaupt kein Zeuge gegenwärtig waren, und wenn nun der Erbe — mag der Vater des Erben oder irgendein anderer sich auf die Gewissenhaftigkeit des Erben verlassen und ihm die Herausgabe des Gegenstandes auferlegt haben — aus Gewissenlosigkeit sich weigert, den ihm anvertrauten Wunsch zu erfüllen, indem er leugnet, daß die Sache sich so ereignet habe, und wenn dann der Fideikommissar, der selbst vorher geschworen hat, nicht aus Schikane zu klagen, ihm den Eid zuschiebt, dann muß der Erbe entweder den Eid auf sich nehmen, daß er nichts derartiges vom Erblasser gehört

1 C. 6, 42, 32 (531).
2 Vgl. C. 6, 36, 8, 3 (424).

santem ad fideicommissi vel universitatis vel specialis solutionem coartari, ne depereat ultima voluntas testatoris fidei heredis commissa. eadem observari censuimus et si a legatario vel fideicommissario aliquid similiter relictum sit. quod si is, a quo relictum dicitur, confiteatur quidem aliquid a se relictum esse, sed ad legis suptilitatem decurrat, omnimodo cogendus est solvere.

habe, oder er muß, falls er sich weigert, zur Leistung des Erbschafts- oder des Einzelfideikommisses gezwungen werden, damit nicht der letzte Wille des Erblassers, den er der Gewissenhaftigkeit des Erben anvertraut hat, unerfüllt bleibt. Dieselbe Regelung haben wir auch für den Fall vorgeschrieben, daß ein Vermächtnisnehmer oder Fideikommissar in entsprechender Weise beschwert ist. Wenn aber derjenige, von dem behauptet wird, er sei mit einem Fideikommiß beschwert, zwar zugesteht, er sei beschwert, aber zu dem Buchstaben des Gesetzes Zuflucht nimmt, dann soll er auf jeden Fall zur Leistung gezwungen werden.

XXIV
De singulis rebus per fideicommissum relictis

Potest autem quis etiam singulas res per fideicommissum relinquere, veluti fundum hominem vestem argentum pecuniam numeratam, et vel ipsum heredem rogare, ut alicui restituat, vel legatarium, quamvis a legatario legari non possit.

1. Potest autem non solum proprias testator res per fideicommissum relinquere, sed et heredis aut legatarii aut fideicommissarii aut cuiuslibet alterius. itaque et legatarius et fideicommissarius non solum de ea re rogari potest, ut eam alicui restituat, quae ei relicta sit, sed etiam de alia, sive ipsius sive aliena sit. hoc solum observandum est, ne plus quisquam rogetur alicui restituere, quam ipse ex testamento ceperit: nam quod amplius est, inutiliter relinquitur. cum autem aliena res per fideicommissum relinquitur, necesse est ei qui rogatus est aut ipsam redimere et praestare aut aestimationem eius solvere.

2. Libertas quoque servo per fideicommissum dari potest, ut heres eum rogetur manumittere vel legatarius vel fideicommissarius. nec interest, utrum de suo proprio servo testator roget, an de eo qui ipsius heredis aut legatarii vel etiam extranei sit.

Vierundzwanzigster Titel
Über die Einzelfideikommisse

Man kann aber auch einzelne Sachen durch Fideikommiß hinterlassen, zum Beispiel ein Grundstück, einen Sklaven, ein Kleidungsstück, Silber oder Bargeld, und entweder den Erben selbst bitten, sie einem anderen herauszugeben, oder einen Vermächtnisnehmer, obwohl ein Vermächtnis einem Vermächtnisnehmer nicht auferlegt werden kann.

1. Der Erblasser kann aber nicht nur eigene Sachen durch Fideikommiß hinterlassen, sondern auch Sachen des Erben oder eines Vermächtnisnehmers oder Fideikommissars oder irgendeines anderen. Daher kann auch der Vermächtnisnehmer und Fideikommissar nicht nur gebeten werden, ihm hinterlassene Sachen einem anderen herauszugeben, sondern auch andere Sachen, mögen sie seine eigenen oder fremde sein. Nur ist dabei zu beachten, daß niemand gebeten werden kann, mehr herauszugeben, als er selbst aus dem Testament erhält; denn was darüber hinausgeht, kann nicht wirksam hinterlassen werden. Wird aber eine fremde Sache durch Fideikommiß hinterlassen, so muß der Beschwerte entweder diese Sache erwerben und leisten oder ihren Schätzwert zahlen.

2. Auch die Freiheit kann einem Sklaven durch Fideikommiß gewährt werden, indem der Erbe, der Vermächtnisnehmer oder der Fideikommissar gebeten wird, ihn freizulassen. Und es kommt nicht darauf an, ob der Erblasser wegen seines eigenen Sklaven bittet oder wegen ei-

itaque alienus servus redimi et manumitti debet: quod si dominus eum non vendat, si modo nihil ex iudicio eius qui reliquit libertatem percepit, non statim extinguitur fideicommissaria libertas, sed differtur, quia possit tempore procedente, ubicumque occasio redimendi servi fuerit, praestari libertas. qui autem ex causa fideicommissi manumittitur, non testatoris fit libertus, etiamsi testatoris servus sit, sed eius qui manumittit: at is, qui directo testamento liber esse iubetur, ipsius testatoris fit libertus, qui etiam orcinus appellatur. nec alius ullus directo ex testamento libertatem habere potest, quam qui utroque tempore testatoris fuerit, et quo faceret testamentum et quo moreretur. directo autem libertas tunc dari videtur, cum non ab alio servum manumitti rogat, sed velut ex suo testamento libertatem ei competere vult.

nes Sklaven, der dem Erben selbst, einem Vermächtnisnehmer oder sogar einer fremden Person gehört. Ein fremder Sklave muß daher erworben und dann freigelassen werden. Wenn aber sein Eigentümer ihn nicht verkauft und auch nichts aus dem Testament dessen erhalten hat, der die Freilassung angeordnet hat[1], erlischt die fideikommissarische Anordnung der Freilassung nicht sofort, sondern sie wird aufgeschoben, weil ja im Laufe der Zeit, sobald sich eine Gelegenheit zum Erwerb des Sklaven ergibt, die Freiheit gewährt werden kann. Wer aber aufgrund eines Fideikommisses die Freiheit erhält, wird nicht Freigelassener des Erblassers, auch wenn er Sklave des Erblassers war, sondern Freigelassener dessen, der ihn freiläßt. Wer dagegen unmittelbar durch Testament frei wird, wird Freigelassener des Erblassers selbst; er wird auch der Freigelassene aus dem Totenreich [orcinus] genannt. Und es kann niemand die Freiheit unmittelbar durch Testament erlangen, der nicht dem Erblasser zu den beiden Zeitpunkten gehört, dem der Testamentserrichtung und dem seines Todes. Unmittelbar aber wird die Freiheit, wie man annimmt, dann erteilt, wenn der Erblasser nicht einen anderen bittet, den Sklaven freizulassen, sondern wenn er als seinen Willen erklärt, daß ihm die Freiheit gewissermaßen noch aus dem eigenen Testament zustehen soll.

3. Verba autem fideicommissorum haec maxime in usu habeantur: peto, rogo, volo, mando, fidei tuae committo. quae perinde singula firma sunt, atque si omnia in unum congesta essent.

3. Für Fideikommisse aber sollten hauptsächlich die folgenden Worte gebraucht werden: Ich verlange, ich bitte, ich will, ich gebe dir auf, ich vertraue deiner Gewissenhaftigkeit an. Diese Worte sind einzeln ebenso wirksam, wie wenn sie alle gehäuft werden.

XXV
De codicillis

Ante Augusti tempora constat ius codicillorum non fuisse, sed primus Lucius Lentulus, ex cuius persona etiam fideicommissa coeperunt, codicillos introduxit. nam cum decederet in Africa, scripsit codicillos testamento confirmatos, quibus ab Augusto petiit per fideicommissum, ut fa-

Fünfundzwanzigster Titel
Über die Kodizille

Vor der Zeit des Augustus hat es das Rechtsinstitut des Kodizills mit Sicherheit nicht gegeben; vielmehr hat als erster Lucius Lentulus, der auch für die Fideikommisse Anlaß gegeben hat, mit den Kodizillen den Anfang gemacht. Denn als er in Africa im Sterben lag, schrieb er codicilli, Schreibtäfelchen, die durch Testament vorweg

1 Vgl. C. 7, 4, 6 (o. J.).

ceret aliquid: et cum divus Augustus voluntatem eius implesset, deinceps reliqui auctoritatem eius secuti fideicommissa praestabant et filia Lentuli legata, quae iure non debebat, solvit. dicitur Augustus convocasse prudentes, inter quos Trebatium quoque, cuius tunc auctoritas maxima erat, et quaesisse, an possit hoc recipi nec absonans a iuris ratione codicillorum usus esset: et Trebatium suasisse Augusto, quod diceret utilissimum et necessarium hoc civibus esse propter magnas et longas peregrinationes, quae apud veteres fuissent, ubi, si quis testamentum facere non posset, tamen codicillos posset. post quae tempora cum et Labeo codicillos fecisset, iam nemini dubium erat, quin codicilli iure optimo admitterentur.

bestätigt waren, in denen er Augustus mittels Fideikommiß bat, etwas Bestimmtes zu tun. Da nun der vergöttlichte Kaiser Augustus seinen Willen erfüllte, folgten darauf die übrigen seinem Vorbild und führten die Fideikommisse aus; auch die Tochter des Lentulus erfüllte die Vermächtnisse, die sie rechtlich nicht schuldete. Augustus soll dann die Rechtsgelehrten, unter ihnen auch Trebatius, der damals die größte Autorität besaß, zusammengerufen und gefragt haben, ob man das anerkennen könne und ob die Verwendung von Kodizillen nicht im Widerspruch zu den Grundsätzen des Rechts stehe. Und Trebatius habe dem Augustus zugeraten, indem er darauf hinwies, es sei für die Bürger wegen der weiten und langdauernden Reisen, die schon in alter Zeit üblich waren, sehr nützlich und notwendig, dort, wo man ein Testament nicht errichten kann, wenigstens ein Kodizill errichten zu können. Nachdem dann später sogar Labeo ein Kodizill errichtet hatte, war es niemandem mehr zweifelhaft, daß Kodizille rechtlich voll und ganz zulässig waren.

1. Non tantum autem testamento facto potest quis codicillos facere, sed et intestatus quis decedens fideicommittere codicillis potest. sed cum ante testamentum factum codicilli facti erant, Papinianus ait non aliter vires habere, quam si speciali postea voluntate confirmentur. sed divi Severus et Antoninus rescripserunt ex his codicillis qui testamentum praecedunt posse fideicommissum peti, si appareat eum, qui postea testamentum fecerat, a voluntate quam codicillis expresserat non recessisse.

1. Man kann aber nicht nur nach Testamentserrichtung ein Kodizill errichten, sondern auch, wenn man bei seinem Tode ohne Testament ist, durch Kodizill ein Fideikommiß hinterlassen. Wurde ein Kodizill jedoch vor der Testamentserrichtung verfaßt, sollte es nach Papinian[1] nur gültig sein, wenn es später durch letztwillige Willensäußerung ausdrücklich bestätigt wurde. Die vergöttlichten Kaiser Septimius Severus und Antoninus [Caracalla] aber haben auf Anfrage entschieden, daß aus einem solchen Kodizill, das dem Testament vorausgeht, Fideikommisse eingeklagt werden können, wenn sich ergibt, daß derjenige, der später ein Testament errichtet hatte, von dem Willen, den er in dem Kodizill zum Ausdruck gebracht hatte, nicht abgewichen war.

2. Codicillis autem hereditas neque dari neque adimi potest, ne confundatur ius testamentorum et codicillorum, et ideo nec exheredatio scribi. directo autem hereditas codicillis neque dari neque adimi potest:

2. Durch ein Kodizill kann aber eine Erbschaft weder zugewendet noch entzogen werden, damit das Recht der Testamente und das der Kodizille nicht durcheinandergeraten; und deshalb kann durch Kodizill auch keine Enterbung angeordnet werden. Unmittelbar kann also eine Erbschaft durch Kodizill weder zuge-

1 D. 29, 7, 5.

nam per fideicommissum hereditas codicillis iure relinquitur. nec condicionem heredi instituto codicillis adicere neque substituere directo potest.

3. Codicillos autem etiam plures quis facere potest: et nullam sollemnitatem ordinationis desiderant.

wendet noch entzogen werden; aber auf dem Wege über ein Fideikommiß kann man eine Erbschaft durch Kodizill rechtswirksam hinterlassen. Auch kann man dem eingesetzten Erben nicht durch Kodizill unmittelbar eine Bedingung auferlegen oder einen Ersatzerben bestellen.

3. Man kann sogar mehrere Kodizille errichten; auch verlangt ihre Errichtung keine besonderen Förmlichkeiten.

LIBER TERTIUS

I

De hereditatibus quae ab intestato deferuntur

Intestatus decedit, qui aut omnino testamentum non fecit aut non iure fecit aut id quod fecerat ruptum irritumve factum est aut nemo ex eo heres extitit.

1. Intestatorum autem hereditates ex lege duodecim tabularum primum ad suos heredes pertinent.

2. Sui autem heredes existimantur, ut et supra diximus, qui in potestate morientis fuerunt: veluti filius filia, nepos neptisve ex filio, pronepos proneptisve ex nepote filio nato, prognatus prognatave. nec interest, utrum naturales sunt liberi an adoptivi.

2a. Quibus connumerari necesse est etiam eos, qui ex legitimis quidem matrimoniis non sunt progeniti, curiis tamen civitatum dati secundum divalium constitutionum, quae super his positae sunt, tenorem suorum iura nanciscuntur: nec non eos, quos nostrae amplexae sunt constitutiones, per quas iussimus, si quis mulierem in suo contubernio copulaverit non ab initio affectione maritali, eam tamen, cum qua poterat habere coniugium, et ex ea liberos sustulerit, postea vero affectione procedente

DRITTES BUCH

Erster Titel

Über die Erbschaften, die vom testamentslosen Erblasser anfallen

Testamentslos stirbt, wer entweder ein Testament überhaupt nicht oder nicht rechtsgültig errichtet hat oder dessen Testament umgestoßen[1] oder ungültig wurde oder nach dessen Testament niemand Erbe geworden ist.

1. Die Erbschaften von Testamentslosen stehen nach dem Zwölftafelgesetz[2] zunächst den Hauserben zu.

2. Als Hauserben betrachtet man, wie wir oben[3] schon gesagt haben, diejenigen, die in der Hausgewalt des Verstorbenen standen, zum Beispiel Sohn und Tochter oder Enkel und Enkelin, die vom Sohn abstammen, oder Urenkel und Urenkelin, die vom Enkelsohn abstammen, oder weitere männliche und weibliche Abkömmlinge im väterlichen Stamm. Und es kommt nicht darauf an, ob es sich um leibliche oder um Adoptivkinder handelt.

2a. Zu den Hauserben müssen auch diejenigen gezählt werden, die zwar nicht aus rechtmäßigen Ehen hervorgegangen sind, jedoch durch den Erblasser einem Gemeinderat zugewiesen sind und daher gemäß den darüber ergangenen kaiserlichen Konstitutionen die Rechte von Hauserben erlangen[4]; nicht minder auch diejenigen, die von unseren eigenen Konstitutionen[5] erfaßt werden, in denen wir folgendes bestimmt haben: Wenn jemand sich mit einer Frau zunächst ohne Heiratsabsicht in einer Geschlechtsgemeinschaft verbindet, obwohl er mit ihr eine Ehe eingehen könnte, und von ihr Kinder hat, dann aber, nachdem sich die Heiratsabsicht eingestellt hatte, gemeinsam mit ihr eine

---

1 Vgl. Inst. 2, 17, 1/2.

2 XII tab. 5, 4.

3 Inst. 2, 19, 2.

4 Vgl. C. 5, 27, 3 (443); 4 (470); 9 (528) sowie oben Inst. 1, 10, 13. Dieser Weg zur Ehelichkeit war eingerichtet worden, um den spätantiken Gemeinderäten, die für das Steueraufkommen ihres Gebietes hafteten, Mitglieder zuzuführen.

5 C. 5, 27, 10 (529); 5, 27, 11 (530).

etiam nuptialia instrumenta cum ea fecerit filiosque vel filias habuerit: non solum eos liberos, qui post dotem editi sunt, iustos et in potestate esse patribus, sed etiam anteriores, qui et his qui postea nati sunt occasionem legitimi nominis praestiterunt: quod optinere censuimus, etiamsi non progeniti fuerint post dotale instrumentum confectum liberi vel etiam nati ab hac luce subtracti fuerint.

Heiratsurkunde errichtet und nun mit ihr Söhne oder Töchter hat, dann sollen nicht nur die Kinder, die nach der Mitgiftbestellung geboren sind, ehelich sein und in die väterliche Gewalt fallen, sondern auch die früheren Kinder, da sie ja zum ehelichen Namen derjenigen, die später geboren sind, mit Anlaß gegeben haben; es soll dies aber, wie wir bestimmt haben, selbst dann gelten, wenn nach Errichtung der Mitgifturkunde[1] keine Kinder mehr geboren oder geborene vorzeitig aus diesem Leben abberufen worden sind.

2b. Ita demum tamen nepos neptisve et pronepos proneptisve suorum heredum numero sunt, si praecedens persona desierit in potestate parentis esse, sive morte id acciderit sive alia ratione, veluti emancipatione: nam si per id tempus, quo quis moreretur, filius in potestate eius sit, nepos ex eo suus heres esse non potest. idque et in ceteris deinceps liberorum personis dictum intellegemus. postumi quoque, qui, si vivo parente nati essent, in potestate futuri forent, sui heredes sunt.

2b. Nur dann jedoch zählen Enkel und Enkelin oder Urenkel und Urenkelin zu den Hauserben, wenn die ihnen im Grad voraufgehende Person nicht mehr in der Hausgewalt ihres Vaters steht, sei es durch ihr Vorversterben oder aus einem anderen Grund, etwa infolge ihrer Entlassung aus der Hausgewalt. Denn wenn zu der Zeit, zu der jemand stirbt, noch ein Sohn in seiner Hausgewalt steht, kann der von diesem abstammende Enkel nicht Hauserbe sein. Und es ist einzusehen, daß dies auch für die gradferneren Abkömmlinge gilt. Auch Nachgeborene, die sich, falls zu Lebzeiten des Vaters geboren, in dessen Hausgewalt befunden hätten, sind Hauserben.

3. Sui autem etiam ignorantes fiunt heredes et, licet furiosi sint, heredes possunt existere: quia quibus ex causis ignorantibus adquiritur nobis, ex his causis et furiosis adquiri potest. et statim morte parentis quasi continuatur dominium: et ideo nec tutoris auctoritate opus est in pupillis, cum etiam ignorantibus adquiritur suis heredibus hereditas: nec curatoris consensu adquiritur furioso, sed ipso iure.

3. Hauserben werden auch ohne ihr Wissen Erben, und sie können, selbst wenn sie geisteskrank sind, Erben werden, weil aus allen Gründen, aus denen wir ohne unser Wissen erwerben, auch Geisteskranke erwerben können. Und unmittelbar mit dem Tod des Vaters setzt sich das Eigentum gleichsam fort. Und daher bedarf es bei Mündeln auch nicht der förmlichen Zustimmung des Vormunds, da die Hauserben die Erbschaft ja auch ohne ihr Wissen erwerben. Und auch der Geisteskranke erwirbt die Erbschaft nicht kraft Zustimmung des Pflegers, sondern unmittelbar von Rechts wegen.

4. Interdum autem, licet in potestate mortis tempore suus heres non fuit, tamen suus heres parenti efficitur, veluti si ab hostibus quis reversus fuerit post mortem patris sui: ius enim postliminii hoc facit.

4. Bisweilen aber wird jemand Hauserbe seines Vaters, obwohl er zur Zeit des Todes nicht als Hauserbe in dessen Hausgewalt war, zum Beispiel wenn er nach dem Tode seines Vaters aus Feindesland zurückgekehrt ist; dies bewirkt nämlich das Rückkehrrecht.

---

1 Die Mitgifturkunde ist in dieser Zeit die übliche Form der Erklärung und Kundbarmachung des Ehewillens und damit zugleich die Heiratsurkunde.

5. Per contrarium evenit ut, licet quis in familia defuncti sit mortis tempore, tamen suus heres non fiat, veluti si post mortem suam pater iudicatus fuerit reus perduellionis ac per hoc memoria eius damnata fuerit: suum enim heredem habere non potest, cum fiscus ei succedit. sed potest dici ipso iure esse suum heredem, sed desinere.

5. Umgekehrt kommt es vor, daß jemand, obwohl er zur Zeit des Todes zum Hausverband des Verstorbenen gehörte, doch nicht Hauserbe wird, zum Beispiel wenn der Vater nach seinem Tode wegen Hochverrats verurteilt und deswegen sein Andenken getilgt worden ist. Dieser Vater kann nämlich keinen Hauserben haben, da der Fiskus ihn beerbt. Man kann aber sagen, daß der Sohn zunächst von Rechts wegen die Stellung des Hauserben hat, sie dann aber verliert.

6. Cum filius filiave et ex altero filio nepos neptisve extant, pariter ad hereditatem vocantur nec qui gradu proximior est ulteriorem excludit: aequum enim esse videtur nepotes neptesque in patris sui locum succedere. pari ratione et si nepos neptisque sit ex filio et ex nepote pronepos proneptisve, simul vocantur. et quia placuit nepotes neptesque, item pronepotes proneptesque in parentis sui locum succedere, conveniens esse visum est non in capita, sed in stirpes hereditatem dividi, ut filius partem dimidiam hereditatis habeat et ex altero filio duo pluresve nepotes alteram dimidiam. item si ex duobus filiis nepotes extant et ex altero unus forte aut duo, ex altero tres aut quattuor, ad unum aut duos dimidia pars pertinet, ad tres vel ad quattuor altera dimidia.

6. Sind einerseits Sohn oder Tochter, andererseits nach einem verstorbenen Sohn Enkel oder Enkelin vorhanden, so sind sie in gleicher Weise zur Erbschaft berufen, und der Gradnähere schließt den Gradferneren nicht aus. Denn es ist offensichtlich gerecht, daß Enkel und Enkelinnen an die Stelle ihres Vaters treten. Aus dem gleichen Grund sind auch Enkel oder Enkelin nach einem verstorbenen Sohn und Urenkel oder Urenkelin nach einem verstorbenen Enkel nebeneinander berufen. Und weil man anerkannte, daß sowohl Enkel und Enkelinnen als auch Urenkel und Urenkelinnen an die Stelle ihres Vaters treten, erschien es folgerichtig, die Erbschaft nicht nach Köpfen, sondern nach Stämmen zu verteilen, so daß der eine Sohn die eine Hälfte der Erbschaft erhält und zwei oder mehrere von dem anderen Sohn abstammende Enkel die andere Hälfte. Wenn daher nach zwei verstorbenen Söhnen Enkel vorhanden sind und nach dem einen etwa einer oder zwei, nach dem anderen drei oder vier, gehört dem einen oder den zweien die eine Hälfte, den dreien oder vieren die andere Hälfte.

7. Cum autem quaeritur, an quis suus heres existere potest: eo tempore quaerendum est, quo certum est aliquem sine testamento decessisse: quod accidit et destituto testamento. hac ratione si filius exheredatus fuerit et extraneus heres institutus est, filio mortuo postea certum fuerit heredem institutum ex testamento non fieri heredem, aut quia noluit esse heres aut quia non potuit: nepos avo suus heres existet, quia quo tempore certum est intestatum deces-

7. Wenn aber in Frage steht, ob jemand Hauserbe werden kann, dann kommt es auf den Zeitpunkt an, zu dem feststeht, daß jemand ohne Testament gestorben ist. Dies trifft auch bei einem [mangels Erbantritts] gegenstandslos gewordenen Testament zu. Ist daher der Sohn enterbt und ein Hausfremder testamentarisch als Erbe eingesetzt worden und stellt sich nach dem Tode des Sohnes heraus, daß der durch Testament Eingesetzte nicht Erbe wird, weil er entweder nicht Erbe sein will oder es nicht sein kann, dann wird der Enkel Hauserbe des Großvaters, weil zu dem Zeitpunkt, zu dem feststeht, daß der

sisse patrem familias, solus invenitur nepos. et hoc certum est.

8. Et licet post mortem avi natus sit, tamen avo vivo conceptus, mortuo patre eius posteaque deserto avi testamento suus heres efficitur. plane si et conceptus et natus fuerit post mortem avi, mortuo patre suo desertoque postea avi testamento suus heres avo non existit, quia nullo iure cognationis patrem sui patris tetigit. sic nec ille est inter liberos avo, quem filius emancipatus adoptaverat. hi autem cum non sunt quantum ad hereditatem liberi, neque bonorum possessionem petere possunt quasi proximi cognati. haec de suis heredibus.

Hausvater[1] testamentslos gestorben ist, nur der Enkel vorhanden ist. Und das ist unbestritten.

8. Und selbst wenn der Enkel nach dem Tode des Großvaters geboren ist, aber zu Lebzeiten des Großvaters gezeugt wurde, wird er Hauserbe, sofern das Testament seines Großvaters nach dem Tode seines Vaters [mangels Erbantritts] ausfällt. Ist er freilich nach dem Tode seines Großvaters empfangen und geboren, so wird er, wenn das Testament des Großvaters erst nach dem Tode seines Vaters ausfällt, nicht Hauserbe des Großvaters, weil er den Vater seines Vaters im Rechtsverhältnis der Verwandtschaft in keiner Weise mehr erlebt hat[2]. Ebenso gehört auch derjenige nicht zu den Hauskindern des Großvaters, den ein vom Großvater aus der Hausgewalt entlassener Sohn adoptiert hat. Da diese in bezug auf die Erbschaft nicht zu den Hauskindern gehören, können sie auch nicht als nächste Verwandte den Nachlaßbesitz beanspruchen. Soviel über die Hauserben.

9. Emancipati autem liberi iuri civili nihil iuris habent: neque enim sui heredes sunt, quia in potestate esse desierunt parentis, neque alio ullo iure per legem duodecim tabularum vocantur. sed praetor naturali aequitate motus dat eis bonorum possessionem unde liberi, perinde ac si in potestate parentis mortis tempore fuissent, sive soli sint sive cum suis heredibus concurrant. itaque duobus liberis extantibus, emancipato et qui mortis tempore in potestate fuerit, sane quidem is qui in potestate fuerit solus iure civili heres est, id est solus suus heres est: sed cum emancipatus beneficio praetoris in partem admittitur, evenit, ut suus heres pro parte heres fiat.

9. Aus der Hausgewalt entlassene Kinder aber haben nach Zivilrecht keinerlei Erbrecht. Denn sie sind weder Hauserben, weil sie aus der Hausgewalt des Vaters ausgeschieden sind, noch werden sie nach irgendeinem anderen Rechtssatz vom Zwölftafelgesetz berufen. Aber der Prätor gewährt ihnen aus Gründen der natürlichen Gerechtigkeit den Nachlaßbesitz 'Von wo die Kinder'[3], so als ob sie zum Zeitpunkt des Todes in der Hausgewalt des Vaters gewesen wären, gleichgültig ob sie allein vorhanden sind oder mit Hauserben zusammentreffen. Wenn daher zwei Kinder vorhanden sind, das eine aus der Hausgewalt entlassen, das andere zum Todeszeitpunkt in der Hausgewalt des Vaters, dann ist zwar dasjenige, das in der Hausgewalt stand, nach Zivilrecht Alleinerbe, das heißt, es allein ist Hauserbe; aber da der aus der Hausgewalt entlassene Sohn durch die Rechtswohltat des Prätors zur Hälfte der Erbschaft zugelassen wird, ergibt sich, daß der Hauserbe zum Teilerben wird.

---

1 Das heißt der Großvater als Inhaber der väterlichen Gewalt.

2 Der erbrechtliche Koexistenzgrundsatz ist danach nur gewahrt, wenn der Erbe den Großvater zumindest als nasciturus noch erlebt hat. Vgl. D. 38, 16, 1, 8.

3 Verkürzter Juristenausdruck für: 'Aus dem Teil des Edikts, aus dem (= von wo) die Kinder berufen werden.'

10. At hi, qui emancipati a parente in adoptionem se dederunt, non admittuntur ad bona naturalis patris quasi liberi, si modo cum is moreretur in adoptiva familia sint. nam vivo eo emancipati ab adoptivo patre perinde admittuntur ad bona naturalis patris, ac si emancipati ab ipso essent nec umquam in adoptiva familia fuissent: et convenienter quod ad adoptivum patrem pertinet extraneorum loco esse incipiunt. post mortem vero naturalis patris emancipati ab adoptivo et quantum ad hunc aeque extraneorum loco fiunt et quantum ad naturalis parentis bona pertinet nihilo magis liberorum gradum nanciscuntur: quod ideo sic placuit, quia iniquum erat esse in potestate patris adoptivi, ad quos bona naturalis patris pertinerent, utrum ad liberos eius an ad adgnatos.

10. Dagegen werden diejenigen, die sich nach der Entlassung aus der Hausgewalt durch ihren leiblichen Vater [von einem anderen] haben adoptieren lassen, nicht als Kinder zu dem Nachlaß ihres leiblichen Vaters zugelassen, sofern sie sich nur bei dessen Tode noch in der Adoptivfamilie befinden. Doch wenn sie noch zu dessen Lebzeiten auch vom Adoptivvater aus der Hausgewalt entlassen worden sind, werden sie genauso zum Nachlaß ihres leiblichen Vaters zugelassen, wie wenn sie nur von diesem aus der Hausgewalt entlassen worden wären und sich niemals in der Adoptivfamilie befunden hätten. Und dementsprechend nehmen sie, was den Adoptivvater betrifft, fortan die Stellung von Hausfremden ein. Werden sie aber erst nach dem Tode ihres leiblichen Vaters vom Adoptivvater aus der Hausgewalt entlassen, dann erhalten sie einerseits, was diesen betrifft, in gleicher Weise die Stellung von Hausfremden; andererseits erlangen sie, was den Nachlaß ihres Vaters angeht, gleichwohl nicht die Stellung von Kindern. Dies ist deswegen so anerkannt worden, weil es unbillig wäre, wenn es in der Macht des Adoptivvaters läge, wem der Nachlaß des leiblichen Vaters zufallen solle, dessen Kindern oder dessen Seitenverwandten im Mannesstamm.

11. Minus ergo iuris habent adoptivi quam naturales. namque naturales emancipati beneficio praetoris gradum liberorum retinent, licet iure civili perdunt: adoptivi vero emancipati et iure civili perdunt gradum liberorum et a praetore non adiuvantur. et recte: naturalia enim iura civilis ratio peremere non potest nec, quia desinunt sui heredes esse, desinere possunt filii filiaeve aut nepotes neptesve esse: adoptivi vero emancipati extraneorum loco incipiunt esse, quia ius nomenque filii filiaeve, quod per adoptionem consecuti sunt, alia civili ratione, id est emancipatione, perdunt.

11. Adoptivkinder haben daher weniger Rechte als leibliche Kinder. Denn nach der Entlassung aus der Hausgewalt behalten leibliche Kinder kraft der Rechtswohltat des Prätors die Stellung von Hauskindern, obgleich sie sie nach Zivilrecht verlieren. Dagegen verlieren die aus der Hausgewalt entlassenen Adoptivkinder nach Zivilrecht die Stellung von Hauskindern, und sie erhalten auch keine Hilfe vom Prätor. Und dies zu Recht. Denn eine zivilrechtliche Regel kann natürliche Rechte nicht beseitigen. Und daher hört man nicht auf, Sohn oder Tochter und Enkel oder Enkelin zu sein, weil man aufhört, Hauserbe zu sein. Dagegen geraten die aus der Hausgewalt entlassenen Adoptivkinder in die Stellung von Hausfremden, weil sie die Rechtsstellung und den Namen von Sohn und Tochter, die sie durch Adoption erhalten haben, durch eine andere zivilrechtliche Regelung, das heißt durch die Entlassung aus der Hausgewalt, wieder verlieren.

12. Eadem haec observantur et in ea bonorum possessione, quam contra tabulas

12. All das gilt auch bei dem Nachlaßbesitz, den der Prätor entgegen dem Testament des Va-

testamenti parentis liberis praeteritis, id est neque heredibus institutis neque ut oportet exheredatis, praetor pollicetur. nam eos quidem, qui in potestate parentis mortis tempore fuerunt, et emancipatos vocat praetor ad eam bonorum possessionem: eos vero, qui in adoptiva familia fuerunt per hoc tempus, quo naturalis parens moreretur, repellit. item adoptivos liberos emancipatos ab adoptivo patre sicut ab intestato, ita longe minus contra tabulas testamenti ad bona eius admittit, quia desinunt in liberorum numero esse.

ters den übergangenen Hauskindern verheißt, das heißt denjenigen, die weder zu Erben eingesetzt noch gehörig enterbt worden sind. Denn der Prätor beruft zwar diejenigen, die im Zeitpunkt des Todes in der Hausgewalt des Vaters waren, sowie die aus der Hausgewalt Entlassenen zu diesem Nachlaßbesitz; diejenigen aber, die sich zu der Zeit, als ihr leiblicher Vater starb, in der Adoptivfamilie befanden, weist er zurück. Ebensowenig läßt er die von ihrem Adoptivvater aus der Hausgewalt entlassenen Adoptivkinder zu dessen Nachlaß zu, und zwar im Falle der Testamentslosigkeit nicht und erst recht nicht entgegen dem Testament, weil sie nicht länger zu den Hauskindern zählen.

13. Admonendi tamen sumus eos, qui in adoptiva familia sunt quive post mortem naturalis parentis ab adoptivo patre emancipati fuerint, intestato parente naturali mortuo licet ea parte edicti, qua liberi ad bonorum possessionem vocantur, non admittantur, alia tamen parte vocari, id est qua cognati defuncti vocantur. ex qua parte ita admittuntur, si neque sui heredes liberi neque emancipati obstent neque adgnatus quidem ullus interveniat: ante enim praetor liberos vocat tam suos heredes quam emancipatos, deinde legitimos heredes, deinde proximos cognatos.

13. Wir müssen jedoch darauf hinweisen, daß diejenigen, die sich in einer Adoptivfamilie befinden oder nach dem Tode ihres leiblichen Vaters von ihrem Adoptivvater aus der Hausgewalt entlassen worden sind, im Falle des testamentslosen Versterbens des leiblichen Vaters zwar nicht nach dem Ediktsabschnitt, demzufolge Kinder zum Nachlaßbesitz berufen werden, zugelassen werden, wohl aber nach einem anderen Ediktsabschnitt, nämlich nach demjenigen, demzufolge die Blutsverwandten des Verstorbenen berufen werden. Nach diesem Abschnitt werden sie unter der Voraussetzung zugelassen, daß weder Kinder als Hauserben oder als aus der Hausgewalt Entlassene vor ihnen stehen, noch irgendein sonstiger Seitenverwandter im Mannesstamme vorhanden ist. Denn zunächst beruft der Prätor die Kinder, und zwar als Hauserben wie als aus der Hausgewalt Entlassene, sodann die gesetzlichen Erben[1] und schließlich die nächsten Verwandten.

14. Sed ea omnia antiquitati quidem placuerunt: aliquam autem emendationem a nostra constitutione acceperunt, quam super his personis posuimus, quae a patribus suis naturalibus in adoptionem aliis dantur. invenimus etenim nonnullos casus, in quibus filii et naturalium parentum successionem propter adoptionem amittebant et adoptione facile per emancipationem soluta ad neutrius patris successionem vocabantur. hoc solito more corrigentes consti-

14. Aber alle diese Regelungen sind zwar von altersher anerkannt. Sie haben jedoch eine gewisse Verbesserung erfahren durch unsere Konstitution[2], die wir über die Personen erlassen haben, die von ihren leiblichen Vätern anderen zur Adoption gegeben werden. Wir haben nämlich einige Fälle gefunden, in denen die Söhne aufgrund der Adoption ihr Erbrecht gegenüber den leiblichen Vätern verloren hatten und, nachdem die Adoption auf dem einfachen Wege der Entlassung aus der Hausgewalt aufgehoben worden

1 Das heißt die Seitenverwandten im Mannesstamm.
2 C. 8, 47, 10 (530), vgl. auch Inst. 1, 11, 2.

tutionem scripsimus, per quam definivimus, quando parens naturalis filium suum adoptandum alii dederit, integra omnia iura ita servari, atque si in patris naturalis potestate permansisset nec penitus adoptio fuerit subsecuta: nisi in hoc tantummodo casu, ut possit ab intestato ad patris adoptivi venire successionem. testamento autem ab eo facto neque iure civili neque praetorio aliquid ex hereditate eius persequi potest neque contra tabulas bonorum possessione agnita neque inofficiosi querella instituta, cum nec necessitas patri adoptivo imponitur vel heredem eum instituere vel exheredatum facere utpote nullo naturali vinculo copulatum. neque si ex Afiniano senatus consulto ex tribus maribus fuerit adoptatus: nam et in huiusmodi casu neque quarta ei servatur nec ulla actio ad eius persecutionem ei competit. nostra autem constitutione exceptus est is, quem parens naturalis adoptandum susceperit: utroque enim iure tam naturali quam legitimo in hanc personam concurrente pristina iura tali adoptioni servavimus, quemadmodum si pater familias sese dederit adrogandum. quae specialiter et singillatim ex praefatae constitutionis tenore possunt colligi.

15. Item vetustas ex masculis progenitos plus diligens solos nepotes vel neptes, qui ex virili sexu descendunt, ad suorum vocabat successionem et iuri adgnatorum eos anteponebat: nepotes autem, qui ex filia-

war, nach keinem Vater zur Nachfolge berufen waren. Um dies in der gewohnten Weise zu korrigieren, haben wir die erwähnte Konstitution verfaßt, in der wir bestimmt haben, daß, wann immer ein leiblicher Vater seinen Sohn einem anderen zur Adoption gibt, dem Sohn alle Rechte erhalten bleiben, so als ob er in der Hausgewalt des leiblichen Vaters geblieben und überhaupt keine Adoption erfolgt wäre; ausgenommen nur den Fall, daß der Betreffende den Nachlaß des Adoptivvaters testamentslos erlangen kann. Wenn aber ein [ihn übergehendes] Testament des Adoptivvaters vorliegt, kann er weder nach Zivilrecht noch nach prätorischem Recht irgend etwas aus dessen Erbschaft beanspruchen, weder durch Erlangung des Nachlaßbesitzes entgegen dem Testament noch durch Erhebung einer Klage wegen pflichtwidrigen Testaments, da der Adoptivvater nicht gezwungen ist, ihn zum Erben einzusetzen oder ihn ausdrücklich zu enterben; ist er doch mit ihm durch kein natürliches Band verknüpft. Und er bekommt auch dann nichts, wenn er als einer von drei männlichen Abkömmlingen gemäß dem Senatusconsultum Afinianum[1] adoptiert wurde. Denn auch in diesem Fall wird ihm weder ein Pflichtteilsviertel vorbehalten, noch steht ihm irgendeine Klage zu, um es einzufordern. In unserer Konstitution ist aber derjenige ausgenommen, den der leibliche Vater adoptiert hat. Da in dieser Person beides, natürliches und positives Recht, zusammentrifft, haben wir für eine solche Adoption das ursprüngliche Recht beibehalten, nicht anders als in dem Fall, in dem ein Hausvater sich selbst durch Arrogation[2] als Kind annehmen läßt. Die näheren Einzelheiten können dem Text der oben genannten Konstitution entnommen werden.

15. Desgleichen berief man in alter Zeit, weil man die Abkömmlinge im Mannesstamm bevorzugte, allein Enkel und Enkelinnen, die über einen Abkömmling männlichen Geschlechts [vom Erblasser] abstammen, zur Erbfolge der Hauserben und stellte nur sie vor das Erbrecht der Seitenverwandten im Mannesstamm. Dage-

1 Vgl. C. 8, 47, 10, 3 (530). Der Senatsbeschluß wird sonst nirgends mehr erwähnt.
2 Vgl. Inst. 1, 11, 1.

bus nati sunt, et pronepotes ex neptibus cognatorum loco numerans post adgnatorum lineam eos vocabat tam in avi vel proavi materni quam in aviae vel proaviae sive paternae sive maternae successionem. divi autem principes non passi sunt talem contra naturam iniuriam sine competenti emendatione relinquere: sed cum nepotis et pronepotis nomen commune est utrisque, qui tam ex masculis quam ex feminis descendunt, ideo eundem gradum et ordinem successionis eis donaverunt: sed ut aliquid amplius sit eis, qui non solum naturae, sed etiam veteris iuris suffragio muniuntur, portionem nepotum et neptium vel deinceps, de quibus supra diximus, paulo minuendam esse existimaverunt, ut minus tertiam partem acciperent, quam mater eorum vel avia fuerat acceptura, vel pater eorum vel avus paternus sive maternus, quando femina mortua sit cuius de hereditate agitur, hisque, licet soli sint, adeuntibus adgnatos minime vocabant. et quemadmodum lex duodecim tabularum filio mortuo nepotes vel neptes vel pronepotes et proneptes in locum patris sui ad successionem avi vocat: ita et principalis dispositio in locum matris suae vel aviae eos cum iam designata partis tertiae deminutione vocat.

gen wurden die von Töchtern geborenen Enkel und die von Enkelinnen geborenen Urenkel, indem man sie zu den [allgemein] Blutsverwandten zählte, hinter den Seitenverwandten des Mannesstammes berufen, sowohl hinsichtlich der Erbfolge nach dem Großvater oder Urgroßvater mütterlicherseits als auch hinsichtlich der Erbfolge nach der Großmutter oder Urgroßmutter väterlicher- oder mütterlicherseits. Aber die vergöttlichten Kaiser haben ein solches der Natur widersprechendes Unrecht nicht ohne gebührende Verbesserung lassen wollen[1]. Vielmehr gewährten sie, da der Name Enkel und Urenkel Abkömmlingen von Männern und Frauen gemeinsam ist, ihnen beiden denselben Grad in der Erbfolgeordnung. Damit aber diejenigen, deren Stellung nicht nur durch die Unterstützung der Natur, sondern auch durch die des alten Rechts gefestigt ist, etwas mehr haben, meinten sie, der Erbteil der oben erwähnten Enkel, Enkelinnen und weiteren Abkömmlinge sei ein wenig zu kürzen, so daß diese ein Drittel weniger empfingen als jeweils ihre Mutter oder Großmutter [nach deren Vater] empfangen hätte oder ihr Vater oder Großvater väterlicher- wie mütterlicherseits, falls eine Frau [das heißt deren Mutter] verstorben ist. Und traten daher jene die Erbschaft an, so beriefen, selbst wenn sie allein vorhanden waren, die Kaiser die Seitenverwandten im Mannesstamm nicht. Und so wie das Zwölftafelgesetz[2] nach dem Tode des Sohnes Enkel und Enkelin oder Urenkel und Urenkelin anstelle ihres Vaters zur Erbfolge nach ihrem Großvater beruft, so beruft nun die kaiserliche Bestimmung auch sie [die Abkömmlinge der Tochter] mit der bereits beschriebenen Kürzung um ein Drittel anstelle ihrer Mutter oder Großmutter.

16. Sed nos, cum adhuc dubitatio manebat inter adgnatos et memoratos nepotes, partem quartam defuncti substantiae adgnatis sibi vindicantibus ex cuiusdam constitutionis auctoritate, memoratam quidem constitutionem a nostro codice segregravimus neque inseri eam ex Theodosiano codice in eo concessimus. nostra autem

16. Aber da zwischen den Seitenverwandten im Mannesstamm und den erwähnten Enkeln noch Zweifel blieben, weil Seitenverwandte im Mannesstamm unter Berufung auf die Geltung einer gewissen Konstitution[3] für sich den vierten Teil des Vermögens des Verstorbenen beanspruchten, haben wir die erwähnte Konstitution von unserem Gesetzbuch ferngehalten und nicht

1 Valentinian, Theodosius, Arcadius C. 6, 55, 9 (389).
2 XII tab. 5, 3.
3 Sie ist nicht überliefert.

constitutione promulgata toti iuri eius derogatum est: et sanximus talibus nepotibus ex filia vel pronepotibus ex nepte et deinceps superstitibus adgnatos nullam partem mortui successionis sibi vindicare, ne hi, qui ex transversa linea veniunt, potiores his habeantur, qui recto iure descendunt. quam constitutionem nostram optinere secundum sui vigorem et tempora et nunc sancimus: ita tamen ut, quemadmodum inter filios et nepotes ex filio antiquitas statuit non in capita sed in stirpes dividi hereditatem, similiter nos inter filios et nepotes ex filia distributionem fieri iubemus, vel inter omnes nepotes et neptes et alias deinceps personas, ut utraque progenies matris suae vel patris, aviae vel avi portionem sine ulla deminutione consequantur, ut, si forte unus vel duo ex una parte, ex altera tres aut quattuor extent, unus aut duo dimidiam, alteri tres aut quattuor alteram dimidiam hereditatis habeant.

gestattet, sie aus dem Codex Theodosianus in dieses zu übernehmen. Mit Verkündung unserer Konstitution[1] ist alles Recht jener Konstitution außer Kraft gesetzt worden. Und wir haben bestimmt, daß, wenn solche Enkel nach einer Tochter oder Urenkel nach einer Enkelin oder entsprechend weitere Abkömmlinge vorhanden sind, die Seitenverwandten im Mannesstamm keinen Teil des Nachlasses des Verstorbenen für sich beanspruchen können, damit nicht diejenigen, die von der Seitenlinie kommen, denen gegenüber bevorzugt werden, die in gerader Linie vom Erblasser abstammen. Und wir bekräftigen auch jetzt, daß unsere Konstitution, wie es ihrer Überzeugungskraft und Zeitgemäßheit entspricht, Gültigkeit hat, jedoch mit folgender Maßgabe: So wie man in alter Zeit bestimmt hat, die Erbschaft zwischen Söhnen und Enkeln nach einem vorverstorbenen Sohn nicht nach Köpfen, sondern nach Stämmen zu teilen, ordnen wir nun an, daß ganz entsprechend auch die Verteilung zwischen Söhnen und Enkeln nach einer vorverstorbenen Tochter geschehen soll oder zwischen lauter Enkeln und Enkelinnen und weiteren gradferneren Abkömmlingen. Daher erlangt beiderlei Nachkommenschaft das Erbteil ihrer Mutter oder ihres Vaters, ihrer Großmutter oder ihres Großvaters ohne jede Verkürzung, so daß, wenn etwa auf der einen Seite ein oder zwei und auf der anderen Seite drei oder vier vorhanden sind, die ein oder zwei Abkömmlinge die eine Hälfte, die anderen drei oder vier die andere Hälfte der Erbschaft erhalten.

II
De legitima adgnatorum successione

Si nemo suus heres vel eorum, quos inter suos heredes praetor vel constitutiones vocant, extat et successionem quoquo modo amplectatur: tunc ex lege duodecim tabularum ad adgnatum proximum hereditas pertinet.

Zweiter Titel
Über die gesetzliche Erbfolge der Seitenverwandten im Mannesstamm

Wenn kein Hauserbe oder auch keiner von denen, die der Prätor oder kaiserliche Konstitutionen als Hauserben berufen, vorhanden ist und auf irgendeine Weise die Erbschaft ergreift, dann gebührt nach dem Zwölftafelgesetz[2] die Erbschaft dem nächsten Seitenverwandten im Mannesstamm.

---

1 C. 6, 55, 12 (528).
2 XII tab. 5, 4.

1. Sunt autem adgnati, ut primo quoque libro tradidimus, cognati per virilis sexus personas cognatione iuncti, quasi a patre cognati. itaque eodem patre nati fratres adgnati sibi sunt, qui et consanguinei vocantur, nec requiritur, an etiam eandem matrem habuerint. item patruus fratris filio et invicem is illi adgnatus est. eodem numero sunt fratres patrueles, id est qui ex duobus fratribus procreati sunt, qui etiam consobrini vocantur. qua ratione etiam ad plures gradus adgnationis pervenire poterimus. hi quoque, qui post mortem patris nascuntur, nanciscuntur consanguinitatis iura. non tamen omnibus simul adgnatis dat lex hereditatem, sed his, qui tunc proximo gradu sunt, cum certum esse coeperit aliquem intestatum decessisse.

1. Seitenverwandt im Mannesstamm sind, wie wir schon im ersten Buch[1] mitgeteilt haben, Blutsverwandte, die über Personen männlichen Geschlechts durch Blutsverwandtschaft verbunden sind, sozusagen blutsverwandt von einem Vater her. Daher sind die von demselben Vater abstammenden Brüder miteinander im Mannesstamm seitenverwandt; diese werden auch vaterblütige Brüder genannt[2], und es wird nicht danach gefragt, ob sie auch dieselbe Mutter haben. Ebenso ist auch der Onkel väterlicherseits mit dem Sohn seines Bruders wechselseitig im Mannesstamm seitenverwandt. In diese Gruppe gehören auch die Brudersöhne, das heißt diejenigen, die von zwei Brüdern abstammen und auch Geschwisterkinder genannt werden. Auf diese Weise können wir noch zu weiteren Graden der Seitenverwandtschaft im Mannesstamm gelangen. Auch diejenigen, die nach dem Tode des Vaters geboren werden, erlangen die Rechtsstellung der Vaterblütigkeit. Das Gesetz gibt jedoch die Erbschaft nicht allen Seitenverwandten im Mannesstamm zugleich, sondern denjenigen, die in dem Augenblick am gradnächsten sind, von dem an feststeht, daß jemand testamentslos gestorben ist.

2. Per adoptionem quoque adgnationis ius consistit, veluti inter filios naturales et eos quos pater eorum adoptavit (nec dubium est, quin proprie consanguinei appellentur): item si quis ex ceteris adgnatis tuis, veluti frater aut patruus aut denique is qui longiore gradu est, aliquem adoptaverit, adgnatos inter suos esse non dubitatur.

2. Auch durch Adoption kommt die Rechtsstellung der Seitenverwandtschaft im Mannesstamm zustande, zum Beispiel zwischen leiblichen Söhnen und denjenigen, die ihr Vater adoptiert hat (und es besteht kein Zweifel, daß im technischen Sinn auch sie Vaterblütige genannt werden). Ebenso zweifelt man nicht daran, daß, wenn einer von deinen weiteren Seitenverwandten im Mannesstamm, zum Beispiel dein Bruder oder dein Onkel väterlicherseits oder schließlich ein gradfernerer Verwandter, jemanden adoptiert, dieser zu euren[3] Seitenverwandten im Mannesstamm gehört.

1 Inst. 1, 15, 1.

2 Nach dieser Ansicht, in der die consanguinei als Abkömmlinge eines gemeinsamen Vaters von den uterini als Abkömmlinge einer gemeinsamen Mutter unterschieden werden, schafft nur die Abstammung vom Vater wirkliche Blutsverwandtschaft. Gemeinsame Abstammung von einer Mutter bedeutet nach den bildhaften Bezeichnungen fratres und sorores uterini dagegen nur, daß diese Kinder von derselben Mutter ausgetragen worden sind.

3 Die Übersetzung folgt den von Krüger im Anschluß an Theophilus vorgeschlagenen Lesungen 'adgnatos vos' und 'adgnationem inter vos'.

3. Ceterum inter masculos quidem adgnationis iure hereditas etiam longissimo gradu ultro citroque capitur. quod ad feminas vero ita placebat, ut ipsae consanguinitatis iure tantum capiant hereditatem, si sorores sint, ulterius non capiant: masculi vero ad earum hereditates, etiam si longissimo gradu sint, admittantur. qua de causa fratris tui aut patrui tui filiae vel amitae tuae hereditas ad te pertinet, tua vero ad illas non pertinebat. quod ideo ita constitutum erat, quia commodius videbatur ita iura constitui, ut plerumque hereditates ad masculos confluerent. sed quia sane iniquum erat in universum eas quasi extraneas repelli praetor eas ad bonorum possessionem admittit ea parte, qua proximitatis nomine bonorum possessionem pollicetur: ex qua parte ita scilicet admittuntur, si neque adgnatus ullus nec proximior cognatus interveniat.

3. Im übrigen wird die Erbschaft unter Männern nach dem Recht der Seitenverwandtschaft im Mannesstamm auch in sehr entferntem Grad wechselseitig erlangt. Im Hinblick auf die Frauen aber war das lediglich insoweit anerkannt, als sie selbst die Erbschaft nur nach dem Recht der Vaterblütigkeit erwarben, das heißt, wenn sie Schwestern waren, darüber hinaus nicht; die Männer dagegen wurden zu Erbschaften der Frauen zugelassen, auch wenn sie in sehr entferntem Grad seitenverwandt waren. Daher gebührte die Erbschaft der Tochter deines Bruders oder der deines Onkels väterlicherseits oder die Erbschaft deiner Tante väterlicherseits dir; deine aber gebührte ihnen nicht. Dies hatte man deswegen so festgesetzt, weil es vorteilhafter erschien, das Recht so zu ordnen, daß die Erbschaften in der Regel Männern zuflossen. Aber weil es offenbar ungerecht war, die Frauen insgesamt wie Hausfremde zurückzuweisen, hat der Prätor sie in dem Abschnitt, wo er den Nachlaßbesitz unter dem Gesichtspunkt der Verwandtschaftsnähe verheißt, zum Nachlaßbesitz zugelassen. Nach diesem Abschnitt werden sie freilich nur dann zugelassen, wenn weder ein Seitenverwandter im Mannesstamm noch ein näherer [allgemein] Blutsverwandter vorhanden ist.

3a. Et haec quidem lex duodecim tabularum nullo modo introduxit, sed simplicitatem legibus amicam amplexa simili modo omnes adgnatos sive masculos sive feminas cuiuscumque gradus ad similitudinem suorum invicem ad successionem vocabat: media autem iurisprudentia, quae erat lege quidem duodecim tabularum iunior, imperiali autem dispositione anterior, suptilitate quadam excogitata praefatam differentiam inducebat et penitus eas a successione adgnatorum repellebat, omni alia successione incognita, donec praetores, paulatim asperitatem iuris civilis corrigentes sive quod deest adimplentes, humano proposito alium ordinem suis edictis addiderunt et cognationis linea proximitatis nomine in-

3a. Und all das hat keineswegs das Zwölftafelgesetz so eingeführt; dieses hat vielmehr aus Liebe zur Einfachheit, die der Gesetze Freundin ist, alle Seitenverwandten im Mannesstamme jeglichen Grades, seien es Männer oder Frauen, nach dem Muster der Hauserben[1] wechselseitig zu Erben berufen. Die Jurisprudenz der Zwischenzeit indes, die jünger ist als das Zwölftafelgesetz, aber älter als die Kaisergesetzgebung, führte mit ziemlich spitzfindigem Scharfsinn die oben erwähnte Unterscheidung ein und wies Frauen, da eine andere Erbfolge nicht bekannt war, vollständig von der Erbfolge im Mannesstamm zurück, bis die Prätoren, die allmählich die Härten des Zivilrechts beseitigten oder Fehlendes ergänzten, aus menschlicher Gesinnung ihren Edikten eine weitere Ordnung hinzufüg-

1 Bei denen zwischen Mann und Frau nicht unterschieden wurde.

troducta per bonorum possessionem eas adiuvabant et pollicebantur his bonorum possessionem, quae unde cognati appellatur.

ten. Und indem sie die Linie der [allgemeinen] Blutsverwandtschaft unter dem Gesichtspunkt der Verwandtschaftsnähe einführten, halfen sie den Frauen durch Gewährung des Nachlaßbesitzes, der 'Von wo die Verwandten' heißt[1].

3b. Nos vero legem duodecim tabularum sequentes et eius vestigia in hac parte conservantes laudamus quidem praetores suae humanitatis, non tamen eos in plenum causae mederi invenimus: quare etenim uno eodemque gradu naturali concurrente et adgnationis titulis tam in masculis quam in feminis aequa lance constitutis masculis quidem dabatur ad successionem venire omnium adgnatorum, ex adgnatis autem mulieribus nullis penitus nisi soli sorori ad adgnatorum successionem patebat aditus? ideo in plenum omnia reducentes et ad ius duodecim tabularum eandem dispositionem exaequantes nostra constitutione sanximus omnes legitimas personas, id est per virilem sexum descendentes, sive masculini sive feminini generis sunt, simili modo ad iura successionis legitimae ab intestato vocari secundum gradus sui praerogativam nec ideo excludendas, quia consanguinitatis iura sicuti germanae non habent.

3b. Wir jedoch, die wir dem Zwölftafelgesetz folgen und in diesem Bereich auf seiner Spur bleiben, loben zwar die Prätoren wegen ihrer Menschlichkeit, finden aber nicht, daß sie dem Problem in vollem Umfang abgeholfen haben. Denn warum ließ man, wenn ein und dieselbe natürliche Gradnähe zusammentrifft und die Bezeichnungen für die Seitenverwandtschaft im Mannesstamm gleichgewichtig für männliche und weibliche Abkömmlinge gebildet sind, zwar die Männer zur Erbfolge nach allen Seitenverwandten im Mannesstamm zu, während von den im Mannesstamm seitenverwandten Frauen einzig und allein der Schwester der Zugang zur Erbfolge des Mannesstammes offenstand? Wir haben daher, um alles vollständig zurückzuführen und diese Regelung mit dem Recht der Zwölftafeln wieder in Übereinstimmung zu bringen, in unserer Konstitution[2] bestimmt, daß alle vom Gesetz gemeinten Personen, das heißt alle Abkömmlinge von einer Person männlichen Geschlechts, seien sie Männer oder Frauen, in gleicher Weise zu den Rechten der gesetzlichen Erbfolge nach einem Testamentslosen gemäß dem Vorrang ihres Grades berufen werden und daß Frauen nicht deshalb ausgeschlossen werden dürfen, weil sie nicht wie von demselben Vater abstammende Schwestern die Rechtsstellung der Vaterblütigkeit hätten.

4. Hoc etiam addendum nostrae constitutioni existimavimus, ut transferatur unus tantummodo gradus a iure cognationis in legitimam successionem, ut non solum fratris filius et filia secundum quod iam definivimus ad successionem patrui sui vocentur, sed etiam germanae consanguineae vel sororis uterinae filius et filia soli et non

4. Wir meinten, damit wenigstens ein ganzer Grad aus dem Recht der [bislang nur prätorisch berücksichtigten einfachen] Blutsverwandtschaft in die gesetzliche Erbfolge überführt wird, unserer Verordnung auch noch hinzufügen zu müssen, daß nicht nur der Sohn oder die Tochter eines Bruders gemäß dem, was wir schon bestimmt haben, zur Erbfolge ihres Onkels väterlicherseits berufen werden, sondern daß darüber hinaus auch der Sohn oder die Tochter einer vaterblütigen Schwester oder ei-

1 Verkürzter Juristenausdruck. Vgl. S. 130 Fn. 3.
2 C. 6, 58, 14 (531).

deinceps personae una cum his ad iura avunculi sui perveniant et mortuo eo, qui patruus quidem est fratris sui filiis, avunculus autem sororis suae suboli, simili modo ab utroque latere succedant, tamquam si omnes ex masculis descendentes legitimo iure veniant, scilicet ubi frater et soror superstites non sunt (his etenim personis praecedentibus et successionem admittentibus ceteri gradus remanent penitus semoti): videlicet hereditate non ad stirpes, sed in capita dividenda.

ner nur über die Mutter verwandten Schwester zur Rechtsnachfolge ihres Onkels mütterlicherseits gelangen, und zwar sie allein und keine entfernteren Personen zusammen mit ihnen, so daß, wenn jemand gestorben ist, der für die Söhne seines Bruders zwar Onkel väterlicherseits war, Onkel mütterlicherseits aber für die Nachkommenschaft seiner Schwester, sie [alle] in gleicher Weise von beiden Seiten die Erbfolge antreten, ganz so, als ob sie alle als von männlichen Personen Abstammende nach gesetzlichem Recht zur Erbschaft gelangten, freilich unter der Voraussetzung, daß Brüder und Schwestern nicht vorhanden sind (denn wenn diese im Grad vorangehenden Personen die Erbschaft annehmen, bleiben die übrigen Grade vollständig ausgeschlossen). Natürlich ist dabei die Erbschaft nicht nach Stämmen, sondern nach Köpfen zu verteilen.

5. Si plures sint gradus adgnatorum, aperte lex duodecim tabularum proximum vocat: itaque si verbi gratia sit frater defuncti et alterius fratris filius aut patruus, frater potior habetur. et quamvis singulari numero usa lex proximum vocet, tamen dubium non est, quin et, si plures sint eiusdem gradus, omnes admittantur: nam et proprie proximus ex pluribus gradibus intellegitur et tamen dubium non est, quin, licet unus sit gradus adgnatorum, pertineat ad eos hereditas.

5. Wenn mehrere Grade von Seitenverwandten im Mannesstamm vorhanden sind, beruft das Zwölftafelgesetz[1] ausdrücklich den Gradnächsten. Wenn daher zum Beispiel ein Bruder des Verstorbenen und ein Sohn eines anderen Bruders oder ein Onkel väterlicherseits vorhanden sind, dann hat der Bruder den Vorrang. Und obgleich das Gesetz, indem es den Singular benutzt, den Gradnächsten beruft, ist es dennoch nicht zweifelhaft, daß, wenn mehrere desselben Grades vorhanden sind, auch alle zur Erbschaft zugelassen werden. Denn auch der Ausdruck Gradnächster ist eigentlich nur bei mehreren Graden verständlich, und gleichwohl ist es nicht zweifelhaft, daß, wenn nur ein einziger Grad von Seitenverwandten im Mannesstamm vorhanden ist, diesen allen die Erbschaft zusteht.

6. Proximus autem, si quidem nullo testamento facto quisque decesserit, per hoc tempus requiritur, quo mortuus est is cuius de hereditate quaeritur. quod si facto testamento quisquam decesserit, per hoc tempus requiritur, quo certum esse coeperit nullum ex testamento heredem extaturum: tum enim proprie quisque intellegitur intestatus decessisse. quod quidem aliquando longo tempore declaratur: in quo spatio

6. Der Gradnächste wird aber, wenn jemand verstorben ist, ohne ein Testament errichtet zu haben, bezogen auf den Zeitpunkt ermittelt, zu dem derjenige gestorben ist, um dessen Erbschaft es geht. Wenn dagegen jemand, der ein Testament errichtet hat, gestorben ist, wird der Gradnächste bezogen auf den Zeitpunkt ermittelt, von dem an feststeht, daß keiner nach dem Testament Erbe werden wird. Denn erst dann sieht man jemanden im eigentlichen Sinne als

1 XII tab. 5, 4.

temporis saepe accidit, ut proximiore mortuo proximus esse incipiat, qui moriente testatore non erat proximus.

testamentslos verstorben an. Freilich stellt sich das bisweilen erst nach längerer Zeit heraus. In diesem Zeitraum geschieht es dann häufig, daß durch Versterben eines Gradnäheren jemand zum Gradnächsten wird, der beim Tode dessen, der das Testament errichtet hat, nicht der Gradnächste war.

7. Placebat autem in eo genere percipiendarum hereditatum successionem non esse, id est ut, quamvis proximus, qui secundum ea quae diximus vocatur ad hereditatem, aut spreverit hereditatem aut antequam adeat decesserit, nihilo magis legitimo iure sequentes admittuntur. quod iterum praetores imperfecto iure corrigentes non in totum sine adminiculo relinquebant, sed ex cognatorum ordine eos vocabant, utpote adgnationis iure eis recluso. sed nos nihil deesse perfectissimo iuri cupientes nostra constitutione sanximus, quam de iure patronatus humanitate suggerente protulimus, successionem in adgnatorum hereditatibus non esse eis denegandam, cum satis absurdum erat, quod cognatis a praetore apertum est, hoc adgnatis esse reclusum, maxime cum in onere quidem tutelarum et primo gradu deficiente sequens succedit et, quod in onere optinebat, non erat in lucro permissum.

7. Es war aber stets anerkannt, daß in dieser Art von Erbschaftserwerb ein Nachrücken nicht stattfindet, das heißt: Mag auch der Gradnächste, der gemäß dem Gesagten zur Erbschaft berufen war, die Erbschaft nicht angenommen haben oder vor Antritt der Erbschaft verstorben sein, so werden die nach Gesetzesrecht im Grad Nachfolgenden gleichwohl nicht zur Erbschaft zugelassen. Dieses Recht beließen wiederum die Prätoren, indem sie es rechtlich unvollkommen berichtigten, nicht ganz und gar ohne Verbesserung; vielmehr beriefen sie jene in der Ordnung der [allgemein] Blutsverwandten, da jenen ja die Rechtsstellung der Seitenverwandten im Mannesstamm verschlossen blieb. Wir dagegen, begierig, daß nichts an der Vollkommenheit des Rechts fehlen möge, haben durch unsere Konstitution[1], die wir, von Menschlichkeit geleitet, über das Freilasserrecht erlassen haben, bestimmt, daß ihnen die Nachfolge in die Erbschaft der Seitenverwandten im Mannesstamm nicht verweigert werden soll. Denn es wäre ziemlich ungereimt, wenn das, was den [allgemein] Blutsverwandten vom Prätor eröffnet worden ist[2], den Seitenverwandten im Mannesstamm verschlossen bliebe, insbesondere da auch in die Last von Vormundschaften der im Grad Nachfolgende einrückt, wenn der im Grad an erster Stelle Stehende wegfällt, und daher sonst das, was bei einer Last anerkannt wäre, bei einem Vorteil nicht zugelassen würde.

8. Ad legitimam successionem nihilo minus vocatur etiam parens, qui contracta fiducia filium vel filiam, nepotem vel neptem ac deinceps emancipat. quod ex nostra constitutione omnimodo inducitur, ut emancipationes liberorum semper videantur contracta fiducia fieri, cum apud anti-

8. Zur gesetzlichen Erbfolge wird ebenso auch der Vater berufen, der mit einer Treuhandabrede einen Sohn oder eine Tochter, einen Enkel oder eine Enkelin oder fernere Abkömmlinge aus der Hausgewalt entlassen hat. Hierzu ist durch eine von uns erlassene Konstitution[3] allgemein eingeführt worden, daß die Entlassun-

1 C. 6, 4, 4, 20 (531).
2 Nämlich das Nachrücken nach den Verwandtschaftsgraden.
3 C. 8, 48, 6 (531); vgl. C. 6, 4, 4, 25 (531).

quos non aliter hoc optinebat, nisi specialiter contracta fiducia parens manumisisset.

gen von Kindern aus der Hausgewalt stets als mit einer Treuhandabrede erfolgt gelten, während dies bei den alten Juristen nur dann anerkannt war, wenn der Vater die Entlassung aus der väterlichen Gewalt ausdrücklich mit einer Treuhandabrede vorgenommen hatte[1].

III
De senatus consulto Tertulliano

Lex duodecim tabularum ita stricto iure utebatur et praeponebat masculorum progeniem et eos, qui per feminini sexus necessitudinem sibi iunguntur, adeo expellebat, ut ne quidem inter matrem et filium filiamve ultro citroque hereditatis capiendae ius daret, nisi quod praetores ex proximitate cognatorum eas personas ad successionem bonorum possessione unde cognati accommodata vocabant.

1. Sed hae iuris angustiae postea emendatae sunt. et primus quidem divus Claudius matri ad solacium liberorum amissorum legitimam eorum detulit hereditatem.

2. Postea autem senatus consulto Tertulliano, quod divi Hadriani temporibus factum est, plenissime de tristi successione matri, non etiam aviae deferenda cautum est: ut mater ingenua trium liberorum ius habens, libertina quattuor ad bona filiorum filiarumve admittatur intestatorum mortuorum, licet in potestate parentis est, ut scilicet, cum alieno iuri subiecta est, iussu eius adeat, cuius iuri subiecta est.

3. Praeferuntur autem matri liberi defuncti, qui sui sunt quive suorum loco, sive primi gradus sive ulterioris. sed et filiae

Dritter Titel
Über das Senatusconsultum Tertullianum

Das Zwölftafelgesetz folgte so sehr strengem Recht und bevorzugte die Nachkommenschaft der Männer und wies diejenigen, die durch Verwandtschaft über eine Person weiblichen Geschlechts miteinander verbunden sind, in solchem Maße zurück, daß es nicht einmal zwischen Mutter und Sohn oder Tochter ein Recht wechselseitigen Erbschaftserwerbs gewährte. Nur die Prätoren beriefen diese Personen aus dem Gesichtspunkt der Verwandtschaftsnähe zur Erbfolge, indem sie ihnen den Nachlaßbesitz 'Von wo die Verwandten'[2] zubilligten.

1. Aber diese Engherzigkeiten des Rechts sind später beseitigt worden. Und als erster gewährte der vergöttlichte Kaiser Claudius der Mutter zum Trost für den Verlust der Kinder deren Erbschaft als gesetzlicher Erbin.

2. Später aber ist durch das Senatusconsultum Tertullianum, das zur Zeit des vergöttlichten Kaisers Hadrian ergangen ist, über diese traurige, der Mutter, nicht auch der Großmutter eröffnete Erbfolge eine höchst umfassende Regelung dahin getroffen worden, daß die freigeborene Mutter mit Dreikinderrecht, ebenso die Freigelassene mit Vierkinderrecht zum Nachlaß ihrer testamentslos verstorbenen Söhne und Töchter zugelassen wird, selbst wenn sie noch in der Hausgewalt ihres Vaters steht; dann tritt sie freilich, da sie dem Recht eines anderen unterworfen ist, die Erbschaft aufgrund der Ermächtigung desjenigen an, dessen Recht sie unterworfen ist.

3. Der Mutter vorgezogen werden aber die Abkömmlinge eines verstorbenen Sohnes, die seine Hauserben sind oder diesen gleichstehen,

1 Vgl. Inst. 3, 9, 5.
2 Vgl. S. 130 Fn. 3.

suae mortuae filius vel filia opponitur ex constitutionibus matri defunctae, id est aviae suae. pater quoque utriusque, non etiam avus vel proavus matri anteponitur, scilicet cum inter eos solos de hereditate agitur. frater autem consanguineus tam filii quam filiae excludebat matrem: soror autem consanguinea pariter cum matre admittebatur: sed si fuerat frater et soror consanguinei et mater liberis honorata, frater quidem matrem excludebat, communis autem erat hereditas ex aequis partibus fratri et sorori.

gleich ob sie ersten oder entfernteren Grades sind. Es geht aber auch der Sohn oder die Tochter einer verstorbenen Tochter gemäß kaiserlichen Konstitutionen der Mutter der Verstorbenen vor, das heißt ihrer Großmutter. Auch der Vater von beiden Verstorbenen, nicht aber auch der Großvater oder der Urgroßvater, geht der Mutter vor, falls es allein unter ihnen um die Erbschaft geht[1]. Der vaterblütige Bruder eines [verstorbenen] Sohnes wie auch einer [verstorbenen] Tochter schloß aber früher die Mutter aus; die vaterblütige Schwester wurde dagegen zu gleichen Teilen mit der Mutter zum Erbe zugelassen. Waren aber ein vaterblütiger Bruder und eine vaterblütige Schwester vorhanden sowie eine durch das Kinderrecht ausgezeichnete Mutter, dann schloß zwar der Bruder die Mutter aus, Bruder und Schwester erhielten die Erbschaft aber gemeinschaftlich zu gleichen Teilen.

4. Sed nos constitutione, quam in codice nostro nomine decorato posuimus, matri subveniendum esse existimavimus, respicientes ad naturam et puerperium et periculum et saepe mortem ex hoc casu matribus illatam. ideoque impium esse credidimus casum fortuitum in eius admitti detrimentum: si enim ingenua ter vel libertina quater non peperit, immerito defraudabatur successione suorum liberorum: quid enim peccavit, si non plures, sed paucos pepererit? et dedimus ius legitimum plenum matribus sive ingenuis sive libertinis, etsi non ter enixae fuerint vel quater, sed eum tantum vel eam, qui quaeve morte intercepti sunt, ut et sic vocentur in liberorum suorum legitimam successionem.

4. Aber wir haben gemeint, durch eine Konstitution[2], die wir in den mit unserem Namen geschmückten Codex aufgenommen haben, der Mutter helfen zu müssen, indem wir an Geburt und Wochenbett und die tödlichen Gefahren dachten, die die Mütter hierbei oft bedrohen. Deswegen hielten wir es für verantwortungslos, einen Zufallsumstand zu ihrem Nachteil ausschlagen zu lassen. Denn wenn eine freie Frau nicht drei oder eine Freigelassene nicht vier Kinder geboren hatte, brachte man sie zu Unrecht um den Nachlaß ihrer Kinder. Worin hat sie denn gefehlt, wenn sie nicht viele, sondern wenige Kinder zur Welt gebracht hat? Und so haben wir den Müttern, den freigeborenen wie den freigelassenen, das volle gesetzliche Erbrecht gegeben, auch wenn sie nicht drei oder vier Kinder geboren haben, sondern lediglich den Sohn oder die Tochter, die der Tod ihnen entrissen hat, so daß sie auch in dem Fall zur gesetzlichen Erbfolge ihres Kindes berufen sind.

5. Sed cum antea constitutiones iura legitima perscrutantes partim matrem adiuvabant, partim eam praegravabant et non in solidum eam vocabant, sed in quibusdam casibus tertiam partem ei abstrahentes certis legitimis dabant personis, in aliis au-

5. Aber während früher die das gesetzliche Erbrecht novellierenden Konstitutionen die Mutter teils begünstigten, teils belasteten und sie nicht auf das Ganze beriefen, sondern in einigen Fällen ein Drittel, das sie ihr nahmen, bestimmten gesetzlichen Erben gaben, in anderen Fällen

1 Wenn nämlich keine Abkömmlinge der verstorbenen Kinder der Mutter vorhanden sind.

2 C. 8, 58, 2 (528).

tem contrarium faciebant: nobis visum est recta et simplici via matrem omnibus legitimis personis anteponi et sine ulla deminutione filiorum suorum successionem accipere, excepta fratris et sororis persona, sive consanguinei sint sive sola cognationis iura habentes, ut quemadmodum eam toto alio ordini legitimo praeposuimus, ita omnes fratres et sorores, sive legitimi sint sive non, ad capiendas hereditates simul vocemus, ita tamen ut, si quidem solae sorores cognatae vel adgnatae et mater defuncti vel defunctae supersint, dimidiam quidem mater, alteram vero dimidiam partem omnes sorores habeant, si vero matre superstite et fratre vel fratribus solis vel etiam cum sororibus sive legitima sive sola cognationis iura habentibus intestatus quis vel intestata moriatur, in capita distribuatur eius hereditas.

aber das Gegenteil taten, haben wir beschlossen[1], daß die Mutter nach der richtigen und einfachen Regel allen gesetzlichen Erben vorgezogen wird und den Nachlaß ihrer Kinder ohne jede Schmälerung erhält, außer gegenüber Bruder und Schwester des Erblassers, seien sie vaterblütig oder solche, die nur die Rechtsstellung der [allgemeinen] Blutsverwandtschaft haben. Und wie wir sonst die Mutter jeder anderen gesetzlichen Ordnung vorgezogen haben, so berufen wir zwar alle diese Brüder und Schwestern des Erblassers, gleichgültig ob sie gesetzlich berufen sind oder nicht, zugleich mit ihr zum Antritt der Erbschaft, aber doch mit der Beschränkung, daß, wenn nur [allgemein] blutsverwandte oder vaterblütige Schwestern und die Mutter des oder der Verstorbenen vorhanden sind, die Mutter die eine Hälfte, alle Schwestern aber die andere Hälfte erhalten, daß aber die Erbschaft nach Köpfen verteilt wird, wenn ein Sohn oder eine Tochter testamentslos stirbt und die Mutter zusammen mit nur einem Bruder oder mit mehreren Brüdern allein oder mit Schwestern überlebt, die entweder gesetzliche Erbrechte oder nur die der allgemeinen Verwandtschaft haben.

6. Sed quemadmodum nos matribus prospeximus, ita eas oportet suae suboli consulere: scituris eis, quod, si tutores liberis non petierint vel in locum remoti vel excusati intra annum petere neglexerint, ab eorum impuberum morientium successione merito repellentur.

6. Aber so wie wir für die Mütter gesorgt haben, so sollen auch sie sich um ihre Nachkommen kümmern; und sie sollen wissen, daß sie mit Recht vom Nachlaß ihrer als Unmündige verstorbenen Kinder ausgeschlossen werden, wenn sie für sie entweder gar keinen Vormund beantragt oder es versäumt haben, an Stelle des entlassenen oder entschuldigten binnen Jahresfrist einen anderen zu erbitten.

7. Licet autem vulgo quaesitus sit filius filiave, potest ad bona eius mater ex Tertulliano senatus consulto admitti.

7. Auch wenn der Sohn oder die Tochter nichtehelich geboren ist, kann die Mutter aufgrund des Senatusconsultum Tertullianum zu deren Nachlaß zugelassen werden.

IV

De senatus consulto Orfitiano

Per contrarium autem ut liberi ad bona matrum intestatarum admittantur, senatus consulto Orfitiano effectum est, quod latum est Orfito et Rufo consulibus, divi Marci temporibus. et data est tam filio

Vierter Titel

Über das Senatusconsultum Orfitianum

Daß umgekehrt die Kinder zum Nachlaß ihrer verstorbenen Mütter zugelassen werden, ist durch das Senatusconsultum Orfitianum bewirkt worden, das unter dem Konsulat des Orfitus und des Rufus zur Zeit des vergöttlichten

1 C. 6, 56, 7 (528).

quam filiae legitima hereditas, etiamsi alieno iuri subiecti sunt: et praeferuntur et consanguineis et adgnatis defunctae matris.

Kaisers Mark Aurel ergangen ist[1]. Dadurch ist dem Sohn wie der Tochter die gesetzliche Erbfolge gewährt worden, selbst wenn sie dem Recht eines anderen unterworfen sind. Und sie werden sowohl den vaterblütigen Geschwistern als auch den Seitenverwandten im Mannesstamm der verstorbenen Mutter vorgezogen.

1. Sed cum ex hoc senatus consulto nepotes ad aviae successionem legitimo iure non vocabantur, postea hoc constitutionibus principalibus emendatum est, ut ad similitudinem filiorum filiarumque et nepotes et neptes vocentur.

1. Aber da aufgrund dieses Senatsbeschlusses Enkel nach gesetzlichem Erbrecht nicht zur Erbfolge nach ihrer Großmutter berufen wurden, ist das später durch kaiserliche Konstitutionen[2] verbessert worden, so daß nach dem Vorbild von Sohn und Tochter auch Enkel und Enkelin berufen werden.

2. Sciendum autem est huiusmodi successiones, quae a Tertulliano et Orfitiano deferuntur, capitis deminutione non peremi propter illam regulam, qua novae hereditates legitimae capitis deminutione non pereunt, sed illae solae quae ex lege duodecim tabularum deferuntur.

2. Man muß jedoch wissen, daß die Erbfolge, die aufgrund der Senatusconsulte Tertullianum und Orfitianum zusteht, durch eine Statusänderung nicht beseitigt wird, und zwar wegen jener Regel, nach der die neuen gesetzlichen Erbrechte infolge einer Statusänderung nicht wegfallen, sondern nur diejenigen, die nach dem Zwölftafelgesetz zustehen.

3. Novissime sciendum est etiam illos liberos, qui vulgo quaesiti sunt, ad matris hereditatem ex hoc senatus consulto admitti.

3. Als letztes muß man noch wissen, daß auch jene Kinder, die nichtehelich geboren sind, aufgrund dieses Senatsbeschlusses zur Erbschaft der Mutter zugelassen werden.

4. Si ex pluribus legitimis heredibus quidam omiserint hereditatem vel morte vel alia causa impediti fuerint quominus adeant, reliquis qui adierint adcrescit illorum portio et, licet ante decesserint qui adierint, ad heredes tamen eorum pertinet.

4. Wenn aber von mehreren gesetzlichen Erben einige die Erbschaft nicht antreten oder durch Tod oder einen anderen Grund die Erbschaft anzutreten gehindert werden, wächst ihr Erbteil den übrigen an, welche die Erbschaft angetreten haben, und er kommt, selbst wenn diejenigen, die angetreten haben, noch vor der Anwachsung verstorben sind, dennoch ihren Erben zugute.

V
De successione cognatorum

Post suos heredes eosque, quos inter suos heredes praetor et constitutiones vocant, et post legitimos (quo numero sunt adgnati et hi, quos in locum adgnatorum tam supra

Fünfter Titel
Über die Erbfolge von Blutsverwandten

Nach den Hauserben und denjenigen, die der Prätor und die Kaiserkonstitutionen als Hauserben berufen, und nach den gesetzlichen Erben (zu ihnen zählen die Seitenverwandten im Mannesstamm und diejenigen, die einerseits die

1 178 n. Chr.
2 C. 6, 55, 9 (389).

dicta senatus consulta quam nostra erexit constitutio) proximos cognatos praetor vocat.

oben erwähnten Senatsbeschlüsse, andererseits unsere Konstitution[1] in die Stellung von Hauserben erhoben haben) beruft der Prätor die nächsten Blutsverwandten.

1. Qua parte naturalis cognatio spectatur. nam adgnati capite deminuti quique ex his progeniti sunt ex lege duodecim tabularum inter legitimos non habentur, sed a praetore tertio ordine vocantur, exceptis solis tantummodo fratre et sorore emancipatis, non etiam liberis eorum, quos lex Anastasiana cum fratribus integri iuris constitutis vocat quidem ad legitimam fratris hereditatem sive sororis, non aequis tamen partibus, sed cum aliqua deminutione, quam facile est ex ipsius constitutionis verbis colligere, aliis vero adgnatis inferioris gradus, licet capitis deminutionem passi non sunt, tamen eos anteponit et procul dubio cognatis.

1. In diesem Abschnitt kommt es auf die natürliche Blutsverwandtschaft an. Denn die Seitenverwandten im Mannesstamm, die eine Statusänderung erlitten haben, und deren Abkömmlinge gehören nach dem Zwölftafelgesetz nicht zu den gesetzlichen Erben, sondern werden vom Prätor in der [hier erörterten] dritten Ordnung berufen. Ausgenommen sind einzig und allein Bruder und Schwester nach Entlassung aus der Hausgewalt — nicht auch deren Kinder —, welche die lex Anastasiana[2] gemeinsam mit den Brüdern, deren familienrechtliche Stellung unverändert ist, zur gesetzlichen Erbfolge des Bruders oder der Schwester beruft, freilich nicht zu gleichen Teilen, sondern mit einer gewissen Schmälerung, die sich den Worten der Konstitution selbst leicht entnehmen läßt. Sie [die lex Anastasiana] zieht sie damit anderen gradferneren Seitenverwandten im Mannesstamm vor, auch wenn diese überhaupt keine Statusänderung erlitten haben, und zweifellos auch den Blutsverwandten.

2. Hos etiam, qui per feminini sexus personas ex transverso cognatione iunguntur, tertio gradu proximitatis nomine praetor ad successionem vocat.

2. Auch diejenigen, die mit dem Erblasser über Personen weiblichen Geschlechts durch Seitenverwandtschaft verbunden sind, beruft der Prätor unter dem Gesichtspunkt der Verwandtschaftsnähe in der dritten Ordnung zur Erbfolge.

3. Liberi quoque, qui in adoptiva familia sunt, ad naturalium parentum hereditatem hoc eodem gradu vocantur.

3. Auch die Kinder, die sich in einer Adoptivfamilie befinden, werden in derselben Ordnung zur Erbfolge ihrer leiblichen Eltern berufen.

4. Vulgo quaesitos nullum habere adgnatum manifestum est, cum adgnatio a patre, cognatio sit a matre, hi autem nullum patrem habere intelleguntur. eadem ratione nec inter se quidem possunt videri consanguinei esse, quia consanguinitatis ius species est adgnationis: tantum igitur

4. Daß die nichtehelich Geborenen keine Seitenverwandten im Mannesstamm haben, liegt auf der Hand, da es die Seitenverwandtschaft im Mannesstamm nur vom Vater her gibt, die [allgemeine] Blutsverwandtschaft auch von der Mutter. Sie werden nämlich so angesehen, als hätten sie keinen Vater. Aus dem gleichen Grunde können sie nicht einmal untereinander als vaterblütige Geschwister betrachtet werden, weil das Recht der Vaterblütigkeit ein Fall der Sei-

1 C. 6, 58, 14 (531), vgl. Inst. 3, 2, 4.

2 In die Endfassung des Codex Iustinianus nicht aufgenommen. Vgl. C. 5, 70, 5 (o. J.), ferner C. 5, 30, 4 (498) und 6, 58, 15, 1 (534).

cognati sunt sibi, sicut et matris cognatis. itaque omnibus istis ea parte competit bonorum possessio, qua proximitatis nomine cognati vocantur.

tenverwandtschaft im Mannesstamm ist. Sie sind folglich untereinander und ebenso mit den Blutsverwandten der Mutter nur [allgemein] blutsverwandt. Deshalb steht diesen allen der Nachlaßbesitz nach dem Abschnitt zu, in dem die Blutsverwandten nach der Verwandtschaftsnähe berufen werden.

5. Hoc loco et illud necessario admonendi sumus adgnationis quidem iure admitti aliquem ad hereditatem et si decimo gradu sit, sive de lege duodecim tabularum quaeramus, sive de edicto quo praetor legitimis heredibus daturum se bonorum possessionem pollicetur. proximitatis vero nomine his solis praetor promittit bonorum possessionem, qui usque ad sextum gradum cognationis sunt, et ex septimo a sobrino sobrinaque nato nataeve.

5. An dieser Stelle müssen wir auch notwendigerweise darauf hinweisen, daß zwar nach dem Recht der Seitenverwandtschaft im Mannesstamm jemand zur Erbschaft zugelassen wird, auch wenn er im zehnten Grad verwandt ist, gleich ob wir im Zwölftafelgesetz oder in dem Ediktsabschnitt nachsehen, in welchem der Prätor verheißt, daß er den gesetzlichen Erben den Nachlaßbesitz geben wird. Nach der Verwandtschaftsnähe verspricht der Prätor dagegen nur denjenigen den Nachlaßbesitz, die bis zum sechsten Grad blutsverwandt sind, und im siebten Grad den männlichen oder weiblichen Abkömmlingen von Vettern und Cousinen.

VI
De gradibus cognationis

Hoc loco necessarium est exponere, quemadmodum gradus cognationis numerentur. qua in re inprimis admonendi sumus cognationem aliam supra numerari, aliam infra, aliam ex transverso, quae etiam a latere dicitur. superior cognatio est parentium, inferior liberorum, ex transverso fratrum sororumve eorumque, qui ex his progenerantur, et convenienter patrui amitae avunculi materterae. et superior quidem et inferior cognatio a primo gradu incipit: at ea, quae ex transverso numeratur, a secundo.

Sechster Titel
Über die Grade der Blutsverwandschaft

An dieser Stelle ist es notwendig darzulegen, wie die Grade der Blutsverwandtschaft gezählt werden. Zu diesem Zweck müssen wir uns in erster Linie klarmachen, daß die Verwandtschaft teils aufsteigend, teils absteigend und teils seitlich gezählt wird, welch letztere auch Seitenverwandtschaft heißt. Die aufsteigende Verwandtschaft ist die der Eltern, die absteigende die der Kinder, die seitliche Verwandtschaft die von Bruder und Schwester und derjenigen, die von ihnen abstammen, und ihr entsprechend die von Onkel und Tante väterlicher- wie mütterlicherseits. Und die aufsteigende und absteigende Verwandtschaft beginnt mit dem ersten Grad, diejenige, die seitlich gezählt wird, dagegen mit dem zweiten Grad.

1. Primo gradu est supra pater mater, infra filius filia.

1. Im ersten Grad sind mit dir verwandt aufsteigend Vater und Mutter, absteigend Sohn und Tochter.

2. Secundo supra avus avia, infra nepos neptis, ex transverso frater soror.

2. Im zweiten Grad sind mit dir verwandt aufsteigend Großvater und Großmutter, absteigend Enkel und Enkelin, seitlich Bruder und Schwester.

3. Tertio supra proavus proavia, infra pronepos proneptis, ex transverso fratris sororisque filius filia et convenienter patruus amita avunculus matertera. patruus est patris frater, qui Graece πάτρως vocatur: avunculus est matris frater, qui apud Graecos proprie μήτρως appellatur: et promiscue θεῖος dicitur. amita est patris soror, matertera vero matris soror: utraque θεία vel apud quosdam τηθίς appellatur.

3. Im dritten Grad sind mit dir verwandt aufsteigend Urgroßvater und Urgroßmutter, absteigend Urenkel und Urenkelin, seitlich Sohn oder Tochter von Bruder und Schwester und dementsprechend ebenso Onkel und Tante väterlicherseits sowie Onkel und Tante mütterlicherseits. Der Onkel väterlicherseits ist der Bruder des Vaters, der griechisch patros genannt wird. Der Onkel mütterlicherseits ist der Bruder der Mutter, der bei den Griechen eigentlich metros heißt; vielfach nennt man ihn auch theios. Die Tante väterlicherseits ist die Schwester des Vaters, die Tante mütterlicherseits dagegen die Schwester der Mutter; beide heißen griechisch theia oder auch tethis.

4. Quarto gradu supra abavus abavia, infra abnepos abneptis, ex transverso fratris sororisque nepos neptis et convenienter patruus magnus amita magna (id est avi frater et soror), item avunculus magnus matertera magna (id est aviae frater et soror), consobrinus consobrina (id est qui quaeve ex fratribus aut sororibus progenerantur). sed quidam recte consobrinos eos proprie putant dici, qui ex duabus sororibus progenerantur, quasi consororinos: eos vero, qui ex duobus fratribus progenerantur, proprie fratres patrueles vocari (si autem ex duobus fratribus filiae nascantur, sorores patrueles appellantur): at eos, qui ex fratre et sorore propagantur, amitinos proprie dici (amitae tuae filii consobrinum te appellant, tu illos amitinos).

4. Im vierten Grad sind mit dir verwandt aufsteigend Ururgroßvater und Ururgroßmutter, absteigend Ururenkel und Ururenkelin, seitlich Enkel und Enkelin von Bruder und Schwester und dementsprechend ebenso Großonkel und Großtante väterlicherseits (das heißt Bruder und Schwester des Großvaters), ebenso Großonkel und Großtante mütterlicherseits (das heißt Bruder und Schwester der Großmutter) und Geschwisterkinder männlichen und weiblichen Geschlechts (das heißt männliche und weibliche Abkömmlinge von Brüdern und Schwestern deiner Eltern). Einige Juristen nehmen jedoch zu Recht an, daß eigentlich nur diejenigen Geschwisterkinder, consobrini, heißen, die von zwei Schwestern abstammen, gleichsam als Schwesterkinder, consororini, daß dagegen diejenigen, die von zwei Brüdern abstammen, eigentlich Brudersöhne, fratres patrueles, heißen (wenn aber von den zwei Brüdern Töchter abstammen, nennt man sie Brudertöchter, sorores patrueles) und daß demgegenüber diejenigen, die von Bruder und Schwester abstammen, eigentlich Vatergeschwisterkinder, amitini, heißen (die Kinder deiner Tante väterlicherseits, amita, nennen dich Geschwisterkind, consobrinus, du sie Vatergeschwisterkinder, amitini).

5. Quinto supra atavus atavia, infra adnepos adneptis, ex transverso fratris sororisque pronepos proneptis et convenienter propatruus proamita (id est proavi frater et soror), proavunculus promatertera (id est

5. Im fünften Grad sind mit dir verwandt aufsteigend der Urururgroßvater und die Urururgroßmutter, absteigend der Urururenkel und die Urururenkelin, seitlich Urenkel und Urenkelin von Bruder und Schwester und dementsprechend ebenso Urgroßonkel und Urgroßtante väterlicherseits (das heißt Bruder und Schwester des Urgroßvaters), Urgroßonkel und Urgroß-

poraviae frater et soror), item fratris patruelis sororis patruelis, consobrini et consobrinae, amitini amitinae filius filia, proprior sobrinus sobrina (hi sunt patrui magni amitae magnae avunculi magni materterae magnae filius filia).

tante mütterlicherseits (das heißt Bruder und Schwester der Urgroßmutter), ebenso Sohn und Tochter von Vettern und Cousinen durch Väter, die Brüder sind, und durch Mütter, die Schwestern sind, oder von Vettern und Cousinen durch Vater und Mutter, die Geschwister sind, und die Großgeschwisterkinder (dieses sind Sohn und Tochter von Großonkel und Großtante väterlicherseits und mütterlicherseits).

6. Sexto gradu sunt supra tritavus tritavia, infra trinepos trineptis, ex transverso fratris sororisque abnepos abneptis et convenienter abpatruus abamita (id est abavi frater et soror) abavunculus abmatertera (id est abaviae frater et soror), item sobrini sobrinaeque (id est qui quaeve ex fratribus vel sororibus patruelibus vel consobrinis vel amitinis progenerantur).

6. Im sechsten Grad sind mit dir verwandt aufsteigend der Vater des Urururgroßvaters und die Mutter des Urururgroßvaters, absteigend der Sohn und die Tochter des Ururenkels, seitlich Ururenkel und Ururenkelin von Bruder und Schwester und dementsprechend der Ururgroßonkel und die Ururgroßtante väterlicherseits (das heißt Bruder und Schwester des Ururgroßvaters), der Ururgroßonkel und die Ururgroßtante mütterlicherseits (das heißt Bruder und Schwester der Ururgroßmutter), ebenso die männlichen und weiblichen Geschwisterurenkelkinder (das heißt alle Urenkel beiderlei Geschlechts, die von Elternteilen abstammen, die Brüder, Schwestern oder Geschwister der Eltern sind).

7. Hactenus ostendisse sufficiet, quemadmodum gradus cognationis numerentur. namque ex his palam est intellegere, quemadmodum ulterius quoque gradus numerare debemus: quippe semper generata quaeque persona gradum adiciat, ut longe facilius sit respondere, quoto quisque gradu sit, quam propria cognationis appellatione quemquam denotare.

7. Die Darstellung, wie die Grade der Blutsverwandtschaft gezählt werden, wird insoweit genügen. Denn aus dem Gesagten läßt sich klar ersehen, wie wir auch die ferneren Grade zählen müssen. Eine jede erzeugte Person fügt nämlich jedes Mal einen Grad hinzu, so daß viel leichter zu beantworten ist, im wievielten Grad jemand verwandt ist, als ihn mit einem eigenen Verwandtschaftsnamen zu bezeichnen.

8. Adgnationis quoque gradus eodem modo numerantur.

8. Auch für die Seitenverwandtschaft im Mannesstamm werden die Grade auf dieselbe Weise gezählt.

9. Sed cum magis veritas oculata fide quam per aures animis hominum infigitur, ideo necessarium duximus post narrationem graduum etiam eos praesenti libro inscribi, quatenus possint et auribus et inspectione adulescentes perfectissimam graduum doctrinam adipisci.

9. Aber da sich die Wahrheit dem menschlichen Verstand besser über einen augenfälligen Nachweis als über das Gehör einprägt, hielten wir es für notwendig, nach der Aufzählung der Grade diese im vorliegenden Buch auch aufzuzeichnen[1], damit die jungen Leute sowohl durch Hören als auch durch Anschauung eine vollkommene Kenntnis der Verwandtschaftsgrade erlangen können.

1 In den besseren Handschriften fehlt ein solches Schaubild. Man nimmt daher an, daß Justinian seine Absicht nicht verwirklicht hat.

10. Illud certum est ad serviles cognationes illam partem edicti, qua proximitatis nomine bonorum possessio promittitur, non pertinere: nam nec ulla antiqua lege talis cognatio computabatur. sed nostra constitutione, quam pro iure patronatus fecimus (quod ius usque ad nostra tempora satis obscurum atque nube plenum et undique confusum fuerat) et hoc humanitate suggerente concessimus, ut si quis in servili consortio constitutus liberum vel liberos habuerit sive ex libera sive servilis condicionis muliere, vel contra serva mulier ex libero vel servo habuerit liberos cuiuscumque sexus, et ad libertatem his pervenientibus et hi, qui ex servili ventre nati sunt, libertatem meruerunt, vel dum mulieres liberae erant, ipsi in servitutem eos habuerunt et postea ad libertatem pervenerunt, ut hi omnes ad successionem vel patris vel matris veniant, patronatus iure in hac parte sopito: hos enim liberos non solum in suorum parentium successionem, sed etiam alterum in alterius mutuam successionem vocavimus, ex illa lege specialiter eos vocantes, sive soli inveniantur qui in servitute nati et postea manumissi sunt, sive una cum aliis. qui post libertatem parentium concepti sunt sive ex eadem matre vel eodem patre sive ex aliis nuptiis, ad similitudinem eorum qui ex iustis nuptiis procreati sunt.

10. Fest steht, daß der Ediktsabschnitt, der den Nachlaßbesitz nach der Verwandtschaftsnähe verheißt, sich nicht auf die Blutsverwandtschaft von Sklaven bezieht. Denn auch in keinem einzigen der alten Gesetze wurde eine solche Verwandtschaft berücksichtigt. Aber durch unsere Konstitution, die wir über die Rechte des Freilassers verfaßt haben[1] (ein Rechtsgebiet, das bis in unsere Zeit ganz dunkel, völlig nebelhaft und an allen Ecken und Enden wirr war), haben wir von Menschlichkeit bewogen auch dies zugelassen: Wenn jemand, der als Sklave in einer Geschlechtsgemeinschaft lebt, ein Kind oder Kinder hat, sei es von einer Freien oder von einer Frau im Sklavenstande, oder wenn umgekehrt eine Sklavin von einem Freien oder von einem Sklaven Kinder gleich welchen Geschlechts hat und wenn sie [die unfreien Eltern oder Elternteile] nun die Freiheit erlangen und ferner die von der unfreien Mutter geborenen Kinder die Freiheit erworben haben oder auch, während die Mütter frei waren, [später] selbst in Sklaverei fielen[2] und danach die Freiheit erlangten, dann sollen sie alle zur Erbfolge nach dem Vater oder der Mutter gelangen, während das Recht des Freilassers insoweit verdrängt ist. Denn wir haben diese Kinder nicht nur zur Erbfolge nach ihren Eltern, sondern sie auch untereinander zu gegenseitiger Erbfolge berufen, indem wir sie in jenem Gesetz ausdrücklich berufen, gleich ob nur solche vorhanden sind, die in Sklaverei geboren und später freigelassen worden sind, oder zusammen mit ihnen andere, die nach Freilassung ihrer Eltern empfangen [und geboren] sind, sei es bei gleicher Mutter oder bei gleichem Vater, sei es in einer weiteren Ehe; damit berufen wir sie in der gleichen Weise wie diejenigen, die in rechtmäßiger Ehe geboren sind.

11. Repetitis itaque omnibus quae iam tradidimus apparet non semper eos, qui parem gradum cognationis optinent, pariter vocari eoque amplius nec eum quidem, qui proximior sit cognatus, semper potiorem esse. cum enim prima causa sit suorum heredum quosque inter suos heredes iam enumeravimus, apparet pronepotem vel

11. Bedenken wir nun alles, was wir bereits vorgetragen haben, dann wird klar, daß nicht immer diejenigen, die den gleichen Grad der Blutsverwandtschaft haben, in gleicher Weise berufen sind, und darüber hinaus, daß nicht einmal derjenige, der näher verwandt ist, immer der besser Berechtigte ist. Denn da die Hauserben und diejenigen, die wir bereits zu den Haus-

1 C. 6, 4, 4, 10/11 (531).
2 Die Übersetzung folgt der Konjektur 'abierunt'.

abnepotem defuncti potiorem esse quam fratrem aut patrem matremque defuncti, cum alioquin pater quidem et mater, ut supra quoque tradidimus, primum gradum cognationis optineant, frater vero secundum, pronepos autem tertio gradu sit cognatus et abnepos quarto: nec interest, in potestate morientis fuerit an non fuerit, quod vel emancipatus vel ex emancipato aut ex feminino sexu propagatus est.

erben gezählt haben, den ersten Rang einnehmen, ergibt sich, daß der Urenkel oder der Ururenkel des Verstorbenen dem Bruder oder dem Vater und der Mutter des Verstorbenen vorgeht, obwohl an sich Vater und Mutter, wie wir oben auch dargelegt haben, sogar den ersten Verwandtschaftsgrad haben, der Bruder noch den zweiten, wohingegen der Urenkel im dritten Grad verwandt ist und der Ururenkel im vierten Grad. Und es kommt nicht darauf an, ob er [der im ersten Rang Stehende] in der Hausgewalt des Sterbenden stand oder nicht, entweder weil er aus der Hausgewalt entlassen worden war oder von einem aus der Hausgewalt Entlassenen abstammt oder von einem Abkömmling weiblichen Geschlechts.

12. Amotis quoque suis heredibus quosque inter suos heredes vocari diximus, adgnatus, qui integrum ius adgnationis habet, etiamsi longissimo gradu sit, plerumque potior habetur quam proximior cognatus: nam patrui nepos vel pronepos avunculo vel materterae praefertur. totiens igitur dicimus aut potiorem haberi eum qui proximiorem gradum cognationis optinet, aut pariter vocari eos qui cognati sint, quotiens neque suorum heredum iure quique inter suos heredes sunt neque adgnationis iure aliquis praeferri debeat secundum ea quae tradidimus, exceptis fratre et sorore emancipatis, qui ad successionem fratrum vel sororum vocantur, qui etsi capite deminuti sunt, tamen praeferuntur ceteris ulterioris gradus adgnatis.

12. Auch wenn Hauserben und diejenigen, die, wie gesagt, als Hauserben berufen werden, ausscheiden, wird der Seitenverwandte im Mannesstamm, dem das Recht der Seitenverwandtschaft im Mannesstamm noch vollständig zusteht, auch wenn sein Verwandtschaftsgrad sehr entfernt ist, meist einem Blutsverwandten näheren Grades vorgezogen. Denn der Enkel oder Urenkel des Onkels väterlicherseits geht dem Onkel oder der Tante mütterlicherseits vor. Wie wir sagen, hat daher derjenige, der den näheren Grad der Blutsverwandtschaft hat, nur dann den Vorrang oder werden mehrere Blutsverwandte nur dann zugleich berufen, wenn weder jemand nach dem Recht der Hauserben und der ihnen Gleichgestellten noch nach dem Recht der Seitenverwandtschaft im Mannesstamm ihnen gemäß dem von uns Dargelegten vorgezogen werden muß, mit Ausnahme des aus der Hausgewalt entlassenen Bruders oder der aus der Hausgewalt entlassenen Schwester, die zur Erbfolge ihrer Brüder oder Schwestern berufen werden und die, obwohl sie eine Statusänderung erfahren haben, dennoch den gradferneren Seitenverwandten im Mannesstamm vorgezogen werden.

VII

De successione libertorum

Nunc de libertorum bonis videamus. olim itaque licebat liberto patronum suum impune testamento praeterire: nam ita demum lex duodecim tabularum ad heredi-

Siebter Titel

Über die Beerbung von Freigelassenen

Jetzt wollen wir den Nachlaß der Freigelassenen betrachten. In alter Zeit war es dem Freigelassenen erlaubt, seinen Freilasser ohne Nachteil im Testament zu übergehen. Denn nur dann

tatem liberti vocabat patronum, si intestatus mortuus esset libertus nullo suo herede relicto. itaque intestato quoque mortuo liberto, si is suum heredem reliquisset, nihil in bonis eius patrono ius erat. et si quidem ex naturalibus liberis aliquem suum heredem reliquisset, nulla videbatur querella: si vero adoptivus filius esset, aperte iniquum erat nihil iuris patrono superesse.

berief das Zwölftafelgesetz[1] den Freilasser zur Erbschaft des Freigelassenen, wenn der Freigelassene testamentslos und ohne einen Hauserben zu hinterlassen gestorben war. Deswegen hatte der Freilasser, auch wenn der Freigelassene testamentslos verstarb, keinerlei Rechte an dessen Nachlaß, sofern dieser einen Hauserben hinterließ. Und wenn er einen Hauserben aus dem Kreis der leiblichen Kinder hinterließ, gab es keine Einwände. Hinterließ er aber einen Adoptivsohn, war es offenkundig unbillig, daß dem Freilasser keinerlei Erbrecht verblieb.

1. Qua de causa postea praetoris edicto haec iuris iniquitas emendata est. sive enim faciebat testamentum libertus, iubebatur ita testari, ut patrono partem dimidiam bonorum suorum relinqueret: et si aut nihil aut minus partis dimidiae reliquerat, dabatur patrono contra tabulas testamenti partis dimidiae bonorum possessio. si vero intestatus moriebatur suo herede relicto filio adoptivo, dabatur aeque patrono contra hunc suum heredem partis dimidiae bonorum possessio. prodesse autem liberto solebant ad excludendum patronum naturales liberi, non solum quos in potestate mortis tempore habebat, sed etiam emancipati et in adoptionem dati, si modo ex aliqua parte heredes scripti erant aut praeteriti contra tabulas bonorum possessionem ex edicto petierant: nam exheredati nullo modo repellebant patronum.

1. Deshalb ist später diese Unbilligkeit des Rechts durch das Edikt des Prätors behoben worden. Errichtete nämlich der Freigelassene ein Testament, wurde ihm in der Weise zu testieren vorgeschrieben, daß er dem Freilasser die Hälfte seines Vermögens hinterließ; und wenn er dem Freilasser nichts oder weniger als die Hälfte hinterlassen hatte, wurde diesem entgegen dem Testament der Besitz an der Hälfte des Nachlasses gewährt. Wenn er aber testamentslos verstarb und als Hauserben einen Adoptivsohn hinterließ, wurde dem Freilasser in gleicher Weise gegen diesen Hauserben der Besitz an der Hälfte des Nachlasses gewährt. Dagegen waren leibliche Kinder dem Freigelassenen zur Ausschließung des Freilassers nicht nur von Nutzen, wenn er sie zur Zeit des Todes in seiner Hausgewalt hatte, sondern auch, wenn sie aus der Hausgewalt entlassen oder zur Adoption gegeben worden waren, vorausgesetzt nur, daß sie entweder im Testament zu irgendeinem Teil zu Erben berufen waren oder, falls übergangen, entgegen dem Testament den Nachlaßbesitz aufgrund des Edikts verlangt hatten; denn testamentarisch Enterbte schlossen den Freilasser in keiner Weise aus.

2. Postea lege Papia adaucta sunt iura patronorum, qui locupletiores libertos habebant. cautum est enim, ut ex bonis eius, qui sestertiorum centum milium patrimonium reliquerit et pauciores quam tres liberos habebat, sive is testamento facto sive intestato mortuus erat, virilis pars patrono debebatur, itaque cum unum filium filiamve

2. Später sind durch die lex Papia[2] die Rechte der Freilasser, die sehr reiche Freigelassene hatten, vermehrt worden. Es wurde nämlich bestimmt, daß vom Nachlaß desjenigen, der ein Vermögen von 100.000 Sesterzen hinterließ und weniger als drei Kinder hatte, gleichgültig, ob er mit oder ohne Testament gestorben war, dem Freilasser ein Kopfteil gebühre. Hinterließ also ein Freigelassener als Alleinerben einen Sohn

1 XII tab. 5, 8.
2 9 n. Chr.

heredem reliquerit libertus, perinde pars dimidia patrono debebatur, ac si is sine ullo filio filiave decessisset: cum duos duasve heredes reliquerat, tertia pars debebatur patrono: si tres reliquerat, repellebatur patronus.

oder eine Tochter, dann wurde dem Freilasser in gleicher Weise ein halber Erbteil geschuldet, wie wenn der Freigelassene ganz ohne Sohn oder Tochter gestorben wäre; hinterließ er zwei männliche oder weibliche Erben, dann gebührte dem Freilasser ein Drittel; hinterließ er drei, wurde der Freilasser ausgeschlossen.

3. Sed nostra constitutio, quam pro omnium notione Graeca lingua compendioso tractatu habito composuimus, ita huiusmodi causas definivit, ut si quidem libertus vel liberta minores centenariis sint, id est minus centum aureis habeant substantiam (sic enim legis Papiae summam interpretati sumus, ut pro mille sestertiis unus aureus computetur), nullum locum habeat patronus in eorum successionem, si tamen testamentum fecerint. sin autem intestati decesserint nullo liberorum relicto, tunc patronatus ius, quod erat ex lege duodecim tabularum, integrum reservavit. cum vero maiores centenariis sint, si heredes vel bonorum possessores liberos habeant sive unum sive plures cuiuscumque sexus vel gradus, ad eos successionem parentum deduximus, omnibus patronis una cum sua progenie semotis. sin autem sine liberis decesserint, si quidem intestati, ad omnem hereditatem patronos patronasque vocavimus: si vero testamentum quidem fecerint, patronos autem vel patronas praeterierint, cum nullos liberos haberent vel habentes eos exheredaverint, vel mater sive avus maternus eos praeterierit, ita ut non possint argui inofficiosa eorum testamenta: tunc ex nostra constitutione per bonorum possessionem contra tabulas non dimidiam, ut ante, sed tertiam partem bonorum liberti consequantur, vel quod deest eis ex constitutione nostra repleatur, si quando minus tertia parte bonorum suorum libertus vel liberta

3. Aber unsere Konstitution[1], die wir zum allgemeinen Verständnis in griechischer Sprache und in knapper Form abgefaßt haben, hat diese Tatbestände so geregelt: Wenn ein Freigelassener oder eine Freigelassene weniger als hundert hat, das heißt weniger Vermögen als hundert Goldstücke (wir haben nämlich den Betrag der lex Papia so umgestellt, daß für tausend Sesterzen ein Goldstück gerechnet wird), so wird der Freilasser bei ihrer Erbfolge nicht berücksichtigt, vorausgesetzt, daß sie ein Testament errichtet haben. Sterben sie aber testamentslos, ohne Kinder zu hinterlassen, dann hat die Konstitution das Freilasserrecht, das aufgrund des Zwölftafelgesetzes bestand, in vollem Umfang bewahrt. Wenn sie aber mehr als hundert haben und leibliche Nachkommen als Erben oder Nachlaßbesitzer, sei es einen oder mehrere und gleich welchen Geschlechts und welchen Grades, dann berufen wir diese zur Erbfolge nach ihren Eltern unter Ausschließung aller Freilasser nebst ihrer Nachkommenschaft. Wenn sie aber ohne Nachkommen versterben, dann berufen wir, falls sie kein Testament errichtet haben, Freilasser oder Freilasserinnen zur ganzen Erbschaft. Haben sie dagegen zwar ein Testament errichtet, die Freilasser oder Freilasserinnen aber übergangen, obwohl sie ohne Nachkommen sind — oder haben sie vorhandene Nachkommen [ausdrücklich] enterbt oder [einfach] übergangen, dies aber als Mutter oder Großvater mütterlicherseits, so daß ihr Testament nicht als pflichtwidrig angegriffen werden konnte —, dann sollen die übergangenen Freilasser kraft unserer Konstitution durch Nachlaßbesitz entgegen dem Testament nicht wie früher die Hälfte, sondern ein Drittel des Nachlasses des Freigelassenen erhalten oder es soll das, was ihnen noch fehlt, kraft unserer Konstitution aufgefüllt werden, falls ein Freigelassener oder eine Frei-

1 C. 6, 4, 4 (531).

eis reliquerint, ita sine onere, ut nec liberis liberti libertaeve ex ea parte legata vel fideicommissa praestentur, sed ad coheredes hoc onus redundaret: multis aliis casibus a nobis in praefata constitutione congregatis, quos necessarios esse ad huiusmodi iuris dispositionem perspeximus: ut tam patroni patronaeque quam liberi eorum nec non qui ex transverso latere veniunt usque ad quintum gradum ad successionem libertorum vocentur, sicut ex ea constitutione intellegendum est: ut si eiusdem patroni vel patronae vel duorum duarum pluriumve sint liberi, qui proximior est, ad liberti seu libertae vocetur successionem et in capita, non in stirpes dividatur successio, eodem modo et in his qui ex transverso latere veniunt servando. paene enim consonantia iura ingenuitatis et libertinitatis in successionibus fecimus.

gelassene ihnen weniger als ein Drittel ihres Vermögens hinterlassen hat. Diese Erbteile sollen gänzlich unbelastet sein, so daß aus ihnen nicht einmal den Kindern des oder der Freigelassenen Vermächtnisse oder Fideikommisse geleistet werden müssen, diese Last vielmehr den [anderen] Miterben zufällt. Wir haben noch viele andere Fälle in der erwähnten Konstitution gesammelt, deren Berücksichtigung wir für diese rechtliche Regelung als notwendig erkannten, so daß nunmehr sowohl Freilasser und Freilasserin als auch ihre Kinder sowie ihre Seitenverwandten bis zum fünften Grad zur Erbfolge nach den Freigelassenen berufen sind, wie man aus dieser Konstitution ersehen kann. Und wenn von demselben Freilasser oder derselben Freilasserin oder von zwei oder mehreren Freilassern oder Freilasserinnen Abkömmlinge vorhanden sind, dann soll der Gradnähere zur Erbfolge nach dem Freigelassenen oder der Freigelassenen berufen sein, und [bei mehreren Gradgleichen] der Nachlaß nach Köpfen, nicht nach Stämmen verteilt werden; nach diesem Muster ist auch bei den Seitenverwandten zu verfahren. Wir haben nämlich das Recht des Standes der Freigeborenen und das der Freigelassenen hinsichtlich der Erbfolge in nahezu völlige Übereinstimmung gebracht.

4. Sed haec de his libertinis hodie dicenda sunt, qui in civitatem Romanam pervenerunt, cum nec sunt alii liberti simul et dediticiis et Latinis sublatis, cum Latinorum legitimae successiones nullae penitus erant, qui licet ut liberi vitam suam peragebant, attamen ipso ultimo spiritu simul animam atque libertatem amittebant, et quasi servorum ita bona eorum iure quodammodo peculii ex lege Iunia manumissores detinebant. postea vero senatus consulto Largiano cautum fuerat, ut liberi manumissoris non nominatim exheredati facti extraneis heredibus eorum in bonis Latinorum prae-

4. All dies betrifft heute allein die Freigelassenen, die das römische Bürgerrecht erlangt haben, da es andere Freigelassene daneben nicht mehr gibt, nachdem die Gruppen der Unterworfenen ohne Rechte und der Latiner zugleich aufgehoben worden sind[1]. Für die Latiner gab es überhaupt keine gesetzliche Erbfolge, weil sie zwar ihr Leben wie Freie führten, aber unmittelbar mit dem letzten Atemzug sowohl das Leben als auch die Freiheit verloren; und daher behielten die Freilasser aufgrund der lex Iunia[2] deren Vermögen wie das von Sklaven, gewissermaßen nach dem Recht des Sonderguts der Sklaven. Später wurde jedoch vom Senatusconsultum Largianum[3] bestimmt, daß die Kinder des Freilassers, die nicht ausdrücklich enterbt worden sind, hinsichtlich des Nachlasses solcher Latiner deren hausfremden Erben vorgezogen wer-

1 Vgl. Inst. 1, 5, 3.
2 19 n. Chr.
3 42 n. Chr.

ponerentur. quibus supervenit etiam divi Traiani edictum, quod eundem hominem, si invito vel ignorante patrono ad civitatem venire ex beneficio principis festinavit, faciebat vivum quidem civem Romanum, Latinum autem morientem. sed nostra constitutione propter huiusmodi condicionum vices et alias difficultates cum ipsis Latinis etiam legem Iuniam et senatus consultum Largianum et edictum divi Traiani in perpetuum deleri censuimus, ut omnes liberti civitate Romana fruantur, et mirabili modo quibusdam adiectionibus ipsas vias, quae in Latinitatem ducebant, ad civitatem Romanam capiendam transposuimus.

den. Hinzu kam auch noch das Edikt des vergöttlichten Kaisers Trajan[1], das den [freigelassenen] Mann, der sich gegen den Willen oder in Unkenntnis seines Freilassers dazu gedrängt hatte, aufgrund einer Rechtswohltat des Kaisers zum Bürgerrecht zu gelangen, zu Lebzeiten zwar zum römischen Bürger machte, bei seinem Tode aber zu einem Latiner. Aber wir haben in unserer Konstitution[2] entschieden, daß wegen des Hin und Her in diesen Rechtsstellungen und wegen anderer Schwierigkeiten mitsamt der Kategorie der Latiner auch die lex Iunia, das Senatusconsultum Largianum und das Edikt des vergöttlichten Kaisers Trajan für immer abgeschafft werden, damit sich alle Freigelassenen des römischen Bürgerrechts erfreuen. Und so haben wir auf wundersame Weise dieselben Wege, die einst zum Status der Latiner führten, durch einige Zusätze so umgestaltet, daß man auf ihnen das römische Bürgerrecht erlangt.

VIII
De adsignatione libertorum

In summa quod ad bona libertorum admonendi sumus senatum censuisse, ut quamvis ad omnes patroni liberos, qui eiusdem gradus sint, aequaliter bona libertorum pertineant, tamen liceret parenti uni ex liberis adsignare libertum, ut post mortem eius solus is patronus habeatur, cui adsignatus est, et ceteri liberi, qui ipsi quoque ad eadem bona nulla adsignatione interveniente pariter admitterentur, nihil iuris in his bonis habeant. sed ita demum pristinum ius recipiunt, si is cui adsignatus est decesserit nullis liberis relictis.

1. Nec tantum libertum, sed etiam libertam, et non tantum filio nepotive, sed etiam filiae neptive adsignare permittitur.

Achter Titel
Über die Zuweisung von Freigelassenen

Hinsichtlich des Nachlasses von Freigelassenen müssen wir in knapper Form darauf hinweisen, daß der Senat folgendes beschlossen hat[3]: Obgleich der Nachlaß des Freigelassenen allen Kindern des Freilassers, die denselben Grad haben, in gleicher Weise zusteht, soll es dem Vater doch erlaubt sein, den Freigelassenen einem der Kinder zuzuweisen, so daß nach seinem Tode allein dasjenige Kind als Freilasser gilt, dem er zugewiesen wurde, und es sollen die übrigen Kinder, die ohne eine solche Zuweisung auch selbst zu gleichen Teilen zu diesem Nachlaß zugelassen worden wären, keinerlei Recht an diesem Nachlaß haben. Aber sie erlangen dann ihr ursprüngliches Erbrecht zurück, wenn der, dem der Freigelassene zugewiesen ist, ohne Kinder zu hinterlassen, stirbt.

1. Und man kann nicht nur einen männlichen, sondern auch einen weiblichen Freigelassenen zuweisen und nicht nur zugunsten eines

1 Zwischen 98 und 117 n. Chr., vgl. Gaius 3, 72; C. 7, 6, 1 (531).
2 C. 7, 6, 1 (531).
3 Zwischen 41 und 47 n. Chr.; zum Wortlaut vgl. D. 38, 4, 1 pr.

Sohnes oder eines Enkels, sondern auch zugunsten einer Tochter oder einer Enkelin.

2. Datur autem haec adsignandi facultas ei, qui duos pluresve liberos in potestate habebit, ut eis, quos in potestate habet, adsignare ei libertum libertamve liceat. unde quaerebatur, si eum cui adsignaverit postea emancipaverit, num evanescat adsignatio? sed placuit evanescere, quod et Iuliano et aliis plerisque visum est.

2. Diese Zuweisungsbefugnis wird jedoch dem, der zwei oder mehr Kinder in seiner Hausgewalt hat, so gewährt, daß er nur den Kindern, die er in der Hausgewalt hat, einen Freigelassenen oder eine Freigelassene zuweisen kann. Daher kam die Frage auf, ob die Zuweisung erlischt, wenn er den durch die Zuweisung Begünstigten später aus der Hausgewalt entläßt. Es hat sich die Ansicht, daß sie erlischt, aber durchgesetzt, was auch Julian und den meisten anderen richtig erschien.

3. Nec interest, testamento quis adsignet an sine testamento: sed etiam quibuscumque verbis hoc patronis permittitur facere ex ipso senatus consulto, quod Claudianis temporibus factum est Suillo Rufo et Ostorio Scapula consulibus.

3. Und es kommt nicht darauf an, ob jemand die Zuweisung durch Testament oder ohne Testament vornimmt. Die Freilasser können das aber nach einer Bestimmung des erwähnten Senatsbeschlusses, der zur Zeit des Claudius unter dem Konsulat des Suillus Rufus und des Ostorius Scapula ergangen ist, auch mit beliebigen Worten tun.

IX
De bonorum possessionibus

Ius bonorum possessionis introductum est a praetore emendandi veteris iuris gratia. nec solum in intestatorum hereditatibus vetus ius eo modo praetor emendavit, sicut supra dictum est, sed in eorum quoque, qui testamento facto decesserint. nam si alienus postumus heres fuerit institutus, quamvis hereditatem iure civili adire non poterat, cum institutio non valebat, honorario tamen iure bonorum possessor efficiebatur, videlicet cum a praetore adiuvabatur: sed et hic a nostra constitutione hodie recte heres instituitur, quasi et iure civili non incognitus.

Neunter Titel
Über den Nachlaßbesitz

Das Recht des Nachlaßbesitzes ist vom Prätor eingeführt worden, um das alte Recht zu verbessern. Und der Prätor hat nicht nur bei den Erbschaften der Testamentslosen das alte Recht so verbessert, wie schon oben ausgeführt wurde[1], sondern auch bei den Erbschaften derer, die nach Errichtung eines Testaments starben. Denn war ein Hausfremder als Nachgeborener zum Erben eingesetzt, wurde er, obwohl er die Erbschaft nach Zivilrecht nicht antreten konnte, weil die Einsetzung nicht wirksam war, gleichwohl nach Amtsrecht zum Nachlaßbesitzer gemacht, das heißt dadurch, daß ihm vom Prätor geholfen wurde. Aber kraft unserer Konstitution[2] wird heutzutage auch der hausfremde Nachgeborene wirksam zum Erben eingesetzt, als jemand, der nun auch dem Zivilrecht nicht mehr unbekannt ist.

1. Aliquando tamen neque emendandi neque impugnandi veteris iuris, sed magis confirmandi gratia pollicetur bonorum

1. Bisweilen verheißt der Prätor jedoch den Nachlaßbesitz nicht, um das alte Recht zu verbessern oder zu durchbrechen, sondern viel-

1 Inst. 3, 1, 9 ff.
2 C. 6, 48, 1 (528/9).

possessionem. nam illis quoque, qui recte facto testamento heredes instituti sunt, dat secundum tabulas bonorum possessionem: item ab intestato suos heredes et adgnatos ad bonorum possessionem vocat: sed et remota quoque bonorum possessione ad eos hereditas pertinet iure civili.

mehr, um es zu bestärken. Denn auch denjenigen, die durch ein wirksam errichtetes Testament zu Erben eingesetzt sind, erteilt er dem Testament gemäß den Nachlaßbesitz. Ebenso beruft er nach einem testamentslos Verstorbenen die Hauserben und die Seitenverwandten im Mannesstamm zum Nachlaßbesitz; doch gebührt, auch wenn man vom Nachlaßbesitz absieht, diesen die Erbschaft schon nach Zivilrecht.

2. Quos autem praetor solus vocat ad hereditatem, heredes quidem ipso iure non fiunt (nam praetor heredem facere non potest: per legem enim tantum vel similem iuris constitutionem heredes fiunt, veluti per senatus consultum et constitutiones principales): sed cum eis praetor dat bonorum possessionem, loco heredum constituuntur et vocantur bonorum possessores. adhuc autem et alios complures gradus praetor fecit in bonorum possessionibus dandis, dum id agebat, ne quis sine successore moriatur. nam angustissimis finibus constitutum per legem duodecim tabularum ius percipiendarum hereditatum praetor ex bono et aequo dilatavit.

2. Diejenigen aber, die allein der Prätor zur Erbschaft beruft, werden zwar nach Zivilrecht nicht Erben (denn der Prätor kann keinen zum Erben machen; Erbe wird man nämlich nur durch Gesetz oder eine ähnliche Rechtssetzung, zum Beispiel durch Senatsbeschluß oder kaiserliche Konstitutionen). Wenn ihnen aber der Prätor den Nachlaßbesitz erteilt, werden sie in die Stellung von Erben eingesetzt und Nachlaßbesitzer genannt. Aber auch darüber hinaus schuf der Prätor in dem Bestreben, daß keiner ohne Erben sterben möge, für die Erteilung des Nachlaßbesitzes eine Reihe weiterer Ordnungen. Denn der Prätor hat das Recht des Erbschaftserwerbs, dem von dem Zwölftafelgesetz sehr enge Grenzen gesetzt worden waren, nach Recht und Billigkeit erweitert.

3. Sunt autem bonorum possessiones ex testamento quidem hae. prima, quae praeteritis liberis datur vocaturque contra tabulas. secunda, quam omnibus iure scriptis heredibus praetor pollicetur ideoque vocatur secundum tabulas. et cum de testamentis prius locutus est, ad intestatos transitum fecit. et primo loco suis heredibus et his, qui ex edicto praetoris suis connumerantur, dat bonorum possessionem quae vocatur unde liberi: secundo legitimis heredibus: tertio decem personis, quas extraneo manumissori praeferebat (sunt autem decem personae hae: pater mater, avus avia

3. Die Fälle des Nachlaßbesitzes bei Vorliegen eines Testaments aber sind folgende: Erstens der Nachlaßbesitz, der übergangenen Kindern erteilt wird und den man 'Entgegen dem Testament' nennt. Zweitens derjenige, den der Prätor allen im Testament rechtmäßig eingesetzten Erben verheißt und den man deswegen 'Dem Testament folgend' nennt. Und nachdem er so zunächst über Testamente gesprochen hatte, ging er anschließend zu den testamentslos Verstorbenen über. Und an erster Stelle erteilt er den Hauserben und denjenigen, die nach dem Edikt des Prätors zu den Hauserben gezählt werden, den Nachlaßbesitz, der 'Von wo die Kinder'[1] genannt wird. An zweiter Stelle erteilt er ihn den gesetzlichen Erben. An dritter Stelle den zehn Personen, die er einem hausfremden Freilasser[2] vorzog (diese zehn Personen sind: Vater und Mutter, Großvater und Großmutter sowohl

1 Vgl. S. 130 Fn. 3.
2 Als Mitwirkender bei der Entlassung eines Hauskindes aus der Hausgewalt.

tam paterni quam materni, item filius filia, nepos neptis tam ex filio quam ex filia, frater soror sive consanguinei sive uterini): quarto cognatis proximis: quinto tum quam ex familia: sexto patrono et patronae liberisque eorum et parentibus: septimo viro et uxori: octavo cognatis manumissoris.

väterlicher- als auch mütterlicherseits, ferner Sohn und Tochter, Enkel und Enkelin sowohl vom Sohn als auch von der Tochter, Bruder und Schwester sowohl vaterblütige als auch von der gleichen Mutter); an vierter Stelle den nächsten Blutsverwandten; an fünfter Stelle dem 'Wer dann aus der Familie'[1]; an sechster dem Freilasser und der Freilasserin [eines Sklaven] sowie ihren Kindern und Eltern; an siebter dem Ehemann und der Ehefrau; an achter den Blutsverwandten des Freilassers.

4. Sed eas quidem praetoria induxit iurisdictio. nobis tamen nihil incuriosum praetermissum est, sed nostris constitutionibus omnia corrigentes contra tabulas quidem et secundum tabulas bonorum possessiones admisimus utpote necessarias constitutas, nec non ab intestato unde liberi et unde legitimi bonorum possessiones.

4. Diese Fälle des Nachlaßbesitzes aber hat nun die prätorische Gerichtsbarkeit eingeführt. Wir jedoch haben nichts als gleichgültig übergangen. Vielmehr haben wir, indem wir durch unsere Konstitutionen alles verbesserten, den Nachlaßbesitz 'Entgegen dem Testament' und denjenigen 'Dem Testament folgend' zwar als selbstverständlich notwendige Einrichtung beibehalten und ebenso bei Testamentslosen den Nachlaßbesitz 'Von wo die Kinder' und den 'Von wo die gesetzlichen Erben'.

5. Quae autem in praetoris edicto quinto loco posita fuerat, id est unde decem personae, eam pio proposito et compendioso sermone supervacuam ostendimus: cum enim praefata bonorum possessio decem personas praeponebat extraneo manumissori, nostra constitutio, quam de emancipatione liberorum fecimus, omnibus parentibus eisdemque manumissoribus contracta fiducia manumissionem facere dedit, ut ipsa manumissio eorum hoc in se habeat privilegium et supervacua fiat prae-

5. Den Nachlaßbesitz aber, der im prätorischen Edikt an fünfter Stelle[2] stand, das heißt der 'Von wo die zehn Personen', haben wir in liebevoller Absicht und in kurzgefaßter Rede als überflüssig dargetan. Denn während der erwähnte Nachlaßbesitz die zehn Personen einem hausfremden [an der Entlassung aus der väterlichen Gewalt mitwirkenden] Freilasser vorzog, hat unsere Konstitution[3], die wir über die Entlassung von Kindern aus der Hausgewalt verfaßt haben, allen Vätern und den [mit ihnen nunmehr] personengleichen Freilassern gewährt, daß, wenn sie eine Entlassung aus der Gewalt vornehmen, diese immer eine mit Treuhandabrede ist, mit der Folge, daß schon die Entlassung der Kinder aus der Gewalt dieses Vorrecht auf den Nachlaßbesitz in sich trägt

1 Die Übersetzung folgt der Lesart 'tum quem ex familia'. Nach diesem Edikt beruft der Prätor entgegen dem Zivilrecht diejenigen, die durch Entlassung aus der Hausgewalt aus dem ursprünglichen Familienverband ausgeschieden sind.

2 Hier sind die beiden Fälle des Testamentes mitgerechnet. Oben in Inst. 3, 9, 3 findet sich dieser Nachlaßbesitz deshalb an dritter Stelle.

3 C. 8, 47, 11 (530); 8, 48, 6 (531); 6, 58, 13 (531); 6, 4, 4, 25 (531), vgl. Inst. 3, 2, 8.

dicta bonorum possessio. sublata igitur praefata quinta bonorum possessione in gradum eius sextam antea bonorum possessionem reduximus et quintam fecimus, quam praetor proximis cognatis pollicetur.

und der erwähnte Nachlaßbesitz[1] überflüssig wird. Nach Aufhebung des vorgenannten fünften Nachlaßbesitzes haben wir den früher sechsten Nachlaßbesitz in die fünfte Ordnung aufrükken lassen und damit denjenigen Nachlaßbesitz, den der Prätor den nächsten Verwandten verheißt, zum fünften gemacht.

6. Cumque antea septimo loco fuerat bonorum possessio, tum quam ex familia et octavo unde liberi patroni patronaeque et parentes eorum, utramque per constitutionem nostram, quam de iure patronatus fecimus, penitus vacuavimus: cum enim ad similitudinem successionis ingenuorum libertinorum successiones posuimus, quas usque ad quintum tantummodo gradum coartavimus, ut sit aliqua inter ingenuos et libertos differentia, sufficiunt eis tam contra tabulas bonorum possessio quam unde legitimi et unde cognati, ex quibus possint sua iura vindicare, omni scrupulositate et inextricabili errore duarum istarum bonorum possessionum resoluta.

6. Und während es vorher an siebter Stelle den Nachlaßbesitz 'Wer dann aus der Familie' gab und an achter Stelle den Nachlaßbesitz 'Von wo die Kinder von Freilasser und Freilasserin und deren Eltern', haben wir beiden durch unsere Konstitution[2], die wir über das Freilasserrecht abgefaßt haben, ihren Gegenstand völlig entzogen. Denn da wir die Erbfolge nach Freigelassenen in Übereinstimmung mit der Erbfolge nach Freigeborenen geregelt haben und sie lediglich, damit doch ein gewisser Unterschied zwischen Freigeborenen und Freigelassenen bleibt, auf fünf Grade[3] beschränkt haben, genügt ihnen einerseits der Nachlaßbesitz 'Entgegen dem Testament' und andererseits der 'Von wo die gesetzlichen Erben' und der 'Von wo die Verwandten', mit deren Hilfe sie ihre Rechte geltend machen können. Alle Überspitzungen und unauflöslichen Verwirrungen dieser beiden Fälle des Nachlaßbesitzes sind damit beseitigt.

7. Aliam vero bonorum possessionem, quae unde vir et uxor appellatur et nono loco inter veteres bonorum possessiones posita fuerat, et in suo vigore servavimus et altiore loco, id est sexto, eam posuimus, decima veteri bonorum possessione quae erat unde cognati manumissoris propter causas enarratas merito sublata: ut sex tantummodo bonorum possessiones ordinariae permaneant suo vigore pollentes.

7. Dagegen haben wir einen weiteren Fall des Nachlaßbesitzes, den man 'Von wo Mann und Frau' nennt und der unter den alten Fällen des Nachlaßbesitzes an die neunte Stelle gesetzt war, sowohl in seiner Geltung bewahrt als auch auf eine höhere, nämlich auf die sechste Stelle gesetzt, nachdem der zehnte Fall des alten Nachlaßbesitzes, nämlich der 'Von wo die Verwandten des Freilassers', aus den mitgeteilten Gründen zu Recht aufgehoben worden ist. Damit bleiben nur noch sechs Fälle des ordentlichen Nachlaßbesitzes voll in Kraft.

8. Septima eas secuta, quam optima ratione praetores introduxerunt. novissime enim promittitur edicto his etiam bonorum possessio, quibus ut detur lege vel senatus consulto vel constitutione comprehensum

8. Ihnen folgt ein siebter Fall, den die Prätoren aus sehr gutem Grund eingeführt haben. An letzter Stelle wird nämlich im Edikt der Nachlaßbesitz auch denjenigen verheißen, denen er aufgrund ausdrücklicher Vorschrift in Gesetz,

1 Der das Vorrecht für die zehn Personen darstellte. Siehe oben Inst. 3, 9, 3.
2 C. 6, 4, 4 (530).
3 Inst. 3, 7, 3 a. E.

est, quam neque bonorum possessionibus quae ab intestato veniunt neque eis quae ex testamento sunt praetor stabili iure connumeravit, sed quasi ultimum et extraordinarium auxilium, prout res exigit, accommodavit scilicet his, qui ex legibus senatus consultis constitutionibus principum ex novo iure vel ex testamento vel ab intestato veniunt.

Senatsbeschluß oder Konstitution gewährt werden muß. Diesen Nachlaßbesitz hat der Prätor nicht zu den rechtlich festumrissenen Tatbeständen des Nachlaßbesitzes gezählt, die bei Testamentslosigkeit und bei Vorliegen eines Testaments gewährt werden, sondern ihn gleichsam als letztes und außerordentliches Hilfsmittel je nach der Erforderlichkeit im Einzelfall eingeräumt, und zwar denen, die nach Gesetzen, nach Senatsbeschlüssen oder nach Kaiserkonstitutionen neuen Rechts — entweder aufgrund Testaments oder nach einem testamentslos Verstorbenen — berufen sind.

9. Cum igitur plures species successionum praetor introduxisset easque per ordinem disposuisset et in unaquaque specie successionis saepe plures extent dispari gradu personae: ne actiones creditorum differantur, sed haberent quos convenirent, et ne facile in possessionem bonorum defuncti mittantur et eo modo sibi consulerent, ideo petendae bonorum possessioni certum tempus praefinivit. liberis itaque et parentibus tam naturalibus quam adoptivis in petenda bonorum possessione anni spatium, ceteris centum dierum dedit.

9. Da nun der Prätor mehrere Arten der Erbfolge eingeführt und in eine Reihenfolge gebracht hatte und da in ein und derselben Erbfolgeordnung oft mehrere Personen verschiedenen Grades vorhanden sind, hat er für die Beantragung des Nachlaßbesitzes eine bestimmte Frist vorgeschrieben, damit die Gläubiger mit ihren Klagen keinen Aufschub erleiden, sondern jemanden haben, den sie verklagen können, und damit sie sich nicht einfach in den Besitz des Nachlasses des Verstorbenen einweisen lassen und sich auf diese Weise helfen. Daher hat er Kindern und Eltern, leiblichen wie durch Adoption verbundenen, für die Beantragung des Nachlaßbesitzes eine Frist von einem Jahr eingeräumt, den übrigen eine von hundert Tagen.

10. Et si intra hoc tempus aliquis bonorum possessionem non petierit, eiusdem gradus personis adcrescit: vel si nemo sit, deinceps ceteris proinde bonorum possessionem ex successorio edicto pollicetur, ac si is qui praecedebat ex eo numero non esset. si quis itaque delatam sibi bonorum possessionem repudiaverit, non quousque tempus bonorum possessioni praefinitum excesserit exspectatur, sed statim ceteri ex eodem edicto admittuntur.

10. Und wenn jemand innerhalb dieser Frist den Nachlaßbesitz nicht beantragt, dann wächst sein Anteil den Personen desselben Grades an. Ist jedoch keine solche Person vorhanden, dann verheißt der Prätor der Reihe nach den anderen aufgrund des Nachrück-Edikts[1] den Nachlaßbesitz genauso, als ob der Voraufgehende gar nicht zur Zahl der Berechtigten gehört hätte. Wenn nun jemand den ihm angetragenen Nachlaßbesitz ausschlägt, wartet man nicht, bis die für den Nachlaßbesitz bestimmte Antragsfrist abgelaufen ist, vielmehr werden die übrigen aufgrund desselben Edikts sofort zugelassen.

11. In petenda autem bonorum possessione dies utiles singuli considerantur.

11. Bei der Beantragung des Nachlaßbesitzes werden nur die einzelnen Tage, die zur Rechtsverfolgung geeignet sind, gezählt.

1 Vgl. D. 38, 9; C. 6, 16 sowie Inst. 3, 9, 4 ff.

12. Sed bene anteriores principes et huic causae providerunt, ne quis pro petenda bonorum possessione curet, sed, quocumque modo si admittentis eam indicium intra statuta tamen tempora ostenderit, plenum habeat earum beneficium.

12. Aber auch für das Problem haben die früheren Kaiser gut vorgesorgt[1], daß sich keiner um den Antrag auf Nachlaßbesitz Sorgen machen muß, sondern dessen volle Rechtswohltat erwirbt, wenn er nur ein Indiz dafür beibringt, daß er den Nachlaßbesitz, natürlich innerhalb der festgesetzten Frist, auf irgendeine Weise in Anspruch genommen hat.

X
De adquisitione per adrogationem

Est et alterius generis per universitatem successio, quae neque lege duodecim tabularum neque praetoris edicto, sed eo iure, quod consensu receptum est, introducta est.

1. Ecce enim cum pater familias sese in adrogationem dat, omnes res eius corporales et incorporales quaeque ei debitae sunt adrogatori ante quidem pleno iure adquirebantur. exceptis his quae per captitis deminutionem pereunt quales sunt operarum obligationes et ius adgnationis. usus etenim et usus fructus, licet his antea connumerabantur, attamen capitis deminutione minima eos tolli nostra prohibuit constitutio.

2. Nunc autem nos eandem adquisitionem, quae per adrogationem fiebat, coartavimus ad similitudinem naturalium parentum: nihil etenim aliud nisi tantummodo usus fructus tam naturalibus patribus quam adoptivis per filios familias adquiritur in his rebus quae extrinsecus filiis obveniunt, dominio eis integro servato: mortuo autem filio adrogato in adoptiva familia etiam dominium eius ad adrogatorem transit, nisi supersint aliae personae, quae ex nostra constitutione patrem in his quae adquiri non possunt antecedunt.

Zehnter Titel
Über den Erwerb durch Arrogation

Es gibt auch noch eine andere Art von Gesamtrechtsnachfolge, die weder vom Zwölftafelgesetz noch vom Edikt des Prätors eingeführt worden ist, sondern von dem Recht, das infolge allgemeiner Anerkennung aufgekommmen ist.

1. Denn wenn ein Familienvater sich durch Arrogation[2] als Kind annehmen ließ, erwarb der Annehmende früher dessen sämtliche Vermögensgegenstände zu vollem Recht, körperliche wie unkörperliche und auch das, was ihm geschuldet wurde, mit Ausnahme derjenigen Rechte, die durch die Statusänderung untergehen, wie die Ansprüche auf die Dienste der Freigelassenen und das Erbrecht im Mannesstamm. Daß das Gebrauchsrecht und der Nießbrauch, mochten sie auch früher dazuzählen, durch diese kleinste Statusänderung untergehen, wird jedoch durch unsere Konstitution[3] verhindert.

2. Nunmehr haben wir aber diesen Erwerb, der durch Arrogation erfolgte, nach dem Vorbild des Rechts der leiblichen Väter eingeschränkt[4]. Leibliche Väter wie Adoptivväter erlangen jetzt nämlich durch Haussöhne an den Gegenständen, welche die Haussöhne von Dritten erwerben, nichts anderes als nur den Nießbrauch, während den Haussöhnen das Eigentum unbeschadet erhalten bleibt. Stirbt aber der angenommene Sohn in der Adoptivfamilie, dann geht auch das Eigentum auf den Annehmenden über, es sei denn, daß andere Personen vorhanden sind, die aufgrund unserer Konstitution[5] dem Vater bei dem, was nicht erworben werden kann, vorgehen.

1 Vgl. C. 6, 9, 9 (339), siehe auch C. 5, 70, 7, 3a (530).
2 Vgl. Inst. 1, 11, 1.
3 C. 3, 33, 16 (530).
4 C. 6, 61, 6 (529); vgl. Inst. 2, 9, 1.
5 C. 6, 59, 11 (529).

3. Sed ex diverso pro eo, quod is debuit qui se in adoptionem dedit, ipso quidem iure adrogator non tenetur, sed nomine filii convenietur et, si noluerit eum defendere, permittitur creditoribus per competentes nostros magistratus bona, quae eorum cum usu fructu futura fuissent, si se alieno iuri non subiecissent, possidere et legitimo modo ea disponere.

3. Andererseits aber haftet der Annehmende für das, was derjenige schuldet, der sich als Kind annehmen läßt, zwar nicht nach Zivilrecht; doch kann er wegen des Sohnes verklagt werden und, falls er es ablehnt, sich für den Sohn auf einen Prozeß einzulassen, wird den Gläubigern durch unsere dafür zuständigen Beamten gestattet, das Vermögen, das der Sohn, hätte er sich nicht fremder Hausgewalt unterworfen, einschließlich des Nießbrauchs gehabt hätte, in Besitz zu nehmen und in gesetzlicher Weise darüber zu verfügen.

XI
De eo cui libertatis causa bona addicuntur

Accessit novus casus successionis ex constitutione divi Marci. nam si hi, qui libertatem acceperunt a domino in testamento, ex quo non aditur hereditas, velint bona sibi addici libertatium conservandarum causa, audiuntur. et ita rescripto divi Marci ad Popilium Rufum continetur.

1. Verba rescripti ita se habent: 'si Virginio Valenti, qui testamento suo libertatem quibusdam adscripsit, nemine successore ab intestato existente in ea causa bona esse coeperunt, ut veniri debeant: is cuius de ea re notio est aditus rationem desiderii tui habebit, ut libertatium tam earum, quae directo, quam earum, quae per speciem fideicommissi relictae sunt, tuendarum gratia addicantur tibi, si idonee creditoribus caveris de solido quod cuique debetur solvendo. et hi quidem, quibus directa libertas data est, perinde liberi erunt, ac si hereditas adita esset: hi autem, quos heres rogatus est manumittere, a te libertatem consequantur: ita ut si non alia condicione velis bona tibi addici, quam ut etiam qui directo libertatem acceperunt tui liberti fiant, nam

Elfter Titel
Über den, dem der Nachlaß um der Freiheit willen zugesprochen wird

Ein neuer Fall der Gesamtnachfolge kam durch eine Konstitution des vergöttlichten Kaisers Mark Aurel hinzu. Denn wenn Sklaven, denen durch ein Testament ihres Eigentümers, das nicht zum Erbschaftsantritt führt, die Freiheit verheißen worden ist, beantragen, daß ihnen zur Erhaltung der Freiheit der Nachlaß zugesprochen wird, finden sie Gehör. Und so ist es in dem Reskript des vergöttlichten Kaisers Mark Aurel an Popilius Rufus bestimmt.

1. Die Worte des Reskripts lauten folgendermaßen: 'Wenn sich für Virginius Valens, der in seinem Testament einigen Sklaven die Freiheit zugedacht hat, nicht einmal ein gesetzlicher Erbe findet und sein Nachlaß daher in die Lage kommt, daß er versteigert werden muß, dann wird derjenige, der dafür zuständig ist, auf Antrag deinem Verlangen Rechnung tragen und dir den Nachlaß zur Sicherung sowohl der Freiheit, die unmittelbar, als auch derjenigen, die in Form eines Fideikommisses verheißen ist, zuweisen, vorausgesetzt, daß du den Gläubigern in geeigneter Weise dafür Sicherheit leistest, daß jedem seine Forderung vollständig erfüllt wird. Und diejenigen, denen die Freiheit unmittelbar gewährt worden ist, werden ebenso frei sein, als ob die Erbschaft angetreten worden wäre, diejenigen aber, die freizulassen der Erbe gebeten worden war, sollen die Freiheit von dir erlangen. Dies gilt mit der Maßgabe, daß, falls du dir den Nachlaß unter keiner anderen Bedingung zuweisen lassen willst als der, daß auch diejenigen, die die Freiheit unmittelbar erhalten, deine

huic etiam voluntati tuae, si ii de quorum statu agitur consentiant, auctoritatem nostram accommodamus. et ne huius rescriptionis nostrae emolumentum alia ratione irritum fiat, si fiscus bona agnoscere voluerit: et hi qui rebus nostris attendunt scient commodo pecuniario praeferendam libertatis causam et ita bona cogenda, ut libertas his salva sit, qui eam adipisci potuerunt, si hereditas ex testamento adita esset.'

Freigelassenen werden, wir gewiß auch diesem deinen Wunsch unsere Zustimmung gewähren werden, sofern diejenigen, um deren Status es geht, einverstanden sind. Und damit der Vorteil dieses Reskripts nicht auf andere Weise wieder verlorengeht, wenn nämlich der Fiskus den Nachlaß an sich ziehen will, sollen diejenigen, die über unsere Finanzen wachen, wissen, daß die Sache der Freiheit Vorrang vor dem Geld hat und der Nachlaß in der Weise einzuziehen ist, daß die Freiheit denen gesichert ist, die sie hätten erhalten können, wenn die Erbschaft aufgrund des Testaments angetreten worden wäre.'

2. Hoc rescripto subventum est et libertatibus et defunctis, ne bona eorum a creditoribus possedeantur et veneant. certe si fuerint ex hac causa bona addicta, cessat bonorum venditio: extitit enim defuncti defensor, et quidem idoneus, qui de solido creditoribus cavet.

2. Dieses Reskript ist sowohl den Freilassungen hilfreich als auch den Verstorbenen, da deren Nachlaß nicht von den Gläubigern in Besitz genommen und verkauft werden kann. Wenn nämlich aus diesem Grund der Nachlaß zugesprochen worden ist, entfällt natürlich der Nachlaßkonkurs. Denn für den Verstorbenen ist ein Vertreter aufgetreten, und zwar ein tauglicher, der den Gläubigern für das Ganze Sicherheit leistet.

3. Inprimis hoc rescriptum totiens locum habet, quotiens testamento libertates datae sunt. quid ergo si quis intestatus decedens codicillis libertates dederit neque adita sit ab intestato hereditas? favor constitutionis debet locum habere. certe si testatus decedat et codicillis dederit libertatem, competere eam nemini dubium est.

3. In erster Linie greift dieses Reskript immer dann Platz, wenn die Freiheit durch Testament erteilt worden ist. Was aber, wenn jemand, der testamentslos verstorben ist, die Freiheit durch Kodizill erteilt hat und die Erbschaft nach dem testamentslos Verstorbenen nicht angetreten worden ist? Die von der Konstitution bezweckte Begünstigung muß Platz greifen. Wenn freilich jemand, der ein Testament hinterläßt, die Freiheit durch Kodizill erteilt hat, bezweifelt niemand, daß die Freiheit erworben wird.

4. Tunc constitutioni locum esse verba ostendunt, cum nemo successor ab intestato existat: ergo quamdiu incertum sit, utrum existat an non, cessabit constitutio: si certum esse coeperit neminem extare, tunc erit constitutioni locus.

4. Die Konstitution greift, wie die Worte zeigen, dann Platz, wenn im Fall der Testamentslosigkeit niemand Erbe wird. Solange daher unsicher ist, ob jemand Erbe wird oder nicht, gilt die Konstitution nicht. Sobald sich aber herausstellt, daß niemand Erbe wird, greift die Konstitution Platz.

5. Si is, qui in integrum restitui potest, abstinuit se ab hereditate, an, quamvis potest in integrum restitui, potest admitti constitutio et addictio bonorum fieri? quid ergo, si post addictionem libertatum conservandarum causa factam in integrum sit re-

5. Kann aber, wenn jemand die Erbschaft ausgeschlagen hat, der wieder in den vorigen Stand eingesetzt werden kann, die Konstitution eingreifen und der Nachlaß [dem übernahmebereiten Sklaven] zugesprochen werden, obwohl jener in den vorigen Stand eingesetzt werden kann? Was aber, wenn er erst, nachdem der Nachlaß zur Erhaltung der Freiheit zugespro-

stitutus? utique non erit dicendum revocari libertates, quae semel competierunt.

chen worden ist, in den vorigen Stand eingesetzt wird? Keinesfalls wird man sagen können, daß die Freiheit, die einmal erworben worden ist, widerrufen werden darf.

6. Haec constitutio libertatum tuendarum causa introducta est: ergo si libertates nullae sint datae, cessat constitutio. quid ergo, si vivus dedit libertates vel mortis causa et, ne de hoc quaeratur, utrum in fraudem creditorum an non factum sit, idcirco velint addici sibi bona, an audiendi sunt? et magis est, ut audiri debeant, etsi deficiant verba constitutionis.

6. Diese Konstitution ist zur Sicherung der Freiheit eingeführt worden. Wenn daher keine Freiheit erteilt worden ist, gilt die Konstitution nicht. Was aber, wenn jemand zu Lebzeiten oder auf den Todesfall die Freiheit erteilt hat? Sollen dann die Begünstigten Gehör finden, die sich den Nachlaß deswegen zusprechen lassen wollen, damit nicht untersucht wird, ob ihre Freilassung zum Nachteil der Gläubiger erfolgte oder nicht? Und es ist besser, daß sie Gehör finden müssen, auch wenn die Worte der Konstitution es nicht ausdrücklich sagen.

7. Sed cum multas divisiones eiusmodi constitutioni deesse perspeximus, lata est a nobis plenissima constitutio, in quam multae species collatae sunt, quibus ius huiusmodi successionis plenissimum est effectum: quas ex ipsa lectione constitutionis potest quis cognoscere.

7. Da wir aber erkannt haben, daß dieser Konstitution viele Unterscheidungen fehlen, haben wir eine umfassende Konstitution erlassen, in der viele Fälle zusammengestellt sind, durch die das Recht dieser Gesamtnachfolge im ganzen vervollständigt wird. Über diese Fälle kann man sich durch Lektüre der Konstitution selbst unterrichten[1].

XII
De successionibus sublatis, quae fiebant per bonorum venditionem et ex senatus consulto Claudiano

Zwölfter Titel
Über die Aufhebung der Gesamtrechtsnachfolge, die durch Verkauf des Schuldnervermögens erfolgte, sowie der aufgrund des Senatusconsultum Claudianum

Erant ante praedictam successionem olim et aliae per universitatem successiones. qualis fuerat bonorum emptio, quae de bonis debitoris vendendis per multas ambages fuerat introducta et tunc locum habebat, quando iudicia ordinaria in usu fuerunt: sed cum extraordinariis iudiciis posteritas usa est, ideo cum ipsis ordinariis iudiciis etiam bonorum venditiones exspiraverunt et tantummodo creditoribus datur officio iudicis bona possidere et prout eis

Es gab vor der erwähnten Nachfolge früher noch andere Arten der Gesamtrechtsnachfolge. Eine davon war der Vermögensverkauf, der, behaftet mit vielen Umständlichkeiten, zur Verwertung des Schuldnervermögens eingeführt worden war und damals Anwendung fand, als die ordentlichen Gerichtsverfahren noch üblich waren. Als in der Folgezeit aber die außerordentlichen Gerichtsverfahren üblich wurden, hörten mit den ordentlichen Gerichtsverfahren zugleich auch die Verkäufe des Schuldnervermögens auf, und seitdem wird den Gläubigern kraft der Amtsbefugnis des Richters nur noch das Recht erteilt, das Schuldnervermögen in Be-

1 C. 7, 2, 15 (531–532).

utile visum fuerit ea disponere, quod ex latioribus digestorum libris perfectius apparebit.

1. Erat et ex senatus consulto Claudiano miserabilis per universitatem adquisitio, cum libera mulier servili amore bacchata ipsam libertatem per senatus consultum amittebat et cum libertate substantiam: quod indignum nostris temporibus esse existimantes et a nostra civitate deleri et non inseri nostris digestis concessimus.

sitz zu nehmen und so, wie es ihnen nützlich scheint, darüber zu verfügen, was aus den ausführlicheren Büchern der Digesten[1] vollständiger zu entnehmen sein wird.

1. Es gab aber auch aufgrund des Senatusconsultum Claudianum[2] den erbarmungswürdigen Fall der Gesamtrechtsnachfolge, daß eine freie Frau, von heftiger Leidenschaft zu einem [fremden] Sklaven erfaßt, durch den Senatsbeschluß die Freiheit und mit der Freiheit auch das Vermögen [an den Eigentümer des Sklaven] verlor. Da wir fanden, daß dieses Recht unserer Zeit unwürdig ist, haben wir veranlaßt, daß es in unserem Reich aufgehoben[3] und nicht in unsere Digesten eingefügt wird.

XIII
De obligationibus

Nunc transeamus ad obligationes. obligatio est iuris vinculum, quo necessitate adstringimur alicuius solvendae rei secundum nostrae civitatis iura.

1. Omnium autem obligationum summa divisio in duo genera diducitur: namque aut civiles sunt aut praetoriae. civiles sunt, quae aut legibus constitutae aut certe iure civili comprobatae sunt. praetoriae sunt, quas praetor ex sua iurisdictione constituit, quae etiam honorariae vocantur.

2. Sequens divisio in quattuor species diducitur: aut enim ex contractu sunt aut quasi ex contractu aut ex maleficio aut quasi ex maleficio. prius est, ut de his quae ex contractu sunt dispiciamus. harum aeque quattuor species sunt: aut enim re contrahuntur aut verbis aut litteris aut consensu. de quibus singulis dispiciamus.

Dreizehnter Titel
Über die Schuldverhältnisse

Jetzt wollen wir zu den Schuldverhältnissen übergehen. Das Schuldverhältnis ist ein rechtliches Band, durch das uns nach dem Recht unseres Gemeinwesens der Zwang auferlegt wird, irgendeinen Gegenstand zu leisten.

1. Die oberste Einteilung aller Schuldverhältnisse ergibt zwei Arten. Sie sind nämlich entweder zivilrechtlich oder prätorisch. Zivilrechtlich sind diejenigen, die entweder von Gesetzen eingeführt oder jedenfalls vom Zivilrecht anerkannt worden sind. Prätorisch sind diejenigen, die der Prätor aufgrund seiner Gerichtsbarkeit eingeführt hat; sie werden auch amtsrechtliche Schuldverhältnisse genannt.

2. Die weitere Einteilung ergibt vier Arten. Denn entweder beruhen die Schuldverhältnisse auf Vertrag oder Quasivertrag oder auf Delikt oder Quasidelikt. Als erstes wollen wir diejenigen, die auf Vertrag beruhen, untersuchen. Von diesen gibt es ebenfalls vier Arten. Sie werden nämlich entweder durch Sachhingabe begründet oder durch Worte oder durch Schrift oder durch Konsens. Wir wollen sie einzeln untersuchen.

---

1 Vgl. D. 42, 5.
2 54 n. Chr.
3 C. 7, 24, 1 (531–534).

XIV
Quibus modis re contrahitur obligatio

Re contrahitur obligatio veluti mutui datione. mutui autem obligatio in his rebus consistit, quae pondere numero mensurave constant, veluti vino oleo frumento pecunia numerata aere argento auro. quas res aut numerando aut metiendo aut pendendo in hoc damus, ut accipientium fiant et quandoque nobis non eaedem res, sed aliae eiusdem naturae et qualitatis reddantur. unde etiam mutuum appellatum sit, quia ita a me tibi datur, ut ex meo tuum fiat. ex eo contractu nascitur actio quae vocatur condictio.

1. Is quoque, qui non debitum accepit ab eo qui per errorem solvit, re obligatur: daturque agenti contra eum propter repetitionem condicticia actio. nam proinde ei condici potest si paret eum dare oportere ac si mutuum accepisset: unde pupillus, si ei sine tutoris auctoritate non debitum per errorem datum est, non tenetur indebiti condictione non magis quam mutui datione. sed haec species obligationis non videtur ex contractu consistere, cum is qui solvendi animo dat magis distrahere voluit negotium quam contrahere.

2. Item is cui res aliqua utenda datur, id est commodatur, re obligatur et tenetur commodati actione. sed is ab eo qui mutuum accepit longe distat: namque non ita res datur, ut eius fiat, et ob id de ea re ipsa restituenda tenetur. et is quidem qui mutuum accepit, si quolibet fortuito casu quod accepit amiserit, veluti incendio ruina naufragio aut latronum hostiumve incursu, nihilo

Vierzehnter Titel
Wie Schuldverhältnisse durch Sachhingabe zustandekommen

Durch Sachhingabe wird ein Schuldverhältnis zum Beispiel bei der Darlehenshingabe begründet. Eine Darlehensschuld entsteht bei solchen Sachen, die nach Zahl, Maß oder Gewicht bestimmt werden, zum Beispiel bei Wein, Öl, Getreide, Bargeld, Kupfer, Silber und Gold. Diese Sachen geben wir durch Zählen oder Messen oder Wiegen zu dem Zweck hin, daß sie Eigentum des Empfängers werden und daß uns irgendwann nicht dieselben Sachen, sondern andere Sachen gleicher Art und Güte zurückgegeben werden. Daher heißt das Darlehen auch 'mutuum', weil ich dir so gebe, daß aus Mein [meum] Dein [tuum] wird. Aus diesem Vertrag entsteht eine Klage, die Kondiktion genannt wird.

1. Auch wer von einem, der irrtümlich leistet, eine Nichtschuld empfängt, wird durch Sachhingabe verpflichtet; und man gibt demjenigen, der gegen ihn auf Rückgewähr klagt, eine Kondiktionsklage. Denn von ihm kann ebenso mit der Formel 'Wenn sich erweist, daß er verpflichtet ist zu geben' kondiziert werden, wie wenn er ein Darlehen empfangen hätte. Daher haftet ein Mündel, wenn ihm ohne Zustimmung des Vormunds irrtümlich etwas Nichtgeschuldetes geleistet worden ist, nicht mit der Kondiktion des Nichtgeschuldeten, genauso wenig wie nach einer Darlehenshingabe. Doch beruht diese Art Schuldverhältnis ersichtlich nicht auf Vertrag, da derjenige, der mit Erfüllungsabsicht gibt, ein Rechtsgeschäft eher auflösen als zustandebringen will.

2. Ebenso wird derjenige durch Sachhingabe verpflichtet, dem irgendeine Sache zum Gebrauch gegeben, das heißt geliehen wird; und er haftet mit der Klage aus Leihe. Aber er unterscheidet sich deutlich von demjenigen, der ein Darlehen empfängt. Denn die Sache wird ihm nicht so gegeben, daß sie sein Eigentum wird; und daher haftet er auf Rückgabe der Sache selbst. Und es bleibt, wer ein Darlehen empfängt, zwar weiterhin verpflichtet, wenn er durch irgendein zufälliges Ereignis das, was er empfangen hat, verliert, zum Beispiel durch Brand, Einsturz, Schiffbruch oder durch einen

minus obligatus permanet. at is qui utendum accepit sane quidem exactam diligentiam custodiendae rei praestare iubetur nec sufficit ei tantam diligentiam adhibuisse, quantam suis rebus adhibere solitus est, si modo alius diligentior poterit eam rem custodire: sed propter maiorem vim maioresve casus non tenetur, si modo non huius culpa is casus intervenerit: alioquin si id quod tibi commodatum est peregre ferre tecum malueris et vel incursu hostium praedonumve vel naufragio amiseris, dubium non est, quin de restituenda ea re tenearis. commodata autem res tunc proprie intellegitur, si nulla mercede accepta vel constituta res tibi utenda data est. alioquin mercede interveniente locatus tibi usus rei videtur: gratuitum enim debet esse commodatum.

Überfall von Räubern oder Feinden. Dagegen muß, wer etwas zum Gebrauch empfangen hat, hinsichtlich der Obhut über die Sache zwar durchaus für volle Sorgfalt einstehen, und es genügt nicht, daß er die Sorgfalt angewendet hat, die er gegenüber seinen eigenen Sachen anzuwenden pflegt, solange nur irgendein anderer diese Sache sorgfältiger hätte behüten können. Aber er haftet nicht wegen höherer Gewalt oder höheren Zufalls, vorausgesetzt, daß dieser Zufall nicht durch sein Verschulden eintritt. Andernfalls, wenn es dir einfallen sollte, das, was dir geliehen worden ist, mit auf Reisen zu nehmen, und du es bei einem Überfall von Feinden oder Räubern oder bei einem Schiffbruch verlierst, ist es nicht zweifelhaft, daß du auf Rückgabe dieser Sache haftest. Als geliehen im eigentlichen Sinne betrachtet man eine Sache aber nur dann, wenn sie dir ohne Entgegennahme oder Festsetzung eines Entgelts zum Gebrauch gegeben worden ist. Andernfalls, wenn ein Entgelt hinzukommt, ist dir der Gebrauch der Sache offenbar vermietet; denn die Leihe muß unentgeltlich sein.

3. Praeterea et is, apud quem res aliqua deponitur, re obligatur et actione depositi, qui et ipse de ea re quam accepit restituenda tenetur. sed is ex eo solo tenetur, si quid dolo commiserit, culpae autem nomine, id est desidiae atque neglegentiae, non tenetur: itaque securus est qui parum diligenter custoditam rem furto amisit, quia, qui neglegenti amico rem custodiendam tradit, suae facilitati id imputare debet.

3. Außerdem wird auch derjenige durch Sachhingabe verpflichtet, bei dem eine Sache hinterlegt wird; und auch er haftet mit der Hinterlegungsklage[1] auf Rückgabe der Sache, die er empfangen hat. Aber er haftet [auf Schadensersatz] nur dann, wenn er vorsätzlich etwas getan hat; für Fahrlässigkeit, das heißt bei Unachtsamkeit oder Nachlässigkeit, haftet er nicht. Daher ist vor Ansprüchen sicher, wer eine Sache, die er nicht sorgfältig genug bewacht hat, durch Diebstahl verliert, weil derjenige, der einem nachlässigen Freund eine Sache in Obhut gibt, den Verlust seinem eigenen Leichtsinn zuschreiben muß.

4. Creditor quoque qui pignus accepit re obligatur, qui et ipse de ea ipsa re quam accepit restituenda tenetur actione pigneraticia. sed quia pignus utriusque gratia datur, et debitoris, quo magis ei pecunia crederetur, et creditoris, quo magis ei in tuto sit creditum, placuit sufficere, quod ad eam rem custodiendam exactam diligentiam adhiberet: quam si praestiterit et aliquo

4. Auch der Gläubiger, der ein Pfand empfangen hat, wird durch Sachhingabe verpflichtet; und auch er haftet auf die Rückgabe der Sache selbst, die er empfangen hat, und zwar mit der Pfandklage. Aber weil ein Pfand in beiderseitigem Interesse gegeben wird, sowohl in dem des Schuldners, damit ihm eher Geld geliehen wird, als auch in dem des Gläubigers, damit sein Darlehen besser gesichert ist, genügt es anerkann-

1 Zur Berichtigung der lateinischen Wortfolge vgl. Inst. 3, 14, 4.

fortuitu casu rem amiserit, securum esse nec impediri creditum petere.

termaßen, wenn er auf die Obhut der Sache volle Sorgfalt verwendet hat. Hat er das getan und die Sache durch irgendein zufälliges Ereignis verloren, ist er vor Ansprüchen sicher und nicht gehindert, sein Darlehen einzuklagen.

XV
De verborum obligatione

Verbis obligatio contrahitur ex interrogatione et responsu, cum quid dari fierive nobis stipulamur. ex qua duae proficiscuntur actiones, tam condictio, si certa sit stipulatio, quam ex stipulatu, si incerta. quae hoc nomine inde utitur, quia stipulum apud veteres firmum appellabatur, forte a stipite descendens.

1. In hac re olim talia verba tradita fuerunt: spondes? spondeo, promittis? promitto, fidepromittis? fidepromitto, fideiubes? fideiubeo, dabis? dabo, facies? faciam. utrum autem Latina an Graeca vel qua alia lingua stipulatio concipiatur, nihil interest, scilicet si uterque stipulantium intellectum huius linguae habeat: nec necesse est eadem lingua utrumque uti, sed sufficit congruenter ad interrogatum respondere: quin etiam duo Graeci Latina lingua obligationem contrahere possunt. sed haec sollemnia verba olim quidem in usu fuerunt: postea autem Leoniana constitutio lata est, quae sollemnitate verborum sublata sensum et consonantem intellectum ab utraque parte solum desiderat, licet quibuscumque verbis expressus est.

Fünfzehnter Titel
Über die Schuldverhältnisse durch Worte

Ein Schuldverhältnis durch Worte kommt durch Frage und Antwort zustande, wenn wir uns durch Stipulation versprechen lassen, daß uns etwas gegeben oder sonst geleistet wird. Aus diesem Schuldverhältnis entstehen zwei Klagen, zum einen die Kondiktion, wenn die Stipulation bestimmt ist, zum anderen die Stipulationsklage, wenn die Stipulation unbestimmt ist. Die Stipulation trägt ihren Namen deshalb, weil 'das Feste' bei den alten Juristen mit 'stipulum' bezeichnet wurde, wohl von 'stipes', Baumstamm, abgeleitet[1].

1. Dabei waren früher folgende Worte üblich: 'Gelobst du?' 'Ich gelobe!' — 'Versprichst du?' 'Ich verspreche!' — 'Versprichst du auf Ehre?' 'Ich verspreche auf Ehre!' — 'Nimmst du auf deine Ehre?' 'Ich nehme auf meine Ehre!' — 'Wirst du geben ?' 'Ich werde geben!' — 'Wirst du tun?' 'Ich werde tun!' Ob die Stipulation lateinisch, griechisch oder in irgendeiner anderen Sprache formuliert wird, macht keinen Unterschied, wenn nur beide Parteien diese Sprache verstehen. Und es ist nicht nötig, daß sich beide derselben Sprache bedienen, sondern es genügt, auf die gestellte Frage inhaltlich entsprechend zu antworten. Ja, es können sogar zwei Griechen auf Latein eine solche Verbindlichkeit begründen. Aber all diese förmlichen Worte waren nur in alter Zeit in Gebrauch. Später ist nämlich die Konstitution des Kaisers Leo[2] ergangen, welche unter Aufhebung der Förmlichkeit der Worte allein Willen und übereinstimmendes Verständnis auf beiden Seiten verlangt, mit welchen Worten auch immer es ausgedrückt worden ist.

1 Vgl. Pauli Sententiae 5, 7, 1; siehe aber auch Varro, ling. 5, 182 und Festus, Lindsay 379; 412 (von 'stips' — Geldbetrag) sowie Isidor, Etym. 5, 24, 30 (von 'stipula' — Halm).

2 C. 8, 37, 10 (472).

2. Omnis stipulatio aut pure aut in diem aut sub condicione fit. pure veluti 'quinque aureos dare spondes?' idque confestim peti potest. in diem, cum adiecto die quo pecunia solvatur stipulatio fit: veluti 'decem aureos primis kalendis Martiis dare spondes?' id autem, quod in diem stipulamur, statim quidem debetur, sed peti prius quam dies veniat non potest: ac ne eo quidem ipso die, in quem stipulatio facta est, peti potest, quia totus dies arbitrio solventis tribui debet. neque enim certum est eo die, in quem promissum est, datum non esse, priusquam praetereat.

2. Jede Stipulation wird entweder ohne Zusatz oder befristet oder bedingt abgeschlossen. Ohne Zusatz zum Beispiel so: 'Gelobst du, mir fünf Goldstücke zu geben?'; und das kann sofort verlangt werden. Befristet, wenn die Stipulation unter Bestimmung eines Termins abgeschlossen wird, an dem das Geld gezahlt werden soll, zum Beispiel: 'Gelobst du, am nächsten 1. März zehn Goldstücke zu geben?' Was wir uns jedoch auf einen Termin versprechen lassen, wird zwar sofort geschuldet, kann aber, bevor der Termin gekommen ist, nicht eingeklagt werden. Und nicht einmal an dem Termin selbst, auf den die Stipulation gestellt ist, kann geklagt werden, weil auch noch dieser ganze Tag dem Gutdünken des Leistenden zu belassen ist. Denn daß die Leistung nicht an dem Tag erbracht wurde, auf den sie versprochen worden ist, steht erst dann fest, wenn der Tag vorübergegangen ist.

3. At si ita stipuleris 'decem aureos annuos quoad vivam dare spondes?', et pure facta obligatio intellegitur et perpetuatur, quia ad tempus deberi non potest. sed heres petendo pacti exceptione submovebitur.

3. Wenn du dir dagegen so versprechen läßt: 'Gelobst Du, alljährlich zehn Goldstücke zu geben, solange ich lebe?', dann gilt das Schuldverhältnis als ohne Zusatz abgeschlossen und es wird damit zu einem unbefristeten, weil mit Endtermin nicht geschuldet werden kann. Aber wenn der Erbe die Goldstücke einklagt, wird er durch die Einrede der Vereinbarung [nur auf Lebenszeit zu geben] abgewiesen[1].

4. Sub condicione stipulatio fit, cum in aliquem casum differtur obligatio, ut, si aliquid factum fuerit aut non fuerit, stipulatio committatur, veluti 'si Titius consul factus fuerit, quinque aureos dare spondes?' si quis ita stipuletur 'si in Capitolium non ascendero, dare spondes?' perinde erit, ac si stipulatus esset cum morietur dari sibi. ex condicionali stipulatione tantum spes est debitum iri, eamque ipsam spem transmittimus, si, priusquam condicio existat, mors nobis contigerit.

4. Unter einer Bedingung wird die Stipulation abgeschlosssen, wenn das Schuldverhältnis auf irgendein ungewisses Ereignis verschoben wird, so daß die Stipulation erst wirksam wird, wenn irgend etwas geschieht oder nicht geschieht, zum Beispiel: 'Gelobst du, mir fünf Goldstücke zu geben, wenn Titius Konsul wird?' Wenn sich jemand so versprechen läßt: 'Gelobst du zu geben, wenn ich nicht auf das Kapitol steige?', dann ist es genauso, wie wenn er sich hätte versprechen lassen, daß ihm geleistet wird, wenn er stirbt. Aus einer bedingten Stipulation entsteht lediglich die Hoffnung auf eine künftige Schuld, und eben diese Hoffnung übertragen wir [auf den Erben], wenn uns, bevor die Bedingung eintritt, der Tod ereilt.

5. Loca etiam inseri stipulationi solent, veluti 'Carthagine dare spondes?' quae sti-

5. Auch die Leistungsorte pflegt man in die Stipulation aufzunehmen, zum Beispiel: 'Ge-

1 Der Endtermin kann nur amtsrechtlich zur Geltung gebracht werden, vgl. D. 44, 7, 44, 1; 45, 1, 56, 4.

pulatio licet pure fieri videatur, tamen re ipsa habet tempus iniectum, quo promissor utatur ad pecuniam Carthagine dandam. et ideo si quis ita Romae stipuletur 'hodie Carthagine dare spondes?' inutilis erit stipulatio, cum impossibilis sit repromissio.

lobst du, in Karthago zu geben?' Obgleich diese Stipulation ohne Zusatz eines Termins abgefaßt erscheint, enthält sie gleichwohl von der Sache her den Zeitraum, den der Versprechende braucht, um das Geld in Karthago zu geben. Und wenn sich daher jemand in Rom so versprechen läßt: 'Gelobst du, heute in Karthago zu geben?', dann ist die Stipulation unwirksam, weil das Versprechen unmöglich ist.

6. Condiciones, quae ad praeteritum vel ad praesens tempus referuntur, aut statim infirmant obligationem aut omnino non differunt: veluti 'si Titius consul fuit' vel 'si Maevius vivit, dare spondes?' nam si ea ita non sunt, nihil valet stipulatio: sin autem ita se habent, statim valet. quae enim per rerum naturam certa sunt, non morantur obligationem, licet apud nos incerta sint.

6. Bedingungen, die sich auf einen vergangenen oder einen gegenwärtigen Zeitpunkt beziehen — zum Beispiel: 'Gelobst du zu geben, wenn Titius Konsul war?' oder: 'wenn Maevius lebt?' —, machen entweder das Schuldverhältnis sofort unwirksam oder verzögern seine Entstehung in keiner Weise. Denn wenn es sich nicht so verhält, ist die Stipulation unwirksam; verhält es sich dagegen so, ist sie sogleich wirksam. Denn was in der Wirklichkeit gewiß ist, verzögert die Entstehung des Schuldverhältnisses nicht, mag der Umstand für uns auch ungewiß sein.

7. Non solum res in stipulatum deduci possunt, sed etiam facta: ut si stipulemur fieri aliquid vel non fieri. et in huiusmodi stipulationibus optimum erit poenam subicere, ne quantitas stipulationis in incerto sit ac necesse sit actori probare, quid eius intersit. itaque si quis ut fiat aliquid stipuletur, ita adici poena debet: 'si ita factum non erit, tum poenae nomine decem aureos dare spondes?' sed si quaedam fieri, quaedam non fieri una eademque conceptione stipuletur, clausula erit huiusmodi adicienda: 'si adversus ea factum erit sive quid ita factum non erit, tunc poenae nomine decem aureos dare spondes?'

7. Nicht nur Sachen können in die Stipulation aufgenommen werden, sondern auch Handlungen; so, wenn wir uns ein Tun oder ein Unterlassen versprechen lassen. Und bei solchen Stipulationen ist es das Beste, eine Vertragsstrafe hinzuzufügen, damit der Geldwert der Stipulation nicht im Ungewissen bleibt und der Kläger nicht gezwungen ist nachzuweisen, auf wieviel sich sein Interesse beläuft. Wenn sich daher jemand ein Tun versprechen läßt, muß er ein Strafversprechen in folgender Weise anfügen: 'Gelobst du, dann, wenn es nicht so geschehen ist, zur Strafe zehn Goldstücke zu geben?' Wenn man sich aber in ein und demselben Stipulationsformular ein Tun und ein Unterlassen versprechen läßt, muß folgende Klausel angefügt werden: 'Gelobst du, wenn etwas dem zuwider geschehen ist oder wenn etwas nicht so geschehen ist, zur Strafe zehn Goldstücke zu geben?'

XVI
De duobus reis stipulandi et promittendi

Et stipulandi et promittendi duo pluresve rei fieri possunt. stipulandi ita, si post omnium interrogationem promissor re-

Sechzehnter Titel
Über zwei gemeinsame Versprechensempfänger und Versprechende

Sowohl auf seiten des Versprechensempfängers wie auf seiten des Versprechenden kann es zwei oder mehrere gemeinsam Beteiligte [Ge-

spondeat 'spondeo'. ut puta cum duobus separatim stipulantibus ita promissor respondeat 'utrique vestrum dare spondeo:' nam si prius Titio spoponderit, deinde alio interrogante spondeat, alia atque alia erit obligatio nec creduntur duo rei stipulandi esse. duo pluresve rei promittendi ita fiunt: 'Maevi, quinque aureos dare spondes? Sei, eosdem quinque aureos dare spondes?' respondeant singuli separatim 'spondeo'.

samtgläubiger oder Gesamtschuldner] geben. Auf Seiten des Versprechensempfängers dann, wenn der Versprechende auf die Frage aller antwortet: 'Ich gelobe', zum Beispiel wenn der Versprechende zweien, die sich getrennt voneinander versprechen lassen, folgendermaßen antwortet: 'Ich gelobe, beiden von euch zu geben.' Denn wenn er zuerst dem Titius gelobt und danach auf die Frage des anderen diesem, dann entstehen zwei verschiedene Schuldverhältnisse, und man nimmt nicht an, daß die zwei gemeinsam Versprechensempfänger sind. Zu zwei oder mehr gemeinsam Versprechenden kommt es so: 'Maevius, gelobst du, fünf Goldstücke zu geben? Seius, gelobst du, dieselben fünf Goldstücke zu geben?'; und jeder einzelne muß selbständig für sich antworten: 'Ich gelobe.'

1. Ex huiusmodi obligationibus et stipulantibus solidum singulis debetur et promittentes singuli in solidum tenentur. in utraque tamen obligatione una res vertitur: et vel alter debitum accipiendo vel alter solvendo omnium peremit obligationem et omnes liberat.

1. Aus solchen Schuldverhältnissen wird einerseits jedem einzelnen Versprechensempfänger das Ganze geschuldet und andererseits haftet jeder einzeln Versprechende auf das Ganze. Gleichwohl gibt es in beiden Schuldverhältnissen nur einen Leistungsgegenstand. Wenn daher einer der Gläubiger das Geschuldete empfängt, vernichtet er die Forderung aller, und wenn einer der Schuldner das Geschuldete leistet, befreit er alle.

2. Ex duobus reis promittendi alius pure, alius in diem vel sub condicione obligari potest: nec impedimento erit dies aut condicio, quo minus ab eo qui pure obligatus est petatur.

2. Von zwei gemeinsam Versprechenden kann der eine ohne Zusatz, der andere befristet oder bedingt verpflichtet werden; und der Termin oder die Bedingung bilden kein Hindernis dafür, daß derjenige, der sich ohne Zusatz verpflichtet hat, belangt werden kann.

XVII
De stipulatione servorum

Servus ex persona domini ius stipulandi habet. sed hereditas in plerisque personae defuncti vicem sustinet: ideoque quod servus hereditarius ante aditam hereditatem stipulatur, adquirit hereditati ac per hoc etiam heredi postea facto adquiritur.

Siebzehnter Titel
Über die Stipulationen der Sklaven

Ein Sklave hat das Recht, sich etwas versprechen zu lassen, aus der Person seines Eigentümers. An die Stelle der Person des verstorbenen Eigentümers tritt aber in den meisten Fällen die Erbschaft. Wenn sich daher ein Erbschaftssklave vor Antritt der Erbschaft etwas versprechen läßt, erwirbt er der Erbschaft die Forderung, und dadurch wird sie auch dem späteren Erben erworben.

1. Sive autem domino sive sibi sive conservo suo sive impersonaliter servus stipu-

1. Der Sklave erwirbt dem Eigentümer die Forderung, gleich ob er sich die Leistung an den Eigentümer, an sich selbst, an seinen Mitsklaven oder ohne Nennung einer Person verspre-

letur, domino adquirit. idem iuris est et in liberis, qui in potestate patris sunt, ex quibus causis adquirere possunt.

chen läßt. Dasselbe Recht gilt auch für die Kinder, die in der Gewalt des Hausvaters sind, in den Fällen, in denen sie erwerben können.

2. Sed cum factum in stipulatione continebitur, omnimodo persona stipulantis continetur, veluti si servus stipuletur, ut sibi ire agere liceat: ipse enim tantum prohiberi non debet, non etiam dominus eius.

2. Wenn aber die Stipulation ein tatsächliches Verhalten zum Gegenstand hat, bezieht sich dieses in jedem Fall auf die Person des Versprechensempfängers, zum Beispiel wenn der Sklave sich versprechen läßt, daß er über ein Grundstück gehen oder Vieh treiben darf; dann darf nämlich nur er selbst nicht daran gehindert werden, nicht auch sein Eigentümer.

3. Servus communis stipulando unicuique dominorum pro portione dominii adquirit, nisi si unius eorum iussu aut nominatim cui eorum stipulatus est: tunc enim soli ei adquiritur. quod servus communis stipulatur, si alteri ex dominis adquiri non potest, solidum alteri adquiritur, veluti si res quam dari stipulatus est unius domini sit.

3. Ein gemeinschaftlicher Sklave erwirbt als Versprechensempfänger jedem der Eigentümer die Forderung gemäß dem Miteigentumsanteil, es sei denn, daß er sich die Leistung auf Geheiß eines von ihnen oder ausdrücklich nur an einen von ihnen versprechen läßt; dann nämlich wird die Forderung allein diesem erworben. Wenn das, was sich ein gemeinschaftlicher Sklave versprechen läßt, von einem der Eigentümer nicht erworben werden kann, dann erwirbt der andere die ganze Forderung, zum Beispiel wenn die Sache, deren Übereignung er sich hat versprechen lassen, bereits einem der Eigentümer gehört.

XVIII
De divisione stipulationum

Stipulationum aliae iudiciales sunt, aliae praetoriae, aliae conventionales, aliae communes tam praetoriae quam iudiciales.

1. Iudiciales sunt dumtaxat, quae a mero iudicis officio proficiscuntur: veluti de dolo cautio vel de persequendo servo qui in fuga est restituendove pretio.

2. Praetoriae, quae a mero praetoris officio proficiscuntur, veluti damni infecti vel legatorum. praetorias autem stipulationes sic exaudiri oportet, ut in his contineantur etiam aedilicіae: nam et hae ab iurisdictione veniunt.

Achtzehnter Titel
Über die Einteilung der Stipulationen

Von den Stipulationen sind einige richterlich, andere prätorisch, wieder andere vertraglich, noch andere 'gemeinsame', nämlich sowohl prätorisch als auch richterlich.

1. Lediglich richterlich sind die Stipulationen, die allein aus der Amtsbefugnis des Richters hervorgehen, zum Beispiel die Sicherheitsleistung wegen Arglist oder wegen Verfolgung eines [geschuldeten] flüchtigen Sklaven[1] oder Zahlung des Sachwertes[2].

2. Prätorisch sind die Stipulationen, die allein aus der Amtsbefugnis des Prätors hervorgehen, zum Beispiel die wegen des [von einem Gebäude] drohenden Schadens oder die zur Sicherung von [bedingten oder befristeten] Vermächtnissen. Der Ausdruck 'prätorische Stipulationen' muß aber so verstanden werden, daß er auch die

1 Vgl. D. 4, 2, 14, 11; 30, 69, 5.
2 Vgl. D. 30, 47, 2/3.

ädilizischen Stipulationen umfaßt; denn auch diese stammen aus der magistratischen Gerichtsbarkeit.

3. Conventionales sunt, quae ex conventione utriusque partis concipiuntur, hoc est neque iussu iudicis neque iussu praetoris, sed ex conventione contrahentium. quarum totidem genera sunt, quot paene dixerim rerum contrahendarum.

3. Vertraglich sind die Stipulationen, die aufgrund einer Vereinbarung beider Parteien formuliert werden, das heißt weder auf Anordnung des Richters noch auf Anordnung des Prätors, sondern aufgrund einer Vereinbarung der Vertragschließenden. Von ihnen gibt es so viele Arten, wie es — so möchte ich fast sagen — Vertragsgegenstände gibt.

4. Communes sunt stipulationes veluti rem salvam fore pupilli: nam et praetor iubet rem salvam fore pupillo caveri et interdum iudex, si aliter expediri haec res non potest: vel de rato stipulatio.

4. 'Gemeinsame' sind Stipulationen wie zum Beispiel die, daß das Vermögen des Mündels erhalten bleibe; denn sowohl der Prätor ordnet an, dem Mündel dafür Sicherheit zu leisten, daß sein Vermögen erhalten bleibe, als bisweilen auch der Richter, wenn die Sache anders nicht erledigt werden kann. Eine 'gemeinsame' ist auch die Stipulation wegen Genehmigung.

XIX
De inutilibus stipulationibus

Neunzehnter Titel
Über unwirksame Stipulationen

Omnis res, quae dominio nostro subicitur, in stipulationem deduci potest, sive illa mobilis sive soli sit.

Jede Sache, die unserem Eigentum unterliegt, kann in eine Stipulation aufgenommen werden, sei sie beweglich oder eine des Bodens.

1. At si quis rem, quae in rerum natura non est aut esse non potest, dari stipulatus fuerit, veluti Stichum, qui mortuus sit, quem vivere credebat, aut hippocentaurum, qui esse non possit, inutilis erit stipulatio.

1. Wenn sich dagegen jemand eine Sache versprechen läßt, die es in der Welt nicht mehr gibt oder die es überhaupt nicht geben kann, zum Beispiel den toten Stichus, den er am Leben glaubte, oder einen Hippozentauren, den es nicht geben kann, dann ist die Stipulation unwirksam.

2. Idem iuris est, si rem sacram aut religiosam, quam humani iuris esse credebat, vel publicam, quae usibus populi perpetuo exposita sit, ut forum vel theatrum, vel liberum hominem, quem servum esse credebat, vel cuius commercium non habuit, vel rem suam dari quis stipuletur. nec in pendenti erit stipulatio ob id, quod publica res in privatum deduci et ex libero servus fieri potest et commercium adipisci stipulator potest et res stipulatoris esse desinere potest, sed protinus inutilis est. item contra licet initio

2. Dasselbe Recht gilt, wenn jemand sich versprechen läßt, daß ihm eine sakrale oder religiose Sache, von der er glaubte, sie unterliege menschlichem Recht, übereignet wird oder eine öffentliche Sache, die auf Dauer dem Gemeingebrauch gewidmet ist, wie einen Marktplatz oder ein Theater, oder einen freien Menschen, den er für einen Sklaven hielt, oder eine Sache, für die er keine Erwerbsbefugnis hatte, oder eine eigene Sache. Und die Stipulation ist auch nicht etwa deswegen in der Schwebe, weil die öffentliche Sache in Privatrecht überführt, aus dem Freien ein Sklave werden, der Versprechensempfänger die Erwerbsbefugnis erlangen oder die Sache aufhören kann, dem Versprechensempfänger zu gehören; vielmehr ist die Stipulation sofort unwirksam. Entsprechend erlischt

utiliter res in stipulatum deducta sit, si postea in earum qua causa, de quibus supra dictum est, sine facto promissoris devenerit: extinguitur stipulatio. ac ne statim ab initio talis stipulatio valebit 'Lucium Titium cum servus erit dare spondes?' et similia: quia natura sui dominio nostro exempta in obligationem deduci nullo modo possunt.

umgekehrt die Stipulation, wenn die Sache zwar zunächst wirksam in die Stipulation aufgenommen worden ist, aber danach ohne eine Handlung des Versprechenden in eine der obengenannten Rechtslagen gelangt. Und auch eine solche Stipulation: 'Gelobst du, den Lucius Titius zu geben, sobald er Sklave ist?' und vergleichbare Stipulationen sind sogleich von Anfang an nichtig, weil das, was seiner Natur nach unserem Eigentum entzogen ist, in keiner Weise in ein Schuldverhältnis aufgenommen werden kann.

3. Si quis alium daturum facturumve quid spoponderit, non obligabitur, veluti si spondeat Titium quinque aureos daturum. quodsi effecturum se, ut Titius daret, spoponderit, obligatur.

3. Wenn jemand gelobt, daß ein anderer etwas geben oder tun wird, so wird er nicht verpflichtet, zum Beispiel wenn er gelobt, daß Titius fünf Goldstücke geben wird. Wenn er aber gelobt, er werde bewirken, daß Titius gibt, so wird er verpflichtet.

4. Si quis alii, quam cuius iuri subiectus sit, stipuletur, nihil agit. plane solutio etiam in extranei personam conferri potest (veluti si quis ita stipuletur 'mihi aut Seio dare spondes?'), ut obligatio quidem stipulatori adquiratur, solvi tamen Seio etiam invito eo recte possit, ut liberatio ipso iure contingat, sed ille adversus Seium habeat mandati actionem. quod si quis sibi et alii, cuius iuri subiectus non sit, decem dari aureos stipulatus est, valebit quidem stipulatio: sed utrum totum debetur quod in stipulatione deductum est, an vero pars dimidia, dubitatum est: sed placet non plus quam partem dimidiam ei adquiri. ei qui tuo iuri subiectus est si stipulatus sis, tibi adquiris, quia vox tua tamquam filii sit, sicuti filii vox tamquam tua intellegitur in his rebus quae tibi adquiri possunt.

4. Wenn jemand sich zugunsten eines anderen als zugunsten desjenigen, dessen Gewalt er unterworfen ist, etwas versprechen läßt, bewirkt er nichts. Die Erfüllung kann jedoch auch auf die Person eines Außenstehenden bezogen werden (zum Beispiel wenn sich jemand so versprechen läßt: 'Gelobst du, mir oder Seius zu geben?'), so daß zwar der Versprechensempfänger die Forderung erwirbt, gleichwohl aber, sogar gegen seinen Willen, dem Seius wirksam geleistet werden kann mit der Folge, daß die Befreiung unmittelbar eintritt, jener aber gegen Seius die Auftragsklage hat. Wenn aber jemand sich und einem anderen, dessen Gewalt er nicht unterworfen ist, zehn Goldstücke versprechen läßt, dann ist zwar die Stipulation gültig, ob ihm aber der ganze Betrag, der in die Stipulation aufgenommen worden ist, oder nur die Hälfte davon geschuldet wird, war umstritten. Doch hat sich durchgesetzt, daß er nicht mehr als die halbe Forderung erwirbt. Wenn du dir zugunsten desjenigen, der deiner Gewalt unterworfen ist, etwas versprechen läßt, dann erwirbst du die Forderung, weil deine Stimme gewissermaßen die deines Sohnes ist, genauso wie die Stimme deines Sohnes bei den Sachen, die dir erworben werden können, gewissermaßen als die deine betrachtet wird.

5. Praeterea inutilis est stipulatio, si quis ad ea quae interrogatus erit non responderit, veluti si decem aureos a te dari stipuletur, tu quinque promittas, vel contra: aut si

5. Außerdem ist die Stipulation unwirksam, wenn jemand nicht auf das, was er gefragt wird, antwortet, zum Beispiel wenn jemand sich von dir versprechen lassen will, daß du zehn Gold-

ille pure stipuletur, tu sub condicione promittas, vel contra, si modo scilicet id exprimas, id est si cui sub condicione vel in diem stipulanti tu respondeas: 'praesenti die spondeo'. nam si hoc solum respondeas 'promitto', breviter videris in eandem diem aut condicionem spopondisse: nec enim necesse est in respondendo eadem omnia repeti, quae stipulator expresserit.

stücke gibst, und du fünf versprichst, oder umgekehrt. Oder wenn jener sich unbedingt versprechen lassen will, du unter einer Bedingung versprichst, oder umgekehrt, vorausgesetzt freilich, daß du es aussprichst, zum Beispiel wenn du einem, der sich bedingt oder befristet versprechen lassen will, antwortest: 'Ich gelobe auf den gegenwärtigen Tag.' Denn wenn du nur antwortest: 'Ich gelobe', dann hast du ersichtlich in verkürzter Form auf denselben Termin oder unter derselben Bedingung versprochen. Es ist nämlich nicht nötig, in der Antwort alles das zu wiederholen, was der Versprechensempfänger gesagt hat.

6. Item inutilis est stipulatio, si ab eo stipuleris, qui iuri tuo subiectus est, vel si is a te stipuletur. sed servus quidem non solum domino suo obligari non potest, sed ne alii quidem ulli: filii vero familias aliis obligari possunt.

6. Ebenso ist eine Stipulation unwirksam, wenn du dir von dem etwas versprechen läßt, der deiner Gewalt unterworfen ist, oder wenn dieser sich von dir versprechen läßt. Ein Sklave kann sich jedoch nicht nur seinem Eigentümer gegenüber nicht verpflichten, sondern auch nicht gegenüber irgendeinem anderen. Haussöhne können sich dagegen anderen gegenüber verpflichten.

7. Mutum neque stipulari neque promittere posse palam est. quod et in surdo receptum est, quia et is qui stipulatur verba promittentis et is qui promittit verba stipulantis audire debet. unde apparet non de eo nos loqui qui tardius exaudit, sed de eo qui omnino non exaudit.

7. Daß ein Stummer weder versprechen noch sich versprechen lassen kann, ist offenkundig. Dasselbe ist auch für den Tauben anerkannt, weil sowohl derjenige, der sich versprechen läßt, die Worte des Versprechenden hören muß, als auch derjenige, der verspricht, die Worte dessen, der sich versprechen läßt. Von daher ist auch klar, daß wir damit nicht schon denjenigen meinen, der schwerhörig ist, sondern nur denjenigen, der überhaupt nicht hören kann.

8. Furiosus nullum negotium gerere potest, quia non intellegit quid agit.

8. Ein Geisteskranker kann kein Rechtsgeschäft vornehmen, weil er nicht versteht, was er tut.

9. Pupillus omne negotium recte gerit: ut tamen, sicubi tutoris auctoritas necessaria sit, adhibeatur tutor, veluti si ipse obligetur: nam alium sibi obligare etiam sine tutoris auctoritate potest.

9. Ein Unmündiger kann jedes Rechtsgeschäft wirksam vornehmen, vorausgesetzt nur, daß ein Vormund hinzugezogen wird, sobald die förmliche Zustimmung des Vormunds erforderlich ist, zum Beispiel wenn der Unmündige selbst verpflichtet werden soll; denn einen anderen verpflichten kann er auch ohne förmliche Zustimmung des Vormunds.

10. Sed quod diximus de pupillis, utique de his verum est, qui iam aliquem intellectum habent: nam infans et qui infanti proximus est non multum a furioso distant, quia huius aetatis pupilli nullum intellec-

10. Aber was wir von den Unmündigen gesagt haben, gilt nur für die Unmündigen, die schon einigen Verstand haben. Denn ein Kind, das nicht sprechen kann, und eines, das diesem noch sehr nahe steht, unterscheiden sich nicht wesentlich von einem Geisteskranken, weil die

tum habent: sed in proximis infanti propter utilitatem eorum benignior iuris interpretatio facta est, ut idem iuris habeant, quod pubertati proximi. sed qui in parentis potestate est impubes, nec auctore quidem patre obligatur.

Unmündigen dieses Alters noch unverständig sind. Aber für diejenigen, die einem Kind, das nicht sprechen kann, noch sehr nahe stehen, hat sich in ihrem Interesse eine wohlwollendere Rechtsauffassung durchgesetzt, so daß sie dieselben Rechte haben, wie diejenigen, die der Mündigkeit sehr nahe stehen. Der Unmündige aber, der in väterlicher Gewalt steht, kann sich nicht einmal mit förmlicher Zustimmung des Vaters verpflichten.

11. Si impossibilis condicio obligationibus adiciatur, nihil valet stipulatio. impossibilis autem condicio habetur, cui natura impedimento est, quo minus existat, veluti si quis ita dixerit: 'si digito caelum attigero, dare spondes?' at si ita stipuletur, 'si digito caelum non attigero, dare spondes?' pure facta obligatio intellegitur ideoque statim petere potest.

11. Wird dem Schuldverhältnis eine unmögliche Bedingung hinzugefügt, so ist die Stipulation unwirksam. Als unmöglich aber wird die Bedingung angesehen, deren Eintritt von Natur aus gehindert ist, zum Beispiel wenn jemand so formuliert: 'Gelobst Du zu geben, wenn ich den Himmel mit dem Finger berühre?' Wenn er sich dagegen so versprechen läßt: 'Gelobst du zu geben, wenn ich den Himmel nicht mit dem Finger berühre?', wird das Schuldverhältnis als unbedingt abgeschlossen angesehen, und es kann daher sofort geklagt werden.

12. Item verborum obligatio inter absentes concepta inutilis est. sed cum hoc materiam litium contentiosis hominibus praestabat, forte post tempus tales allegationes opponentibus et non praesentes esse vel se vel adversarios suos contendentibus: ideo nostra constitutio propter celeritatem dirimendarum litium introducta est, quam ad Caesarienses advocatos scripsimus, per quam disposuimus tales scripturas, quae praesto esse partes indicant, omnimodo esse credendas, nisi ipse, qui talibus utitur improbis allegationibus, manifestissimis probationibus vel per scripturam vel per testes idoneos approbaverit in ipso toto die quo conficiebatur instrumentum sese vel adversarium suum in aliis locis esse.

12. Ein Schuldverhältnis durch Worte ist ebenfalls unwirksam, wenn es unter Abwesenden abgeschlossen wird. Aber da das streitsüchtigen Menschen Stoff für Prozesse lieferte, indem sie etwa später solcherlei Einwände vorbrachten und behaupteten, daß entweder sie selbst oder daß ihre Gegner [beim Vertragsabschluß] nicht anwesend waren, haben wir, um solche Prozesse rasch zu erledigen, unsere an die Anwälte von Caesarea gerichtete Konstitution erlassen[1], in der wir bestimmt haben, daß solchen Urkunden, welche angeben, die Parteien seien anwesend, auf jeden Fall zu glauben ist, es sei denn, daß derjenige, der solche eigentlich verwerflichen Einwände benutzt, durch handgreiflichste Beweise, entweder durch Urkunden oder durch geeignete Zeugen, nachweist, daß während des ganzen Tages, an dem die Urkunde aufgesetzt worden ist, entweder er oder sein Gegner an einem anderen Ort war.

13. Post mortem suam dari sibi nemo stipulari poterat, non magis quam post eius mortem a quo stipulabatur. ac ne is, qui in alicuius potestate est, post mortem eius sti-

13. Niemand konnte sich versprechen lassen, daß ihm nach seinem Tode etwas gegeben wird, genausowenig wie, daß ihm etwas nach dem Tode dessen, von dem er sich versprechen ließ, gegeben wird. Und nicht einmal derjenige, der in

1 C. 8, 37, 14 (531).

pulari poterat, quia patris vel domini voce loqui videtur. sed et si quis ita stipuletur, 'pridie quam moriar' vel 'pridie quam morieris dari?' inutilis erat stipulatio. sed cum, ut iam dictum est, ex consensu contrahentium stipulationes valent, placuit nobis etiam in hunc iuris articulum necessariam inducere emendationem, ut, sive post mortem sive pridie quam morietur stipulator sive promissor stipulatio concepta est, valeat stipulatio.

eines anderen Gewalt steht, konnte sich etwas auf den Zeitpunkt nach dessen Tod versprechen lassen, weil man es so ansieht, als spräche er mit der Stimme seines Vaters oder seines Eigentümers. Aber auch wenn jemand sich folgendermaßen versprechen ließ: 'Einen Tag, bevor ich sterbe' oder: 'Einen Tag, bevor du stirbst', war die Stipulation unwirksam. Aber da, wie schon gesagt[1], die Stipulationen aufgrund des Konsenses der Vertragschließenden gelten, hat es uns gefallen[2], auch in diesen Teilbereich des Rechts die notwendige Verbesserung einzuführen, so daß eine Stipulation auch gültig ist, wenn sie auf einen Zeitpunkt nach oder einen Tag vor dem Tod des Versprechensempfängers oder des Versprechenden formuliert ist.

14. Item si quis ita stipulatus erat: 'si navis ex Asia venerit, hodie dare spondes?' inutilis erat stipulatio, quia praepostere concepta est. sed cum Leo inclitae recordationis in dotibus eandem stipulationem quae praepostera nuncupatur non esse reiciendam existimavit, nobis placuit et huic perfectum robur accommodare, ut non solum in dotibus, sed etiam in omnibus valeat huiusmodi conceptio stipulationis.

14. Ebenso war die Stipulation unwirksam, wenn sich jemand folgendermaßen versprechen ließ: 'Gelobst du, wenn das Schiff aus Asien kommt, heute zu geben?', weil sie widersinnig formuliert ist. Aber da Kaiser Leo ruhmreichen Angedenkens gemeint hat, daß bei Mitgiftversprechen eine solche Stipulation, die widersinnig abgefaßt ist, nicht verworfen werden soll, hat es uns gefallen[3], auch dieser Stipulation volle Geltungskraft zuzubilligen, so daß eine solche Stipulationsfassung nicht nur bei einer Mitgift, sondern überall gültig ist.

15. Ita autem concepta stipulatio, veluti si Titius dicat 'cum moriar, dare spondes?' vel 'cum morieris', et apud veteres utilis erat et nunc valet.

15. Aber eine Stipulation, die so formuliert worden ist, daß zum Beispiel Titius sagt: 'Gelobst du zu geben, wenn ich sterbe?' oder: 'wenn du stirbst?', war auch bei den alten Juristen gültig und gilt auch jetzt.

16. Item post mortem alterius recte stipulamur.

16. Ebenso können wir uns etwas auf den Zeitpunkt nach dem Tode eines Dritten wirksam versprechen lassen.

17. Si scriptum fuerit in instrumento promisisse aliquem, perinde habetur, atque si interrogatione praecedente responsum sit.

17. Wenn in einer Urkunde geschrieben steht, daß jemand etwas versprochen hat, dann wird es genauso angesehen, als ob er auf eine voraufgegangene Frage geantwortet hat.

18. Quotiens plures res una stipulatione comprehenduntur, si quidem promissor simpliciter respondeat 'dare spondeo', propter omnes tenetur: si vero unam ex his vel quasdam daturum se spoponderit, obligatio in his pro quibus spoponderit contra-

18. Immer wenn mehrere Sachen von einer einzigen Stipulationsfrage erfaßt werden, haftet der Versprechende wegen aller Sachen, vorausgesetzt, daß seine Antwort einfach lautet: 'Ich gelobe zu geben.' Gelobt er jedoch, eine einzige oder einige von diesen [Sachen] zu geben, dann

1 Inst. 3, 15, 1.
2 C. 8, 37, 11 (528).
3 C. 6, 23, 25 (528).

hitur. ex pluribus enim stipulationibus una vel quaedam videntur esse perfectae: singulas enim res stipulari et ad singulas respondere debemus.

19. Alteri stipulari, ut supra dictum est, nemo potest: inventae sunt enim huiusmodi obligationes ad hoc, ut unusquisque sibi adquirat quod sua interest: ceterum si alii detur, nihil interest stipulatoris. plane si quis velit hoc facere, poenam stipulari conveniet, ut, nisi ita factum sit, ut comprehensum esset, committetur poenae stipulatio etiam ei cuius nihil interest: poenam enim cum stipulatur quis, non illud inspicitur, quid intersit eius, sed quae sit quantitas in condicione stipulationis. ergo si quis stipuletur Titio dari, nihil agit, sed si addiderit de poena 'nisi dederis, tot aureos dare spondes?' tunc committitur stipulatio.

20. Sed et si quis stipuletur alii, cum eius interesset, placuit stipulationem valere. nam si is, qui pupilli tutelam administrare coeperat, cessit administratione contutori suo et stipulatus est rem pupilli salvam fore, quoniam interest stipulatoris fieri quod stipulatus est, cum obligatus futurus esset pupillo, si male res gesserit, tenet obligatio. ergo et si quis procuratori suo dari stipulatus sit, stipulatio vires habebit. et si credito-

kommt das Schuldverhältnis nur für diejenigen Sachen zustande, die er versprochen hat. Von mehreren [aufgrund der Frage möglichen] Stipulationen kommen [dann] entweder eine einzige oder mehrere wirksam zustande. Wir müssen uns nämlich grundsätzlich jede einzelne Sache in einer Stipulation erfragen und auch für jede einzelne antworten.

19. Niemand kann sich, wie oben gesagt[1], zugunsten eines anderen etwas versprechen lassen. Denn solcherart Schuldverhältnisse sind eingeführt worden, damit ein jeder für sich selbst das erwirbt, woran er ein eigenes Interesse hat; und der Versprechensempfänger hat nun einmal kein eigenes Interesse daran, daß[2] einem anderen geleistet wird. Wenn allerdings jemand dies gleichwohl erreichen will, empfiehlt es sich, daß er sich eine Strafe versprechen läßt, so daß, falls es nicht so wie vertraglich bestimmt geschieht, die Strafstipulation selbst zugunsten dessen verfällt, der kein eigenes Interesse hat. Denn wenn jemand sich eine Strafe versprechen läßt, sieht man nicht auf dessen Interesse, sondern auf den von der Bedingung der Stipulation abhängenden Betrag. Wenn jemand sich daher versprechen läßt, daß dem Titius gegeben wird, bewirkt er nichts. Wenn er aber, um eine Vertragsstrafe zu vereinbaren, hinzufügt: 'Versprichst du, mir soundso viele Goldstücke zu geben, wenn du nicht leistest?', dann kommt die Stipulation zustande.

20. Läßt sich aber jemand, der ein eigenes Interesse hat, etwas zugunsten eines anderen versprechen, dann ist die Stipulation anerkanntermaßen wirksam. Denn wenn derjenige, der begonnen hatte, die Vormundschaft für ein Mündel zu verwalten, die Verwaltung seinem Mitvormund überläßt, und sich von diesem versprechen läßt, daß das Vermögen des Mündels erhalten bleibt, dann ist das Schuldverhältnis wirksam, da der Versprechensempfänger ein eigenes Interesse an dem hat, was er sich versprechen läßt; denn er würde dem Mündel haften, wenn die Verwaltung schlecht geführt wird. Daher ist die Stipulation auch dann gültig, wenn jemand sich versprechen läßt, daß seinem Verwal-

1 Vgl. Inst. 3, 19, 4.
2 Die Übersetzung folgt der durch D. 45, 1, 38, 17 bezeugten Lesart 'ut'.

ri suo quod sua interest, ne forte vel poena committatur vel praedia distrahantur quae pignori data erant, valet stipulatio.

ter geleistet wird. Auch wenn dem eigenen Gläubiger etwas geleistet werden soll, woran der Versprechensempfänger ein eigenes Interesse hat, etwa damit eine Vertragsstrafe nicht verfällt oder Grundstücke nicht veräußert werden, die zum Pfande gegeben worden waren, ist die Stipulation wirksam.

21. Versa vice qui alium facturum promisit, videtur in ea esse causa, ut non teneatur, nisi poenam ipse promiserit.

21. Umgekehrt begründet ersichtlich keine Haftung, wer verspricht, ein anderer werde etwas tun, es sei denn, daß er zugleich eine Strafe verspricht.

22. Item nemo rem suam futuram in eum casum quo sua fit utiliter stipulatur.

22. Ferner kann sich niemand eine Sache, an der er Eigentum erwerben wird, wirksam für den Fall versprechen lassen, daß er Eigentümer geworden ist[1].

23. Si de alia re stipulator senserit, de alia promissor, perinde nulla contrahitur obligatio, ac si ad interrogatum responsum non esset, veluti si hominem Stichum a te stipulatus quis fuerit, tu de Pamphilo senseris, quem Stichum vocari credideris.

23. Wenn Versprechensempfänger und Versprechender an verschiedene Sachen denken, kommt genausowenig ein Schuldverhältnis zustande, wie wenn auf die Frage gar nicht geantwortet worden wäre, zum Beispiel wenn jemand sich von dir den Sklaven Stichus versprechen läßt, du aber an Pamphilus denkst, von dem du glaubst, man nenne ihn Stichus.

24. Quod turpi ex causa promissum est, veluti si quis homicidium vel sacrilegium se facturum promittat, non valet.

24. Ein aus einem verwerflichen Grunde erteiltes Versprechen, zum Beispiel wenn jemand einen Mord oder einen Tempelraub zu begehen verspricht, gilt nicht.

25. Cum quis sub aliqua condicione fuerit stipulatus, licet ante condicionem decesserit, postea existente condicione heres eius agere potest. idem est et a promissoris parte.

25. Wenn jemand sich etwas unter irgendeiner Bedingung hat versprechen lassen, dann kann, selbst wenn er vor Bedingungseintritt stirbt, sein Erbe klagen, falls später die Bedingung eintritt. Entsprechendes gilt auch auf Seiten des Versprechenden.

26. Qui hoc anno aut hoc mense dari stipulatus sit, nisi omnibus partibus praeteritis anni vel mensis non recte petet.

26. Wer sich hat versprechen lassen, daß ihm in diesem Jahr oder in diesem Monat etwas gegeben wird, kann erst dann rechtmäßig fordern, wenn das Jahr oder der Monat vollständig abgelaufen ist.

27. Si fundum dari stipuleris vel hominem, non poteris continuo agere, nisi tantum spatii praeterierit, quo traditio fieri possit.

27. Wenn du dir ein Grundstück oder einen Sklaven versprechen läßt, dann kannst du nicht sofort klagen, es sei denn, daß schon so viel Zeit vergangen ist, daß eine Übergabe möglich war.

XX
De fideiussoribus

Pro eo qui promittit solent alii obligari, qui fideiussores appellantur, quos homines

Zwanzigster Titel
Über die Bürgen

Für den, der verspricht, werden häufig noch andere verpflichtet, die Bürgen heißen und die

1 Vgl. Inst. 4, 6, 14.

accipere solent, dum curant, ut diligentius sibi cautum sit.

man sich gewöhnlich bestellen läßt, wenn einem daran gelegen ist, besonders gut gesichert zu sein.

1. In omnibus autem obligationibus adsumi possunt, id est sive re sive verbis sive litteris sive consensu contractae fuerint. ac ne illud quidem interest, utrum civilis an naturalis sit obligatio, cui adiciatur fideiussor, adeo quidem, ut pro servo quoque obligetur, sive extraneus sit qui fideiussorem a servo accipiat, sive ipse dominus in id quod sibi naturaliter debetur.

1. Bürgen können für alle Schuldverhältnisse bestellt werden, gleichgültig ob diese durch Sachhingabe, durch Worte, durch Schrift oder durch Konsens zustandekommen. Und es kommt nicht einmal darauf an, ob das Schuldverhältnis, für das ein Bürge bestellt wird, ein zivilrechtliches ist oder ein natürliches [eine Naturalobligation]; und das geht sogar so weit, daß ein Bürge selbst für einen Sklaven eintreten kann, sei es ein Hausfremder, der sich von einem Sklaven einen Bürgen bestellen läßt, sei es der Sklaveneigentümer selbst, und zwar für das, was ihnen aus der Naturalobligation geschuldet wird.

2. Fideiussor non tantum ipse obligatur, sed etiam heredem obligatum relinquit.

2. Der Bürge wird nicht nur selbst verpflichtet, sondern hinterläßt die Schuld auch seinem Erben.

3. Fideiussor et praecedere obligationem et sequi potest.

3. Die Bürgenbestellung kann der Begründung des Schuldverhältnisses vorausgehen oder auch nachfolgen.

4. Si plures sint fideiussores, quotquot erunt numero, singuli in solidum tenentur. itaque liberum est creditori a quo velit solidum petere. sed ex epistula divi Hadriani compellitur creditor a singulis, qui modo solvendo sint litis contestatae tempore, partes petere. ideoque si quis ex fideiussoribus eo tempore solvendo non sit, hoc ceteros onerat. sed et si ab uno fideiussore creditor totum consecutus fuerit, huius solius detrimentum erit, si is pro quo fideiussit solvendo non sit: et sibi imputare debet, cum potuerit adiuvari ex epistula divi Hadriani et desiderare, ut pro parte in se detur actio.

4. Sind mehrere Bürgen vorhanden, so haften sie, wie viele sie auch sein mögen, jeder einzeln auf das Ganze. Daher steht es dem Gläubiger frei, das Ganze zu fordern, von wem er will. Aber aufgrund eines Briefes des vergöttlichten Kaisers Hadrian[1] kann der Gläubiger gezwungen werden, von den einzelnen nur den anteiligen Betrag zu fordern, vorausgesetzt jedoch, daß alle zum Zeitpunkt der Prozeßbegründung zahlungsfähig sind. Ist daher einer von den Bürgen zu diesem Zeitpunkt nicht zahlungsfähig, so belastet das die übrigen. Aber auch wenn der Gläubiger von einem der Bürgen das Ganze erlangt hat, ist es allein dessen Schaden, wenn derjenige, für den er gebürgt hat, nicht zahlungsfähig ist. Und das muß er sich selbst zuschreiben, da er aufgrund des Briefes des vergöttlichten Kaisers Hadrian sich hätte schützen und verlangen können, daß die Klage gegen ihn auf den anteiligen Betrag gegeben wird.

5. Fideiussores ita obligari non possunt, ut plus debeant, quam debet is pro quo obligantur: nam eorum obligatio accessio est principalis obligationis nec plus in acces-

5. Bürgen können sich nicht so verpflichten, daß sie mehr schulden, als derjenige schuldet, für den sie sich verpflichten. Denn ihr Schuldverhältnis ist eine Nebensache der Hauptver-

1 Vgl. D. 46, 1, 26; C. 4, 18, 3 (531).

sione esse potest quam in principali re. at ex diverso, ut minus debeant, obligari possunt. itaque si reus decem aureos promiserit, fideiussor in quinque recte obligatur: contra vero non potest obligari. item si ille pure promiserit, fideiussor sub condicione promittere potest: contra vero non potest. non solum enim in quantitate, sed etiam in tempore minus et plus intellegitur. plus est enim statim aliquid dare, minus est post tempus dare.

bindlichkeit und in einer Nebensache kann nicht mehr enthalten sein als in der Hauptsache. Umgekehrt können sie sich dagegen auf einen geringeren Schuldbetrag verpflichten. Wenn daher der Schuldner zehn Goldstücke verspricht, kann der Bürge sich auf fünf rechtswirksam verpflichten; im umgekehrten Fall kann er sich dagegen nicht verpflichten. Ebenso kann, wenn der Schuldner unbedingt verspricht, der Bürge unter einer Bedingung versprechen; umgekehrt dagegen kann er es nicht. Denn nicht nur in der Schuldsumme, sondern auch in der Erfüllungszeit unterscheidet man ein Mehr oder Weniger. Es ist nämlich mehr, etwas sofort zu geben, und weniger, etwas erst nach einem Zeitraum zu geben.

6. Si quid autem fideiussor pro reo solverit, eius reciperandi causa habet cum eo mandati iudicium.

6. Wenn aber der Bürge für den Schuldner leistet, hat er gegen diesen zum Zwecke der Erstattung die Auftragsklage.

7. Graece fideiussor plerumque ita accipitur: τῇ ἐμῇ πίστει κελεύω, λέγω, θέλω sive βούλομαι: sed et si φημί dixerit, pro eo erit ac si dixerit λέγω.

7. Auf griechisch wird ein Bürge meistens so bestellt: 'Ich befehle, sage, wünsche' oder: 'Ich will es auf meine Ehre!' Aber auch wenn jemand sagt: 'Ich erkläre', dann ist es so gut, wie wenn er sagte: 'Ich sage.'

8. In stipulationibus fideiussorum sciendum est generaliter hoc accipi, ut, quodcumque scriptum sit quasi actum, videatur etiam actum: ideoque constat, si quis se scripserit fideiussisse, videri omnia sollemniter acta.

8. Bei den Bürgenstipulationen wird, wie man wissen muß, als allgemeine Regel angenommen, daß alles das, was als geschehen schriftlich festgehalten ist, auch als geschehen angesehen wird. Wenn einer geschrieben hat, er habe gebürgt, steht daher fest, daß es so anzusehen ist, als sei alles in der gehörigen Form vorgenommen worden.

XXI

De litterarum obligatione

Olim scriptura fiebat obligatio, quae nominibus fieri dicebatur, quae nomina hodie non sunt in usu. plane si quis debere se scripserit, quod numeratum ei non est, de pecunia minime numerata post multum temporis exceptionem opponere non potest: hoc enim saepissime constitutum est.

Einundzwanzigster Titel

Über die Schuldverhältnisse durch Schrift

Früher kam durch Schriftakt ein Schuldverhältnis zustande, von dem man sagte, daß es durch die Eintragung des Schuldnernamens [in das Hausbuch] zustande komme. Solche Forderungen sind heute nicht mehr in Gebrauch. Wenn allerdings jemand, dem das Darlehen nicht ausgezahlt ist, schreibt, daß er schulde, dann kann er nach einer längeren Frist die Einrede des nicht ausgezahlten Geldes nicht mehr erheben. Das ist auch sehr häufig so bestimmt

sic fit, ut et hodie, dum queri non potest, scriptura obligetur: et ex ea nascitur condictio, cessante scilicet verborum obligatione. multum autem tempus in hac exceptione antea quidem ex principalibus constitutionibus usque ad quinquennium procedebat: sed ne creditores diutius possint suis pecuniis forsitan defraudari, per constitutionem nostram tempus coartatum est, ut ultra biennii metas hiuismodi exceptio minime extendatur.

worden[1]. So kommt es, daß man auch heute durch Schriftakt verpflichtet wird, sobald man die Nichtauszahlung nicht mehr geltend machen kann. Und aus diesem Schriftakt entsteht ein Klagrecht, wobei natürlich ein Schuldverhältnis durch Worte nicht gegeben ist[2]. Die längere Frist in dieser Einrede belief sich früher nach kaiserlichen Konstitutionen[3] auf höchstens fünf Jahre. Aber damit den etwaigen Gläubigern ihr Geld nicht allzulange böswillig vorenthalten werden kann, haben wir durch unsere Konstitution[4] die Frist verkürzt, so daß eine solche Einrede über die Grenze von zwei Jahren hinaus keineswegs erstreckt wird.

XXII
De consensu obligatione

Consensu fiunt obligationes in emptionibus venditionibus, locationibus conductionibus, societatibus, mandatis.

1. Ideo autem istis modis consensu dicitur obligatio contrahi, quia neque scriptura neque praesentia omnimodo opus est, ac ne dari quicquam necesse est, ut substantiam capiat obligatio, sed sufficit eos qui negotium gerunt consentire.

2. Unde inter absentes quoque talia negotia contrahuntur, veluti per epistulam aut per nuntium.

3. Item in his contractibus alter alteri obligatur in id, quod alterum alteri ex bono et aequo praestare oportet, cum alioquin in verborum obligationibus alius stipuletur, alius promittat.

Zweiundzwanzigster Titel
Über die Schuldverhältnisse durch Konsens

Durch Konsens kommen Schuldverhältnisse zustande beim Kauf, bei Miete, Pacht, Dienst- und Werkvertrag, bei der Gesellschaft und beim Auftrag.

1. Deswegen aber sagt man, daß bei diesen Vertragstypen ein Schuldverhältnis durch Konsens zustandekommt, weil weder Schriftakt noch Anwesenheit in irgendeiner Weise notwendig sind, und auch nichts hingegeben werden muß, damit das Schuldverhältnis ins Leben tritt, sondern weil es vielmehr genügt, daß diejenigen, die das Rechtsgeschäft abschließen, sich einigen.

2. Daher kommen solche Rechtsgeschäfte auch unter Abwesenden zustande, zum Beispiel durch Brief oder durch Boten.

3. Ferner werden in diesen Verträgen die Parteien wechselseitig auf das verpflichtet, was einer dem anderen nach Recht und Billigkeit leisten muß, während demgegenüber bei Schuldverhältnissen durch Worte der eine sich versprechen läßt, der andere verspricht.

---

1 Die Konstitutionen sind nicht überliefert.

2 Denn das stipulationsweise erteilte Rückzahlungsversprechen, das der Schuldurkunde zugrundelag, begründete mangels Auszahlung der Darlehenssumme keine Verbindlichkeit. Vgl. D. 12, 1, 30; 44, 7, 3 pr.

3 Auch diese Konstitutionen sind nicht überliefert.

4 C. 4, 30, 14 (528).

XXIII
De emptione et venditione

Emptio et venditio contrahitur, simulatque de pretio convenerit, quamvis nondum pretium numeratum sit ac ne arra quidem data fuerit. nam quod arrae nomine datur, argumentum est emptionis et venditionis contractae. sed haec quidem de emptionibus et venditionibus, quae sine scriptura consistunt, optinere oportet: nam nihil a nobis in huiusmodi venditionibus innovatum est. in his autem quae scriptura conficiuntur non aliter perfectam esse emptionem et venditionem constituimus, nisi et instrumenta emptionis fuerint conscripta vel manu propria contrahentium, vel ab alio quidem scripta, a contrahente autem subscripta et, si per tabellionem fiunt, nisi et completiones acceperint et fuerint partibus absoluta. donec enim aliquid ex his deest, et paenitentiae locus est et potest emptor vel venditor sine poena recedere ab emptione. ita tamen impune recedere eis concedimus, nisi iam arrarum nomine aliquid fuerit datum: hoc etenim subsecuto, sive in scriptis sive sine scriptis venditio celebrata est, is qui recusat adimplere contractum, si quidem emptor est, perdit quod dedit, si vero venditor, duplum restituere compellitur, licet nihil super arris expressum est.

Dreiundzwanzigster Titel
Über den Kauf

Ein Kaufvertrag kommt zustande, sobald man über den Preis einig ist, mag auch der Preis noch nicht gezahlt und nicht einmal ein Angeld gegeben worden sein. Denn das, was als Angeld gegeben wird, ist nur Beweis für den zustandegekommenen Kaufvertrag. Aber all das soll lediglich für Kaufverträge gelten, die nicht schriftlich begründet werden. Denn für solche Kaufverträge ist von uns nichts Neues eingeführt worden. Bei denen aber, die schriftlich abgeschlossen werden, haben wir bestimmt[1], daß der Kaufvertrag nur dann wirksam ist, wenn [von den Parteien] auch eine Kaufurkunde aufgesetzt worden ist — sei sie von eigener Hand der Vertragschließenden, sei sie von einem anderen geschrieben, aber von den Vertragschließenden unterschrieben — und, falls der Vertrag von einem Urkundenschreiber [Notar] aufgesetzt wird, die Urkunde sowohl vollständig errichtet als auch von den Parteien genehmigt worden ist[2]. Denn solange irgendetwas davon fehlt, ist Reue noch möglich, und Käufer oder Verkäufer können ohne Nachteil vom Kaufgeschäft Abstand nehmen. Jedoch gestatten wir ihnen nur dann, ohne Nachteil Abstand zu nehmen, wenn noch nichts als Angeld gegeben worden ist. Ist das nämlich schon geschehen, dann verliert, gleich ob der Kaufvertrag schriftlich oder ohne Schriftform abgeschlossen worden ist, derjenige, der sich weigert, den Vertrag zu erfüllen, als Käufer das gegebene Angeld; als Verkäufer wird er gezwungen, das Doppelte des Angelds zurückzuerstatten, auch wenn über das Angeld nichts derartiges bestimmt worden war.

1. Pretium autem constitui oportet: nam nulla emptio sine pretio esse potest. sed et certum pretium esse debet. alioquin si ita inter aliquos convenerit, ut, quanti Titius rem aestimaverit, tanti sit empta: inter veteres satis abundeque hoc dubitabatur, sive constat venditio sive non. sed nostra deci-

1. Ein Kaufpreis aber muß vereinbart sein. Denn einen Kaufvertrag ohne Kaufpreis kann es nicht geben. Der Preis muß aber auch bestimmt sein. Wenn demgegenüber von den Parteien verabredet wird, daß eine Sache für so viel gekauft sein soll, auf wieviel Titius sie schätzen wird, dann wurde unter den früheren Juristen mehr als genug darüber gestritten, ob ein Kaufvertrag besteht oder nicht. Unsere Entschei-

1 C. 4, 21, 17 (528).
2 Vgl. C. 4, 21, 17 pr. (528); Nov. 44, 1 pr. (537).

sio ita hoc constituit, ut, quotiens sic composita sit venditio 'quanti ille aestimaverit', sub hac condicione staret contractus, ut, si quidem ipse qui nominatus est pretium definierit, omnimodo secundum eius aestimationem et pretium persolvatur et res tradatur, ut venditio ad effectum perducatur, emptore quidem ex empto actione, venditore autem ex vendito agente. sin autem ille qui nominatus est vel noluerit vel non potuerit pretium definire, tunc pro nihilo esse venditionem quasi nullo pretio statuto. quod ius cum in venditionibus nobis placuit, non est absurdum et in locationibus et conductionibus trahere.

2. Item pretium in numerata pecunia consistere debet. nam in ceteris rebus an pretium esse possit, veluti homo aut fundus aut toga alterius rei pretium esse possit, valde quaerebatur. Sabinus et Cassius etiam in alia re putant posse pretium consistere: unde illud est, quod vulgo dicebatur per permutationem rerum emptionem et venditionem contrahi eamque speciem emptionis venditionisque vetustissimam esse: argumentoque utebantur Graeco poeta Homero, qui aliqua parte exercitum Achivorum vinum sibi comparasse ait permutatis quibusdam rebus, his verbis:

ἔνθεν ἄρ' οἰνίζοντο καρηκομόωντες 'Αχαιοί,
ἄλλοι μὲν χαλκῷ, ἄλλοι δ' αἴθωνι σιδήρῳ,
ἄλλοι δὲ ῥινοῖς, ἄλλοι δ' αὐτῇσι βόεσσι,
ἄλλοι δ' ἀνδραπόδεσσι.

Diversae scholae auctores contra sentiebant aliudque esse existimabant permutationem rerum, aliud emptionem et venditionem. alioquin non posse rem expediri permutatis rebus, quae videatur res venisse et quae pretii nomine data esse: nam utramque videri et venisse et pretii nomine

dung[1] hat das aber so geregelt: Falls der Kaufvertrag lautet: 'Für so viel, wie jener schätzen wird', steht der Vertrag unter dieser Bedingung und folglich muß, wenn der Benannte den Preis bestimmt, in jedem Fall seiner Schätzung gemäß der Preis gezahlt und die Sache übergeben werden, so daß der Kaufvertrag Wirksamkeit erlangt und der Käufer mit der Kaufklage, der Verkäufer aber mit der Verkaufsklage vorgehen kann. Wenn aber der Benannte den Preis nicht bestimmen will oder kann, dann ist der Kauf nichtig, so als ob gar kein Preis vereinbart worden ist. Da wir dieses Recht für den Kauf eingeführt haben, ist es nicht abwegig, dasselbe auch auf Miete, Pacht, Dienst- und Werkvertrag zu erstrecken.

2. Ferner muß der Preis in Geld bestehen. Ob der Preis allerdings auch in anderen Sachen bestehen kann, ob zum Beispiel ein Sklave, ein Grundstück oder eine Toga für eine andere Sache einen Preis darstellen kann, war heftig umstritten. Sabinus und Cassius glauben, daß der Preis auch in einer anderen Sache als Geld bestehen kann — daher rührt die früher übliche Redensart, daß durch einen Tausch von Sachen ein Kaufvertrag zustandekomme und dies der älteste Fall des Kaufes sei —, und zum Beweis beriefen sie sich auf den griechischen Dichter Homer, der an einer Stelle[2] sagt, das Heer der Achäer habe sich im Tausch gegen verschiedene Sachen Wein beschafft, und zwar mit diesen Worten:

'Dort nun beschafften sich Wein die hauptumlockten Achäer,
die einen mit Erz, die anderen mit schimmerndem Eisen,
andere mit Rindshäuten, andere mit lebenden Rindern,
wieder andere mit Sklaven[3].'

Die Häupter der anderen Schule vertraten die gegenteilige Ansicht und meinten, Tausch von Sachen und Kauf seien etwas Verschiedenes. Andernfalls könne man bei einem Austausch von Sachen das Problem nicht lösen, welche Sache als verkauft und welche Sache als hingegebener Preis anzusehen sei. Denn beide so anzu-

1 C. 4, 38, 15 (530).
2 Ilias 7, 472 ff.
3 Eigentlich 'Menschenfüßler'.

datam esse rationem non pati. sed Proculi sententia dicentis permutationem propriam esse speciem contractus a venditione separatam merito praevaluit, cum et ipsa aliis Homericis versibus adiuvatur et validioribus rationibus argumentatur. quod et anteriores divi principes admiserunt et in nostris digestis latius significatur.

sehen, daß sie jeweils zugleich verkauft und als Preis gegeben worden seien, lasse die Logik nicht zu. Und mit Recht hat die Ansicht des Proculus die Oberhand gewonnen, der sagte, der Tausch bilde eine besondere, vom Kauf getrennte Vertragsart, da diese Ansicht ihrerseits durch andere Verse Homers[1] unterstützt und außerdem mit stärkeren Gründen verfochten wird. Das haben auch frühere Kaiser anerkannt, und in unseren Digesten wird es ausführlicher erklärt[2].

3. Cum autem emptio et venditio contracta sit (quod effici diximus, simulatque de pretio convenerit, cum sine scriptura res agitur), periculum rei venditae statim ad emptorem pertinet, tametsi adhuc ea res emptori tradita non sit. itaque si homo mortuus sit vel aliqua parte corporis laesus fuerit, aut aedes totae aut aliqua ex parte incendio consumptae fuerint, aut fundus vi fluminis totus vel aliqua ex parte ablatus sit, sive etiam inundatione aquae aut arboribus turbine deiectis longe minor aut deterior esse coeperit: emptoris damnum est, cui necesse est, licet rem non fuerit nactus, pretium solvere. quidquid enim sine dolo et culpa venditoris accidit, in eo venditor securus est. sed et si post emptionem fundo aliquid per alluvionem accessit, ad emptoris commodum pertinet: nam et commodum eius esse debet, cuius periculum est.

3. Wenn aber ein Kauf zustande gekommen ist (das geschieht, wie wir gesagt haben[3], falls das Geschäft nicht schriftlich abgeschlossen wird, sobald man sich über den Preis einig geworden ist), trifft die Gefahr hinsichtlich der verkauften Sache sogleich den Käufer, auch wenn die Sache dem Käufer noch nicht übergeben worden ist. Wenn daher der Sklave stirbt oder an irgendeinem Körperteil verletzt wird, ein Haus ganz oder zum Teil durch Feuer vernichtet wird oder ein Grundstück durch die Gewalt eines Flusses ganz oder teilweise weggeschwemmt wird oder auch durch Überschwemmung oder durch Bäume entwurzelnde Wirbelstürme erheblich kleiner oder schlechter wird, dann ist das der Schaden des Käufers, der den Preis zahlen muß, obgleich er die Sache nicht [oder nicht vollständig] erlangt. Denn in allem, was ohne Vorsatz und Fahrlässigkeit des Verkäufers geschieht, ist der Verkäufer vor Ansprüchen sicher. Wenn aber nach Abschluß des Kaufvertrages dem Grundstück etwas durch Anschwemmung anwächst, gebührt der Vorteil dem Käufer; denn wer die Gefahr trägt, der muß auch den Vorteil haben.

3a. Quod si fugerit homo qui veniit aut subreptus fuerit, ita ut neque dolus neque culpa venditoris interveniat, animadvertendum erit, an custodiam eius usque ad traditionem venditor susceperit. sane enim, si susceperit, ad ipsius periculum is casus pertinet: si non susceperit, securus erit. idem et in ceteris animalibus ceterisque re-

3a. Wenn aber der Sklave, der verkauft worden ist, flieht oder gestohlen wird, und zwar ohne daß Vorsatz oder Fahrlässigkeit des Verkäufers im Spiel ist, dann muß untersucht werden, ob der Verkäufer bis zur Übergabe die Bewachung übernommen hat. Wenn er sie übernommen hat, dann geht dieser Zufall freilich auf seine Gefahr; hat er sie nicht übernommen, ist er vor Ansprüchen sicher. Dasselbe nehmen wir auch bei den übrigen Lebewesen und den sonsti-

1 Ilias 6, 234 ff.
2 Vgl. C. 4, 64, 7 (294) sowie D. 18, 1, 1 und D. 19, 4.
3 Inst. 3, 23 pr.

bus intellegimus. utique tamen vindicationem rei et condictionem exhibere debebit emptori, quia sane, qui rem nondum emptori tradidit, adhuc ipse dominus est. idem est etiam de furti et de damni iniuriae actione.

gen Sachen an. In jedem Fall muß er jedoch dem Käufer die Vindikation der Sache und die Kondiktion ermöglichen, da ja derjenige, der dem Käufer die Sache noch nicht übergeben hat, noch selbst Eigentümer ist. Dasselbe gilt auch für die Diebstahlsklage und die Klage wegen widerrechtlichen Schadens.

4. Emptio tam sub condicione quam pure contrahi potest. sub condicione veluti 'si Stichus intra certum diem tibi placuerit, erit tibi emptus aureis tot'.

4. Ein Kaufvertrag kann ebenso gut unter einer Bedingung wie unbedingt abgeschlossen werden, unter einer Bedingung zum Beispiel: 'Wenn Stichus dir innerhalb einer bestimmten Frist gefällt, hast du ihn für soundso viele Goldstücke gekauft.'

5. Loca sacra vel religiosa, item publica, veluti forum basilicam, frustra quis sciens emit, quas tamen si pro privatis vel profanis deceptus a venditore emerit, habebit actionem ex empto, quod non habere ei liceat, ut consequatur, quod sua interest deceptum eum non esse. idem iuris est, si hominem liberum pro servo emerit.

5. Sakrale oder religiose Stätten, ebenso öffentliche wie einen Marktplatz oder eine Basilika kauft, wer dies weiß, vergeblich. Wer aber, vom Verkäufer getäuscht, solche Sachen als private oder profane kauft, hat, weil er diese Sache nicht innehaben kann, die Kaufklage darauf, daß ihm sein Interesse, nicht getäuscht worden zu sein, ersetzt wird. Dasselbe Recht gilt, wenn er einen freien Mann als Sklaven kauft.

XXIV
De locatione et conductione

Locatio et conductio proxima est emptioni et venditioni isdemque iuris regulis consistunt. nam ut emptio et venditio ita contrahitur, si de pretio convenerit, sic etiam locatio et conductio ita contrahi intellegitur, si merces constituta sit. et competit locatori quidem locati actio, conductori vero conducti.

Vierundzwanzigster Titel
Über Miete, Pacht, Dienst- und Werkvertrag

Miete, Pacht, Dienst- und Werkvertrag stehen dem Kauf sehr nahe und kommen nach denselben Rechtsregeln zustande. Denn wie ein Kauf dann zustandekommt, wenn man sich über den Preis geeinigt hat, so kommen auch Miete, Pacht, Dienst- und Werkvertrag dann zustande, wenn das Entgelt bestimmt worden ist. Und dem Vermieter, Verpächter, Dienstpflichtigen und Werkbesteller steht die Klage aus Vermietung, Verpachtung, Dienstverdingung und Werkbestellung [actio locati] zu, dem Mieter, Pächter, Dienstherrn und Unternehmer dagegen die Klage aus Miete, Pacht, Indienstnahme und Werkübernahme [actio conducti].

1. Et quae supra diximus, si alieno arbitrio pretium permissum fuerit, eadem et de locatione et conductione dicta esse intellegamus, si alieno arbitrio merces permissa

1. Und was wir oben[1] für den Fall gesagt haben, daß der Kaufpreis dem Ermessen eines Dritten überlassen wird, das wollen wir auch für Miete, Pacht, Dienst- und Werkvertrag als gültig ansehen, wenn bei ihnen die Bestimmung des Entgelts dem Ermessen eines Dritten überlassen

1 Vgl. Inst. 3, 23, 1.

fuerit. qua de causa si fulloni polienda curandave aut sarcinatori sarcienda vestimenta quis dederit nulla statim mercede constituta, sed postea tantum daturus, quantum inter eos convenerit, non proprie locatio et conductio contrahi intellegitur, sed eo nomine praescriptis verbis actio datur.

wird. Wenn man also Kleidungsstücke einem Kleiderreiniger zum Stärken oder Reinigen oder einem Schneider zum Ausbessern übergibt, ohne sofort das Entgelt zu bestimmen, sondern in der Absicht, so viel zu zahlen, wie man später untereinander vereinbaren würde, dann kommt, wie angenommen wird, kein eigentlicher Werkvertrag zustande, vielmehr wird in dieser Sache eine Klage mit vorgeschalteten Formelworten gegeben.

2. Praeterea sicut vulgo quaerebatur, an permutatis rebus emptio et venditio contrahitur: ita quaeri solebat de locatione et conductione, si forte rem aliquam tibi utendam sive fruendam quis dederit et invicem a te aliam utendam sive fruendam acceperit. et placuit non esse locationem et conductionem, sed proprium genus esse contractus. veluti si, cum unum quis bovem haberet et vicinus eius unum, placuerit inter eos, ut per denos dies invicem boves commodarent, ut opus facerent, et apud alterum bos periit: neque locati vel conducti neque commodati competit actio, quia non fuit gratuitum commodatum, verum praescriptis verbis agendum est.

2. Wie man außerdem gewöhnlich erörterte, ob durch Tausch von Sachen ein Kaufvertrag zustandekomme, so pflegte man die entsprechende Frage auch für Miete, Pacht, Dienst- und Werkvertrag zu stellen, so zum Beispiel, wenn jemand dir irgendeine Sache zum Gebrauch oder zur Nutzung gibt und seinerseits von dir eine andere zum Gebrauch oder zur Nutzung empfängt. Und es ist anerkannt, daß das keine Miete oder Pacht ist, sondern ein Vertrag eigener Art. Wenn zum Beispiel jemand einen Ochsen hat und sein Nachbar auch einen und zwischen ihnen vereinbart wurde, daß jeder dem anderen für je zehn Tage seinen Ochsen zu gemeinsamer Feldarbeit ausleiht und der ausgeliehene Ochse bei einem von ihnen eingeht, dann steht eine Klage weder aus Vermietung oder Anmietung zu noch, da das Ausleihen nicht unentgeltlich war, aus Leihe, sondern es muß mit vorgeschalteten Formelworten geklagt werden.

3. Adeo autem familiaritatem aliquam inter se habere videntur emptio et venditio, item locatio et conductio, ut in quibusdam causis quaeri soleat, utrum emptio et venditio contrahatur, an locatio et conductio. ut ecce de praediis, quae perpetuo quibusdam fruenda traduntur, id est ut, quamdiu pensio sive reditus pro his domino praestetur, neque ipsi conductori neque heredi eius, cuive conductor heresve eius id praedium vendiderit aut donaverit aut dotis nomine dederit aliove quo modo alienaverit, auferre liceat. sed talis contractus, quia inter veteres dubitabatur et a quibusdam locatio, a quibusdam venditio existimabatur:

3. Kaufvertrag einerseits und Miete, Pacht, Dienst- und Werkvertrag andererseits weisen untereinander in so großem Maße eine Art Familienähnlichkeit auf, daß man in manchen Fällen darüber zu streiten pflegt, ob ein Kauf zustandekommt oder eine Pacht; so zum Beispiel bei Grundstücken, die jemandem auf Dauer zur Nutzung übergeben werden, nämlich so, daß das Grundstück, solange dafür dem Eigentümer Geldzahlungen oder Ernteanteile geleistet werden, weder dem Pächter selbst entzogen werden kann noch seinem Erben noch demjenigen, an den der Pächter oder dessen Erbe das Grundstück verkauft oder verschenkt oder als Mitgift gibt oder auf andere Weise veräußert. Aber weil dieser Vertrag unter den alten Juristen umstritten war und von einigen für eine Pacht und von anderen für einen Kauf gehalten wurde, ist das

lex Zenoniana lata est, quae emphyteuseos contractui propriam statuit naturam neque ad locationem neque ad venditionem inclinantem, sed suis pactionibus fulciendam, et si quidem aliquid pactum fuerit, hoc ita optinere, ac si naturalis esset contractus, sin autem nihil de periculo rei fuerit pactum, tunc si quidem totius rei interitus accesserit, ad dominum super hoc redundare periculum, sin particularis, ad emphyteuticarium huiusmodi damnum venire. quo iure utimur.

Gesetz des Kaisers Zeno[1] ergangen, das für den Vertrag der Erbpacht eine eigene Rechtsnatur festlegt, die sich weder an die Pacht noch an den Kauf anlehnt, sondern sich allein auf die getroffenen Vertragsbestimmungen stützt. Und wenn Vertragsbestimmungen getroffen sind, sollen sie so gelten, wie wenn das die Natur des Vertrags wäre[2]. Wenn aber nichts über die Sachgefahr vereinbart worden ist, dann soll, wenn es zum Untergang der ganzen Sache kommt, diese Gefahr den Eigentümer treffen; ist der Untergang dagegen ein teilweiser, dann soll dieser Schaden zu Lasten des Erbpächters gehen. Nach diesem Recht leben wir.

4. Item quaeritur, si cum aurifice Titio convenerit, ut is ex auro suo certi ponderis certaeque formae anulos ei faceret et acciperet verbi gratia aureos decem, utrum emptio et venditio an locatio et conductio contrahi videatur? Cassius ait materiae quidem emptionem venditionemque contrahi, operae autem locationem et conductionem. sed placuit tantum emptionem et venditionem contrahi. quodsi suum aurum Titius dederit mercede pro opera constituta, dubium non est, quin locatio et conductio sit.

4. Ebenso ist umstritten, ob ein Kaufvertrag oder ein Dienst- oder Werkvertrag zustandekommt, wenn Titius mit einem Goldschmied vereinbart, daß dieser aus eigenem Gold ihm Ringe von bestimmtem Gewicht und von bestimmter Form anfertigen und dafür beispielsweise zehn Goldstücke bekommen soll. Cassius sagt, daß hinsichtlich des Stoffes zwar ein Kaufvertrag zustandekommt, hinsichtlich der Arbeit aber ein Dienstvertrag. Aber es ist anerkannt, daß lediglich ein Kaufvertrag zustandekommt. Wenn aber Titius sein eigenes Gold gibt, nachdem für das Werk ein Lohn vereinbart worden ist, besteht kein Zweifel, daß ein Werkvertrag vorliegt.

5. Conductor omnia secundum legem conductionis facere debet et, si quid in lege praetermissum fuerit, id ex bono et aequo debet praestare. qui pro usu aut vestimentorum aut argenti aut iumenti mercedem aut dedit aut promisit, ab eo custodia talis desideratur, qualem diligentissimus pater familias suis rebus adhibet. quam si praestiterit et aliquo casu rem amiserit, de restituenda ea non tenebitur.

5. Mieter, Pächter, Dienstherren und Unternehmer müssen in allen Punkten die vertraglichen Bestimmungen von Miete, Pacht, Dienst- und Werkvertrag erfüllen und, wenn in den Vertragsbestimmungen etwas ausgelassen ist, müssen sie insoweit nach Recht und Billigkeit leisten. Wer aber für den Gebrauch von Kleidern, Silbergerät oder eines Zugtieres ein Entgelt gibt oder verspricht, von dem wird eine solche Bewachung über die Sache verlangt, wie sie ein besonders sorgfältiger Hausvater gegenüber seinen eigenen Sachen anwendet. Hat er sie erbracht und die Sache durch irgendeinen Zufall verloren, haftet er wegen ihrer Rückgabe nicht.

6. Mortuo conductore intra tempora conductionis heres eius eodem iure in conductionem succedit.

6. Stirbt der Mieter, Pächter, Unternehmer oder Dienstherr innerhalb der Vertragszeit, so tritt sein Erbe zu gleichem Recht in den Vertrag ein.

---

1 C. 4, 66, 1 (476–484).
2 Die Übersetzung folgt der Lesart 'natura talis'.

XXV
De societate

Societatem coire solemus aut totorum bonorum, quam Graeci specialiter κοινοπραξίαν appellant, aut unius alicuius negotiationis, veluti mancipiorum emendorum vendendorumque, aut olei vini frumenti emendi vendendique.

Fünfundzwanzigster Titel
Über die Gesellschaft

Eine Gesellschaft gehen wir für gewöhnlich entweder zum gesamten Vermögen [der Gesellschafter] ein, was die Griechen mit dem besonderen Ausdruck 'Gemeinschaftswirtschaft' bezeichnen, oder für irgendeinen einzelnen Geschäftszweig, zum Beispiel für einen Sklavenhandel oder einen Öl-, Wein- oder Getreidehandel.

1. Et quidem si nihil de partibus lucri et damni nominatim convenerit, aequales scilicet partes et in lucro et in damno spectantur. quod si expressae fuerint partes, hae servari debent: nec enim umquam dubium fuit, quin valeat conventio, si duo inter se pacti sunt, ut ad unum quidem duae partes et damni et lucri pertineant, ad alium tertia.

1. Und wenn über die Gewinn- und Verlustanteile nichts ausdrücklich vereinbart ist, versteht es sich, daß die Anteile an Gewinn und Verlust als gleich anzusehen sind. Wenn aber Gewinn- und Verlustanteile beziffert worden sind, müssen sie beachtet werden. Denn es ist niemals bezweifelt worden, daß eine Vereinbarung gilt, in der zwei untereinander verabreden, daß an Gewinn und Verlust der eine mit zwei Dritteln, der andere dagegen mit einem Drittel beteiligt sein soll.

2. De illa sane conventione quaesitum est, si Titius et Seius inter se pacti sunt, ut ad Titium lucri duae partes pertineant, damni tertia, ad Seium duae partes damni, lucri tertia, an rata debet haberi conventio? Quintus Mucius contra naturam societatis talem pactionem esse existimavit et ob id non esse ratam habendam. Servius Sulpicius, cuius sententia praevaluit, contra sentit, quia saepe quorundam ita pretiosa est opera in societate, ut eos iustum sit meliore condicione in societatem admitti: nam et ita coiri posse societatem non dubitatur, ut alter pecuniam conferat, alter non conferat et tamen lucrum inter eos commune sit, quia saepe opera alicuius pro pecunia valet. et adeo contra Quinti Mucii sententiam optinuit, ut illud quoque constiterit posse convenire, ut quis lucri partem ferat, damno non teneatur, quod et ipsum Servius convenienter sibi existimavit: quod tamen ita intellegi oportet, ut, si in aliqua re lucrum, in aliqua damnum allatum sit, compensatione facta solum quod superest intellegatur lucri esse.

2. Dagegen hat man über eine Vereinbarung gestritten, in der Titius und Seius untereinander verabreden, daß auf Titius zwei Drittel des Gewinns und ein Drittel des Verlustes entfallen, auf Seius zwei Drittel des Verlustes und ein Drittel des Gewinns. Soll eine solche Vereinbarung für gültig gehalten werden? Quintus Mucius nahm an, daß eine solche Abrede der Natur der Gesellschaft widerspreche und daher nicht für gültig gehalten werden könne. Servius Sulpicius, dessen Ansicht sich durchsetzte, war gegenteiliger Ansicht, weil in einer Gesellschaft häufig die Arbeitsleistung einzelner Gesellschafter so wertvoll ist, daß es gerecht sei, sie zu besseren Bedingungen in die Gesellschaft aufzunehmen. Denn unzweifelhaft kann eine Gesellschaft auch so eingegangen werden, daß der eine Geld einbringt, der andere nicht und gleichwohl der Gewinn unter ihnen gemeinschaftlich ist, weil häufig jemandes Arbeit geldwert ist. Und so sehr setzte sich Servius gegen die Ansicht des Quintus Mucius durch, daß auch die Möglichkeit einer Vereinbarung feststeht, nach der jemand einen Anteil am Gewinn erhält, ohne am Verlust beteiligt zu sein. Und genau das hat Servius als seiner Ansicht entsprechend angesehen. Dies muß jedoch so aufgefaßt werden, daß dann, wenn aus einem Geschäft Gewinn, aus einem

anderen Verlust entstanden ist, allein das als Gewinn betrachtet wird, was nach vollzogener Saldierung übrigbleibt.

3. Illud expeditum est, si in una causa pars fuerit expressa, veluti in solo lucro vel in solo damno, in altera vero omissa: in eo quoque quod praetermissum est eandem partem servari.

3. Geklärt ist die folgende Frage: Wenn der Gesellschafteranteil nur für einen Fall ausdrücklich geregelt ist, zum Beispiel allein für den des Gewinns oder allein für den des Verlustes, für den anderen dagegen nicht, dann ist für den Fall, der ausgelassen worden ist, derselbe Anteil maßgeblich.

4. Manet autem societas eo usque, donec in eodem consensu perseveraverint: at cum aliquis renuntiaverit societati, solvitur societas. sed plane si quis callide in hoc renuntiaverit societati, ut obveniens aliquod lucrum solus habeat, veluti si totorum bonorum socius, cum ab aliquo heres esset relictus, in hoc renuntiaverit societati, ut hereditatem solus lucrifaceret, cogitur hoc lucrum communicare: si quid vero aliud lucrifaceret, quod non captaverit, ad ipsum solum pertinet: ei vero, cui renuntiatum est, quidquid omnino post renuntiatam societatem adquiritur, soli conceditur.

4. Die Gesellschaft bleibt aber solange bestehen, wie die Gesellschafter in dem einmal gefaßten Konsens verharren. Wenn dagegen einer die Gesellschaft kündigt, wird sie aufgelöst. Kündigt jemand die Gesellschaft jedoch hinterlistig zu dem Zweck, einen anfallenden Gewinn für sich allein zu haben, so wird er gezwungen, diesen Gewinn zu vergemeinschaften, zum Beispiel wenn ein Gesellschafter zum gesamten Vermögen, nachdem er von jemandem zum Erben eingesetzt worden ist, die Gesellschaft nur zu dem Zweck kündigt, daß ihm der Gewinn der Erbschaft allein zugutekomme. Wenn er aber andere Vorteile erlangt, auf die er bei der Kündigung nicht aus war, gebühren sie ihm allein. Demjenigen aber, dem gekündigt worden ist, wird alles, was nach Kündigung der Gesellschaft erworben wird, allein zugewiesen.

5. Solvitur adhuc societas etiam morte socii, quia qui societatem contrahit certam personam sibi eligit. sed et si consensu plurium societas coita sit, morte unius socii solvitur, etsi plures supersint, nisi si in coeunda societate aliter convenerit.

5. Die Gesellschaft wird auch noch durch den Tod eines Gesellschafters aufgelöst, weil derjenige, der eine Gesellschaft begründet, sich eine bestimmte Person aussucht. Aber auch wenn eine Gesellschaft durch Konsens mehrerer eingegangen wird, wird sie durch den Tod eines Gesellschafters aufgelöst, selbst wenn noch mehrere Gesellschafter übrigbleiben, es sei denn, daß bei Abschluß des Gesellschaftsvertrages etwas anderes vereinbart worden ist.

6. Item si alicuius rei contracta societas sit et finis negotio impositus est, finitur societas.

6. Ebenso endet die Gesellschaft, wenn sie für eine bestimmte Angelegenheit gegründet worden ist und dieses Geschäft sein Ende gefunden hat.

7. Publicatione quoque distrahi societatem manifestum est, scilicet si universa bona socii publicentur: nam cum in eius locum alius succedit, pro mortuo habetur.

7. Es liegt auf der Hand, daß eine Gesellschaft auch durch Vermögenseinziehung endet, zum Beispiel wenn das gesamte Vermögen eines Gesellschafters eingezogen wird; denn da dann jemand anders an seine Stelle tritt, gilt er als tot.

8. Item si quis ex sociis mole debiti praegravatus bonis suis cesserit et ideo propter publica aut propter privata debita substan-

8. Ebenso wird die Gesellschaft aufgelöst, wenn einer der Gesellschafter unter dem Druck seiner Schulden sein Vermögen den Gläubigern

tia eius veneat, solvitur societas. sed hoc casu si adhuc consentiant in societatem, nova videtur incipere societas.

9. Socius socio utrum eo nomine tantum teneatur pro socio actione, si quid dolo commiserit, sicut is qui deponi apud se passus est, an etiam culpae, id est desidiae atque neglegentiae nomine, quaesitum est: praevaluit tamen etiam culpae nomine teneri eum. culpa autem non ad exactissimam diligentiam dirigenda est: sufficit enim talem diligentiam in communibus rebus adhibere socium, qualem suis rebus adhibere solet. nam qui parum diligentem socium sibi adsumit, de se queri debet.

überläßt und die Vermögenswerte nun wegen öffentlicher oder privater Schulden verkauft werden. Wenn aber in diesem Fall alle Gesellschafter weiterhin an der Gesellschaft festhalten, beginnt, wie man annimmt, eine neue.

9. Ob aber ein Gesellschafter dem anderen mit der Gesellschafterklage nur dann haftet, wenn er etwas vorsätzlich getan hat, vergleichbar demjenigen, der sich etwas hat zur Verwahrung geben lassen, oder auch bei Fahrlässigkeit, das heißt wegen Untätigkeit und Nachlässigkeit, ist umstritten gewesen. Es hat sich jedoch die Ansicht durchgesetzt, daß er auch wegen Fahrlässigkeit haftet. Die Fahrlässigkeit ist aber nicht an der höchstmöglichen Sorgfalt auszurichten. Es genügt nämlich, daß der Gesellschafter eine solche Sorgfalt in den gemeinschaftlichen Angelegenheiten anwendet, wie er sie in seinen eigenen Angelegenheiten anzuwenden pflegt. Denn wer sich einen wenig sorgfältigen Gesellschafter aussucht, muß sich bei sich selbst beklagen.

XXVI
De mandato

Mandatum contrahitur quinque modis, sive sua tantum gratia aliquis tibi mandet, sive sua et tua, sive aliena tantum, sive sua et aliena, sive tua et aliena. at si tua tantum gratia tibi mandatum sit, supervacuum est mandatum et ob id nulla ex eo obligatio nec mandati inter vos actio nascitur.

1. Mandantis tantum gratia intervenit mandatum, veluti si quis tibi mandet, ut negotia eius gereres, vel ut fundum ei emeres, vel ut pro eo sponderes.

2. Tua et mandantis, veluti si mandet tibi, ut pecuniam sub usuris crederes ei, qui in rem ipsius mutuaretur, aut si volente te agere cum eo ex fideiussoria causa mandet tibi, ut cum reo agas periculo mandantis,

Sechsundzwanzigster Titel
Über den Auftrag

Ein Auftrag kommt auf fünferlei Weise zustande: Entweder gibt jemand dir einen Auftrag ausschließlich seinetwegen oder seinetwegen und deinetwegen oder ausschließlich eines Dritten wegen oder seinetwegen und eines Dritten wegen oder deinetwegen und eines Dritten wegen. Wenn dir dagegen ein Auftrag nur deinetwegen erteilt wird, ist der Auftrag gegenstandslos, und deswegen entsteht daraus zwischen euch kein Schuldverhältnis und auch keine Auftragsklage.

1. Ein Auftrag nur um des Auftraggebers willen ist zum Beispiel gegeben, wenn jemand dir den Auftrag gibt, daß du seine Geschäfte führst oder ihm ein Grundstück kaufst oder für ihn bürgst.

2. Ein Auftrag deinetwegen und des Auftraggebers wegen liegt zum Beispiel vor, wenn jemand dir den Auftrag gibt, demjenigen gegen Zinsen Geld zu leihen, der es für das Vermögen des Auftraggebers aufnimmt, oder wenn jemand dir, der du gerade gegen ihn aus einem Bürgschaftsverhältnis klagen willst, den Auftrag gibt, auf seine Gefahr gegen den Hauptschuldner zu

vel ut ipsius periculo stipuleris ab eo, quem tibi deleget in id quod tibi debuerat.

klagen, oder wenn du dir auf seine Gefahr von jemandem Zahlung versprechen läßt, den er dir auf das, was er dir schuldet, anweist.

3. Aliena autem causa intervenit mandatum, veluti si tibi mandet, ut Titii negotia gereres, vel ut Titio fundum emeres, vel ut pro Titio sponderes.

3. Ein Auftrag eines Dritten wegen liegt zum Beispiel vor, wenn jemand dich damit beauftragt, daß du die Geschäfte des Titius führst oder daß du für Titius ein Grundstück kaufst oder daß du für Titius bürgst.

4. Sua et aliena, veluti si de communibus suis et Titii negotiis gerendis tibi mandet, vel ut sibi et Titio fundum emeres, vel ut pro eo et Titio sponderes.

4. Ein Auftrag seinetwegen und eines Dritten wegen ist zum Beispiel gegeben, wenn jemand dich mit der Führung gemeinschaftlicher, nämlich ihn selbst und Titius betreffender Geschäfte beauftragt oder damit, daß du für ihn und Titius ein Grundstück kaufst oder daß du für ihn und Titius bürgst.

5. Tua et aliena, veluti si tibi mandet, ut Titio sub usuris crederes. quodsi ut sine usuris crederes, aliena tantum gratia intercedit mandatum.

5. Ein Auftrag deinetwegen und eines Dritten wegen liegt zum Beispiel vor, wenn dich jemand damit beauftragt, daß du dem Titius gegen Zinsen Geld leihst. Wenn du ihm aber ohne Zinsen Geld leihen sollst, dann liegt ein Auftrag nur eines Dritten wegen vor.

6. Tua gratia intervenit mandatum, veluti si tibi mandet, ut pecunias tuas potius in emptiones praediorum colloces, quam feneres, vel ex diverso ut feneres potius, quam in emptiones praediorum colloces. cuius generis mandatum magis consilium est quam mandatum et ob id non est obligatorium, quia nemo ex consilio mandati obligatur, etiamsi non expediat ei cui dabitur, cum liberum cuique sit apud se explorare, an expediat consilium. itaque si otiosam pecuniam domi te habentem hortatus fuerit aliquis, ut rem aliquam emeres vel eam credas, quamvis non expediet tibi eam emisse vel credidisse, non tamen tibi mandati tenetur. et adeo haec ita sunt, ut quaesitum sit, an mandati teneatur qui mandavit tibi, ut Titio pecuniam fenerares: sed optinuit Sabini sententia obligatorium esse in hoc casu mandatum, quia non aliter Titio credidisses, quam si tibi mandatum esset.

6. Ein Auftrag deinetwegen ist zum Beispiel gegeben, wenn dir jemand den Auftrag gibt, dein Geld lieber in Grundstückskäufen anzulegen als in verzinslichen Darlehen oder umgekehrt, es lieber in verzinslichen Darlehen anzulegen als in Grundstückskäufen. Ein Auftrag solcher Art ist eher ein Rat als ein wirklicher Auftrag, und er ist deswegen nicht verpflichtend, weil niemand aufgrund eines Rats nach Auftragsrecht verpflichtet wird, auch wenn er demjenigen, dem er gegeben wird, nicht nützt; denn es steht jedem frei, für sich gründlich zu prüfen, ob ein Rat nützt. Hat daher jemand dich, weil du nichtangelegtes Geld zu Hause hattest, aufgefordert, damit irgendeine Sache zu kaufen oder das Geld gegen Zins zu verleihen, dann haftet er dir, auch wenn dir der Kauf oder die Darlehenshingabe nicht genützt hat, dennoch nicht mit der Auftragsklage. Und das geht so weit, daß sogar in Zweifel gezogen wurde, ob nach Auftragsrecht haftet, wer dich beauftragt hat, dem Titius Geld gegen Zins zu leihen. Aber es hat sich die Ansicht des Sabinus durchgesetzt, daß in diesem Fall der Auftrag verpflichtend ist, weil du dem Titius das Darlehen nicht gewährt hättest, wenn dir dafür nicht der Auftrag erteilt worden wäre.

7. Illud quoque mandatum non est obligatorium, quod contra bonos mores est,

7. Auch der Auftrag verpflichtet nicht, der gegen die guten Sitten verstößt, zum Beispiel wenn

veluti si Titius de furto aut damno faciendo aut de iniuria facienda tibi mandet. licet enim poenam istius facti nomine praestiteris, non tamen ullam habes adversus Titius actionem.

Titius dich beauftragt, einen Diebstahl oder eine Sachbeschädigung zu begehen oder eine Person zu verletzen. Denn magst du auch deswegen eine Geldbuße zahlen, so hast du trotzdem gegen Titius keine Klage.

8. Is qui exsequitur mandatum non debet excedere fines mandati. ut ecce si quis usque ad centum aureos mandaverit tibi, ut fundum emeres vel ut pro Titio sponderes, neque pluris emere debes neque in ampliorem pecuniam fideiubere, alioquin non habebis cum eo mandati actionem: adeo quidem, ut Sabino et Cassio placuerit, etiam si usque ad centum aureos cum eo agere velis, inutiliter te acturum: diversae scholae auctores recte te usque ad centum aureos acturum existimant: quae sententia sane benignior est. quod si minoris emeris, habebis scilicet cum eo actionem, quoniam qui mandat, ut sibi centum aureorum fundus emeretur, is utique mandasse intellegitur, ut minoris si posset emeretur.

8. Derjenige, der den Auftrag ausführt, darf nicht die Grenzen des Auftrags überschreiten. Nimm etwa den Fall, daß dich jemand beauftragt, bis zum Betrag von hundert Goldstücken ein Grundstück zu kaufen oder für Titius zu bürgen. Dann darfst du weder teurer kaufen noch für einen höheren Betrag bürgen; andernfalls hast du gegen ihn keine Auftragsklage, und zwar so grundsätzlich, daß Sabinus und Cassius annahmen, du würdest selbst dann erfolglos klagen, wenn du gegen ihn nur bis zum Betrag von hundert Goldstücken klagen wolltest. Die Häupter der anderen Schule glauben dagegen, daß du bis zu hundert Goldstücken erfolgreich klagen kannst. Diese Ansicht ist gewiß wohlwollender. Wenn du aber für weniger kaufst, dann hast du natürlich eine Klage gegen den Auftraggeber, weil von jemandem, der den Auftrag erteilt, ihm für hundert Goldstücke ein Grundstück zu kaufen, ja anzunehmen ist, daß er jedenfalls auch den Auftrag erteilt hat, wenn möglich für weniger zu kaufen.

9. Recte quoque mandatum contractum, si, dum adhuc integra res sit, revocatum fuerit, evanescit.

9. Auch ein wirksam zustandegekommener Auftrag erlischt, wenn er widerrufen wird, solange noch nichts geschehen ist.

10. Item si adhuc integro mandato mors alterutrius interveniat, id est vel eius qui mandaverit, vel eius qui mandatum susceperit, solvitur mandatum. sed utilitatis causa receptum est, si mortuo eo, qui tibi mandaverit, tu ignorans eum decessisse executus fueras mandatum, posse te agere mandati actione: alioquin iusta et probabilis ignorantia damnum tibi afferat. et huic simile est, quod placuit, si debitores manumisso dispensatore Titii per ignorantiam liberto solverint, liberari eos: cum alioquin stricta iuris ratione non possent liberari, quia alii solvissent, quam cui solvere deberent.

10. Ebenso endet der Auftrag, wenn, solange noch nichts geschehen ist, der Tod einer der Parteien eintritt, das heißt entweder der des Auftraggebers oder der des Beauftragten. Aus Zweckmäßigkeitsgründen ist jedoch anerkannt, daß dann, wenn der, der dich beauftragt hat, verstorben ist und du in Unkenntnis seines Todes den Auftrag ausgeführt hast, du mit der Auftragsklage vorgehen kannst. Andernfalls würde dir eine nicht vorwerfbare und verständliche Unkenntnis Schaden zufügen. Und dem ist der anerkannte Rechtssatz ähnlich, daß Schuldner frei werden, wenn sie, nachdem Titius seinen Kassierer freigelassen hat, in Unkenntnis davon an den Freigelassenen zahlen; denn eigentlich könnten sie in dem Fall nach strenger Rechtslogik nicht frei werden, weil sie an einen anderen gezahlt haben, als an den, dem sie die Zahlung schuldeten.

11. Mandatum non suscipere liberum est: susceptum autem consummandum aut quam primum renuntiandum est, ut aut per semet ipsum aut per alium eandem rem mandator exsequatur. nam nisi ita renuntiatur, ut integra causa mandatori reservetur eandem rem explicandi, nihilo minus mandati actio locum habet, nisi si iusta causa interecessit aut non renuntiandi aut intempestive renuntiandi.

11. Es steht jedem frei, einen Auftrag nicht zu übernehmen. Ein übernommener Auftrag muß dagegen ausgeführt oder so früh wie möglich gekündigt werden, damit der Auftraggeber dieses Geschäft entweder selbst oder durch einen anderen erledigen kann. Denn wenn der Beauftragte nicht so kündigt, daß dem Auftraggeber die uneingeschränkte Möglichkeit bleibt, dieses Geschäft noch zu besorgen, ist dennoch die Auftragsklage gegeben, es sei denn, daß es gerechtfertigt war, nicht oder zur Unzeit zu kündigen.

12. Mandatum et in diem differri et sub condicione fieri potest.

12. Ein Auftrag kann aufschiebend befristet oder unter einer Bedingung abgeschlossen werden.

13. In summa sciendum est mandatum, nisi gratuitum sit, in aliam formam negotii cadere: nam mercede constituta incipit locatio et conductio esse et ut generaliter dixerimus: quibus casibus sine mercede suscepto officio mandati aut depositi contrahitur negotium, his casibus interveniente mercede locatio et conductio contrahi intellegitur. et ideo si fulloni polienda curandave vestimenta dederis aut sarcinatori sarcienda nulla mercede constituta neque promissa, mandati competit actio.

13. Schließlich muß man wissen, daß ein Auftrag, wenn er nicht unentgeltlich ist, unter den Tatbestand eines anderen Rechtsgeschäfts fällt. Denn durch Vereinbarung eines Entgelts wird der Vertrag ein Dienst- oder Werkvertrag. Oder um es allgemein zu sagen: In allen Fällen, in denen durch die unentgeltliche Übernahme einer Pflicht ein Auftrags- oder Verwahrungsvertrag begründet wird, sieht man, wenn ein Entgelt vereinbart wird, einen Dienst- oder Werkvertrag zustandekommen. Und deswegen ist eine Auftragsklage gegeben, wenn du Kleider ohne Vereinbarung oder Versprechen eines Entgelts einem Kleiderreiniger zum Stärken oder Reinigen oder einem Schneider zum Ausbessern gibst.

XXVII
De obligationibus quasi ex contractu

Siebenundzwanzigster Titel
Über die Schuldverhältnisse aus Quasivertrag

Post genera contractuum enumerata dispiciamus etiam de his obligationibus, quae non proprie quidem ex contractu nasci intelleguntur, sed tamen, quia non ex maleficio substantiam capiunt, quasi ex contractu nasci videntur.

Nach Aufzählung der Vertragsarten wollen wir nun noch diejenigen Schuldverhältnisse betrachten, die ersichtlich zwar nicht eigentlich aus Vertrag entstehen, aber dennoch, weil sie ihre Existenz auch nicht aus Delikt ableiten, gleichsam, quasi, aus Vertrag zu entstehen scheinen.

1. Igitur cum quis absentis negotia gesserit, ultro citroque inter eos nascuntur actiones, quae appellantur negotiorum gestorum: sed domino quidem rei gestae adversus eum qui gessit directa competit actio, negotiorum autem gestori contraria. quas ex nullo contractu proprie nasci manifestum est: quippe ita nascuntur istae actiones, si sine mandato quisque alienis negoti-

1. Wenn daher jemand die Geschäfte eines Abwesenden führt, dann entstehen zwischen ihnen auf beiden Seiten Klagen, die Geschäftsführungsklagen genannt werden. Dem Geschäftsherrn steht aber gegen den, der das Geschäft geführt hat, die Hauptklage zu, dem Geschäftsführer jedoch die Gegenklage. Daß diese Klagen nicht eigentlich aus Vertrag entstehen, liegt auf der Hand. Denn sie entstehen ja gerade dann,

is gerendis se optulerit: ex qua causa ii quorum negotia gesta fuerint etiam ignorantes obligantur. idque utilitatis causa receptum est, kne absentium, qui subita festinatione coati nulli demandata negotiorum suo rum administratione peregre profecti essent, deserentur negotia: quae sane nemo curaturus esset, si de eo quod quis impendisset nullam habiturus esset actionem. sicut autem is qui utiliter gesserit negotia habet obligatum dominum negotiorum, ita et contra iste quoque tenetur, ut administrationis rationem reddat. quo casu ad exactissimam quisque diligentiam compellitur reddere rationem: nec sufficit talem diligentiam adhibere, qualem suis rebus adhibere soleret, si modo alius diligentior commodius administraturus esset negotia.

wenn jemand sich ohne Auftrag zur Führung fremder Geschäfte bereitfindet. Daher werden die, deren Geschäfte geführt worden sind, auch ohne ihr Wissen verpflichtet. Und das ist aus Zweckmäßigkeitsgründen anerkannt worden, damit nicht die Geschäfte von Abwesenden vernachlässigt werden, die, ohne jemandem die Verwaltung ihrer Geschäfte übertragen zu können, plötzlich und eilig nach auswärts aufbrechen mußten; denn gewiß würde sich niemand um die Geschäfte kümmern, wenn er wegen der Aufwendungen, die er gemacht hat, keine Klage hätte. So aber wie derjenige, der die Geschäfte zweckmäßig geführt hat, den Geschäftsherrn verpflichtet, so haftet auch umgekehrt der Geschäftsführer darauf, daß er über die Verwaltung Rechenschaft gibt. Er ist in diesem Fall gezwungen, Rechenschaft darüber zu geben, daß er die höchstmögliche Sorgfalt angewendet hat. Und es genügt nicht, eine solche Sorgfalt angewendet zu haben, wie man sie in eigenen Angelegenheiten anzuwenden pflegt, wenn nur ein anderer, der sorgfältiger ist, die Geschäfte sachgemäßer verwaltet hätte.

2. Tutores quoque, qui tutelae iudicio tenentur, non proprie ex contractu obligati intelleguntur (nullum enim negotium inter tutorem et pupillum contrahitur): sed quia sane non ex maleficio tenentur, quasi ex contractu teneri videntur. et hoc autem casu mutuae sunt actiones: non tantum enim pupillus cum tutore habet tutelae actionem, sed et ex contrario tutor cum pupillo habet contrariam tutelae, si vel impenderit aliquid in rem pupilli vel pro eo fuerit obligatus aut rem suam creditori eius obligaverit.

2. Auch die Vormünder, die mit der Vormundschaftsklage haften, sind ersichtlich nicht eigentlich aus Vertrag verpflichtet (denn zwischen Vormund und Mündel kommt kein Rechtsgeschäft zustande). Aber da sie nun sicherlich nicht aus Delikt haften, nimmt man an, daß sie gleichsam aus Vertrag haften. Und auch in diesem Fall gibt es die wechselseitigen Klagen. Denn nicht nur das Mündel hat die Vormundschaftsklage gegen den Vormund, sondern umgekehrt hat auch der Vormund gegen das Mündel die Vormundschaftsgegenklage, falls er etwas für das Vermögen des Mündels aufgewendet hat oder sich für das Mündel verpflichtet oder einem Gläubiger des Mündels eine eigene Sache verpfändet hat.

3. Item si inter aliquos communis sit res sine societate, veluti quod pariter eis legata donatave esset, et alter eorum alteri ideo teneatur communi dividundo iudicio, quod solus fructus ex ea re perceperit, aut quod socius eius in eam rem necessarias impensas fecerit: non intellegitur proprie ex con-

3. Wenn mehrere an einer Sache Miteigentum haben, ohne daß ein Gesellschaftsvertrag besteht, zum Beispiel weil sie ihnen gleichzeitig vermacht oder geschenkt worden ist, und wenn nun der eine dem anderen mit der Teilungsklage deswegen haftet, weil er die Früchte aus dieser Sache allein gezogen hat oder weil der andere Miteigentümer auf diese Sache notwendige Verwendungen gemacht hat, dann betrachtet man ihn ebenso nicht eigentlich als aus Vertrag ver-

tractu obligatus esse, quippe nihil inter se contraxerunt: sed quia non ex maleficio tenetur, quasi ex contractu teneri videtur.

pflichtet, da ja die Parteien miteinander keinen Vertrag geschlossen haben. Aber weil er nicht aus Delikt haftet, sieht man ihn als jemanden an, der gleichsam aus Vertrag haftet.

4. Idem iuris est de eo, qui coheredi suo familiae erciscundae iudicio ex his causis obligatus est.

4. Dasselbe gilt für denjenigen, der aus diesen Gründen seinem Miterben aus der Erbteilungsklage verpflichtet ist.

5. Heres quoque legatorum nomine non proprie ex contractu obligatus intellegitur (neque enim cum herede neque cum defuncto ullum negotium legatarius gessisse proprie dici potest): et tamen, quia ex maleficio non est obligatus heres, quasi ex contractu debere intellegitur.

5. Auch einen Erben sieht man wegen eines Vermächtnisses nicht eigentlich als aus Vertrag verpflichtet an (denn man kann eigentlich nicht sagen, daß der Vermächtnisnehmer mit dem Erben oder dem Verstorbenen irgendein Rechtsgeschäft abgeschlossen hat). Und dennoch sieht man den Erben, weil er nicht aus Delikt verpflichtet ist, so an, als schulde er gleichsam aus Vertrag.

6. Item is, cui quis per errorem non debitum solvit, quasi ex contractu debere videtur. adeo enim non intellegitur proprie ex contractu obligatus, ut, si certiorem rationem sequamur, magis ut supra diximus ex distractu, quam ex contractu possit dici obligatus esse: nam qui solvendi animo pecuniam dat, in hoc dare videtur, ut distrahat potius negotium quam contrahat. sed tamen proinde is qui accepit obligatur, ac si mutuum illi daretur, et ideo condictione tenetur.

6. Ebenso hält man denjenigen, dem jemand irrtümlich etwas Nichtgeschuldetes geleistet hat, für gleichsam aus Vertrag verpflichtet. Und zwar betrachtet man ihn so sehr als jemanden, der eigentlich nicht aus Vertrag verpflichtet ist, daß er, wenn wir der strengeren Logik folgen, als jemand bezeichnet werden muß, der, wie wir oben gesagt haben[1], eher aus Vertragsaufhebung als aus Vertragsschließung verpflichtet ist. Denn wer in Erfüllungsabsicht Geld gibt, gibt ersichtlich eher zu dem Zweck, ein Rechtsgeschäft aufzulösen, als dazu, es zustandezubringen. Trotzdem wird der Empfänger in der gleichen Weise verpflichtet, wie wenn ihm ein Darlehen gegeben wäre; und daher haftet er mit der Kondiktion.

7. Ex quibusdam tamen causis repeti non potest, quod per errorem non debitum solutum sit. sic namque definiverunt veteres: ex quibus causis infitiando lis crescit, ex his causis non debitum solutum repeti non posse, veluti ex lege Aquilia, item ex legato. quod veteres quidem in his legatis locum habere voluerunt, quae certa constituta per damnationem cuicumque fuerant legata: nostra autem constitutio cum unam

7. In einigen Fällen kann jedoch, was irrtümlich als Nichtschuld geleistet worden ist, nicht zurückgefordert werden. Die alten Juristen haben nämlich folgende Regel aufgestellt: In den Fällen, in denen durch Bestreiten des Anspruchs der Streitgegenstand [auf das Doppelte] wächst, kann das irrtümlich Gezahlte nicht zurückgefordert werden, so zum Beispiel im Fall der lex Aquilia oder bei einem Vermächtnis. Die alten Juristen wollten das allerdings nur bei denjenigen Vermächtnissen Platz greifen lassen, die jemandem mit bestimmtem Leistungsinhalt schuldrechtlich zugewendet worden waren. Indem aber unsere Konstitution[2] allen Vermächt-

---

1 Inst. 3, 14, 1.

2 Vgl. C. 1, 3, 45, 7a (530); 6, 43, 1 (529) sowie Inst. 2, 20, 2.

naturam omnibus legatis et fideicommissis indulsit, huiusmodi augmentum in omnibus legatis et fideicommissis extendi voluit: sed non omnibus legatariis praebuit, sed tantummodo in his legatis et fideicommissis, quae sacrosanctis ecclesiis ceterisque venerabilibus locis, quae religionis vel pietatis intuitu honorificantur, derelicta sunt, quae si indebita solvantur, non repetuntur.

nissen und Fideikommissen eine einheitliche Rechtsnatur gewährte, wollte sie an sich diese Art Streitgegenstandsvermehrung auf alle Vermächtnisse und Fideikommisse erstrecken; aber sie hat es dann doch nicht allen Vermächtnissen zugebilligt, sondern lediglich solchen Vermächtnissen und Fideikommissen, welche den hochheiligen Kirchen oder anderen ehrwürdigen Stätten, die von Religion und Frömmigkeit erhöht werden, hinterlassen worden sind[1]. Werden sie erfüllt, ohne geschuldet zu sein, können sie nicht zurückgefordert werden.

XXVIII
Per quas personas nobis obligatio adquiritur

Expositis generibus obligationum, quae ex contractu vel quasi ex contractu nascuntur, admonendi sumus adquiri vobis non solum per vosmet ipsos, sed etiam per eas quoque personas, quae in vestra potestate sunt, veluti per servos vestros et filios: ut tamen, quod per servos quidem vobis adquiritur, totum vestrum fiat, quod autem per liberos, quos in potestate habetis, ex obligatione fuerit adquisitum, hoc dividatur secundum imaginem rerum proprietatis et usus fructus, quam nostra discrevit constitutio: ut, quod ab actione commodum perveniat, huius usum fructum quidem habeat pater, proprietas autem filio servetur, scilicet patre actionem movente secundum novellae nostrae constitutionis divisionem.

Achtundzwanzigster Titel
Durch welche Personen wir Forderungen erwerben

Nachdem wir die Arten der Schuldverhältnisse, die aus Vertrag oder aus Quasivertrag entstehen, dargelegt haben, müssen wir noch darauf aufmerksam machen, daß ihr nicht nur durch euer eigenes Handeln Forderungen erwerben könnt, sondern auch noch durch die Personen, die in eurer Hausgewalt sind, zum Beispiel durch eure Sklaven und Söhne. Doch wird nur das, was ihr durch eure Sklaven erwerbt, ganz und gar euer. Was ihr aber durch eure Kinder, die ihr in der Hausgewalt habt, aus einem Schuldverhältnis erwerbt, das wird nach dem Muster von Eigentum und Nießbrauch an Sachen, nach welchem unsere Konstitution[2] unterschieden hat, dergestalt geteilt, daß an dem, was durch eine Klage an Vorteilen erlangt wird, der Vater zwar den Nießbrauch hat, dem Sohn aber das Eigentum vorbehalten bleibt, wobei auch nach der von unserer neuen Konstitution vorgenommenen Aufteilung natürlich der Vater die Klage erhebt[3].

1. Item per liberos homines et alienos servos, quos bona fide possidetis, adquiritur vobis, sed tantum ex duabus causis, id est si quid ex operis suis vel ex re vestra adquirant.

1. Durch freie Menschen oder fremde Sklaven, die ihr im guten Glauben besitzt, erwerbt ihr ebenso, jedoch nur in zwei Fällen, das heißt, wenn sie etwas durch ihre Arbeitskraft oder mit Mitteln eures Vermögens erwerben.

1 Vgl. Inst. 4, 16, 1.
2 C. 6, 61, 6 (529).
3 Vgl. Inst. 2, 9, 1.

2. Per eum quoque servum, in quo usum fructum vel usum habetis, similiter ex duabus istis causis vobis adquiritur.

2. Auch durch einen Sklaven, an dem ihr einen Nießbrauch oder ein Gebrauchsrecht habt, erwerbt ihr in diesen beiden Fällen in gleicher Weise.

3. Communem servum pro dominica parte dominis adquirere certum est, excepto eo, quod uni nominatim stipulando aut per traditionem accipiendo illi soli adquirit, veluti cum ita stipuletur: 'Titio domino meo dare spondes?' sed si unius domini iussu servus fuerit stipulatus, licet antea dubitabatur, tamen post nostram decisionem res expedita est, ut illi tantum adquirat, qui hoc ei facere iussit, ut supra dictum est.

3. Ein gemeinschaftlicher Sklave erwirbt den Miteigentümern, wie feststeht, nach dem Verhältnis ihrer Eigentumsanteile, abgesehen von dem Fall, daß er sich ausdrücklich nur für einen von ihnen versprechen läßt oder bei der Übergabe nur für einen annimmt; dann erwirbt er nur diesem allein, zum Beispiel wenn er sich so versprechen läßt: 'Gelobst du, dem Titius, meinem Herrn, zu geben?' Wenn aber der Sklave sich auf Geheiß eines einzigen Miteigentümers etwas hat versprechen lassen, dann ist das, obwohl früher umstritten, nach unserer Entscheidung[1] jedoch dahin geklärt, daß allein der erwirbt, der ihn das zu tun geheißen hat, so wie schon oben gesagt wurde[2].

XXIX
Quibus modis obligatio tollitur

Tollitur autem omnis obligatio solutione eius quod debetur, vel si quis consentiente creditore aliud pro alio solverit. nec tamen interest, quis solvat, utrum ipse qui debet an alius pro eo: liberatur enim et alio solvente, sive sciente debitore sive ignorante vel invito solutio fiat. item si reus solverit, etiam ii qui pro eo intervenerunt liberantur. idem ex contrario contingit, si fideiussor solverit: non enim solus ipse liberatur, sed etiam reus.

Neunundzwanzigster Titel
Wie ein Schuldverhältnis erlischt

Jedes Schuldverhältnis aber erlischt durch die Leistung dessen, was geschuldet wird, oder auch dadurch, daß jemand mit Einverständnis des Gläubigers statt des Geschuldeten etwas anderes leistet. Es kommt jedoch nicht darauf an, wer leistet, ob derjenige selbst, der schuldet, oder für ihn ein anderer. Denn man wird auch befreit, wenn ein anderer leistet, gleichgültig ob die Leistung mit Wissen, in Unkenntnis oder gegen den Willen des Schuldners erfolgt. Ebenso werden, wenn der Schuldner leistet, auch diejenigen befreit, die sich für ihn verbürgt haben. Das gleiche geschieht umgekehrt, wenn der Bürge leistet; denn dann wird nicht nur er selbst befreit, sondern auch der Schuldner.

1. Item per acceptilationem tollitur obligatio. est autem acceptilatio imaginaria solutio. quod enim ex verborum obligatione Titio debetur, id si velit Titius remittere, poterit sic fieri, ut patiatur haec verba debitorem dicere: 'quod ego tibi promisi habes-

1. Ebenso erlischt das Schuldverhältnis durch wortförmlichen Erlaß. Der wortförmliche Erlaß ist aber eine symbolische Erfüllung. Denn wenn Titius das erlassen will, was ihm aus einem Schuldverhältnis durch Worte geschuldet wird, dann kann das in der Weise geschehen, daß er den Schuldner folgende Worte sprechen läßt: 'Hast du erhalten, was ich dir versprochen ha-

1 C. 4, 27, 2 (530).
2 Inst. 3, 17, 3.

ne acceptum?' et Titius respondeat 'habeo.' sed et Graece potest acceptum fieri, dummodo sic fiat, ut Latinis verbis solet: ἔχεις λαβὼν δηνάρια τόσα; ἔχω λαβών. quo genere ut diximus tantum eae obligationes solvuntur, quae ex verbis consistunt, non etiam ceterae: consentaneum enim visum est verbis factam obligationem posse aliis verbis dissolvi: sed id, quod ex alia causa debetur, potest in stipulationem deduci et per acceptilationem dissolvi. sicut autem quod debetur pro parte recte solvitur, ita in partem debiti acceptilatio fieri potest.

be?', und daß Titius dann antwortet: 'Ich habe es.' Ein wortförmlicher Erlaß kann aber auch auf Griechisch erfolgen, wenn es nur so geschieht, wie es in lateinischen Worten üblich ist: 'Hast du soundso viel Denare erhalten?' — 'Ich habe sie erhalten'. Auf diese Art erlöschen, wie wir gesagt haben, nur die Schuldverhältnisse, die durch Worte zustandekommen, nicht auch die übrigen. Es erschien nämlich folgerichtig, daß Schuldverhältnisse, die durch Worte zustandekommen, wiederum durch Worte aufgelöst werden. Aber das, was aus einem anderen Rechtsgrund geschuldet wird, kann in eine Stipulation überführt und dann durch wortförmlichen Erlaß aufgehoben werden. Und so wie das, was geschuldet wird, auch zu einem Teil wirksam geleistet werden kann, so kann auch der wortförmliche Erlaß nur für einen Teil der Schuld erfolgen.

2. Est prodita stipulatio, quae vulgo Aquiliana appellatur, per quam stipulationem contingit, ut omnium rerum obligatio in stipulatum deducatur et ea per acceptilationem tollatur. stipulatio enim Aquiliana novat omnes obligationes et a Gallo Aquilio ita composita est: 'quidquid te mihi ex quacumque causa dare facere oportet oportebit praesens in diemve quarumque rerum mihi tecum actio quaeque abs te petitio vel adversus te persecutio est erit quodque tu meum habes tenes possides possideresve dolove malo fecisti, quo minus possideas: quanti quaeque earum rerum res erit, tantam pecuniam dari stipulatus est Aulus Agerius, spopondit Numerius Negidius.' item e diverso Numerius Negidius interrogavit Aulum Agerium: 'quidquid tibi hodierno die per Aquilianam stipulationem spopondi, id omne habesne acceptum?' respondit Aulus Agerius: 'habeo acceptumque tuli.'

2. Es ist eine Stipulation geschaffen worden, die man gemeinhin die Aquilianische nennt. Diese Stipulation bewirkt, daß die Haftung aus allen Rechtsverhältnissen in die Stipulationsschuld überführt wird und diese dann durch wortförmlichen Erlaß aufgehoben werden kann. Die Aquilianische Stipulation noviert nämlich alle Verbindlichkeiten und ist von Aquilius Gallus folgendermaßen abgefaßt worden[1]: 'Was immer du mir aus jedwedem Rechtsgrund gegenwärtig oder künftig zu geben und zu leisten verpflichtet bist oder sein wirst, sei es fällig oder befristet, und wegen welcher Rechtsverhältnisse ich gegen dich eine persönliche Klage habe, und welche dingliche Klage oder welche prätorische Klage auch immer ich gegen dich habe oder haben werde, und was du aus meinem Eigentum hast, hältst oder besitzt oder infolge deiner Arglist nicht mehr besitzt: Wieviel eine jede von diesen Sachen wert sein wird, so viel Geld hat sich Aulus Agerius versprechen lassen und Numerius Negidius gelobt.' In gleicher Weise hat umgekehrt Numerius Negidius den Aulus Agerius gefragt: 'Was immer ich dir an dem heutigen Tage durch die Aquilianische Stipulation versprochen habe, hast du das alles er-

1 Vgl. D. 46, 4, 18, 1.

halten?' Aulus Agerius antwortete: 'Ich habe es erhalten und die Schuld erlassen[1].'

3. Praeterea novatione tollitur obligatio. veluti si id, quod tu Seio debeas, a Titio dari stipulatus sit. nam interventu novae personae nova nascitur obligatio et prima tollitur translata in posteriorem, adeo ut interdum, licet posterior stipulatio inutilis sit, tamen prima novationis iure tollatur. veluti si id, quod Titio tu debebas, a pupillo sine tutoris auctoritate stipulatus fuerit, quo casu res amittitur: nam et prior debitor liberatur et posterior obligatio nulla est. non idem iuris est, si a servo quis stipulatus fuerit: nam tunc prior proinde obligatus manet, ac si postea a nullo stipulatus fuisset. sed si eadem persona sit, a qua postea stipuleris, ita demum novatio fit, si quid in posteriore stipulatione novi sit, forte si condicio aut dies aut fideiussor adiciatur aut detrahatur. quod autem diximus, si condicio adiciatur, novationem fieri, sic intellegi oportet, ut ita dicamus factam novationem, si condicio extiterit: alioquin si defecerit, durat prior obligatio.

3. Außerdem erlischt ein Schuldverhältnis durch Novation, zum Beispiel wenn Seius sich das, was du ihm schuldest, von Titius hat versprechen lassen. Denn durch den Eintritt einer neuen Person entsteht ein neues Schuldverhältnis und das erste erlischt, indem es in das nächste übergeht. Das gilt so sehr, daß bisweilen die erste Stipulation nach Novationsrecht selbst dann erlischt, wenn die spätere unwirksam ist, zum Beispiel wenn Titius sich das, was du ihm schuldetest, von einem Mündel ohne förmliche Zustimmung des Vormunds versprechen läßt. In diesem Fall geht die Forderung verloren. Denn einerseits wird der Erstschuldner befreit, andererseits ist das spätere Schuldverhältnis nichtig. Anders ist die Rechtslage, wenn der Gläubiger sich von einem Sklaven versprechen läßt. Denn dann bleibt der Erstschuldner ebenso verpflichtet, wie wenn der Gläubiger sich später von niemandem hätte versprechen lassen. Wenn es aber dieselbe Person ist, von der du dir später versprechen läßt, dann tritt nur dann eine Novation ein, wenn die spätere Stipulation etwas Neues enthält, wenn etwa eine Bedingung oder ein Termin oder ein Bürge hinzugenommen oder weggelassen wird. Wenn wir jedoch sagen, daß eine Novation eintritt, falls eine Bedingung hinzugenommen wird, ist das so zu verstehen, daß wir meinen, daß nur dann eine Novation erfolgt, wenn die Bedingung eintritt; wenn die Bedingung dagegen ausfällt, dann bleibt das frühere Schuldverhältnis bestehen.

3a. Sed cum hoc quidem inter veteres constabat tunc fieri novationem, cum novandi animo in secundam obligationem itum fuerat: per hoc autem dubium erat, quando novandi animo videretur hoc fieri et quasdam de hoc praesumptiones alii in aliis casibus introducebant: ideo nostra processit constitutio, quae apertissime definivit tunc solum fieri novationem, quotiens

3a. Während aber schon unter den früheren Juristen feststand, daß nur dann eine Novation erfolgt, wenn man in Novationsabsicht zum Abschluß des zweiten Schuldverhältnisses geschritten war, blieb jedoch der Punkt zweifelhaft, wann angenommen werden kann, daß dies mit Novationsabsicht geschieht. Und verschiedene Juristen führten für unterschiedliche Fälle dazu mancherlei Vermutungen ein. Deswegen erging unsere Konstitution[2], die in aller Klarheit bestimmt hat, daß eine Novation nur dann erfolgt,

1 Die Übersetzung folgt der Lesart 'habeo acceptum acceptumque tuli'. Daß der wortförmliche Erlaß die Rechtsfolge ausspricht, findet sich auch in D. 46, 4, 18, 1.
2 C. 8, 41, 8 (530).

hoc ipsum inter contrahentes expressum fuerit, quod propter novationem prioris obligationis convenerunt, alioquin manere et pristinam obligationem et secundam ei accedere, ut maneat ex utraque causa obligatio secundum nostrae constitutionis definitiones, quas licet ex ipsius lectione apertius cognoscere.

wenn unter den Vertragschließenden besonders zum Ausdruck gebracht wird, man sei sich über die Novation eines älteren Schuldverhältnisses einig, und daß andernfalls das frühere Schuldverhältnis bestehen bleibt und das zweite zu ihm hinzutritt, so daß aus beiden Rechtsgründen ein Schuldverhältnis gemäß den Bestimmungen unserer Konstitution bestehen bleibt, wie man durch deren Lektüre noch genauer erfahren kann.

4. Hoc amplius eae obligationes, quae consensu contrahuntur, contraria voluntate dissolvuntur. nam si Titius et Seius inter se consenserunt, ut fundum Tusculanum emptum Seius haberet centum aureorum, deinde re nondum secuta, id est neque pretio soluto neque fundo tradito, placuerit inter eos, ut discederetur ab emptione et venditione, invicem liberantur. idem est et in conductione et locatione et omnibus contractibus, qui ex consensu descendunt, sicut iam dictum est.

4. Darüber hinaus werden diejenigen Schuldverhältnisse, die durch Konsens zustandekommen, durch entgegengesetzten Willen aufgehoben. Denn wenn Titius und Seius sich darüber geeinigt haben, daß Seius das tuskulanische Grundstück für hundert Goldstücke kauft, danach aber, bevor irgend etwas geschehen ist, das heißt, bevor der Preis gezahlt oder das Grundstück übergeben worden ist, zwischen ihnen vereinbart wird, vom Kauf abzugehen, dann werden beide frei. Genauso ist es bei Miete, Pacht, Dienst- und Werkvertrag und, wie soeben gesagt, bei allen Verträgen, die auf Konsens beruhen.

LIBER QUARTUS

I

De obligationibus quae ex delicto nascuntur

Cum expositum sit superiore libro de obligationibus ex contractu et quasi ex contractu, sequitur ut de obligationibus ex maleficio dispiciamus. sed illae quidem, ut suo loco tradidimus, in quattuor genera dividuntur: hae vero unius generis sunt, nam omnes ex re nascuntur, id est ex ipso maleficio, veluti ex furto aut rapina aut damno aut iniuria.

1. Furtum est contrectatio rei fraudulosa vel ipsius rei vel etiam usus eius possessionisve, quod lege naturali prohibitum est admittere.

2. Furtum autem vel a furvo id est nigro dictum est, quod clam et obscure fit et plerumque nocte: vel a fraude: vel a ferendo, id est auferendo: vel a Graeco sermone, qui φῶρας appellant fures. immo etiam Graeci ἀπὸ τοῦ φέρειν φῶρας dixerunt.

3. Furtorum autem genera duo sunt, manifestum et nec manifestum. nam conceptum et oblatum species potius actionis sunt furto cohaerentes quam genera furtorum, sicut inferius apparebit. manifestus fur est, quem Graeci ἐπ' αὐτοφώρῳ appellant: nec solum is qui in ipso furto deprehenditur, sed etiam is qui eo loco deprehenditur, quo fit, veluti qui in domo furtum fecit et nondum egressus ianuam deprehensus fuerit, et qui in oliveto olivarum aut in vineto uva-

VIERTES BUCH

Erster Titel

Über die Schuldverhältnisse, die aus Delikt entstehen

Nachdem im vorigen Buch die Schuldverhältnisse aus Vertrag und aus Quasivertrag dargestellt worden sind[1], müssen wir uns jetzt mit den Schuldverhältnissen aus Delikt näher befassen. Während aber erstere, wie wir an der dafür vorgesehenen Stelle[2] gesagt haben, in vier Arten eingeteilt werden, bilden letztere nur eine einzige Art. Denn alle entstehen aus einer Tatsache, das heißt aus dem Delikt als solchem, wie zum Beispiel aus Diebstahl, Raub, Sachbeschädigung oder Personenverletzung.

1. Diebstahl ist die verwerfliche Entwendung einer Sache, entweder der Sache selbst oder auch ihres Gebrauchs oder Besitzes, und damit etwas, was schon kraft Naturrechts zu tun verboten ist.

2. Furtum, Diebstahl, kommt entweder von furvus, das heißt dunkel, weil die Tat heimlich und im Verborgenen geschieht und häufig nachts, oder von fraus, verwerfliche Handlung, oder von ferre, wegtragen, im Sinn von 'unerlaubt wegnehmen', oder aus dem Griechischen, wo fures, Diebe, phores heißen. So sagen ja auch die Griechen, daß phores von pherein, wegtragen, kommt.

3. Es gibt zwei Arten des Diebstahls, den manifesten und den nichtmanifesten. Denn die Fälle des entdeckten und des unterschobenen Diebesguts sind eher mit einem Diebstahl zusammenhängende Klagformen als Arten des Diebstahls, wie sich weiter unten[3] zeigen wird. Ein manifester Dieb, den die Griechen 'auf frischer Tat betroffen' nennen, ist nicht nur, wer beim Stehlen selbst gefaßt wird, sondern auch, wer an dem Ort ergriffen wird, wo er stiehlt, wie zum Beispiel der, der im Haus gestohlen hat, aber noch nicht zur Tür hinaus ist und gestellt wird, oder der, der im Olivenhain Oliven oder im

1 Inst. 3, 13–27.
2 Inst. 3, 13, 2.
3 Inst. 4, 1, 4.

rum furtum fecit, quamdiu in eo oliveto aut in vineto fur deprehensus sit: immo ulterius furtum manifestum extendendum est, quamdiu eam rem fur tenens visus vel deprehensus fuerit sive in publico sive in privato vel a domino vel ab alio, antequam eo perveniret, quo perferre ac deponere rem destinasset. sed si pertulit quo destinavit, tametsi deprehendatur cum re furtiva, non est manifestus fur. nec manifestum furtum quid sit, ex his quae diximus intellegitur: nam quod manifestum non est, id scilicet nec manifestum est.

Weinberg Weintrauben gestohlen hat, wenn er noch im Olivenhain oder im Weinberg als Dieb ergriffen wird. Manifester Diebstahl ist darüber hinaus sogar anzunehmen, wenn der Dieb mit der gestohlenen Sache noch in der Öffentlichkeit oder auf privatem Gelände von dem Eigentümer oder einem anderen gesehen und festgehalten wird, bevor er dahin gelangt, wohin er die Sache hat schaffen und in Sicherheit bringen wollen. Wenn er sie aber an den Ort gebracht hat, an den er sie bringen wollte, ist er, auch wenn er mit der gestohlenen Sache angetroffen wird, kein manifester Dieb. Was ein nichtmanifester Diebstahl ist, ergibt sich aus dem, was wir gesagt haben. Denn was nicht für manifest erachtet wird, ist nichtmanifest.

4. Conceptum furtum dicitur, cum apud aliquem testibus praesentibus furtiva res quaesita et inventa sit: nam in eum propria actio constituta est, quamvis fur non sit, quae appellatur concepti. oblatum furtum dicitur, cum res furtiva ab aliquo tibi oblata sit eaque apud te concepta sit, utique si ea mente tibi data fuerit, ut apud te potius quam apud eum qui dederit conciperetur: nam tibi, apud quem concepta sit, propria adversus eum qui optulit, quamvis fur non sit, constituta est actio, quae appellatur oblati. est etiam prohibiti furti actio adversus eum, qui furtum quaerere testibus praesentibus volentem prohibuerit. praeterea poena constituitur edicto praetoris per actionem furti non exhibiti adversus eum, qui furtivam rem apud se quaesitam et inventam non exhibuit. sed hae actiones, id est concepti et oblati et furti prohibiti nec non furti non exhibiti, in desuetudinem abierunt. cum enim requisitio rei furtivae hodie

4. Von entdecktem Diebesgut spricht man, wenn die gestohlene Sache in Gegenwart von Zeugen bei jemandem gesucht und gefunden wird. Denn gegen diesen wurde eine besondere Klage eingeführt, auch wenn er nicht der Dieb war. Sie heißt Klage wegen entdeckten Diebesguts [actio furti concepti]. Von unterschobenem Diebesgut spricht man, wenn die gestohlene Sache dir von jemandem unterschoben wurde und bei dir entdeckt worden ist, jedenfalls sofern sie dir in der Absicht gegeben wurde, daß sie eher bei dir gefunden wird als bei dem, der sie dir gab. Denn für dich, bei dem die Sache aufgefunden worden ist, wurde gegen den, der sie dir unterschoben hat, eine besondere Klage eingeführt, auch wenn er nicht der Dieb war. Sie heißt Klage wegen unterschobenen Diebesguts [actio furti oblati]. Ferner gibt es die Klage wegen verhinderter Diebstahlsaufklärung [actio furti prohibiti] gegen denjenigen, der einen anderen, der das Diebesgut in Gegenwart von Zeugen [bei ihm] aufspüren wollte, daran gehindert hat. Außerdem sieht das Edikt des Prätors mit der Klage wegen nicht herausgegebenen Diebesguts [actio furti non exhibiti] eine Buße gegen denjenigen vor, der die gestohlene Sache, die bei ihm gesucht und gefunden wurde, nicht herausgegeben hat. Doch sind alle diese Klagen, nämlich die Klage wegen entdeckten und die wegen unterschobenen Diebesguts, die Klage wegen verhinderter Diebstahlsaufklärung und die wegen nicht herausgegebenen Diebesguts außer Gebrauch gekommen. Da nämlich heutzutage das Aufsuchen der gestohlenen Sache nicht mehr

secundum veterem observationem non fit: merito ex consequentia etiam praefatae actiones ab usu communi recesserunt, cum manifestissimum est, quod omnes, qui scientes rem furtivam susceperint et celaverint, furti nec manifesti obnoxii sunt.

nach den alten Vorschriften geschieht, werden die eben erwähnten Klagen folgerichtig und mit Recht allgemein nicht mehr angewendet, zumal da es völlig klar ist, daß alle, die wissentlich eine gestohlene Sache angenommen und versteckt haben, der Klage wegen nichtmanifesten Diebstahls ausgesetzt sind.

5. Poena manifesti furti quadrupli est tam ex servi persona quam ex liberi, nec manifesti dupli.

5. Die Buße für manifesten Diebstahl geht bei einem Sklaven wie bei einem Freien auf das Vierfache des Sachwerts, die für nichtmanifesten auf das Doppelte.

6. Furtum autem fit non solum, cum quis intercipiendi causa rem alienam amovet, sed generaliter cum quis alienam rem invito domino contractat. itaque sive creditor pignore sive is apud quem res deposita est ea re utatur sive is qui rem utendam accepit in alium usum eam transferat, quam cuius gratia ei data est, furtum committit. veluti si quis argentum utendum acceperit quasi amicos ad cenam invitaturus et id peregre secum tulerit, aut si quis equum gestandi causa commodatum sibi longius aliquo duxerit, quod veteres scripserunt de eo, qui in aciem equum perduxisset.

6. Diebstahl liegt nicht nur vor, wenn jemand eine fremde Sache wegnimmt, um sie sich anzueignen, sondern generell, wenn jemand eine fremde Sache entgegen dem Willen des Eigentümers verwendet. Wer deshalb als Pfandgläubiger das Pfand oder als Verwahrer die in Verwahrung gegebene Sache in Gebrauch nimmt oder wer als Entleiher von der geliehenen Sache einen anderen Gebrauch macht als den, um dessentwillen ihm die Sache gegeben worden ist, begeht einen Diebstahl, wie zum Beispiel der, der Silbergerät, das er entliehen hat, um Freunde zu sich zum Essen einzuladen, mit auf Reisen nimmt; oder der, der mit einem nur zum Ausreiten geliehenen Pferd irgendwohin weiterreitet, wie es die alten Juristen von demjenigen schrieben, der das Pferd mit in die Schlacht genommen hatte.

7. Placuit tamen eos, qui rebus commodatis aliter uterentur, quam utendas acceperint, ita furtum committere, si se intellegant id invito domino facere eumque si intellexisset non permissurum, ac si permissurum credant, extra crimen videri: optima sane distinctione, quia furtum sine affectu furandi non committitur.

7. Es hat sich jedoch die Meinung durchgesetzt, daß diejenigen, die geliehene Sachen anders gebrauchen als dazu, wozu sie die Sachen bekommen haben, einen Diebstahl nur dann begehen, wenn sie wissen, daß sie ohne den Willen des Eigentümers handeln und daß dieser es nicht erlauben würde, wenn er davon wüßte; daß sie aber, wenn sie annehmen, er würde es erlauben, nicht unter den Deliktstatbestand fallen. Das ist in der Tat eine ausgezeichnete Unterscheidung, weil Diebstahl nicht ohne Diebstahlsvorsatz begangen werden kann.

8. Sed et si credat aliquis invito domino se rem commodatam sibi contrectare, domino autem volente id fiat, dicitur furtum non fieri. unde illud quaesitum est, cum Titius servum Maevii sollicitaverit, ut quasdam res domino subriperet et ad eum perferret, et servus id ad Maevium pertulerit,

8. Aber auch wenn jemand glaubt, die geliehene Sache entgegen dem Willen des Eigentümers zu entwenden, während der Eigentümer in Wahrheit einverstanden ist, nimmt man an, daß ein Diebstahl nicht begangen wird. Von daher ergab sich die Frage: Wenn Titius den Sklaven des Maevius anzustiften sucht, seinem Herrn bestimmte Sachen zu entwenden und zu ihm zu bringen, und wenn der Sklave dies dem Maevius

Maevius, dum vult Titium in ipso delicto deprehendere, permisit servo quasdam res ad eum perferre, utrum furti an servi corrupti iudicio teneatur Titius, an neutro? et cum nobis super hac dubitatione suggestum est et antiquorum prudentium super hoc altercationes perspeximus, quibusdam neque furti neque servi corrupti actionem praestantibus, quibusdam furti tantummodo: nos huiusmodi calliditati obviam euntes per nostram decisionem sanximus non solum furti actionem, sed etiam servi corrupti contra eum dari: licet enim is servus deterior a sollicitatore minime factus est et ideo non concurrant regulae, quae servi corrupti actionem introducerent, tamen consilium corruptoris ad perniciem probitatis servi introductum est, ut sit ei poenalis actio imposita, tamquam re ipsa fuisset servus corruptus, ne ex huiusmodi impunitate et in alium servum, qui possit corrumpi, tale facinus a quibusdam perpetretur.

gesteht und Maevius, der den Titius auf frischer Tat überraschen möchte, dem Sklaven erlaubt hat, die Sachen zu ihm, Titius, zu bringen, unterliegt dann Titius der Diebstahlsklage oder der Klage wegen Korrumpierens eines Sklaven oder keiner von beiden? Nachdem uns diese Zweifelsfrage unterbreitet worden ist und wir die darüber entstandenen Streitigkeiten der alten Rechtsgelehrten geprüft haben — einige ließen weder die Diebstahlsklage noch die Klage wegen Korrumpierens eines Sklaven zu, einige nur die Diebstahlsklage —, haben wir, solchen Spitzfindigkeiten Einhalt gebietend, durch unsere Entscheidung[1] gesetzlich bestimmt, daß nicht nur die Diebstahlsklage, sondern auch die Klage wegen Korrumpierens eines Sklaven gegen ihn, Titius, gewährt wird. Denn obwohl jener Sklave vom Anstifter keineswegs verdorben wurde und deswegen nicht alle Voraussetzungen gegeben sind, die die Klage wegen Korrumpierens eines Sklaven begründen, so ist doch der Vorsatz des Korrumpierenden, die Rechtschaffenheit des Sklaven zu untergraben, betätigt worden; daher soll ihn die Strafklage treffen, als wäre der Sklave tatsächlich korrumpiert worden, damit nicht eine solche Straflosigkeit jemanden dazu verleitet, gegenüber einem anderen Sklaven, der sich möglicherweise korrumpieren läßt, eine solche Tat zu begehen.

9. Interdum etiam liberorum hominum furtum fit, veluti si quis liberorum nostrorum, qui in potestate nostra sit, subreptus fuerit.

9. Manchmal werden auch freie Menschen gestohlen, wie zum Beispiel, wenn eines unserer Kinder, das in unserer väterlichen Gewalt steht, entführt wird.

10. Aliquando autem etiam suae rei quisque furtum committit, veluti si debitor rem quam creditori pignoris causa dedit subtraxerit.

10. Bisweilen begeht jemand aber auch einen Diebstahl an seiner eigenen Sache, zum Beispiel dann, wenn der Schuldner die Sache, die er dem Gläubiger zum Pfand gegeben hat, entwendet.

11. Interdum furti tenetur, qui ipse furtum non fecerit: qualis est, cuius ope et consilio furtum factum est. in quo numero est, qui tibi nummos excussit, ut alius eos raperet, aut obstitit tibi, ut alius rem tuam exciperet, vel oves aut boves tuas fugaverit, ut alius eas exciperet: et hoc veteres scripserunt de eo, qui panno rubro fugavit ar-

11. Manchmal haftet wegen Diebstahls, wer den Diebstahl nicht selbst begangen hat. So ist es bei dem, mit dessen Rat und Tat der Diebstahl begangen ist. Dazu zählt, wer dir Münzen aus der Hand schlägt, damit sie ein anderer schnell an sich nimmt, oder wer sich dir in den Weg stellt, damit ein anderer deine Sache wegnimmt, oder wer deine Schafe oder Rinder hetzt, damit sie ein anderer einfängt. Das schrieben die alten Juristen auch von demjenigen, der

1 C. 6, 2, 20 (530).

mentum. sed si quid eorum per lasciviam et non data opera, ut furtum admitteretur, factum est, in factum actio dari debeat. at ubi ope Maevii Titius furtum fecerit, ambo furti tenentur. ope consilio eius quoque furtum admitti videtur, qui scalas forte fenestris supponit aut ipsas fenestras vel ostium effringit, ut alius furtum faceret, quive ferramenta ad effringendum aut scalas ut fenestris supponerentur commodaverit, sciens cuius gratia commodaverit. certe qui nullam operam ad furtum faciendum adhibuit, sed tantum consilium dedit atque hortatus est ad furtum faciendum, non tenetur furti.

Großvieh mit einem roten Tuch aufgehetzt hat. Ist aber so etwas aus Übermut geschehen und nicht absichtlich, um einen Diebstahl zu ermöglichen, so soll eine besondere, auf den Sachverhalt abgestellte Klage gegeben werden. Hat dagegen Titius mit Hilfe des Maevius gestohlen, haften beide wegen Diebstahls. Mit Rat und Tat wird, wie man annimmt, ein Diebstahl auch von dem begangen, der etwa Leitern an Fenster legt oder die Fenster oder die Haustür aufbricht, damit ein anderer den Diebstahl begeht; oder wer eisernes Werkzeug zum Aufbrechen oder Leitern zum Anlegen an Fenster verleiht, wohl wissend, weswegen er diese Sachen verleiht. Zweifellos haftet nicht wegen Diebstahls, wer zur Begehung der Tat keine tätige Hilfe geleistet, sondern nur Rat erteilt und zum Diebstahl ermuntert hat.

12. Hi, qui in parentium vel dominorum potestate sunt, si rem eis subripiant, furtum quidem illis faciunt et res in furtivam causam cadit nec ob id ab ullo usucapi potest, antequam in domini potestatem revertatur, sed furti actio non nascitur, quia nec ex alia ulla causa potest inter eos actio nasci: si vero ope consilio alterius furtum factum fuerit, quia utique furtum committitur, convenienter ille furti tenetur, quia verum est ope consilio eius furtum factum esse.

12. Wenn diejenigen, die in der Gewalt von Hausvätern oder Eigentümern stehen, diesen eine Sache entwenden, so begehen sie zwar einen Diebstahl, und die Sache fällt in die Kategorie der gestohlenen Sachen. Und deshalb kann sie auch von niemandem ersessen werden, bevor sie nicht in die Sachherrschaft des Eigentümers zurückgelangt; aber eine Diebstahlsklage entsteht nicht, weil es zwischen diesen Personen aus überhaupt keinem Grunde eine Klage geben kann. Wird jedoch ein solcher Diebstahl mit Rat und Tat eines Dritten begangen, so haftet dieser, weil ja an sich ein Diebstahl vorliegt, folgerichtig wegen Diebstahls, da zutrifft, daß der Diebstahl mit Rat und Tat des Dritten begangen worden ist.

13. Furti autem actio ei competit, cuius interest rem salvam esse, licet dominus non sit: itaque nec domino aliter competit, quam si eius intersit rem non perire.

13. Die Diebstahlsklage steht aber demjenigen zu, der ein Interesse daran hat, daß ihm die Sache erhalten bleibt, mag er auch nicht der Eigentümer sein. Deshalb gebührt auch dem Eigentümer die Klage nur dann, wenn er ein Interesse daran hat, daß die Sache nicht abhanden kommt.

14. Unde constat creditorem de pignore subrepto furti agere posse, etiamsi idoneum debitorem habeat, quia expedit ei pignori potius incumbere quam in personam agere: adeo quidem ut, quamvis ipse debitor eam rem subripuerit, nihilo minus creditori competit actio furti.

14. Daher steht fest, daß der Pfandgläubiger bei Entwendung des Pfandes wegen Diebstahls klagen kann, auch wenn er einen zahlungsfähigen Schuldner hat, weil es für ihn von Nutzen sein kann, sich eher an das Pfand zu halten als gegen den Schuldner zu klagen. Das reicht so weit, daß sogar dann, wenn der Schuldner selbst die Pfandsache stiehlt, dem Gläubiger nichtsdestoweniger die Diebstahlsklage zusteht.

15. Item si fullo polienda curandave aut sarcinator sarcienda vestimenta mercede certa acceperit eaque furto amiserit, ipse furti habet actionem, non dominus, quia domini nihil interest eam rem non perire, cum iudicio locati a fullone aut sarcinatore rem suam persequi potest. sed et bonae fidei emptori subrepta re quam emerit, quamvis dominus non sit, omnimodo competit furti actio, quemadmodum et creditori. fulloni vero et sarcinatori non aliter furti competere placuit, quam si solvendo sint, hoc est si domino rei aestimationem solvere possint: nam si solvendo non sunt, tunc quia ab eis suum dominus consequi non possit, ipsi domino furti actio competit, quia hoc casu ipsius interest rem salvam esse. idem est et si in parte solvendo sint fullo aut sarcinator.

15. Wenn ferner ein Kleiderreiniger zum Stärken oder Reinigen oder wenn ein Schneider zum Ausbessern Kleidungsstücke gegen feste Vergütung angenommen und durch Diebstahl verloren hat, so steht ihm, nicht dem Eigentümer, die Diebstahlsklage zu, weil der Eigentümer kein Interesse daran hat, daß die Sache nicht verloren geht; denn er kann sein Sachinteresse mit der Werkvertragsklage gegen den Kleiderreiniger oder den Schneider geltend machen. Aber auch dem gutgläubigen Käufer, dem die gekaufte Sache gestohlen wurde, steht, obwohl er nicht Eigentümer der Sache geworden ist, ebenso wie dem Pfandgläubiger in jedem Fall die Diebstahlsklage zu. Der Kleiderreiniger und der Schneider haben aber, wie anerkannt ist, die Diebstahlsklage nur, wenn sie zahlungsfähig sind, das heißt, wenn sie dem Eigentümer den Wert der Sache ersetzen können. Denn wenn sie nicht zahlungsfähig sind und der Eigentümer deshalb das Seine von ihnen nicht erlangen kann, steht die Diebstahlsklage dem Eigentümer selbst zu, weil in diesem Fall er ein Interesse daran hat, daß die Sache ihm erhalten bleibt. Dasselbe gilt, wenn der Kleiderreiniger oder der Schneider nur teilweise zahlungsfähig ist.

16. Quae de fullone et sarcinatore diximus, eadem et ad eum cui commodata res est transferenda veteres existimabant: nam ut ille fullo mercedem accipiendo custodiam praestat, ita is quoque, qui commodum utendi percipit, similiter necesse habet custodiam praestare. sed nostra providentia etiam hoc in decisionibus nostris emendavit, ut in domini sit voluntate, sive commodati actionem adversus eum qui rem commodatam accepit movere desiderat, sive furti adversus eum qui rem subripuit, et alterutra earum electa dominum non posse ex paenitentia ad alteram venire actionem. sed si quidem furem elegerit, illum qui rem utendam accepit penitus liberari. sin autem commodator veniat adversus eum qui rem utendam accepit, ipsi quidem nullo modo competere posse adversus furem furti actionem, eum autem, qui pro re commodata

16. Was wir für den Kleiderreiniger und den Schneider gesagt haben, war nach Meinung der alten Juristen auch auf denjenigen zu übertragen, dem eine Sache geliehen worden war. Denn wie der Kleiderreiniger wegen der empfangenen Vergütung für Bewachung der Sache einsteht, so muß in gleicher Weise auch der, der den Vorteil des Sachgebrauchs erlangt hat, für Bewachung einstehen. Aber auch das hat unsere Fürsorge in unseren Entscheidungen[1] dahin verbessert, daß es im Belieben des Eigentümers stehen soll, ob er die Klage aus Leihe gegen den Entleiher oder die Diebstahlsklage gegen den Dieb erheben will, und daß der Eigentümer, hat er sich für eine der beiden Klagen entschieden, nicht deswegen, weil es ihn reut, auf die andere zurückkommen kann. Wenn er nämlich die Klage gegen den Dieb wählt, wird der Entleiher vollständig frei. Geht der Verleiher jedoch gegen den Entleiher vor, so kann zwar ihm selbst die Klage gegen

1 C. 6, 2, 22, 1/2 (530).

conventitur, posse adversus furem furti habere actionem, ita tamen, si dominus sciens rem esse subreptam adversus eum cui res commodata fuit pervenit: sin autem nescius et dubitans rem non esse apud eum commodati actionem instituit, postea autem re comperta voluit remittere quidem commodati actionem, ad furti autem pervenire, tunc licentia ei concedatur et adversus furem venire nullo obstaculo ei opponendo, quoniam incertus constitutus movit adversus eum qui rem utendam accepit commodati actionem (nisi domino ab eo satisfactum est: tunc etenim omnimodo furem a domino quidem furti actione liberari, suppositum autem esse ei, qui pro re sibi commodata domino satisfecit), cum manifestissimum est, etiam si ab initio dominus actionem instituit commodati ignarus rem esse subreptam, postea autem hoc ei cognito adversus furem transivit, omnimodo liberari eum qui rem commodatam accepit, quemcumque causae exitum dominus adversus furem habuerit: eadem definitione optinente, sive in partem sive in solidum solvendo sit is qui rem commodatam accepit.

den Dieb in keiner Weise mehr zustehen, doch kann derjenige, der wegen der verliehenen Sache verklagt wird, die Klage gegen den Dieb erheben, vorausgesetzt freilich, der Eigentümer hat in Kenntnis des Diebstahls den Entleiher gerichtlich belangt. Wenn er dagegen in Unkenntnis des Diebstahls und auf bloßen Verdacht hin, daß die Sache nicht mehr beim Entleiher ist, die Klage aus Leihe angestrengt hat, später aber, nachdem die Lage geklärt ist, die Klage aus Leihe hat fallen lassen und auf die Diebstahlsklage übergehen will, dann soll ihm das Recht eingeräumt werden, auch gegen den Dieb vorzugehen, ohne daß ihm Schwierigkeiten gemacht werden dürfen, weil er im unklaren war, als er die Klage aus Leihe gegen den Entleiher erhob (es sei denn, der Entleiher habe dem Eigentümer Ersatz geleistet; denn dann wird der Dieb zwar von der Diebstahlsklage des Eigentümers schlechterdings befreit, wird aber der Klage des Entleihers unterworfen, der für die von ihm geliehene Sache dem Eigentümer Ersatz geleistet hat). Demgegenüber ist völlig klar, daß der Entleiher, auch wenn der Eigentümer anfangs in Unkenntnis dessen, daß die Sache gestohlen worden ist, die Klage aus Leihe erhoben hat, später aber, nachdem er das erfahren hat, gegen den Dieb vorgegangen ist, in jedem Fall frei wird, welchen Ausgang der Prozeß gegen den Dieb für den Eigentümer auch immer nimmt. Und diese Regelung gilt, auch wenn der Entleiher zur Ersatzleistung teilweise oder ganz in der Lage ist.

17. Sed is, apud quem res deposita est, custodiam non praestat, sed tantum in eo obnoxius est, si quid ipse dolo malo fecerit: qua de causa si res ei subrepta fuerit, quia restituendae eius nomine depositi non tenetur nec ob id eius interest rem salvam esse, furti agere non potest, sed furti actio domino competit.

17. Derjenige freilich, dem eine Sache in Verwahrung gegeben worden ist, hat für Bewachung nicht einzustehen, sondern haftet nur, soweit er selbst arglistig gehandelt hat. Infolgedessen kann er, wenn ihm die Sache gestohlen wird, nicht mit der Diebstahlsklage vorgehen, weil er aus Verwahrung nicht auf Rückgabe der Sache haftet und deswegen kein Interesse daran hat, daß die Sache ihm erhalten bleibt; vielmehr steht dem Eigentümer die Diebstahlsklage zu.

18. In summa sciendum est quaesitum esse, an impubes rem alienam amovendo furtum faciat. et placet, quia furtum ex affectu consistit, ita demum obligari eo crimine impuberem, si proximus pubertati sit et ob id intellegat se delinquere.

18. Schließlich muß man wissen, daß fraglich gewesen ist, ob ein Unmündiger, der eine fremde Sache wegnimmt, einen Diebstahl begeht. Und dazu gilt: Weil es der Vorsatz ist, der den Diebstahl ausmacht, haftet der Unmündige nach diesem Straftatbestand nur, wenn er nahezu mündig ist und deswegen erkennt, daß er eine unerlaubte Handlung begeht.

19. Furti actio sive dupli sive quadrupli tantum ad poenae persecutionem pertinet: nam ipsius rei persecutionem extrinsecus habet dominus, quam aut vindicando aut condicendo potest auferre. sed vindicatio quidem adversus possessorem est, sive fur ipse possidet sive alius quilibet: condictio autem adversus ipsum furem heredemve eius, licet non possideat, competit.

19. Die auf das Doppelte oder Vierfache gerichtete Diebstahlsklage betrifft nur die Verfolgung der Buße. Denn daneben steht dem Eigentümer die Verfolgung der Sache selbst offen, die er sich durch Vindikation oder Kondiktion verschaffen kann. Die Vindikation aber geht nur gegen den Besitzer, mag der Dieb selbst besitzen oder irgendein anderer, während die Kondiktion sich gegen den Dieb persönlich oder gegen seinen Erben richtet, auch wenn er nicht Besitzer ist.

II
Vi bonorum raptorum

Qui res alienas rapit, tenetur quidem etiam furti (quis enim magis alienam rem invito domino contrectat, quam qui vi rapit? ideoque recte dictum est eum improbum furem esse): sed tamen propriam actionem eius delicti nomine praetor introduxit, quae appellatur vi bonorum raptorum et est intra annum quadrupli, post annum simpli. quae actio utilis est, etiamsi quis unam rem licet minimam rapuerit. quadruplum autem non totum poena est et extra poenam rei persecutio, sicut in actione furti manifesti diximus: sed in quadruplo inest et rei persecutio, ut poena tripli sit, sive comprehendatur raptor in ipso delicto sive non. ridiculum est enim levioris esse condicionis eum qui vi rapit, quam qui clam amovet.

Zweiter Titel
Über die Klage wegen gewaltsam weggenommenen Gutes

Wer fremde Sachen raubt, haftet zwar schon wegen Diebstahls. (Denn wer entwendet eine fremde Sache mehr entgegen dem Willen des Eigentümers als der, der sie mit Gewalt wegnimmt? Deshalb spricht man beim Räuber mit Recht von einem üblen Dieb.) Dennoch hat aber der Prätor wegen dieser Tat eine eigene Klage eingeführt. Sie heißt Klage wegen gewaltsam weggenommenen Gutes und geht innerhalb eines Jahres [nach der Tat] auf das Vierfache, nachher auf das Einfache. Die Klage ist anwendbar, auch wenn jemand nur eine einzelne und noch so unbedeutende Sache raubt. Das Vierfache ist aber nicht ausschließlich Buße, und die Sachverfolgung steht nicht neben der Buße, wie wir es bei der Klage wegen manifesten Diebstahls gesagt haben. Vielmehr ist im Vierfachen auch die Sachverfolgung enthalten, so daß als Buße das Dreifache bleibt, mag der Räuber auf der Tat ergriffen worden sein oder nicht. Es wäre nämlich lächerlich, den, der gewaltsam wegnimmt, besser zu stellen als den, der das heimlich tut.

1. Quia tamen ita competit haec actio, si dolo malo quisque rapuerit: qui aliquo errore inductus suam rem esse et imprudens iuris eo animo rapuit, quasi domino liceat rem suam etiam per vim auferre possessoribus, absolvi debet. cui scilicet conveniens est nec furti teneri eum, qui eodem hoc animo rapuit. sed ne, dum talia excogitentur,

1. Da aber diese Klage nur gegeben ist, wenn jemand vorsätzlich gehandelt hat, muß freigesprochen werden, wer die Sache irrtümlich für seine eigene hält und sie aus Rechtsunkenntnis in der Annahme gewaltsam wegnimmt, dem Eigentümer sei gestattet, die eigene Sache dem Besitzer auch mit Gewalt zu entziehen. Dem entspricht es, daß natürlich auch nicht wegen Diebstahls haftet, wer in dieser Annahme seine Sache gewaltsam weggenommen hat. Damit sich aber

inveniatur via, per quam raptores impune suam exerceant avaritiam: melius divalibus constitutionibus pro hac parte prospectum est, ut nemini liceat vi rapere rem mobilem vel se moventem, licet suam eandem rem existimet: sed si quis contra statuta fecerit, rei quidem suae dominio cadere, sin autem aliena sit, post restitutionem etiam aestimationem eiusdem rei praestare. quod non solum in mobilibus rebus, quae rapi possunt, constitutiones optinere censuerunt, sed etiam in invasionibus, quae circa res soli fiunt, ut ex hac causa omni rapina homines abstineant.

nicht dadurch, daß so etwas vorgeschützt wird, ein Weg auftut, auf dem Räuber ungestraft ihre Habgier betätigen können, haben kaiserliche Konstitutionen[1] hierzu verbessernd vorgesehen, daß niemand berechtigt ist, eine bewegliche oder sich bewegende Sache unter Anwendung von Gewalt an sich zu bringen, mag er die Sache auch für seine eigene halten, daß vielmehr jeder, der den Bestimmungen zuwiderhandelt, das Eigentum an seiner Sache verliert oder, wenn die Sache eine fremde ist, nach Rückgabe außerdem den Wert der Sache leisten muß. Daß dies gelten soll, haben die Konstitutionen nicht nur bei beweglichen Sachen, die geraubt werden können, angeordnet, sondern auch bei gewaltsamen Inbesitznahmen, die bei Grundstücken vorkommen, damit die Menschen sich dadurch jeder Art von Raub enthalten.

2. In hac actione non utique exspectatur rem in bonis actoris esse: nam sive in bonis sit sive non sit, si tamen ex bonis sit, locum haec actio habebit. quare sive commodata sive locata sive etiam pignerata sive deposita sit apud Titium sic, ut intersit eius eam non auferri, veluti si in re deposita culpam quoque promisit, sive bona fide possideat, sive usum fructum in ea quis habeat vel quod aliud ius, ut intersit eius non rapi: dicendum est competere ei hanc actionem, ut non dominium accipiat, sed illud solum, quod ex bonis eius qui rapinam passus est, id est quod ex substantia eius ablatum esse proponatur. et generaliter dicendum est, ex quibus causis furti actio competit in re clam facta, ex isdem causis omnes habere hanc actionem.

2. Für diese Klage wird nicht notwendig verlangt, daß die Sache zum Vermögen des Klägers gehört. Denn die Klage ist gegeben, mag die Sache zum Vermögen des Klägers gehören oder nicht, wenn sie nur aus seinem Vermögen stammt. Wenn deshalb eine Sache dem Titius verliehen, vermietet oder auch verpfändet oder so in Verwahrung gegeben worden ist, daß Titius ein Interesse daran hat, daß die Sache nicht abhanden kommt — zum Beispiel wenn er hinsichtlich der verwahrten Sache die Haftung auch für Fahrlässigkeit übernommen hat — oder wenn Titius gutgläubiger Besitzer ist oder wenn jemand einen Nießbrauch oder irgendein anderes Recht an der Sache hat, so daß er ein Interesse daran hat, daß sie nicht geraubt wird, so ist zu sagen, daß ihm die Klage zusteht, nicht um das Eigentum zurückzuerlangen, sondern allein das, was nach dem Vorbringen aus dem Vermögen dessen, der beraubt wurde, das heißt aus seinem Vermögensbestand, abhanden gekommen ist. Und allgemein ist zu sagen, daß diese Klage allen in eben den Fällen zusteht, in denen bei heimlicher Wegnahme die Diebstahlsklage gegeben ist.

1 D. 4, 2, 13; 48, 7, 7; C. 3, 39, 4 (330); 8, 4, 7 (389) und 10 (484).

III
De lege Aquilia

Damni iniuriae actio constituitur per legem Aquiliam. cuius primo capite cautum est, ut si quis hominem alienum alienamve quadrupedem quae pecudum numero sit iniuria occiderit, quanti ea res in eo anno plurimi fuit, tantum domino dare damnetur.

1. Quod autem non praecise de quadrupede, sed de ea tantum quae pecudum numero est cavetur, eo pertinet, ut neque de feris bestiis neque de canibus cautum esse intellegamus, sed de his tantum, quae proprie pasci dicuntur, quales sunt equi muli asini boves oves caprae. de suibus quoque idem placuit: nam et sues pecorum appellatione continentur, quia et hi gregatim pascuntur: sic denique et Homerus in Odyssea ait, sicut Aelius Marcianus in suis institutionibus refert:
δήεις τόν γε σύεσσι παρήμενον· αἳ δὲ νέμονται
πὰρ Κόρακος πέτρῃ, ἐπί τε κρήνῃ Ἀρεθούσῃ.

2. Iniuria autem occidere intellegitur, qui nullo iure occidit. itaque qui latronem occidit, non tenetur, utique si aliter periculum effugere non potest.

3. Ac ne is quidem hac lege tenetur, qui casu occidit, si modo culpa eius nulla invenitur: nam alioquin non minus ex dolo quam ex culpa quisque hac lege tenetur.

4. Itaque si quis, dum iaculis ludit vel exercitatur, transeuntem servum tuum traiecerit, distinguitur. nam si id a milite quidem in campo eoque, ubi solitum est exercitari, admissum est, nulla culpa eius intellegitur: si alius tale quid admisit, culpae reus est. idem iuris est de milite, si is in alio loco, quam qui exercitandis militibus destinatus est, id admisit.

Dritter Titel
Über die lex Aquilia

Die Klage wegen widerrechtlichen Schadens beruht auf der lex Aquilia. In ihrem ersten Kapitel wird bestimmt, daß derjenige, der einen fremden Sklaven oder ein fremdes vierfüßiges Tier, das zum Herdenvieh zählt, widerrechtlich tötet, verurteilt wird, dem Eigentümer so viel zu zahlen, wie die Sache in diesem Jahr maximal wert gewesen ist.

1. Daß aber nicht für das vierfüßige Tier schlechthin, sondern nur für das zum Herdenvieh zählende Tier eine Regelung getroffen wird, soll uns erkennen lassen, daß weder für wilde Tiere noch für Hunde eine Regelung getroffen wurde, sondern nur für die Tiere, von denen man im eigentlichen Sinn sagt, daß sie weiden, wie Pferde, Maultiere, Esel, Rinder, Schafe und Ziegen. Auch für die Schweine ist das anerkannt worden. Denn die Schweine werden ebenfalls von der Bezeichnung Herdenvieh erfaßt, weil auch sie in Herden weiden. So sagt, wie Aelius Marcianus in seinen Institutionen berichtet[1], denn auch Homer in der Odyssee[2]:
'Du wirst ihn bei den Schweinen sitzen finden; diese weiden
am Rabenstein, an der Quelle Arethusa.'

2. Widerrechtlich tötet, wie man annimmt, wer ohne jedes Recht tötet. Deshalb haftet nicht, wer einen Räuber tötet, jedenfalls dann nicht, wenn er der Gefahr anders nicht entgehen kann.

3. Und es haftet nach diesem Gesetz auch nicht, wer zufällig tötet, vorausgesetzt nur, daß sich bei ihm keinerlei Verschulden findet. Im übrigen haftet man nach diesem Gesetz für Vorsatz ebenso wie für Fahrlässigkeit.

4. Deshalb wird, wenn jemand, der mit Wurfspießen spielt oder übt, deinen gerade vorbeigehenden Sklaven durchbohrt, unterschieden: Hat das nämlich ein Soldat auf dem Exerzierplatz getan oder dort, wo gewöhnlich geübt wird, so wird bei ihm kein Verschulden angenommen. Hat ein anderer so etwas getan, dann ist er wegen Verschuldens verantwortlich. Dasselbe gilt für den Soldaten, der dies an einem an-

1 Vgl. D. 32, 65, 4.
2 Odyssee 13, 407/408.

deren als an dem für die Ausbildung von Soldaten bestimmten Ort begangen hat.

5. Item si putator ex arbore deiecto ramo servum tuum transeuntem occiderit, si prope viam publicam aut vicinalem id factum est neque praeclamavit, ut casus evitari possit, culpae reus est: si praeclamavit neque ille curavit cavere, extra culpam est putator. aeque extra culpam esse intellegitur, si seorsum a via forte vel in medio fundo caedebat, licet non praeclamavit, quia eo loco nulli extraneo ius fuerat versandi.

5. Ebenso ist wegen Verschuldens verantwortlich, wer beim Baumausschneiden durch einen vom Baum herabgeworfenen Ast einen vorübergehenden Sklaven tötet, sofern sich das an einem öffentlichen Weg oder an einem Feldweg ereignet und er nicht vorher so laut gerufen hat, daß der Unglücksfall hätte vermieden werden können. Hat er aber vorher laut gerufen und hat der Sklave sich nicht die Mühe gemacht aufzupassen, so ist der, der den Baum ausschneidet, von Verschulden frei. Gleichermaßen ist von Verschulden frei, wer etwa abseits vom Weg oder mitten auf einem Grundstück dabei war, Bäume zu fällen, auch wenn er vorher nicht durch lautes Rufen gewarnt hat, weil kein Fremder das Recht hatte, sich an diesem Ort aufzuhalten.

6. Praeterea si medicus, qui servum tuum secuit, dereliquerit curationem atque ob id mortuus fuerit servus, culpae reus est.

6. Außerdem ist ein Arzt, der deinen Sklaven operiert hat, wegen Verschuldens verantwortlich, wenn er die weitere Behandlung unterläßt und der Sklave deswegen stirbt.

7. Imperitia quoque culpae adnumeratur, veluti si medicus ideo servum tuum occiderit, quod eum male secuerit aut perperam ei medicamentum dederit.

7. Auch Unerfahrenheit wird zum Verschulden gerechnet, wie zum Beispiel, wenn ein Arzt deinen Sklaven dadurch tötet, daß er ihn schlecht operiert oder ihm ein Medikament falsch verabreicht.

8. Impetu quoque mularum, quas mulio propter imperitiam retinere non potuerit, si servus tuus oppressus fuerit, culpae reus est mulio. sed et si propter infirmitatem retinere eas non potuerit, cum alius firmior retinere potuisset, aeque culpae tenetur. eadem placuerunt de eo quoque, qui, cum equo veheretur, impetum eius aut propter infirmitatem aut propter imperitiam suam retinere non potuerit.

8. Auch wenn dein Sklave von durchgehenden Maultieren, die der Maultiertreiber wegen seiner Unerfahrenheit nicht hat halten können, überrannt worden ist, so ist der Maultiertreiber wegen Verschuldens verantwortlich. Aber auch wenn er die Tiere infolge körperlicher Schwäche nicht hat halten können, haftet er gleichermaßen wegen Verschuldens, falls ein kräftigerer anderer sie hätte halten können. Dasselbe hat man auch für den Reiter anerkannt, der infolge körperlicher Schwäche oder aus Unerfahrenheit sein durchgehendes Pferd nicht hat zügeln können.

9. His autem verbis legis 'quanti id in eo anno plurimi fuerit' illa sententia exprimitur, ut si quis hominem tuum, qui hodie claudus aut luscus aut mancus erit, occiderit, qui in eo anno integer aut pretiosus fuerit, non tanti teneatur, quanti is hodie erit, sed quanti in eo anno plurimi fuerit. qua

9. Die Worte des Gesetzes 'wieviel die Sache in diesem Jahr maximal wert gewesen ist' bringen den Willen zum Ausdruck, daß jemand, der deinen Sklaven getötet hat, welcher zur Zeit der Tat lahm oder einäugig oder verkrüppelt war, aber in diesem Jahr unversehrt oder sonst wertvoll gewesen ist, nicht auf so viel haften soll, wie der Sklave zur Zeit der Tat wert war, sondern auf so viel, wie er in diesem Jahr maximal wert

ratione creditum est poenalem esse huius legis actionem, quia non solum tanti quisque obligatur, quantum damni dederit, sed aliquando longe pluris: ideoque constat in heredem eam actionem non transire, quae transitura fuisset, si ultra damnum numquam lis aestimaretur.

gewesen ist. Wegen dieser Regelung ist die Klage aus diesem Gesetz allgemeiner Überzeugung nach eine Strafklage, weil man nicht auf so viel verpflichtet wird, wie man an Schaden angerichtet hat, sondern zuweilen auf viel mehr. Und daher steht fest, daß diese Klage nicht auf den Erben des Täters übergeht; sie wäre eine Klage, die übergeht, wenn der Streitwert niemals über den Schaden hinaus bemessen würde.

10. Illud non ex verbis legis, sed ex interpretatione placuit non solum perempti corporis aestimationem habendam esse secundum ea quae diximus, sed eo amplius quidquid praeterea perempto eo corpore damni vobis adlatum fuerit, veluti si servum tuum heredem ab aliquo institutum ante quis occiderit, quam is iussu tuo adiret: nam hereditatis quoque amissae rationem esse habendam constat. item si ex pari mularum unam vel ex quadriga equorum unum occiderit, vel ex comoedis unus servus fuerit occisus: non solum occisi fit aestimatio, sed eo amplius id quoque computatur, quanto depretiati sunt qui supersunt.

10. Nicht nach dem Gesetzeswortlaut, sondern aufgrund von Auslegung ist anerkannt, daß nicht nur, wie wir gesagt haben, der getötete Sklave als solcher in Geld geschätzt werden muß, sondern darüber hinaus auch das, was euch durch den Tod des Sklaven außerdem an Schaden zugefügt wird, wie zum Beispiel, wenn jemand deinen Sklaven, der von einem anderen zum Erben eingesetzt worden war, getötet hat, bevor er auf dein Geheiß die Erbschaft antreten konnte. Denn es steht fest, daß die verlorene Erbschaft mit berücksichtigt werden muß. Ebenso verhält es sich, wenn jemand von einem Maultierpaar das eine Tier oder von einem Viergespann ein Pferd tötet oder wenn aus einer Schauspielertruppe ein Sklave getötet wird. Die Schätzung erstreckt sich nicht nur auf das getötete Tier oder den getöteten Sklaven, sondern es wird darüber hinaus auch berechnet, wieviel die Übriggebliebenen an Wert verloren haben.

11. Liberum est autem ei, cuius servus fuerit occisus, et privato iudicio legis Aquiliae damnum persequi et capitalis criminis eum reum facere.

11. Demjenigen, dessen Sklave getötet wurde, steht es aber frei, sowohl im Zivilprozeß gemäß der lex Aquilia seinen Schaden geltend zu machen, als auch den Täter wegen Kapitalverbrechens anzuklagen.

12. Caput secundum legis Aquiliae in usu non est.

12. Das zweite Kapitel der lex Aquilia ist außer Gebrauch.

13. Capite tertio de omni cetero damno cavetur. itaque si quis servum vel eam quadrupedem quae pecudum numero est vulneraverit, sive eam quadrupedem quae pecudum numero non est, veluti canem aut feram bestiam, vulneraverit aut occiderit, hoc capite actio constituitur. in ceteris quoque omnibus animalibus, item in omnibus rebus quae anima carent damnum iniuria datum hac parte vindicatur. si quid enim ustum aut ruptum aut fractum fuerit, actio ex hoc capite constituitur: quamquam poterit sola rupti appellatio in omnes istas causas sufficere: ruptum enim intellegitur,

13. Das dritte Kapitel regelt jeden sonstigen Schaden. Wenn also jemand einen Sklaven oder ein vierfüßiges Tier, das zum Herdenvieh zählt, verletzt oder ein vierfüßiges Tier, das nicht zum Herdenvieh zählt, wie zum Beispiel einen Hund oder ein wildes Tier, verletzt oder tötet, wird nach diesem Kapitel eine Klage gegeben. Auch der an allen übrigen Tieren sowie an allen leblosen Sachen widerrechtlich angerichtete Schaden wird nach diesem Abschnitt des Gesetzes geltend gemacht. Wenn nämlich etwas verbrannt, beschädigt oder zerbrochen wurde, ist eine Klage aufgrund dieses Kapitels gegeben. Allerdings könnte in all diesen Fällen schon der Begriff

quod quoquo modo corruptum est. unde non solum usta aut fracta, sed etiam scissa et collisa et effusa et quoquo modo perempta atque deteriora facta hoc verbo continentur: denique responsum est, si quis in alienum vinum aut oleum id immiserit, quo naturalis bonitas vini vel olei corrumperetur, ex hac parte legis eum teneri.

'beschädigt' [ruptum] genügen. Unter 'beschädigt' versteht man nämlich, was auf irgendeine Weise verschlechtert worden ist. Deshalb fällt unter dieses Wort nicht nur, was verbrannt oder zerbrochen, sondern auch, was zerrissen, zerschlagen, ausgegossen oder auf irgendeine andere Weise zerstört oder beeinträchtigt worden ist. Zum Beispiel wurde entschieden, daß nach diesem Abschnitt des Gesetzes haftet, wer in fremden Wein oder in fremdes Öl etwas gießt, wodurch die ursprüngliche Qualität des Weins oder des Öls verschlechtert wird.

14. Illud palam est, sicut ex primo capite ita demum quisque tenetur, si dolo aut culpa eius homo aut quadrupes occisus occisave fuerit, ita ex hoc capite ex dolo aut culpa de cetero damno quemque teneri. hoc tamen capite non quanti in eo anno, sed quanti in diebus triginta proximis res fuerit, obligatur is qui damnum dederit.

14. Folgendes ist klar: So wie nach dem ersten Kapitel jemand nur haftet, wenn er den Sklaven oder das vierfüßige Tier vorsätzlich oder fahrlässig getötet hat, so haftet man auch nach diesem Kapitel wegen eines sonstigen Schadens nur bei Vorsatz oder Fahrlässigkeit. Jedoch wird nach diesem Kapitel der Schädiger nicht zum Ersatz dessen verpflichtet, was die Sache in diesem Jahr, sondern was sie in den voraufgehenden dreißig Tagen wert gewesen ist.

15. Ac ne plurimi quidem verbum adicitur. sed Sabino recte placuit perinde habendam aestimationem, ac si etiam hac parte plurimi verbum adiectum fuisset: nam plebem Romanam, quae Aquilio tribuno rogante hanc legem tulit, contentam fuisse, quod prima parte eo verbo usa est.

15. Und das Wort 'maximal' ist zwar nicht aufgenommen worden. Aber Sabinus[1] hat mit Recht gemeint, die Schadensschätzung müsse so vorgenommen werden, als wäre auch in diesen Teil des Gesetzes das Wort 'maximal' aufgenommen worden; denn die römische Plebs, die auf Antrag des Tribunen Aquilius dieses Gesetz beschloß, habe sich damit begnügt, das Wort im ersten Abschnitt zu verwenden.

16. Ceterum placuit ita demum ex hac lege actionem esse, si quis praecipue corpore suo damnum dederit. ideoque in eum, qui alio modo damnum dederit, utiles actiones dari solent: veluti si quis hominem alienum aut pecus ita incluserit, ut fame necaretur, aut iumentum tam vehementer egerit, ut rumperetur, aut pecus in tantum exagitaverit, ut praecipitaretur, aut si quis alieno servo persuaserit, ut in arborem ascenderet vel in puteum descenderet, et is ascendendo vel descendendo aut mortuus fuerit aut aliqua parte corporis laesus erit, utilis in eum actio datur. sed si quis alienum servum

16. Im übrigen hat sich die Meinung durchgesetzt, daß nach diesem Gesetz eine Klage nur gegeben ist, wenn jemand den Schaden vornehmlich durch körperliche Einwirkung zugefügt hat. Deshalb pflegt man gegen den, der den Schaden auf andere Weise zugefügt hat, analoge Klagen zu gewähren. Zum Beispiel wird gegen den eine analoge Klage gewährt, der einen fremden Sklaven oder fremdes Vieh einsperrt, so daß sie verhungern, oder ein Zugtier so heftig antreibt, daß es Schaden nimmt, oder Herdenvieh derart wild macht, daß es irgendwo abstürzt, oder einen fremden Sklaven überredet, auf einen Baum zu klettern oder in einen Brunnen zu steigen, wenn der Sklave beim Hinaufklettern oder Hinabsteigen entweder zu Tode kommt oder sich an ir-

1 Vgl. Gaius 3, 218.

de ponte aut ripa in flumen deiecerit et is suffocatus fuerit, eo quod proiecerit corpore suo damnum dedisse non difficiliter intellegi poterit ideoque ipsa lege Aquilia tenetur. sed si non corpore damnum fuerit datum neque corpus laesum fuerit, sed alio modo damnum alicui contigit, cum non sufficit neque directa neque utilis Aquilia, placuit eum qui obnoxius fuerit in factum actione teneri: veluti si quis misericordia ductus alienum servum compeditum solverit, ut fugeret.

gendeinem Körperteil verletzt. Wenn aber jemand einen fremden Sklaven von einer Brücke oder vom Ufer in den Fluß stößt und wenn dieser ertrinkt, so kann man unschwer erkennen, daß er, indem er stieß, den Schaden durch körperliche Einwirkung verursacht hat und deswegen unmittelbar aufgrund der lex Aquilia haftet. Wenn jedoch der Schaden nicht durch körperliche Einwirkung zugefügt wird und auch kein Körperschaden vorliegt, sondern jemandem auf andere Weise ein Schaden entstanden ist, so haftet der Schuldige, weil weder die unmittelbare noch eine analoge Klage nach der lex Aquilia in Betracht kommt, nach allgemeiner Meinung mit einer auf den Sachverhalt zugeschnittenen Klage; wie zum Beispiel, wenn jemand aus Mitleid einem fremden Sklaven die Fesseln löst, damit er fliehen kann.

IV
De iniuriis

Generaliter iniuria dicitur omne quod non iure fit: specialiter alias contumelia, quae a contemnendo dicta est, quam Graeci ὕβριν appellant, alias culpa, quam Graeci ἀδίκημα dicunt, sicut in lege Aquilia damnum iniuria accipitur, alias iniquitas et iniustitia, quam Graeci ἀδικίαν vocant. cum enim praetor vel iudex non iure contra quem pronuntiat, iniuriam accepisse dicitur.

Vierter Titel
Über die Verletzungen der Person

Mit 'Unrecht' [iniuria] wird im allgemeinen alles bezeichnet, was nicht rechtmäßig geschieht. Im besonderen bezeichnet man damit bald die contumelia, die Mißachtung einer Person, die nach contemnere, mißachten, so genannt wird und bei den Griechen hybris, Selbstüberhebung, heißt; bald das Verschulden, das die Griechen adikema, schuldhafte Unrechtstat, nennen, so wie zum Beispiel in der lex Aquilia die Widerrechtlichkeit [iniuria] des zugefügten Schadens aufgefaßt wird; bald die Unbilligkeit und Ungerechtigkeit, von den Griechen adikia, Ungerechtigkeit, genannt. Wenn nämlich der Prätor oder der Richter gegen jemanden nicht dem Recht gemäß entscheidet, so sagt man, daß dieser ein Unrecht [iniuria] erlitten hat.

1. Iniuria autem committitur non solum, cum quis pugno puta aut fustibus caesus vel etiam verberatus erit, sed etiam si cui convicium factum fuerit, sive cuius bona quasi debitoris possessa fuerint ab eo, qui intellegebat nihil eum sibi debere, vel si quis ad infamiam alicuius libellum aut carmen scripserit composuerit ediderit dolove malo fecerit, quo quid eorum fieret, sive quis matrem familias aut praetextatum

1. Begangen wird eine Verletzung der Person nicht nur, wenn jemand mit der Faust oder mit Knüppeln geschlagen oder sogar geprügelt wird, sondern auch, wenn er öffentlich geschmäht wird oder wenn seine Güter wie die eines Schuldners von jemandem in Besitz genommen worden sind, der wußte, daß der Betreffende ihm nichts schuldete, oder wenn jemand, um einen anderen zu verleumden, eine Schrift oder ein Gedicht entwirft, verfaßt, herausgibt oder vorsätzlich veranlaßt, daß so etwas geschieht, oder wenn jemand einer verheirateten Frau oder

praetextatamve adsectatus fuerit, sive cuius pudicitia attemptata esse dicetur: et denique aliis pluribus modis admitti iniuriam manifestum est.

einem jungen Mann oder einem jungen Mädchen unablässig folgt oder wenn geltend gemacht wird, jemandes Ehrbarkeit sei angegriffen worden. Und daß schließlich auf vielerlei andere Weise eine Personenverletzung begangen werden kann, ist offensichtlich.

2. Patitur autem quis iniuriam non solum per semet ipsum, sed etiam per liberos suos quos in potestate habet: item per uxorem suam, id enim magis praevaluit. itaque si filiae alicuius, quae Titio nupta est, iniuriam feceris, non solum filiae nomine tecum iniuriarum agi potest, sed etiam patris quoque et mariti nomine. contra autem, si viro iniuria facta sit, uxor iniuriarum agere non potest: defendi enim uxores a viris, non viros ab uxoribus aequum est. sed et socer nurus nomine, cuius vir in potestate est, iniuriarum agere potest.

2. Eine Verletzung der Person erleidet jemand aber nicht nur in eigener Person, sondern auch über seine Kinder, die er in der väterlichen Gewalt hat. Ferner über seine Frau; diese Meinung hat sich nämlich durchgesetzt. Wenn du deshalb jemandes Tochter, die mit Titius verheiratet ist, eine Personenverletzung zufügst, kann gegen dich nicht nur die Tochter mit der Injurienklage vorgehen, sondern ebenso der Vater und auch der Ehemann. Umgekehrt aber kann die Ehefrau nicht mit der Injurienklage vorgehen, wenn dem Ehemann eine Personenverletzung zugefügt worden ist. Es ist nämlich angemessen, daß die Ehefrauen von ihren Männern verteidigt werden, nicht umgekehrt die Ehemänner von ihren Frauen. Aber auch der Schwiegervater kann wegen der Schwiegertochter, deren Ehemann in seiner väterlichen Gewalt steht, mit der Injurienklage vorgehen.

3. Servis autem ipsis quidem nulla iniuria fieri intellegitur, sed domino per eos fieri videtur: non tamen isdem modis, quibus etiam per liberos et uxores, sed ita cum quid atrocius commissum fuerit et quod aperte ad contumeliam domini respicit. veluti si quis alienum servum verberaverit, et in hunc casum actio proponitur: at si quis servo convicium fecerit vel pugno eum percusserit, nulla in eum actio domino competit.

3. Den Sklaven selbst aber kann begreiflicherweise keine Verletzung der Person zugefügt werden. Doch sieht man es so an, daß über sie die Verletzung ihrem Eigentümer zugefügt wird. Das gilt jedoch nicht in derselben Weise wie bei Kindern und Ehefrauen, sondern nur dann, wenn etwas besonders Schwerwiegendes begangen wird, das offensichtlich auf die Mißachtung des Eigentümers zielt, wie zum Beispiel, wenn jemand einen fremden Sklaven auspeitscht; für diesen Fall ist eine Klage vorgesehen. Wenn dagegen jemand einen Sklaven schmäht oder mit der Faust schlägt, steht dem Eigentümer gegen ihn keine Klage zu.

4. Si communi servo iniuria facta sit, aequum est non pro ea parte, qua dominus quisque est, aestimationem iniuriae fieri, sed ex dominorum persona, quia ipsis fit iniuria.

4. Wenn an einem im Miteigentum stehenden Sklaven eine Personenverletzung verübt worden ist, ist es richtig, die Schätzung des Verletzungsschadens nicht nach dem Anteil, zu dem einer Eigentümer ist, vorzunehmen, sondern nach der Person der Miteigentümer, weil die Verletzung ihnen selbst zugefügt wird.

5. Quodsi usus fructus in servo Titii est, proprietas Maevii est, magis Maevio iniuria fieri intellegitur.

5. Wenn aber an einem Sklaven der Nießbrauch dem Titius zusteht und das Eigentum dem Maevius, nimmt man an, daß die Personenverletzung eher dem Maevius zugefügt wird.

6. Sed si libero, qui tibi bona fide servit, iniuria facta sit, nulla tibi actio dabitur, sed suo nomine is experiri poterit: nisi in contumeliam tuam pulsatus sit, tunc enim competit et tibi iniuriarum actio. idem ergo est et in servo alieno bona fide tibi serviente, ut totiens admittatur iniuriarum actio, quotiens in tuam contumeliam iniuria ei facta sit.

6. Wurde aber einem Freien, der dir gutgläubig als Sklave dient, eine Personenverletzung zugefügt, so wird dir keine Klage erteilt; vielmehr kann jener selbst klagen, es sei denn, er wurde in Mißachtung deiner Person geschlagen; dann nämlich steht auch dir die Injurienklage zu. Dasselbe gilt danach auch bei einem fremden Sklaven, der dir gutgläubig dient, so daß die Injurienklage immer dann zugelassen wird, wenn die ihm zugefügte Verletzung in Mißachtung deiner Person verübt wurde.

7. Poena autem iniuriarum ex lege duodecim tabularum propter membrum quidem ruptum talio erat: propter os vero fractum nummariae poenae erant constitutae quasi in magna veterum paupertate. sed postea praetores permittebant ipsis qui iniuriam passi sunt eam aestimare, ut iudex vel tanti condemnet, quanti iniuriam passus aestimaverit, vel minoris, prout ei visum fuerit. sed poena quidem iniuriae, quae ex lege duodecim tabularum introducta est, in desuetudinem abiit: quam autem praetores introduxerunt, quae etiam honoraria appellatur, in iudiciis frequentatur. nam secundum gradum dignitatis vitaeque honestatem crescit aut minuitur aestimatio iniuriae: qui gradus condemnationis et in servili persona non immerito servatur, ut aliud in servo actore, aliud in medii actus homine, aliud in vilissimo vel compedito constituatur.

7. Die Buße aber für die Verletzung der Person im Fall der Verstümmelung eines Körpergliedes war nach dem Zwölftafelgesetz[1] die Talion. Bei einem gebrochenen Knochen dagegen waren [geringe] Geldbußen festgesetzt worden; offenbar wegen der großen Armut unserer Vorfahren. Aber später haben die Prätoren den von einer Personenverletzung Betroffenen selbst gestattet, die Verletzung in Geld zu schätzen, so daß der Richter entweder zu so viel verurteilt, wie das Opfer geschätzt hat, oder zu weniger, je nachdem wie es ihm richtig erscheint. Die vom Zwölftafelgesetz eingeführte Buße wegen Verletzung der Person ist aber außer Gebrauch gekommen. Dagegen kommt die von den Prätoren eingeführte Buße, die auch amtsrechtliche heißt, bei den Gerichten häufig vor. Und entsprechend der Rangstufe und der Ehrbarkeit einer Person fällt die Schätzung der Verletzung in Geld höher oder niedriger aus. Eine solche Abstufung der Verurteilung handhabt man nicht ohne Grund auch in bezug auf die Person eines Sklaven, so daß das Urteil anders ausfällt bei einem Sklaven, der Vermögensverwalter ist, anders bei einem Sklaven in mittlerer Stellung und anders bei einem Sklaven, der nichts taugt oder in Fesseln gelegt worden ist.

8. Sed et lex Cornelia de iniuriis loquitur et iniuriarum actionem introduxit. quae competit ob eam rem, quod se pulsatum quis verberatumve domumve suam vi introitum esse dicat. domum autem accipimus, sive in propria domo quis habitat sive in conducta vel gratis sive hospitio receptus sit.

8. Aber auch die lex Cornelia[2] spricht von Verletzungen der Person und hat eine Injurienklage eingeführt. Die Klage ist gegeben, wenn jemand geltend macht, er sei geschlagen oder gepeitscht worden oder man sei mit Gewalt in sein Haus eingedrungen. Unter 'Haus' verstehen wir, wenn jemand in seinem eigenen Haus oder zur Miete oder unentgeltlich wohnt oder als Gast Aufnahme gefunden hat.

---

1 XII tab. 8, 2.
2 Lex Cornelia de iniuriis, 81 v. Chr.; vgl. D. 47, 10, 5 pr.

9. Atrox iniuria aestimatur vel ex facto, veluti si quis ab aliquo vulneratus fuerit vel fustibus caesus: vel ex loco, veluti si cui in theatro vel in foro vel in conspectu praetoris iniuria facta sit: vel ex persona, veluti si magistratus iniuriam passus fuerit, vel si senatori ab humili iniuria facta sit, aut parenti patronoque fiat a liberis vel libertis: aliter enim senatoris et parentis patronique, aliter extranei et humilis personae iniuria aestimatur. nonnumquam et locus vulneris atrocem iniuriam facit, veluti si in oculo quis percussus sit. parvi autem refert, utrum patri familias an filio familias talis iniuria facta sit: nam et haec atrox aestimabitur.

9. Als schwerwiegend eingestuft wird eine Verletzung der Person entweder nach der Tat, wenn zum Beispiel jemandem von einem anderen eine Wunde beigebracht oder wenn er mit Knüppeln geschlagen worden ist; oder nach dem Ort, wenn zum Beispiel jemandem im Theater oder auf dem Forum oder vor den Augen des Prätors eine Verletzung zugefügt worden ist; oder nach der Person des Opfers, wenn zum Beispiel ein Magistrat die Verletzung erlitten hat oder wenn die Verletzung einem Senator von einem einfachen Mann beigebracht worden ist oder einem Vater von seinen Kindern, einem Patron von seinen Freigelassenen. Anders nämlich wird die Verletzung eines Senators, eines Vaters, eines Freilassers eingeschätzt, anders die eines Hausfremden oder eines einfachen Mannes. Manchmal macht auch die Stelle der Verwundung die Verletzung zu einer schwerwiegenden, zum Beispiel wenn jemandem ein Auge ausgeschlagen worden ist. Es kommt aber wenig darauf an, ob eine solche Verletzung einem Familienvater oder einem Haussohn zugefügt worden ist; denn auch die letztere wird als schwerwiegend eingestuft.

10. In summa sciendum est de omni iniuria eum qui passus est posse vel criminaliter agere vel civiliter. et si quidem civiliter agatur, aestimatione facta secundum quod dictum est poena imponitur. sin autem criminaliter, officio iudicis extraordinaria poena reo irrogatur: hoc videlicet observando, quod Zenoniana constitutio introduxit, ut viri illustres quique supra eos sunt et per procuratores possint actionem iniuriarum criminaliter vel persequi vel suscipere secundum eius tenorem, qui ex ipsa manifestius apparet.

10. Schließlich muß man wissen, daß bei jeder Verletzung der Person das Opfer entweder strafrechtlich oder zivilrechtlich klagen kann. Klagt es aber zivilrechtlich, so wird die Buße verhängt, nachdem wie dargelegt geschätzt worden ist. Wird dagegen strafrechtlich geklagt, so erlegt der Richter dem Beklagten kraft seiner Amtsbefugnis eine außerordentliche Buße auf. Dabei ist natürlich zu beachten, was die Konstitution des Kaisers Zeno eingeführt hat[1], daß nämlich Beamte im Rang der Erlauchten und noch höher Gestellte die Injurienklage auch im strafrechtlichen Verfahren durch Vertreter erheben oder sich durch Vertreter auf sie einlassen können, wie es dem Inhalt der Konstitution entspricht, der sich aus dieser selbst deutlich genug ergibt.

11. Non solum autem is iniuriarum tenetur qui fecit iniuriam, hoc est qui percussit: verum ille quoque continebitur, qui dolo fecit vel qui curavit, ut cui mala pugno percuteretur.

11. Nicht allein der aber haftet mit der Injurienklage, der die Verletzung begangen, das heißt, der zugeschlagen hat; vielmehr wird auch der erfaßt, der arglistig veranlaßt oder der geholfen hat, daß zum Beispiel jemandem mit der Faust ins Gesicht geschlagen wurde.

1 C. 9, 35, 11 (478).

12. Haec actio dissimulatione aboletur: et ideo, si quis iniuriam dereliquerit, hoc est statim passus ad animum suum non revocaverit, postea ex paenitentia remissam iniuriam non poterit recolere.

12. Durch Stillschweigen wird diese Klage verwirkt. Wer deshalb eine Verletzung auf sich beruhen läßt, das heißt, wer sie sich als Betroffener nicht sofort zu Herzen nimmt, kann später, wenn es ihn reut, auf die Verletzung, über die er hinweggesehen hat, nicht zurückkommen.

V
De obligationibus quae quasi ex delicto nascuntur

Si iudex litem suam fecerit, non proprie ex maleficio obligatus videtur. sed quia neque ex contractu obligatus est et utique peccasse aliquid intellegitur, licet per imprudentiam: ideo videtur quasi ex maleficio teneri, et in quantum de ea re aequum religioni iudicantis videbitur, poenam sustinebit.

Fünfter Titel
Über Schuldverhältnisse, die aus Quasidelikt entstehen

Wenn ein Richter den Rechtsstreit zu seinem eigenen gemacht hat, ist er nicht eigentlich aus Delikt verpflichtet. Da er jedoch auch nicht aus Vertrag verpflichtet ist, anerkanntermaßen aber jedenfalls eine Verfehlung begangen hat, sei es auch nur aus Unkenntnis, haftet er, wie man annimmt, aus Quasidelikt und unterliegt einer Geldbuße in der Höhe, wie sie einem gewissenhaften Richter in dieser Sache angemessen erscheint.

1. Item is, ex cuius cenaculo vel proprio ipsius vel conducto vel in quo gratis habitabat deiectum effusumve aliquid est, ita ut alicui noceretur, quasi ex maleficio obligatus intellegitur: ideo autem non proprie ex maleficio obligatus intellegitur, quia plerumque ob alterius culpam tenetur aut servi aut liberi. cui similis est is, qui ea parte, qua vulgo iter fieri solet, id positum aut suspensum habet, quod potest, si ceciderit, alicui nocere: quo casu poena decem aureorum constituta est. de eo vero quod deiectum effusumve est dupli quanti damnum datum sit constituta est actio. ob hominem vero liberum occisum quinquaginta aureorum poena constituitur: si vero vivet nocitumque ei esse dicetur, quantum ob eam rem aequum iudici videtur, actio datur: iudex enim computare debet mercedes medicis praestitas ceteraque impendia, quae in curatione facta sunt, praeterea operarum, quibus caruit aut cariturus est ob id quod inutilis factus est.

1. Ebenso sieht man denjenigen als aus Quasidelikt verpflichtet an, aus dessen Wohnung — seiner eigenen oder einer gemieteten oder einer, in der er unentgeltlich wohnte — irgendetwas geworfen oder gegossen worden ist, so daß jemand geschädigt wurde. Daß er aber nicht eigentlich aus Delikt verpflichtet ist, nimmt man deswegen an, weil er meistens für das Verschulden eines anderen, eines Sklaven oder eines Freien, haftet. Ihm gleicht, wer an einem Ort, der gewöhnlich als Weg dient, etwas aufgestellt oder aufgehängt hat, das jemanden schädigen kann, wenn es fällt. Für diesen Fall ist eine Buße von zehn Goldstücken festgesetzt. Dagegen ist im Hinblick auf das, was hinausgeworfen oder hinausgegossen wurde, eine Klage auf das Doppelte des zugefügten Schadens eingeführt worden. Wurde dabei jedoch ein freier Mensch getötet, so wird eine Buße von fünfzig Goldstükken festgesetzt. Bleibt er dagegen am Leben und wird vorgetragen, er sei verletzt worden, so wird eine Klage auf so viel erteilt, wie dem Richter in dieser Sache angemessen erscheint. Der Richter muß nämlich die den Ärzten gezahlten Honorare sowie die übrigen für die Heilung erbrachten Aufwendungen berücksichtigen, außerdem den Arbeitslohn, der dem Verletzten entgangen ist oder entgehen wird, weil er arbeitsunfähig geworden ist.

2. Si filius familias seorsum a patre habitaverit et quid ex cenaculo eius deiectum effusumve sit, sive quod positum suspensumve habuerit, cuius casus periculosus est: Iuliano placuit in patrem nullam esse actionem, sed cum ipso filio agendum. quod et in filio familias iudice observandum est, qui litem suam fecerit.

2. Wenn ein Haussohn getrennt von seinem Vater wohnt und aus seiner Wohnung etwas geworfen oder gegossen worden ist oder wenn der Haussohn etwas aufgestellt oder aufgehängt hat, das gefährlich ist, wenn es fällt, so gibt es nach Meinung Julians[1] keine Klage gegen den Vater, sondern es muß gegen den Sohn selbst geklagt werden. Das hat auch von dem Haussohn zu gelten, der als Richter in der Streitsache das Recht verletzt.

3. Item exercitor navis aut cauponae aut stabuli de dolo aut furto, quod in nave aut in caupona aut in stabulo factum erit, quasi ex maleficio teneri videtur, si modo ipsius nullum est maleficium, sed alicuius eorum, quorum opera navem aut cauponam aut stabulum exerceret: cum enim neque ex contractu sit adversus eum constituta haec actio et aliquatenus culpae reus est, quod opera malorum hominum uteretur, ideo quasi ex maleficio teneri videtur. in his autem casibus in factum actio competit, quae heredi quidem datur, adversus heredem autem non competit.

3. Ebenso haften aus Quasidelikt der Reeder, Schankwirt oder Gastwirt für Betrügereien[2] oder Diebstähle, die auf dem Schiff, in der Schenke oder im Gasthof begangen worden sind, sofern nur sie selbst nicht das Delikt begangen haben, sondern eine der Personen, mit deren Hilfe sie das Schiff oder die Schenke oder den Gasthof betreiben. Da diese Klage gegen den Inhaber zwar nicht aus Vertrag begründet ist, er aber in gewissem Maße wegen Verschuldens verantwortlich ist, weil er die Arbeit unzuverlässiger Leute nutzt, nimmt man an, daß er aus Quasidelikt haftet. In all diesen Fällen steht eine auf den Sachverhalt zugeschnittene Klage zu, die zwar dem Erben gegeben wird, gegen den Erben aber nicht.

VI
De actionibus

Superest, ut de actionibus loquamur. actio autem nihil aliud est, quam ius persequendi iudicio quod sibi debetur.

Sechster Titel
Über die Klagen

Es steht noch aus, daß wir von den Klagen sprechen. Die Klage aber ist nichts anderes als das Recht, gerichtlich durchzusetzen, was einem gebührt.

1. Omnium actionum, quibus inter aliquos apud iudices arbitrosve de quaque re quaeritur, summa divisio in duo genera deducitur: aut enim in rem sunt aut in personam. namque agit unusquisque aut cum eo, qui ei obligatus est vel ex contractu vel ex maleficio, quo casu proditae actiones in personam sunt, per quas intendit adversa-

1. Die oberste Einteilung aller Klagen, durch die es unter den einzelnen vor Richtern oder Schiedsrichtern über die verschiedensten Gegenstände zur Verhandlung kommt, ergibt zwei Arten: Die Klagen sind nämlich entweder dingliche oder persönliche. Denn entweder klagt einer gegen jemanden, der ihm aus Vertrag oder Delikt verpflichtet ist. Für diesen Fall sind die persönlichen Klagen eingeführt worden, mit denen der Kläger geltend macht, der Gegner sei

---

1 Vgl. D. 44, 7, 5, 5.
2 Richtig offenbar: Sachbeschädigung (damnum); vgl. D. 44, 7, 5, 6.

rium ei dare aut dare facere oportere et aliis quibusdam modis: aut cum eo agit, qui nullo iure ei obligatus est, movet tamen alicui de aliqua re controversiam. quo casu proditae actiones in rem sunt. veluti si rem corporalem possideat quis, quam Titius suam esse affirmet, et possessor dominum se esse dicat: nam si Titius suam esse intendat, in rem actio est.

ihm 'zu geben' oder 'zu geben und zu tun' verpflichtet oder schulde ihm auf irgendeine andere Weise. Oder er klagt gegen den, der ihm aus keinem Rechtsverhältnis verpflichtet ist; dennoch beginnt er gegen ihn wegen irgendeiner Sache einen Rechtsstreit. Für diesen Fall sind die dinglichen Klagen eingeführt worden, wie zum Beispiel, wenn jemand einen körperlichen Gegenstand besitzt, von dem Titius behauptet, er sei seiner, und von dem der Besitzer sagt, Eigentümer sei er. Wenn nämlich Titius gerichtlich geltend macht, der Gegenstand sei seiner, handelt es sich um eine dingliche Klage.

2. Aeque si agat ius sibi esse fundo forte vel aedibus utendi fruendi vel per fundum vicini eundi agendi vel ex fundo vicini aquam ducendi, in rem actio est. eiusdem generis est actio de iure praediorum urbanorum, veluti si agat ius sibi esse altius aedes suas tollendi prospiciendive vel proiciendi aliquid vel immittendi in vicini aedes. contra quoque de usu fructu et de servitutibus praediorum rusticorum, item praediorum urbanorum invicem quoque proditae sunt actiones, ut quis intendat ius non esse adversario utendi fruendi, eundi agendi aquamve ducendi, item altius tollendi prospiciendi proiciendi immittendi: istae quoque actiones in rem sunt, sed negativae. quod genus actionis in controversiis rerum corporalium proditum non est: nam in his is agit qui non possidet: ei vero qui possidet non est actio prodita, per quam neget rem actoris esse. sane uno casu qui possidet nihilo minus actoris partes optinet, sicut in latioribus digestorum libris opportunius apparebit.

2. Ebenso handelt es sich um eine dingliche Klage, wenn jemand darauf klagt, daß er etwa den Nießbrauch an einem Grundstück oder an einem Gebäude habe oder am Nachbargrundstück ein Durchgangs- oder ein Viehtriftrecht oder das Recht, über das Nachbargrundstück Wasser zu leiten. Von derselben Art ist die Klage wegen städtischer Gebäudedienstbarkeiten, wie zum Beispiel, wenn jemand darauf klagt, er sei berechtigt, sein Haus höher zu bauen oder unverbaute Aussicht zu haben oder irgendeinen Vorbau zu errichten oder einen Balken in das Nachbargebäude einzufügen. Andererseits sind bezüglich des Nießbrauchs und der Dienstbarkeiten an ländlichen Grundstücken sowie an städtischen Grundstücken auch umgekehrt Klagen für den Fall eingeführt worden, daß jemand geltend macht, dem Gegner stehe kein Nießbrauch zu, kein Durchgangs- oder kein Viehtriftrecht, kein Wasserleitungsrecht, ebenso kein Recht, höher zu bauen, unverbaute Aussicht zu haben, einen Vorbau zu errichten oder einen Balken in das Nachbargebäude einzufügen. Auch diese Klagen sind dingliche, aber negatorische. Diese Art der Klage ist für Streitigkeiten über körperliche Gegenstände nicht eingeführt worden. Denn bei diesen klagt der, der nicht besitzt; für den aber, der besitzt, ist eine Klage, mit der er bestreiten könnte, daß die Sache dem Kläger gehört, nicht eingeführt worden. In einem Fall jedoch nimmt der, der besitzt, nichtsdestoweniger die Rolle des Klägers ein, wie sich in den ausführlicheren Büchern der Digesten besser zeigen wird[1].

1 Der Fall ist in den Digesten nicht eindeutig nachweisbar.

3. Sed istae quidem actiones, quarum mentionem habuimus, et si quae sunt similes, ex legitimis et civilibus causis descendunt. aliae autem sunt, quas praetor ex sua iurisdictione comparatas habet tam in rem quam in personam, quas et ipsas necessarium est exemplis ostendere. ecce plerumque ita permittit in rem agere, ut vel actor diceret se quasi usu cepisse, quod usu non ceperit, vel ex diverso possessor diceret adversarium suum usu non cepisse quod usu ceperit.

3. Diese Klagen aber, die wir erwähnt haben, und, soweit es ähnliche gibt, auch sie, entstehen aus gesetzlichen und zivilrechtlichen Gründen. Es gibt jedoch andere Klagen, die der Prätor aufgrund seiner Gerichtsbarkeit zur Verfügung stellt, und zwar dingliche wie persönliche, die ihrerseits durch Beispiele erläutert werden müssen. Zum Beispiel erlaubt der Prätor häufig, dinglich in der Weise zu klagen, daß entweder der Kläger behauptet, er habe gleichsam ersessen, was er nicht ersessen hat, oder daß umgekehrt der Besitzer behauptet, sein Gegner habe nicht ersessen, was er tatsächlich ersessen hat.

4. Namque si cui ex iusta causa res aliqua tradita fuerit, veluti ex causa emptionis aut donationis aut dotis aut legatorum, necdum eius rei dominus effectus est, si eius rei casu possessionem amiserit, nullam habet directam in rem actionem ad eam rem persequendam: quippe ita proditae sunt iure civili actiones, ut quis dominium suum vindicet. sed quia sane durum erat eo casu deficere actionem, inventa est a praetore actio, in qua dicit is, qui possessionem amisit, eam rem se usu cepisse et ita vindicat suam esse. quae actio Publiciana appellatur, quoniam primum a Publicio praetore in edicto proposita est.

4. Denn wenn jemand, dem eine Sache mit Rechtsgrund übergeben wurde — zum Beispiel aufgrund von Kauf, Schenkung, Mitgift oder Vermächtnis —, noch nicht Eigentümer der Sache geworden ist und den Besitz der Sache durch einen Zufall verliert, hat er keine direkte dingliche Klage auf Wiedererlangung der Sache; denn die Klagen des Zivilrechts sind nur dazu eingeführt worden, daß jemand sein Eigentum geltend macht. Doch weil es in der Tat eine Härte wäre, wenn in diesem Fall eine Klage fehlte, hat der Prätor eine Klage geschaffen, in welcher derjenige, der den Besitz verloren hat, behauptet, er habe die Sache ersessen; und somit vindiziert er sie als seine. Diese Klage wird actio Publiciana genannt, weil sie zum ersten Mal von einem Prätor namens Publicius in das Edikt aufgenommen worden ist.

5. Rursus ex diverso si quis, cum rei publicae causa abesset vel in hostium potestate esset, rem eius qui in civitate esset usu ceperit, permittitur domino, si possessor rei publicae causa abesse desierit, tunc intra annum rescissa usucapione eam petere, id est ita petere, ut dicat possessorem usu non cepisse et ob id suam esse rem. quod genus actionis et aliis quibusdam simili aequitate motus praetor accommodat, sicut ex latiore digestorum seu pandectarum volumine intellegere licet.

5. Hat dagegen umgekehrt jemand, während er in Staatsgeschäften abwesend war oder sich in Feindeshand befand, die Sache eines im Lande Gebliebenen ersessen, so wird, wenn der Besitzer nicht mehr in Staatsgeschäften abwesend ist, dem Eigentümer gestattet, die Sache innerhalb eines Jahres unter Beseitigung der Ersitzung herauszuverlangen, das heißt, sie in der Weise herauszuverlangen, daß er geltend macht, der Besitzer habe nicht ersessen und deswegen sei die Sache seine. Diese Art der Klage gewährt der Prätor aus ähnlichen Billigkeitserwägungen auch einigen anderen, wie sich aus dem ausführlicheren Werk der Digesten oder Pandekten ersehen läßt[1].

1 Vgl. etwa D. 4, 6, 1, 1; 4, 6, 21 pr.; 4, 6, 23, 3; 41, 3, 44, 7; 44, 7, 35 pr.

6. Item si quis in fraudem creditorum rem suam alicui tradiderit, bonis eius a creditoribus ex sententia praesidis possessis permittitur ipsis creditoribus rescissa traditione eam rem petere, id est dicere eam rem traditam non esse et ob id in bonis debitoris mansisse.

6. Wenn ferner jemand zum Nachteil seiner Gläubiger eine ihm gehörige Sache einem anderen übereignet hat, so wird, nachdem die Gläubiger sein Vermögen aufgrund einer Entscheidung des Provinzstatthalters in Besitz genommen haben, den Gläubigern selbst gestattet, die Sache unter Beseitigung der Übereignung herauszuverlangen, das heißt geltend zu machen, die Sache sei nicht übereignet worden und deshalb im Vermögen des Schuldners geblieben.

7. Item Serviana et quasi Serviana, quae etiam hypothecaria vocatur, ex ipsius praetoris iurisdictione substantiam capit. Serviana autem experitur quis de rebus coloni, quae pignoris iure pro mercedibus fundi ei tenentur: quasi Serviana autem qua creditores pignora hypothecasve persequuntur. inter pignus autem et hypothecam quantum ad actionem hypothecariam nihil interest: nam de qua re inter creditorem et debitorem convenerit, ut sit pro debito obligata, utraque hac appellatione continetur. sed in aliis differentia est: nam pignoris appellatione eam proprie contineri dicimus, quae simul etiam traditur creditori, maxime si mobilis sit: at eam, quae sine traditione nuda conventione tenetur, proprie hypothecae appellatione contineri dicimus.

7. Auch die actio Serviana und die quasi Serviana, die auch Hypothekenklage genannt wird, verdanken ihre Existenz allein der Gerichtsbarkeit des Prätors. Mit der actio Serviana klagt man auf Sachen des Pächters, die einem pfandrechtlich für den Pachtzins des Grundstücks haften. Die actio quasi Serviana dagegen ist die Klage, mit der Gläubiger andere Pfänder und Hypotheken geltend machen. Zwischen Pfand und Hypothek besteht, was die Hypothekenklage betrifft, kein Unterschied. Denn alle Sachen, die gemäß Vertrag zwischen Gläubiger und Schuldner für eine Schuld haften, werden von jedem der beiden Ausdrücke erfaßt. Aber in anderer Hinsicht besteht ein Unterschied. Denn wir sagen, daß der Ausdruck Pfand im eigentlichen Sinn die Sache bezeichnet, die dem Gläubiger zugleich auch übergeben wird, vor allem wenn sie eine bewegliche ist. Dagegen sagen wir, daß die Sache, die ohne Übergabe aufgrund bloßer Vereinbarung haftet, im eigentlichen Sinn mit dem Ausdruck Hypothek bezeichnet wird.

8. In personam quoque actiones ex sua iurisdictione propositas habet praetor. veluti de pecunia constituta, cui similis videbatur recepticia: sed ex nostra constitutione, cum et, si quid plenius habebat, hoc in pecuniam constitutam transfusum est, ea quasi supervacua iussa est cum sua auctoritate a nostris legibus recedere. item praetor proposuit de peculio servorum filiorumque familias et ex qua quaeritur, an actor iuraverit, et alias complures.

8. Auch persönliche Klagen hat der Prätor aufgrund seiner Gerichtsbarkeit vorgesehen, zum Beispiel die Klage aus Erfüllungszusage. Ihr ähnlich erschien die Klage aus Bankiersversprechen. Aber da das, was sie mehr enthielt, aufgrund unserer Konstitution[1] in die Erfüllungszusage einbezogen worden ist, hat sie mitsamt ihrer Geltung als überflüssig aus unseren Gesetzen weichen müssen. Ferner hat der Prätor eine Klage wegen des Sonderguts der Sklaven und Haussöhne vorgesehen und eine Klage über die Frage, ob der Kläger geschworen hat, sowie viele andere.

9. De pecunia autem constituta cum omnibus agitur, quicumque vel pro se vel pro alio soluturos se constituerint, nulla scilicet

9. Aus Erfüllungszusage wird gegen alle die geklagt, die für sich oder einen anderen zugesagt haben zu erfüllen, vorausgesetzt natürlich, daß

1 C. 4, 18, 2 (531).

stipulatione interposita. nam alioquin si stipulanti promiserint, iure civili tenentur.

keine Stipulation abgeschlossen worden ist. Denn sonst, wenn sie mittels Stipulation versprochen haben, haften sie nach Zivilrecht.

10. Actiones autem de peculio ideo adversus patrem dominumve comparavit praetor, quia licet ex contractu filiorum servorumve ipso iure non teneantur, aequum tamen esset peculio tenus, quod veluti patrimonium est filiorum filiarumque, item servorum, condemnari eos.

10. Die Klage wegen des Sonderguts gegen einen Vater oder gegen den Eigentümer eines Sklaven hat der Prätor deswegen eingeführt, weil es, obwohl sie aus dem Vertrag der Haussöhne und Sklaven zivilrechtlich nicht haften, dennoch angemessen war, sie bis zur Höhe des Sonderguts, das gewissermaßen das Vermögen der Haussöhne und Haustöchter und auch der Sklaven ist, zu verurteilen.

11. Item si quis postulante adversario iuraverit deberi sibi pecuniam quam peteret, neque ei solvatur, iustissime accommodat ei talem actionem, per quam non illud quaeritur, an ei pecunia debeatur, sed an iuraverit.

11. Wenn ferner auf Antrag des Gegners jemand schwört, ihm werde das Geld, das er einklagt, geschuldet, und das Geld dann nicht gezahlt wird, gewährt ihm der Prätor höchst gerechterweise eine Klage, bei der nicht untersucht wird, ob ihm das Geld geschuldet wird, sondern ob er geschworen hat.

12. Poenales quoque actiones bene multas ex sua iurisdictione introduxit: veluti adversus eum qui quid ex albo eius corrupisset: et in eum qui patronum vel parentem in ius vocasset, cum id non impetrasset: item adversus eum, qui vi exemerit eum qui in ius vocaretur, cuiusve dolo alius exemerit: et alias innumerabiles.

12. Auch hat der Prätor[1] viele Strafklagen aufgrund seiner Gerichtsbarkeit eingeführt, zum Beispiel gegen den, der etwas an seinen Ediktstafeln beschädigt hat. Und gegen den, der seinen Freilasser oder seinen Vater vor Gericht geladen hat, obwohl er die Erlaubnis dazu nicht erlangt hatte. Ferner gegen den, der einen vor Gericht Geladenen mit Gewalt befreit, oder gegen den, durch dessen Arglist ein anderer das tut. Und unzählige andere Klagen mehr.

13. Praeiudiciales actiones in rem esse videntur, quales sunt, per quas quaeritur, an aliquis liber vel an libertus sit, vel de partu agnoscendo. ex quibus fere una illa legitimam causam habet, per quam quaeritur, an aliquis liber sit: ceterae ex ipsius praetoris iurisdictione substantiam capiunt.

13. Auch die Präjudizialklagen werden als dingliche angesehen, wie die, mit denen untersucht wird, ob jemand frei oder freigelassen ist, oder wie die über die Anerkennung eines Neugeborenen. Von diesen hat wohl einzig jene, mit der untersucht wird, ob jemand frei ist, eine gesetzliche Grundlage; die übrigen verdanken ihre Existenz allein der Gerichtsbarkeit des Prätors.

14. Sic itaque discretis actionibus certum est non posse actorem rem suam ita ab aliquo petere 'si paret eum dare oportere': nec enim quod actoris est id ei dari oportet, quia scilicet dari cuiquam id intellegitur, quod ita datur, ut eius fiat, nec res quae iam

14. Nachdem die Klagen in dieser Weise unterschieden worden sind, steht fest, daß der Kläger seine Sache als Eigentümer nicht mit der folgenden Formel von einem anderen herausverlangen kann: 'Wenn sich erweist, daß dieser zu geben verpflichtet ist.' Denn was dem Kläger gehört, ist man nicht mehr zu geben verpflichtet, weil nämlich unter 'jemandem gegeben werden' verstanden wird, ihm etwas so zu geben, daß es sein Eigentum wird. Und eine Sache, die bereits

1 Die Übersetzung folgt der Annahme, daß 'bene' eine unrichtige Auflösung der Sigle für 'praetor' ist.

actoris est magis eius fieri potest. plane odio furum, quo magis pluribus actionibus teneantur, effectum est, ut extra poenam dupli aut quadrupli rei recipiendae nomine fures etiam hac actione teneantur 'si paret eos dare oportere', quamvis sit adversus eos etiam haec in rem actio, per quam rem suam quis esse petit.

dem Kläger gehört, kann nicht noch einmal sein Eigentum werden. Allerdings ist zur Bekämpfung der verhaßten Diebe und damit diese mit mehreren Klagen um so strenger haften, eingeführt worden, daß die Diebe außer auf Buße des Doppelten und des Vierfachen zwecks Wiedererlangung der Sache auch mit dieser Klage haften: 'Wenn sich erweist, daß sie zu geben verpflichtet sind', obwohl gegen sie auch die dingliche Klage gegeben ist, mit der jemand seine eigene Sache herausverlangt.

15. Appellamus autem in rem quidem actiones vindicationes: in personam vero actiones, quibus dare facere oportere intenditur, condictiones. condicere enim est denuntiare prisca lingua: nunc vero abusive dicimus condictionem actionem in personam esse, qua actor intendit dari sibi oportere: nulla enim hoc tempore eo nomine denuntiatio fit.

15. Wir nennen die dinglichen Klagen Vindikationen, die persönlichen Klagen dagegen, mit denen geltend gemacht wird, daß einer zu geben und zu tun verpflichtet ist, Kondiktionen. In der alten Sprache nämlich heißt condicere ankündigen. Heute hingegen sagen wir in uneigentlichem Sprachgebrauch, daß die Kondiktion die persönliche Klage ist, mit welcher der Kläger geltend macht, daß man ihm zu geben verpflichtet ist. Denn heutzutage erfolgt insoweit keine Ankündigung mehr.

16. Sequens illa divisio est, quod quaedam actiones rei persequendae gratia comparatae sunt, quaedam poenae persequendae, quaedam mixtae sunt.

16. Eine weitere Einteilung ist die, daß einige Klagen um der Sachverfolgung willen geschaffen worden sind, einige um der Strafverfolgung willen und daß einige gemischte sind.

17. Rei persequendae causa comparatae sunt omnes in rem actiones. earum vero actionum, quae in personam sunt, hae quidem quae ex contractu nascuntur fere omnes rei persequendae causa comparatae videntur: veluti quibus mutuam pecuniam vel in stipulatum deductam petit actor, item commodati, depositi, mandati, pro socio, ex empto vendito, locato conducto. plane si depositi agetur eo nomine, quod tumultus incendii ruinae naufragii causa depositum sit, in duplum actionem praetor reddit, si modo cum ipso apud quem depositum sit aut cum herede eius ex dolo ipsius agitur: quo casu mixta est actio.

17. Zum Zweck der Sachverfolgung sind alle dinglichen Klagen geschaffen worden; von den Klagen aber, die persönliche sind, erscheinen die, die aus Vertrag entstehen, fast alle zum Zweck der Sachverfolgung geschaffen. Wie zum Beispiel die, mit denen der Kläger Geld einklagt, das als Darlehen gegeben oder zum Gegenstand einer Stipulation gemacht worden ist; ferner die Klagen aus Leihe, Verwahrung, Auftrag, Gesellschaft, Kauf, Miete, Pacht, Werk- und Dienstvertrag. Wenn allerdings deswegen aus Verwahrung geklagt wird, weil im Fall von Aufruhr, Brand, Gebäudeeinsturz oder Schiffbruch etwas hinterlegt worden ist, erteilt der Prätor eine Klage auf das Doppelte, vorausgesetzt, es wird gegen den Verwahrer selbst geklagt oder gegen seinen Erben bei dessen eigener Arglist. In diesem Fall ist die Klage eine gemischte.

18. Ex maleficiis vero proditae actiones aliae tantum poenae persequendae causa comparatae sunt, aliae tam poenae quam rei persequendae et ob id mixtae sunt. poenam tantum persequitur quis actione furti: sive enim manifesti agatur quadrupli sive

18. Von den für Delikte eingeführten Klagen aber sind die einen nur zum Zweck der Strafverfolgung geschaffen worden, die anderen zum Zweck der Straf- wie der Sachverfolgung; sie sind deswegen gemischte. Lediglich Buße macht man mit der Diebstahlsklage geltend. Ob näm-

nec manifesti dupli, de sola poena agitur: nam ipsam rem propria actione persequitur quis, id est suam esse petens, sive fur ipse eam rem possideat, sive alius quilibet: eo amplius adversus furem etiam condictio est rei.

lich wegen manifesten Diebstahls auf das Vierfache geklagt wird oder wegen nichtmanifesten auf das Doppelte — geklagt wird allein auf die Buße. Denn die Sache selbst verfolgt man mit besonderer Klage, das heißt, indem man sie als eigene herausverlangt, mag der Dieb selbst die Sache besitzen oder ein beliebiger anderer. Darüber hinaus gibt es gegen den Dieb auch die Kondiktion der Sache.

19. Vi autem bonorum raptorum actio mixta est, quia in quadruplo rei persecutio continetur, poena autem tripli est. sed et legis Aquiliae actio de damno mixta est, non solum si adversus infitiantem in duplum agatur, sed interdum et si in simplum quisque agit. veluti si quis hominem claudum aut luscum occiderit, qui in eo anno integer et magni pretii fuerit: tanti enim damnatur, quanti is homo in eo anno plurimi fuerit, secundum iam traditam divisionem. item mixta est actio contra eos, qui relicta sacrosanctis ecclesiis vel aliis venerabilibus locis legati vel fideicommissi nomine dare distulerint usque adeo, ut etiam in iudicium vocarentur: tunc etenim et ipsam rem vel pecuniam quae relicta est dare compelluntur et aliud tantum pro poena, et ideo in duplum eius fit condemnatio.

19. Die Klage wegen gewaltsam weggenommenen Gutes ist eine gemischte, weil im Vierfachen die Sachverfolgung enthalten ist, die Buße aber auf das Dreifache geht. Aber auch die Schadensklage nach der lex Aquilia ist eine gemischte, nicht nur wenn gegen den, der bestreitet, auf das Doppelte geklagt wird, sondern zuweilen auch dann, wenn einer auf das Einfache klagt. Wie zum Beispiel, wenn jemand einen lahmen oder einäugigen Sklaven tötet, der in diesem Jahr unversehrt und von großem Wert war. Er wird nämlich gemäß der bereits mitgeteilten Unterscheidung[1] zu so viel verurteilt, wie der Sklave in diesem Jahr maximal wert gewesen ist. Eine gemischte Klage ist ferner die Klage gegen diejenigen, die das den hochheiligen Kirchen oder anderen ehrwürdigen Stätten aufgrund von Vermächtnis oder Fideikommiß Hinterlassene zu leisten so lange hinauszögern, bis sie sogar verklagt werden müssen. Dann werden sie nämlich gezwungen, sowohl die hinterlassene Sache oder das hinterlassene Geld selbst zu leisten als auch ebensoviel als Buße, und deswegen geht die Verurteilung auf das Doppelte des Hinterlassenen.

20. Quaedam actiones mixtam causam optinere videntur tam in rem quam in personam. qualis est familiae erciscundae actio, quae competit coheredibus de dividenda hereditate: item communi dividundo, quae inter eos redditur, inter quos aliquid commune est, ut id dividatur: item finium regundorum, quae inter eos agitur qui confines agros habent. in quibus tribus iudiciis permittitur iudici rem alicui ex litigatoribus ex bono et aequo adiudicare et, si unius pars praegravari videbitur, eum invicem certa pecunia alteri condemnare.

20. Manche Klagen haben offenbar eine Mischnatur, sowohl eine dingliche als auch eine persönliche. So eine Klage ist die Erbteilungsklage, die den Miterben für die Erbschaftsteilung zusteht. Ebenso die Teilungsklage, die denjenigen gegeben wird, zwischen denen Miteigentum besteht, damit dies geteilt wird. Ferner die Grenzregelungsklage, mit der unter denen geklagt wird, die angrenzende Äcker haben. Bei diesen drei Klagen ist es dem Richter gestattet, einem der Streitenden eine Sache nach Recht und Billigkeit zuzusprechen und, wenn sich zeigt, daß der zugesprochene Anteil des einen

1 Inst. 4, 3, 9.

seine Berechtigung überwiegt, ihn zum Ausgleich auf eine bestimmte Geldsumme zugunsten des anderen zu verurteilen.

21. Omnes autem actiones vel in simplum conceptae sunt vel in duplum vel in triplum vel in quadruplum: ulterius autem nulla actio extenditur.

21. Alle Klagen sind entweder auf das Einfache gerichtet oder auf das Doppelte oder auf das Dreifache oder Vierfache; auf mehr jedoch erstreckt sich keine Klage.

22. In simplum agitur veluti ex stipulatione, ex mutui datione, ex empto vendito, locato conducto, mandato et denique ex aliis compluribus causis.

22. Auf das Einfache wird zum Beispiel aus Stipulation geklagt, aus Darlehenshingabe, aus Kauf, aus Miete, Pacht, Werk- und Dienstvertrag, aus Auftrag und überhaupt aus vielen anderen Gründen.

23. In duplum agimus veluti furti nec manifesti, damni iniuriae ex lege Aquilia, depositi ex quibusdam casibus: item servi corrupti, quae competit in eum, cuius hortatu consiliove servus alienus fugerit aut contumax adversus dominum factus est aut luxuriose vivere coeperit aut denique quolibet modo deterior factus sit (in qua actione etiam earum rerum, quas fugiendo servus abstulit, aestimatio deducitur): item ex legato, quod venerabilibus locis relictum est, secundum ea quae supra diximus.

23. Auf das Doppelte klagen wir zum Beispiel bei nichtmanifestem Diebstahl, bei widerrechtlichem Schaden nach der lex Aquilia, in einigen Fällen der Verwahrung; ebenso mit der Klage wegen Korrumpierens eines Sklaven, die gegen denjenigen geht, auf dessen Zureden und Rat ein fremder Sklave geflohen oder seinem Eigentümer gegenüber frech geworden ist oder angefangen hat, ausschweifend zu leben, oder schließlich in irgendeiner Weise verschlechtert worden ist (in diese Klage wird der Schätzwert auch der Gegenstände einbezogen, die der Sklave bei seiner Flucht mitgenommen hat); ebenso mit der Klage aus Vermächtnis, das ehrwürdigen Stätten hinterlassen worden ist, gemäß dem, was wir oben[1] gesagt haben.

24. Tripli vero, cum quidam maiorem verae aestimationis quantitatem in libello conventionis inseruit, ut ex hac causa viatores, id est exsecutores litium, ampliorem summam sportularum nomine exegerint: tunc enim quod propter eorum causam damnum passus fuerit reus, id triplum ab actore consequetur, ut in hoc triplo et simplum, in quo damnum passus est, connumeretur. quod nostra constitutio induxit, quae in nostro codice fulget, ex qua dubio procul est ex lege condicticiam emanare.

24. Auf das Dreifache wird geklagt, wenn jemand in der Klagschrift einen größeren Betrag angegeben hat als den wahren Schätzwert [des Streitgegenstandes], so daß aus diesem Grund die Amtsboten, das heißt die Gerichtsvollzieher, eine zu hohe Summe an Gerichtsgebühren einfordern. Dann nämlich wird der Beklagte das, was er durch sie an Schaden erleidet, dreifach vom Kläger erlangen, und zwar so, daß in das Dreifache auch das Einfache, worin der erlittene Schaden besteht, eingerechnet wird. Das hat unsere Konstitution[2] eingeführt, ein Glanzstück unseres Codex, wonach außer Zweifel steht, daß sich aus dem Gesetz eine Kondiktion ergibt.

25. Quadrupli veluti furti manifesti, item de eo, quod metus causa factum sit, deque ea pecunia, quae in hoc data sit, ut is cui

25. Auf das Vierfache wird geklagt zum Beispiel bei manifestem Diebstahl, ebenso wegen dessen, was aufgrund von Furcht geschehen ist, und wegen des Geldes, das dazu gegeben worden ist, damit der Empfänger gegen jemanden

1 Inst. 4, 6, 19.

2 C. 3, 10, 2 (o. J.).

datur calumniae causa negotium alicui faceret vel non faceret: item ex lege condicticia a nostra constitutione oritur, in quadruplum condemnationem imponens his executoribus litium, qui contra nostrae constitutionis normam a reis quicquam exegerint.

aus Schikane einen Prozeß führt oder nicht führt. Gleichfalls entsteht aus unserer Konstitution[1] eine Kondiktion kraft Gesetzes, die den Gerichtsvollziehern, die den Beklagten irgend etwas entgegen der Regelung unserer Konstitution abfordern, eine Verurteilung auf das Vierfache auferlegt.

26. Sed furti quidem nec manifesti actio et servi corrupti a ceteris, de quibus simul locuti sumus, eo differt, quod hae actiones omnimodo dupli sunt: at illae, id est damni iniuriae ex lege Aquilia et interdum depositi, infitiatione duplicantur, in confitentem autem in simplum dantur: sed illa, quae de his competit, quae relicta venerabilibus locis sunt, non solum infitiatione duplicatur, sed et si distulerit relicti solutionem, usque quo iussu magistratuum nostrorum conveniatur, in confitentem vero et antequam iussu magistratuum conveniatur solventem simpli redditur.

26. Die Klage wegen nichtmanifesten Diebstahls und die wegen Korrumpierens eines Sklaven unterscheiden sich von den anderen, über die wir zugleich gesprochen haben, allerdings dadurch, daß diese Klagen in jedem Fall auf das Doppelte gehen. Jene dagegen, das heißt die wegen widerrechtlichen Schadens nach der lex Aquilia und bisweilen die wegen Verwahrung, verdoppeln sich bei Bestreiten, werden aber gegen den Anerkennenden auf das Einfache erteilt. Jene Klage jedoch, die auf das geht, was den ehrwürdigen Stätten hinterlassen worden ist, verdoppelt sich nicht nur bei Bestreiten, sondern auch, wenn der Schuldner die Erfüllung so lange hinauszögert, bis er auf Befehl unserer Behörden verklagt wird. Gegen den Anerkennenden aber und gegen den, der erfüllt, bevor er auf Befehl der Behörden verklagt wird, wird die Klage auf das Einfache erteilt.

27. Item actio de eo, quod metus causa factum sit, a ceteris, de quibus simul locuti sumus, eo differt, quod eius natura tacite continetur, ut, qui iudicis iussu ipsam rem actori restituat, absolvatur. quod in ceteris casibus non ita est, sed omnimodo quisque in quadruplum condemnatur, quod est et in furti manifesti actione.

27. Ebenso unterscheidet sich die Klage wegen dessen, was aufgrund von Furcht geschehen ist, von den anderen, über die wir zugleich gesprochen haben, insoweit, als ihre Natur unausgesprochen einschließt, daß freigesprochen wird, wer gemäß dem Befehl des Richters die Sache selbst dem Kläger zurückgibt. Das ist in den anderen Fällen nicht so, vielmehr wird man in jedem Fall auf das Vierfache verurteilt. Das trifft auch auf die Klage wegen manifesten Diebstahls zu.

28. Actionum autem quaedam bonae fidei sunt, quaedam stricti iuris. bonae fidei sunt hae: ex empto vendito, locato conducto, negotiorum gestorum, mandati, depositi, pro socio, tutelae, commodati, pigneraticia, familiae erciscundae, communi dividundo, praescriptis verbis, quae de aestimato proponitur, et ea, quae ex permuta-

28. Manche Klagen sind Klagen nach Treu und Glauben, manche sind solche nach strengem Recht. Klagen nach Treu und Glauben sind die aus Kauf, aus Miete, Pacht, Dienst- und Werkvertrag, wegen Geschäftsführung ohne Auftrag, aus Auftrag, Verwahrung, Gesellschaft, Vormundschaft, Leihe, Verpfändung, auf Erbteilung, auf Teilung von Miteigentum, die Klage mit vorgeschalteten Formelworten, die für die Verkaufsüberlassung mit Schätzpreis

1 C. 3, 2, 5 (530).

tione competit, et hereditatis petitio. quamvis enim usque adhuc incertum erat, sive inter bonae fidei iudicia connumeranda sit sive non, nostra tamen constitutio aperte eam esse bonae fidei disposuit.

vorgesehen ist, sowie die Klage, die aus Tausch zusteht, und die Erbschaftsklage. Denn wie ungewiß es auch bisher war, ob die Erbschaftsklage zu den Klagen nach Treu und Glauben zu zählen ist oder nicht, so hat doch unsere Konstitution[1] eindeutig bestimmt, daß sie eine nach Treu und Glauben ist.

29. Fuerat antea et rei uxoriae actio ex bonae fidei iudiciis: sed cum pleniorem esse ex stipulatu actionem invenientes omne ius, quod res uxoria ante habebat, cum multis divisionibus in ex stipulatu actionem, quae de dotibus exigendis proponitur, transtulimus, merito rei uxoriae actione sublata ex stipulatu, quae pro ea introducta est, naturam bonae fidei iudicii tantum in exactione dotis meruit, ut bonae fidei sit. sed et tacitam ei dedimus hypothecam: praeferri autem aliis creditoribus in hypothecis tunc censuimus, cum ipsa mulier de dote sua experiatur, cuius solius providentia hoc induximus.

29. Auch die Mitgiftklage war ehedem eine der Klagen nach Treu und Glauben. Aber da wir fanden, daß die Klage aus Stipulation umfassender ist und wir deshalb das gesamte Recht, das früher die Mitgift betraf, mit seinen vielen Unterscheidungen in die Klage aus Stipulation, die wegen Rückforderung der Mitgift verheißen wird, übernommen haben[2], hat, nachdem die Mitgiftklage mit Recht abgeschafft worden ist, die Klage aus Stipulation, die für jene eingeführt worden ist, bei der Rückforderung der Mitgift so sehr die Natur einer Klage nach Treu und Glauben erlangt, daß sie eine Klage nach Treu und Glauben ist. Wir haben sie aber auch mit einem stillschweigenden Generalpfand ausgestattet[3]. Und wir haben bestimmt, daß die Ehefrau den anderen Gläubigern hinsichtlich der Pfandrechte vorgezogen wird, wenn sie selbst, zu deren Wohl allein wir das angeordnet haben, wegen ihrer Mitgift klagt.

30. In bonae fidei autem iudiciis libera potestas permitti videtur iudici ex bono et aequo aestimandi, quantum actori restitui debeat. in quo et illud continetur, ut, si quid invicem actorem praestare oporteat, eo compensato in reliquum is cum quo actum est condemnari debeat. sed et in strictis iudiciis ex rescripto divi Marci opposita doli mali exceptione compensatio inducebatur. sed nostra constitutio eas compensationes, quae iure aperto nituntur, latius introduxit, ut actiones ipso iure minuant sive in rem sive personales sive alias quascumque, excepta sola depositi actione, cui ali-

30. Bei den Klagen nach Treu und Glauben erscheint dem Richter die freie Befugnis eingeräumt, nach Recht und Billigkeit zu bestimmen, wieviel dem Kläger geleistet werden muß. Darin ist auch eingeschlossen, daß der Beklagte, wenn der Kläger seinerseits etwas zu leisten verpflichtet ist, nach entsprechender Verrechnung in den Rest verurteilt werden soll. Aber auch für die strengrechtlichen Klagen wurde durch ein Reskript des vergöttlichten Kaisers Mark Aurel die Verrechnung durch Erheben der Arglisteinrede eingeführt. Doch hat unsere Konstitution[4] die Verrechnungen, die sich auf eine eindeutige Berechtigung stützen, noch umfassender geregelt, so daß die Klagen schon von Rechts wegen eingeschränkt sind, seien es dingliche oder persönliche oder beliebige andere. Ausgenommen ist

1 C. 3, 31, 12, 3 (531).
2 C. 5, 13, 1 (530).
3 C. 5, 12, 30 pr./1 (529); 5, 13, 1, 1 b/c (530); 8, 17, 12, 4 (531).
4 C. 4, 31, 14 (531).

quid compensationis nomine opponi satis impium esse credidimus, ne sub praetextu compensationis depositarum rerum quis exactione defraudetur.

allein die Klage aus Verwahrung, bei der wir es für ganz gewissenlos gehalten haben, daß ihr etwas unter dem Gesichtspunkt der Verrechnung entgegengehalten wird, damit niemand unter dem Vorwand der Verrechnung um die Wiedererlangung der verwahrten Sache betrogen wird.

31. Praeterea quasdam actiones arbitrarias id est ex arbitrio iudicis pendentes appellamus, in quibus nisi arbitrio iudicis is cum quo agitur actori satisfaciat, veluti rem restituat vel exhibeat vel solvat vel ex noxali causa servum dedat, condemnari debeat. sed istae actiones tam in rem quam in personam inveniuntur. in rem veluti Publiciana, Serviana de rebus coloni, quasi Serviana, quae etiam hypothecaria vocatur: in personam veluti quibus de eo agitur, quod aut metus causa aut dolo malo factum est, item qua id, quod certo loco promissum est, petitur. ad exhibendum quoque actio ex arbitrio iudicis pendet. in his enim actionibus et ceteris similibus permittitur iudici ex bono et aequo secundum cuiusque rei de qua actum est naturam aestimare, quemadmodum actori satisfieri oporteat.

31. Außerdem nennen wir einige Klagen ermessensbestimmte, das heißt von richterlicher Ermessensentscheidung geprägte Klagen. Bei ihnen muß der Beklagte verurteilt werden, wenn er nicht dem Kläger gemäß der Ermessensentscheidung des Richters Genüge leistet, zum Beispiel eine Sache herausgibt oder vorlegt oder seine Schuld erfüllt oder einen Sklaven wegen seiner Schadenstat ausliefert. Diese Klagen aber finden sich als dingliche wie als persönliche, als dingliche zum Beispiel die actio Publiciana, die Serviana wegen der Sachen des Pächters und die quasi Serviana, die auch Hypothekenklage genannt wird; als persönliche zum Beispiel die, mit denen hinsichtlich dessen geklagt wird, was aufgrund von Furcht oder mit Arglist geschehen ist, ebenso die, mit der das eingeklagt wird, was zur Leistung an einem bestimmten Ort versprochen ist. Auch die Klage auf Sachvorlegung ist von einer Ermessensentscheidung des Richters geprägt. Bei diesen Klagen und den ähnlichen anderen wird nämlich dem Richter gestattet, nach Recht und Billigkeit gemäß der Natur des Gegenstandes, dessentwegen geklagt worden ist, zu bestimmen, auf welche Weise dem Kläger Genüge geleistet werden muß.

32. Curare autem debet iudex, ut omnimodo, quantum possibile ei sit, certae pecuniae vel rei sententiam ferat, etiam si de incerta quantitate apud eum actum est.

32. Der Richter muß aber darauf achten, daß er unter allen Umständen, so weit es ihm möglich ist, zu einer bestimmten Geldsumme oder auf eine Sache verurteilt, auch wenn vor ihm auf eine unbestimmte Leistung geklagt worden ist.

33. Si quis agens in intentione sua plus complexus fuerit, quam ad eum pertinet, causa cadebat, id est rem amittebat, nec facile in integrum a praetore restituebatur, nisi minor erat viginti quinque annis. huic enim sicut in aliis causis causa cognita succurrebatur, si lapsus iuventute fuerat, ita et in hac causa succurri solitum erat. sane si tam magna causa iusti erroris interveniebat, ut etiam constantissimus quisque labi posset, etiam maiori viginti quinque annis

33. Wenn [früher] ein Kläger in seinen Klagantrag mehr einbezogen hatte, als ihm zustand, wurde er sachfällig, das heißt, er verlor den Prozeß und wurde nicht ohne weiteres vom Prätor wieder in den vorigen Stand eingesetzt, außer wenn er jünger als fünfundzwanzig Jahre war. Wie nämlich diesem, wenn er infolge jugendlichen Alters geirrt hatte, in anderen Bereichen nach Voruntersuchung geholfen wurde, so war es auch hier üblich zu helfen. War freilich ein so klarer Fall von entschuldbarem Irrtum gegeben, daß selbst ein sehr erfahrener Mann einen Fehler machen konnte, so kam man auch dem, der

succurrebatur: veluti si quis totum legatum petierit, post deinde prolati fuerint codicilli, quibus aut pars legati adempta sit aut quibusdam aliis legata data sint, quae efficiebant, ut plus petiisse videretur petitor quam dodrantem, atque ideo lege Falcidia legata minuebantur.

älter als fünfundzwanzig Jahre war, zu Hilfe, zum Beispiel wenn jemand ein Vermächtnis ganz einklagte und wenn danach ein Kodizill vorgelegt wurde, in dem entweder ein Teil des Vermächtnisses widerrufen worden war oder gewissen anderen Personen Vermächtnisse ausgesetzt worden waren, welche bewirkten, daß der Kläger erkennbar mehr als drei Viertel der Erbschaft in Anspruch genommen hatte, waren doch deswegen [das heißt wegen der im Kodizill ausgesetzten Vermächtnisse] alle Vermächtnisse durch die lex Falcidia gekürzt.

33a. Plus autem quattuor modis petitur: re, tempore, loco, causa. re: veluti si quis pro decem aureis qui ei debebantur viginti petierit, aut si is, cuius ex parte res est, totam eam vel maiore ex parte suam esse intenderit.

33a. Auf vier Arten aber wird zu viel eingeklagt: dem Gegenstand, der Zeit, dem Ort und dem Grund nach. Dem Gegenstand nach: wenn jemand statt der ihm geschuldeten zehn Goldstücke zwanzig einklagt oder wenn der, dem eine Sache anteilig gehört, die Sache ganz oder zu einem größeren Anteil als eigene in Anspruch nimmt.

33b. Tempore: veluti si quis ante diem vel ante condicionem petierit. qua ratione enim qui tardius solvit, quam solvere deberet, minus solvere intellegitur, eadem ratione qui praemature petit plus petere videtur.

33b. Der Zeit nach: wenn zum Beispiel jemand vor Fristablauf oder Bedingungseintritt klagt. Aus demselben Grund nämlich, weswegen anerkanntermaßen zu wenig zahlt, wer später zahlt, als er zahlen soll, ergibt sich, daß zu viel fordert, wer verfrüht fordert.

33c. Loco plus petitur, veluti cum quis id, quod certo loco sibi stipulatus est, alio loco petit sine commemoratione illius loci, in quo sibi dari stipulatus fuerit: verbi gratia si is, qui ita stipulatus fuerit 'Ephesi dare spondes?', Romae pure intendat dari sibi oportere. ideo autem plus petere intellegitur, quia utilitatem, quam habuit promissor, si Ephesi solveret, adimit ei pura intentione: propter quam causam alio loco petenti arbitraria actio proponitur, in qua scilicet ratio habetur utilitatis, quae promissori competitura fuisset, si illo loco solveret. quae utilitas plerumque in mercibus maxima invenitur, veluti vino oleo frumento, quae per singulas regiones diversa habent pretia: sed et pecuniae numeratae non in omnibus regionibus sub isdem usuris fenerantur. si quis tamen Ephesi petat, id est eo loco petat, quo ut sibi detur stipulatus

33c. Dem Ort nach wird zu viel eingeklagt, wenn zum Beispiel jemand das, was er zur Leistung an einem bestimmten Ort sich hat versprechen lassen, an einem anderen Ort einklagt, ohne Angabe des Ortes, an dem zu leisten er sich hat versprechen lassen. Zum Beispiel wenn der, der sich so versprechen läßt: 'Versprichst du, in Ephesus zu leisten?', in Rom ohne Zusatz geltend macht, ihm müsse geleistet werden. Er fordert aber erkennbar deswegen zu viel, weil er dem Versprechenden den Vorteil, den dieser hat, wenn er in Ephesus leistet, durch die zusatzlose Klage nimmt. Aus diesem Grund wird demjenigen, der an einem anderen Ort klagt, eine ermessensbestimmte Klage verheißen, in der dann der Vorteil berücksichtigt wird, der dem Versprechenden zugefallen wäre, wenn er an dem vereinbarten Ort gezahlt hätte. Dieser Vorteil erweist sich bei Waren wie Wein, Öl, Getreide, die in den einzelnen Gegenden verschiedene Preise haben, häufig als sehr groß. Aber auch Bargeld wird nicht in allen Gegenden gegen gleiche Zinsen ausgeliehen. Doch wenn jemand in Ephesus klagt, das heißt, an dem Ort, an dem zu leisten er

est, pura actione recte agit: idque etiam praetor monstrat, scilicet quia utilitas solvendi salva est promissori.

33d. Huic autem, qui loco plus petere intellegitur, proximus est is qui causa plus petit: ut ecce si quis ita a te stipulatus sit 'hominem Stichum aut decem aureos dare spondes?', deinde alterutrum petat, veluti hominem tantum aut decem tantum. ideo autem plus petere intellegitur, quia in eo genere stipulationis promissoris est electio, utrum pecuniam an hominem solvere malit: qui igitur pecuniam tantum vel hominem tantum sibi dari oportere intendit, eripit electionem adversario et eo modo suam quidem meliorem condicionem facit, adversarii vero sui deteriorem. qua de causa talis in ea re prodita est actio, ut quis intendat hominem Stichum aut aureos decem sibi dari oportere, id est ut eodem modo peteret, quo stipulatus est. praeterea si quis generaliter hominem stipulatus sit et specialiter Stichum petat, aut generaliter vinum stipulatus specialiter Campanum petat, aut generaliter purpuram stipulatus sit, deinde specialiter Tyriam petat: plus petere intellegitur, quia electionem adversario tollit, cui stipulationis iure liberum fuit aliud solvere, quam quod peteretur. quin etiam licet vilissimum sit quod quis petat, nihilo minus plus petere intellegitur, quia saepe accidit, ut promissori facilius sit illud solvere, quod maioris pretii est.

33e. Sed haec quidem antea in usu fuerant: postea autem lex Zenoniana et nostra rem coartavit. et si quidem tempore plus fuerit petitum, quid statui oportet, Zenonis divae memoriae loquitur constitutio: sin autem quantitate vel alio modo plus fuerit

sich hat versprechen lassen, klagt er mit zusatzloser Klage richtig; und das gibt auch der Prätor zu erkennen, weil nämlich der Leistungsvorteil dem Versprechenden erhalten bleibt.

33d. Demjenigen jedoch, von dem angenommen wird, daß er dem Ort nach zu viel einklagt, steht am nächsten, wer dem Grund nach zu viel einklagt, zum Beispiel der, der sich von dir so hat versprechen lassen: 'Versprichst du, den Sklaven Stichus oder zehn Goldstücke zu geben?', und daraufhin eins von beiden einklagt, etwa nur den Sklaven oder nur die zehn. Er klagt aber, wie man annimmt, deswegen zu viel ein, weil bei dieser Art der Stipulation der Versprechende die Wahl hat, ob er lieber das Geld oder den Sklaven leisten will. Wer also geltend macht, ihm müsse nur das Geld oder nur der Sklave gegeben werden, nimmt dem Gegner die Wahlmöglichkeit und verbessert auf diese Weise zwar seine Lage, verschlechtert aber die seines Gegners. Deswegen ist in dieser Sache eine Klage dahin eingeführt worden, daß der Kläger geltend macht, ihm seien der Sklave Stichus oder zehn Goldstücke zu leisten, das heißt, daß er in derselben Weise klagt, wie er sich hat versprechen lassen. Wer sich ferner einen Sklaven der Gattung nach hat versprechen lassen und konkret den Sklaven Stichus einklagt oder wer sich Wein der Gattung nach hat versprechen lassen und konkret Campanerwein einklagt oder wer sich Purpur der Gattung nach hat versprechen lassen und konkret Purpur aus Tyrus einklagt, von dem wird angenommen, daß er zu viel einklagt, weil er dem Gegner, dem nach dem Recht der Stipulation freigestanden hat, etwas anderes zu leisten als das, was eingeklagt ist, die Wahlmöglichkeit nimmt. Und mag das, was jemand einklagt, sogar spottbillig sein, so klagt er, wie man annimmt, nichtsdestoweniger zu viel ein, weil es oft vorkommt, daß es dem Versprechenden leichter fällt, das zu leisten, was teurer ist.

33e. Das alles aber war früher in Gebrauch. Später haben ein Gesetz des Kaisers Zeno[1] und eines von uns[2] dieses Rechtsgebiet eingeschränkt. Und wie zu entscheiden ist, wenn nun der Zeit nach zu viel eingeklagt wird, sagt die Konstitution des Kaisers Zeno verewigten An-

1 C. 3, 10, 1 (486 oder 487).
2 C. 3, 10, 2 (o. J.).

petitum, omne, si quid forte damnum ex hac causa acciderit ei, contra quem plus petitum fuerit, commissa tripli condemnatione, sicut supra diximus, puniatur.

gedenkens[1]. Wenn aber dem Umfang nach oder auf andere Weise zu viel eingeklagt wird, wird alles, was demjenigen, gegen den zu viel eingeklagt wird, daraus etwa an Schaden entsteht, dadurch geahndet, daß, wie wir oben[2] gesagt haben, eine Verurteilung auf das Dreifache ergeht.

34. Si minus in intentione complexus fuerit actor, quam ad eum pertineret, veluti si, cum ei decem deberentur, quinque sibi dari oportere intenderit, aut cum totus fundus eius esset, partem dimidiam suam esse petierit, sine periculo agit: in reliquum enim nihilo minus iudex adversarium in eodem iudicio condemnat ex constitutione divae memoriae Zenonis.

34. Wenn der Kläger in seinen Klagantrag weniger aufnimmt, als ihm zukommt, klagt er ohne Gefahr, wie zum Beispiel, wenn er, während ihm zehn geschuldet werden, geltend macht, ihm seien fünf zu leisten, oder wenn er, während er Eigentümer des ganzen Grundstücks ist, darauf klagt, daß die Hälfte sein Eigentum sei. Der Richter verurteilt nämlich gemäß der Konstitution des Kaisers Zeno verewigten Angedenkens[3] den Gegner im selben Prozeß nichtsdestoweniger auf den Rest.

35. Si quis aliud pro alio intenderit, nihil eum periclitari placet, sed in eodem iudicio cognita veritate errorem suum corrigere ei permittimus, veluti si is, qui hominem Stichum petere deberet, Erotem petierit, aut si quis ex testamento sibi dari oportere intenderit, quod ex stipulatu debetur.

35. Wenn jemand das eine anstelle des anderen einklagt, so ist anerkannt, daß er keine Gefahr läuft, und wir gestatten ihm, daß er, nachdem sich die Wahrheit herausgestellt hat, im selben Prozeß seinen Irrtum berichtigt, wie zum Beispiel, wenn der, der auf den Sklaven Stichus klagen müßte, den Sklaven Eros einklagt, oder wenn jemand geltend macht, es müsse ihm aus Testament geleistet werden, was ihm aus Stipulation geschuldet wird.

36. Sunt praeterea quaedam actiones, quibus non solidum quod debetur nobis persequimur, sed modo solidum consequimur, modo minus. ut ecce si in peculium filii servive agamus: nam si non minus in peculio sit, quam persequimur, in solidum pater dominusve condemnatur: si vero minus inveniatur, eatenus condemnat iudex, quatenus in peculio sit. quemadmodum autem peculium intellegi debeat, suo ordine proponemus.

36. Es gibt außerdem einige Klagen, mit denen wir nicht das Ganze, das uns geschuldet wird, erhalten, sondern bald das Ganze bekommen, bald weniger, zum Beispiel dann, wenn wir wegen des Sonderguts des Haussohnes oder des Sklaven klagen. Denn wenn nämlich im Sondergut nicht weniger ist, als wir einklagen, wird der Hausvater oder der Eigentümer auf das Ganze verurteilt; wenn sich aber weniger vorfindet, verurteilt der Richter so weit, wie das Sondergut reicht. Was aber unter Sondergut zu verstehen ist, werden wir darlegen, wenn es an der Reihe ist[4].

37. Item si de dote iudicio mulier agat, placet eatenus maritum condemnari debere, quatenus facere possit, id est quatenus facultates eius patiuntur. itaque si dotis quantitati concurrant facultates eius, in so-

37. Wenn ferner die Ehefrau auf Rückgabe der Mitgift klagt, ist anerkannt, daß der Ehemann so weit verurteilt werden muß, wie er leisten kann, das heißt soweit sein Vermögen es zuläßt. Wenn deshalb sein Vermögen der Größe

1 Siehe Inst. 4, 13, 10.
2 Inst. 4, 6, 24.
3 C. 3, 10, 1, 3 (486 oder 487).
4 Vgl. Inst. 4, 7, 4.

lidum damnatur: si minus, in tantum quantum facere potest. propter retentionem quoque dotis repetitio minuitur: nam ob impensas in res dotales factas marito retentio concessa est, quia ipso iure necessariis sumptibus dos minuitur, sicut ex latioribus digestorum libris cognoscere liceat.

der Mitgift gleichkommt, wird er auf das Ganze verurteilt; wenn nicht, auf so viel, wie er leisten kann. Auch wird die Rückforderung der Mitgift durch Zurückbehaltungsrechte eingeschränkt. Denn wegen der Verwendungen, die auf Gegenstände der Mitgift gemacht worden sind, ist dem Ehemann die Zurückbehaltung gestattet, weil sich die Mitgift durch notwendige Verwendungen von selbst verringert, wie man aus den ausführlicheren Büchern der Digesten ersehen kann[1].

38. Sed si quis cum parente suo patronove agat, item si socius cum socio iudicio societatis agat, non plus actor consequitur, quam adversarius eius facere potest. idem est, si quis ex donatione sua conveniatur.

38. Auch wenn jemand gegen seinen Vater oder seinen Freilasser klagt, ebenso wenn ein Gesellschafter mit der Gesellschafterklage gegen einen Mitgesellschafter klagt, erlangt der Kläger nicht mehr, als sein Gegner zu leisten imstande ist. Dasselbe gilt, wenn jemand aufgrund seiner Schenkung belangt wird.

39. Compensationes quoque oppositae plerumque efficiunt, ut minus quisque consequatur, quam ei debeatur: namque ex bono et aequo, habita ratione eius, quod invicem actorem ex eadem causa praestare oporteret, in reliquum eum cum quo actum est condemnaret, sicut iam dictum est.

39. Auch Aufrechnungen, die eingewendet werden, bewirken meistens, daß man weniger erhält, als einem geschuldet wird. Denn der Richter soll, wie schon gesagt[2], nach Recht und Billigkeit unter Berücksichtigung dessen, was der Kläger seinerseits in derselben Sache zu leisten verpflichtet ist, den Beklagten auf den Rest verurteilen.

40. Eum quoque, qui creditoribus suis bonis cessit, si postea aliquid adquisierit, quod idoneum emolumentum habeat, ex integro in id quod facere potest creditores cum eo experiuntur: inhumanum enim erat spoliatum fortunis suis in solidum damnari.

40. Auch gegen den, der seinen Gläubigern sein Vermögen überlassen hat, klagen die Gläubiger, wenn er später etwas erwirbt, was einen hinreichenden Wert darstellt, von neuem auf das, was er zu leisten imstande ist; es wäre nämlich nicht menschlich, den auf das Ganze zu verurteilen, der sein Vermögen eingebüßt hat.

VII

Quod cum eo qui in aliena potestate est negotium gestum esse dicitur

Siebter Titel

Wenn vorgetragen wird, daß mit einem Gewaltunterworfenen ein Geschäft abgeschlossen worden ist

Quia tamen superius mentionem habuimus de actione, quae in peculium filiorum familias servorumque agitur: opus est, ut de hac actione et de ceteris, quae eorundem nomine in parentes dominosve dari solent, diligentius admoneamus. et quia, sive cum

Da wir nun oben[3] die Klage erwähnt haben, mit der wegen des Sonderguts von Haussöhnen und Sklaven geklagt wird, ist es nötig, auf diese Klage und die übrigen, die gegen Hausväter und Eigentümer wegen ihrer Gewaltunterworfenen üblicherweise gegeben werden, gründlicher ein-

1 Vgl. etwa D. 23, 3, 56, 3; 25, 1, 5.
2 Inst. 4, 6, 30.
3 Inst. 4, 6, 36.

servis negotium gestum sit sive cum his, qui in potestate parentis sunt, fere eadem iura servantur, ne verbosa fiat disputatio, dirigamus sermonem in personam servi dominique, idem intellecturi de liberis quoque et parentibus, quorum in potestate sunt. nam si quid in his proprie observetur, separatim ostendemus.

zugehen. Und weil nahezu dieselben Regeln gelten, gleichgültig ob ein Geschäft mit Sklaven abgeschlossen worden ist oder mit denen, die in väterlicher Gewalt stehen, wollen wir, damit die Darstellung nicht zu weitschweifig wird, die Erörterung an der Person des Sklaven und seines Eigentümers ausrichten, wobei wir festhalten können, daß dasselbe auch für die Hauskinder und für die Hausväter, in deren Gewalt die Hauskinder sind, gilt. Denn wenn etwas für diese speziell beachtet werden muß, werden wir das gesondert dartun.

1. Si igitur iussu domini cum servo negotium gestum erit, in solidum praetor adversus dominum actionem pollicetur, scilicet quia qui ita contrahit fidem domini sequi videtur.

1. Wenn also ein Geschäft mit Ermächtigung des Eigentümers abgeschlossen worden ist, verheißt der Prätor gegen den Eigentümer eine Klage auf das Ganze, weil nämlich, wer so kontrahiert, sich auf das Wort des Eigentümers verläßt.

2. Eadem ratione praetor duas alias in solidum actiones pollicetur, quarum altera exercitoria, altera institoria appellatur. exercitoria tunc locum habet, cum quis servum suum magistrum navis praeposuerit et quid cum eo eius rei gratia cui praepositus erit contractum fuerit. ideo autem exercitoria vocatur, quia exercitor appellatur is, ad quem cottidianus navis quaestus pertinet. institoria tunc locum habet, cum quis tabernae forte aut cuilibet negotiationi servum praeposuerit et quid cum eo eius rei causa, cui praepositus erit, contractum fuerit. ideo autem institoria appellatur, quia qui negotiationibus praeponuntur institores vocantur.

2. Aus demselben Grund verheißt der Prätor zwei andere Klagen auf das Ganze, von denen die eine Reederklage genannt wird, die andere Geschäftsleiterklage. Die Reederklage findet dann statt, wenn jemand seinen Sklaven zum Kapitän bestellt und wenn mit diesem um der Aufgabe willen, für die er bestellt ist, kontrahiert wird. Die Klage heißt aber deswegen Reederklage, weil derjenige Reeder genannt wird, dem die üblichen Erträge des Schiffes zustehen. Die Geschäftsleiterklage findet dann statt, wenn jemand einen Sklaven etwa zur Führung eines Ladens oder eines beliebigen anderen Erwerbsgeschäfts bestellt und wenn mit diesem um der Aufgabe willen, für die er bestellt ist, kontrahiert wird. Die Klage wird aber deswegen Geschäftsleiterklage genannt, weil die, die für Erwerbsgeschäfte bestellt werden, Geschäftsleiter heißen.

2a. Istas tamen duas actiones praetor reddit et si liberum quis hominem aut alienum servum navi aut tabernae aut cuilibet negotiationi praeposuerit, scilicet quia eadem aequitatis ratio etiam eo casu interveniebat.

2a. Jene beiden Klagen erteilt der Prätor aber auch, wenn jemand einen Freien oder einen fremden Sklaven zur Führung eines Schiffes oder eines Ladens oder eines beliebigen anderen Erwerbsgeschäfts bestellt, weil nämlich auch in diesen Fällen derselbe Gerechtigkeitsgrund gegeben ist.

3. Introduxit et aliam actionem praetor, quae tributoria vocatur. namque si servus in peculiari merce sciente domino negotietur et quid cum eo eius rei causa contractum erit, ita praetor ius dicit, ut, quidquid in his mercibus erit quodque inde receptum erit, id inter dominum, si quid ei debebitur,

3. Der Prätor hat auch eine weitere Klage eingeführt; sie heißt Verteilungsklage. Denn wenn mit Wissen des Eigentümers ein Sklave mit Waren des Sonderguts Handel treibt und wenn mit ihm deswegen kontrahiert wird, spricht der Prätor in der Weise Recht, daß alles, was an Waren vorhanden ist oder was aus ihnen erlöst wurde,

et ceteros creditores pro rata portione distribuatur. et quia ipsi domino distributionem permittit, si quis ex creditoribus queratur, quasi minus ei tributum sit, quam oportuerit, hanc ei actionem accommodat, quae tributoria appellatur.

zwischen dem Eigentümer — falls ihm vom Sklaven etwas geschuldet wird — und den übrigen Gläubigern entsprechend ihrer Quote verteilt wird. Und da der Prätor dem Eigentümer selbst die Verteilung gestattet, gewährt er, wenn einer der Gläubiger sich beschwert, ihm sei weniger, als ihm gebührt, zugeteilt worden, diesem die Klage, die Verteilungsklage genannt wird.

4. Praeterea introducta est actio de peculio deque eo, quod in rem domini versum erit, ut, quamvis sine voluntate domini negotium gestum erit, tamen sive quid in rem eius versum fuerit, id totum praestare debeat, sive quid non sit in rem eius versum, id eatenus praestare debeat, quatenus peculium patitur.

4. Außerdem ist eine Klage wegen des Sonderguts und wegen des dem Vermögen des Eigentümers Zugewendeten eingeführt worden, so daß der Eigentümer, auch wenn ein Geschäft ohne seinen Willen abgeschlossen ist, gleichwohl entweder für das Ganze einstehen muß, das seinem Vermögen zugewendet worden ist, oder, wenn nichts seinem Vermögen zugewendet wurde, so weit einstehen muß, wie es das Sondergut zuläßt.

4a. In rem autem domini versum intellegitur, quidquid necessario in rem eius impenderit servus, veluti si mutuatus pecuniam creditoribus eius solverit aut aedificia ruentia fulserit aut familiae frumentum emerit vel etiam fundum aut quamlibet aliam rem necessariam mercatus erit.

4a. Als 'dem Vermögen des Eigentümers zugewendet' versteht man aber das, was der Sklave notwendigerweise dessen Vermögen zuwendet, wie zum Beispiel, wenn er ein Darlehen aufnimmt und damit die Gläubiger des Eigentümers befriedigt oder vom Einsturz bedrohte Gebäude abstützen läßt oder wenn er Getreide für den Haushalt kauft oder auch ein Grundstück oder irgendeine andere notwendige Sache erwirbt.

4b. Itaque si ex decem ut puta aureis, quos servus tuus a Titio mutuos accepit, creditori tuo quinque aureos solverit, reliquos vero quinque quolibet modo consumpserit, pro quinque quidem in solidum damnari debes, pro ceteris vero quinque eatenus, quatenus in peculio sit: ex quo scilicet apparet, si toti decem aurei in rem tuam versi fuerint, totos decem aureos Titium consequi posse. licet enim una est actio, qua de peculio deque eo quod in rem domini versum sit agitur, tamen duas habet condemnationes. itaque iudex, apud quem de ea actione agitur, ante dispicere solet, an in rem domini versum sit, nec aliter ad peculii aestimationem transit, quam si aut nihil in rem domini versum intellegatur aut non totum.

4b. Wenn deshalb beispielsweise von zehn Goldstücken, die dein Sklave von Titius als Darlehen empfangen hat, der Sklave fünf Goldstücke deinem Gläubiger zahlt, die restlichen fünf aber in irgendeiner Weise verbraucht, mußt du allerdings wegen fünf unbeschränkt verurteilt werden, wegen der übrigen fünf aber so weit, wie das Sondergut reicht. Daraus ergibt sich natürlich, daß Titius alle zehn Goldstücke bekommen kann, wenn alle zehn Goldstücke deinem Vermögen zugewendet worden sind. Obwohl die Klage, mit der wegen des Sonderguts und wegen des dem Vermögen des Eigentümers Zugewendeten geklagt wird, eine einzige Klage ist, enthält sie doch zwei Verurteilungsklauseln. Deshalb pflegt der Richter, vor dem mit dieser Klage geklagt wird, zunächst zu prüfen, ob dem Vermögen des Eigentümers etwas zugewendet worden ist, und er geht erst dann zur Bewertung des Sonderguts über, wenn sich ergibt, daß nichts oder nicht alles dem Vermögen des Eigentümers zugewendet worden ist.

4c. Cum autem quaeritur, quantum in peculio sit, ante deducitur, quidquid servus domino quive eius in potestate sit debet, et quod superest, id solum peculium intellegitur. aliquando tamen id, quod ei debet servus, qui in potestate domini sit, non deducitur ex peculio, veluti si is in huius ipsius peculio sit. quod eo pertinet, ut, si quid vicario suo servus debeat, id ex peculio eius non deducatur.

4c. Wenn aber untersucht wird, wieviel im Sondergut ist, wird vorher abgezogen, was der Sklave dem Eigentümer oder jemandem schuldet, der dessen Gewalt unterworfen ist, und als Sondergut wird nur angesehen, was übrigbleibt. Zuweilen wird jedoch das, was der Sklave jemandem schuldet, welcher der Gewalt des Eigentümers unterworfen ist, nicht vom Sondergut abgezogen, wie zum Beispiel, wenn der Gewaltunterworfene zum Sondergut gerade des Sklaven selbst gehört. Das bedeutet, daß vom Sondergut des Sklaven nicht abgezogen wird, was er seinem Untersklaven schuldet.

5. Ceterum dubium non est, quin is quoque, qui iussu domini contraxerit cuique institoria vel exercitoria actio competit, de peculio deque eo, quod in rem domini versum est, agere possit: sed erit stultissimus, si omissa actione, qua facillime solidum ex contractu consequi possit, se ad difficultatem perducat probandi in rem domini versum esse, vel habere servum peculium et tantum habere, ut solidum sibi solvi possit.

5. Im übrigen ist nicht zweifelhaft, daß auch der, der mit Ermächtigung des Eigentümers kontrahiert oder dem die Geschäftsleiterklage oder die Reederklage zusteht, wegen des Sonderguts oder wegen des dem Vermögen des Eigentümers Zugewendeten klagen kann. Doch wird sehr dumm sein, wer die Klage, mit der er am leichtesten das vertragsmäßige Ganze erlangen kann, beiseite läßt und sich damit der Schwierigkeit aussetzt zu beweisen, daß das Ganze dem Vermögen des Eigentümers zugewendet worden ist oder daß der Sklave ein Sondergut hat, und zwar in der Höhe, daß dem Kläger das Ganze geleistet werden kann.

5a. Is quoque, cui tributoria actio competit, aeque de peculio et in rem verso agere potest: sed sane huic modo tributoria expedit agere, modo de peculio et in rem verso. tributoria ideo expedit agere, quia in ea domini condicio praecipua non est, id est quod domino debetur non deducitur, sed eiusdem iuris est dominus, cuius et ceteri creditores: at in actione de peculio ante deducitur quod domino debetur et in id quod reliquum est creditori dominus condemnatur. rursus de peculio ideo expedit agere, quod in hac actione totius peculii ratio habetur, at in tributoria eius tantum, quod negotiatur, et potest quisque tertia forte

5a. Auch derjenige, dem die Verteilungsklage zusteht, kann gleichermaßen wegen des Sonderguts oder wegen Zuwendung in das Vermögen klagen. Aber freilich ist für ihn bald vorteilhafter, mit der Verteilungsklage vorzugehen, bald mit der wegen des Sonderguts oder wegen Zuwendung in das Vermögen. Mit der Verteilungsklage vorzugehen ist deswegen vorteilhafter, weil es dabei eine Vorzugsstellung des Eigentümers nicht gibt, das heißt, daß man vom Sondergut nicht abzieht, was dem Eigentümer geschuldet wird, sondern daß der Eigentümer dieselbe Rechtsstellung hat wie die anderen Gläubiger. Dagegen zieht man bei der Klage wegen des Sonderguts vorher ab, was dem Eigentümer geschuldet wird, und der Eigentümer wird zugunsten des Gläubigers auf das verurteilt, was übrig ist. Hingegen ist wegen des Sonderguts zu klagen deswegen vorteilhafter, weil bei dieser Klage das ganze Sondergut berücksichtigt wird, bei der Verteilungsklage dagegen nur der Teil davon, mit dem gehandelt wird; es kann nämlich einer zum Beispiel mit einem Drittel oder einem Viertel des Sonderguts Handel treiben oder

parte peculii aut quarta vel etiam minima negotiari, maiorem autem partem in praediis et mancipiis aut fenebri pecunia habere. prout ergo expedit, ita quisque vel hanc actionem vel illam eligere debet: certe qui potest probare in rem domini versum esse, de in rem verso agere debet.

auch mit einem sehr geringen Teil, den größeren Teil aber in Grundstücken, Sklaven oder verzinslichen Darlehen angelegt haben. So muß man, je nachdem was vorteilhafter ist, die eine oder die andere Klage wählen. Sicherlich sollte, wer die Zuwendung in das Vermögen des Eigentümers beweisen kann, wegen Zuwendung in das Vermögen klagen.

6. Quae diximus de servo et domino, eadem intellegimus et de filio et filia aut nepote et nepte, patre avove cuius in potestate sunt.

6. Was wir für den Sklaven und den Eigentümer gesagt haben, gilt auch für den Sohn und die Tochter oder für den Enkel und die Enkelin sowie für den Vater oder den Großvater, in deren Gewalt jene stehen.

7. Illud proprie servatur in eorum persona, quod senatus consultum Macedonianum prohibuit mutuas pecunias dari eis, qui in parentis erunt potestate: et ei qui crediderit denegatur actio tam adversus ipsum filium filiamve nepotem neptemve, sive adhuc in potestate sunt, sive morte parentis vel emancipatione suae potestatis esse coeperint, quam adversus patrem avumve, sive habeat eos adhuc in potestate sive emancipaverit. quae ideo senatus prospexit, quia saepe onerati aere alieno creditarum pecuniarum, quas in luxuriam consumebant, vitae parentium insidiabantur.

7. Bei diesen Personen ist als Besonderheit zu beachten, daß das Senatusconsultum Macedonianum[1] untersagt hat, denen Geld zu leihen, die in väterlicher Gewalt stehen. Und dem Darlehensgeber wird die Klage verweigert, und zwar sowohl gegen den Sohn oder die Tochter, gegen den Enkel oder die Enkelin — gleichgültig ob sie noch in der väterlichen Gewalt stehen oder durch Tod des Hausvaters oder durch Entlassung aus der väterlichen Gewalt rechtlich selbständig geworden sind — wie auch gegen den Vater oder den Großvater, sei es, daß er sie noch in der väterlichen Gewalt hat, sei es, daß er sie daraus entlassen hat. Dies hat der Senat deswegen vorgesehen, weil Hauskinder unter dem Druck der Schulden aus geliehenen Geldern, die sie verschwenderisch ausgegeben hatten, nicht selten den Hausvätern nach dem Leben trachteten.

8. Illud in summa admonendi sumus id, quod iussu patris dominive contractum fuerit quodque in rem eius versum fuerit, directo quoque posse a patre dominove condici, tamquam si principaliter cum ipso negotium gestum esset. ei quoque, qui vel exercitoria vel institoria actione tenetur, directo posse condici placet, quia huius quoque iussu contractum intellegitur.

8. Schließlich müssen wir noch darauf hinweisen, daß das, was mit Ermächtigung des Hausvaters oder des Eigentümers vertraglich abgeschlossen oder was deren Vermögen zugewendet worden ist, auch unmittelbar vom Hausvater oder vom Eigentümer eingeklagt werden kann, wie wenn das Geschäft von Anfang an mit ihnen selbst abgeschlossen worden wäre. Anerkannt ist, daß auch, wer mit der Reederklage oder mit der Geschäftsleiterklage haftet, unmittelbar verklagt werden kann, weil angenommen wird, daß auch hier aufgrund seiner Ermächtigung kontrahiert worden ist.

---

1 Aus der Zeit Vespasians.

VIII
De noxalibus actionibus

Ex maleficiis servorum, veluti si furtum fecerint aut bona rapuerint aut damnum dederint aut iniuriam commiserint, noxales actiones proditae sunt, quibus domino damnato permittitur aut litis aestimationem sufferre aut hominem noxae dedere.

1. Noxa autem est corpus quod nocuit, id est servus: noxia ipsum maleficium, veluti furtum damnum rapina iniuria.

2. Summa autem ratione permissum est noxae deditione defungi: namque erat iniquum nequitiam eorum ultra ipsorum corpora dominis damnosam esse.

3. Dominus noxali iudicio servi sui nomine conventus servum actori noxae dedendo liberatur. nec minus perpetuum eius dominium a domino transfertur: si autem damnum ei cui deditus est resarcierit quaesita pecunia, auxilio praetoris invito domino manumittetur.

4. Sunt autem constitutae noxales actiones aut legibus aut edicto praetoris: legibus veluti furti lege duodecim tabularum, damni iniuriae lege Aquilia: edicto praetoris veluti iniuriarum et vi bonorum raptorum.

5. Omnis autem noxalis actio caput sequitur. nam si servus tuus noxiam commiserit, quamdiu in tua potestate sit, tecum est actio: si in alterius potestatem pervene-

Achter Titel
Über die Noxalklagen

Wegen der Delikte von Sklaven — zum Beispiel wenn sie einen Diebstahl begangen, Sachen geraubt, einen Schaden zugefügt oder eine Personenverletzung begangen haben — sind Noxalklagen geschaffen worden, bei denen dem verurteilten Eigentümer gestattet wird, entweder den Schätzwert des Streitgegenstandes zu leisten oder den Sklaven als den Schädiger, noxa, auszuliefern.

1. Noxa ist aber der Körper, der geschädigt hat, das heißt der Sklave; noxia das Delikt selbst, zum Beispiel Diebstahl, Sachbeschädigung, Raub, Personenverletzung.

2. Mit sehr guter Begründung ist gestattet worden, daß man sich durch die Auslieferung des Schädigers entlasten kann; denn es wäre ungerecht, wenn die Schlechtigkeit eines Sklaven dem Eigentümer über den Wert seines Körpers hinaus nachteilig wäre.

3. Der Eigentümer, der wegen seines Sklaven mit der Noxalklage gerichtlich belangt worden ist, wird dadurch, daß er den Sklaven als den Schädiger an den Kläger ausliefert, befreit. Und nicht weniger dauerhaft ist das Eigentum an dem Sklaven, das der Eigentümer überträgt. Wenn der Sklave aber Geld erworben hat und demjenigen, dem er ausgeliefert worden ist, den Schaden wiedergutmacht, wird er mit Hilfe des Prätors auch gegen den Willen des Eigentümers freigelassen[1].

4. Die Noxalklagen sind aber durch Gesetze oder durch das Edikt des Prätors eingeführt worden, gesetzlich zum Beispiel wegen Diebstahls durch das Zwölftafelgesetz[2], wegen widerrechtlichen Schadens durch die lex Aquilia; durch das prätorische Edikt zum Beispiel wegen Personenverletzung und wegen gewaltsam weggenommenen Gutes.

5. Jede Noxalklage folgt der Person des Sklaven. Denn wenn dein Sklave ein Delikt begeht, geht die Klage gegen dich, solange er in deiner Gewalt steht. Kommt er in die Gewalt eines an-

---

1 Justinian überträgt hier das klassische Haussohnprivileg (Collatio 2, 3, 1) auf die Sklaven.

2 XII tab. 12, 2.

rit, cum illo incipit actio esse, aut si manumissus fuerit, directo ipse tenetur et extinguitur noxae deditio. ex diverso quoque directa actio noxalis esse incipit: nam si liber homo noxiam commiserit et is servus tuus esse coeperit (quod casibus quibusdam effici primo libro tradidimus), incipit tecum esse noxalis actio, quae ante directa fuisset.

deren, so geht die Klage von da an gegen jenen. Wenn er aber freigelassen wird, haftet er unmittelbar selbst, und die Auslieferung entfällt. Umgekehrt kann auch eine direkte Klage zur Noxalklage werden. Wenn nämlich ein freier Mann ein Delikt begangen hat und dann dein Sklave geworden ist (was, wie wir im ersten Buch ausgeführt haben[1], in einigen Fällen vorkommt), geht von da an die Klage, die vorher eine direkte gewesen ist, als Noxalklage gegen dich.

6. Si servus domino noxiam commiserit, actio nulla nascitur: namque inter dominum et eum qui in eius potestate est nulla obligatio nasci potest. ideoque et si in alienam potestatem servus pervenerit aut manumissus fuerit, neque cum ipso neque cum eo, cuius nunc in potestate sit, agi potest. unde si alienus servus noxiam tibi commiserit et is postea in potestate tua esse coeperit, intercidit actio, quia in eum casum deducta sit, in quo consistere non potuit: ideoque licet exierit de tua potestate, agere non potes, quemadmodum si dominus in servum suum aliquid commiserit, nec si manumissus vel alienatus fuerit servus, ullam actionem contra dominum habere potest.

6. Wenn ein Sklave dem Eigentümer gegenüber ein Delikt begeht, entsteht keine Klage; denn zwischen einem Eigentümer und dem, der in seiner Gewalt ist, kann keine Verbindlichkeit entstehen. Deshalb kann, selbst wenn der Sklave später in die Gewalt eines anderen gelangt oder freigelassen wird, weder gegen ihn selbst noch gegen den geklagt werden, in dessen Gewalt er jetzt ist. Wenn daher ein fremder Sklave dir gegenüber ein Delikt begeht und nachher in deine Gewalt gelangt, erlischt die Klage, weil sie in eine Lage versetzt worden ist, in der sie nicht hätte entstehen können; und deshalb kannst du, auch wenn er aus deiner Gewalt herausgelangt, nicht klagen. Ebensowenig kann ein Sklave, wenn der Eigentümer ihm gegenüber ein Delikt begeht, irgendeine Klage gegen den Eigentümer haben, auch nicht, wenn der Sklave freigelassen oder veräußert wird.

7. Sed veteres quidem haec et in filiis familias masculis et feminis admiserunt. nova autem hominum conversatio huiusmodi asperitatem recte respuendam esse existimavit et ab usu communi haec penitus recessit: quis enim patitur filium suum et maxime filiam in noxam alii dare, ut paene per corpus pater magis quam filius periclitetur, cum in filiabus etiam pudicitiae favor hoc bene excludit? et ideo placuit in servos tantummodo noxales actiones esse proponendas, cum apud veteres legum commentatores invenimus saepius dictum ipsos filios familias pro suis delictis posse conveniri.

7. Die alten Juristen haben dies alles zwar auch auf männliche und weibliche Hauskinder angewendet. Aber mit der neuen Lebensweise der Menschen hat sich zutreffend die Auffassung gebildet, daß eine solche Härte entschieden abgelehnt werden muß, und so ist dieses Recht überall völlig außer Gebrauch gekommen. Wer nämlich erträgt es, seinen Sohn oder gar seine Tochter als Schädiger einem anderen auszuliefern? Wäre doch der Vater durch die körperliche Auslieferung fast mehr gefährdet als der Sohn selbst, während bei den Töchtern auch der Schutz der Keuschheit die Auslieferung zu Recht ausschließt. Es hat sich deshalb die Meinung durchgesetzt, daß Noxalklagen nur für Sklaven vorzusehen sind, zumal da wir bei den alten Interpreten der Gesetze öfter gesagt finden, daß Hauskinder wegen ihrer Delikte selbst verklagt werden können.

1 Inst. 1, 3, 4; 1, 16, 1.

IX
Si quadrupes pauperiem fecisse dicitur

Animalium nomine, quae ratione carent, si quidem lascivia aut fervore aut feritate pauperiem fecerint, noxalis actio lege duodecim tabularum prodita est (quae animalia si noxae dedantur, proficiunt reo ad liberationem, quia ita lex duodecim tabularum scripta est): puta si equus calcitrosus calce percusserit aut bos cornu petere solitus petierit. haec autem actio in his, quae contra naturam moventur, locum habet: ceterum si genitalis sit feritas, cessat. denique si ursus fugit a domino et sic nocuit, non potest quondam dominus conveniri, quia desinit dominus esse, ubi fera evasit. pauperies autem est damnum sine iniuria facientis datum: nec enim potest animal iniuriam fecisse dici, quod sensu caret. haec quod ad noxalem actionem pertinet.

1. Ceterum sciendum est aedilicio edicto prohiberi nos canem verrem aprum ursum leonem ibi habere, qua vulgo iter fit: et si adversus ea factum erit et nocitum homini libero esse dicetur, quod bonum et aequum iudici videtur, tanti dominus condemnetur, ceterarum rerum, quanti damnum datum sit, dupli. praeter has autem aedilicias actiones et de pauperie locum habebit: numquam enim actiones praesertim poenales de eadem re concurrentes alia aliam consumit.

Neunter Titel
Wenn vorgetragen wird, daß ein vierfüßiges Tier Tierschaden angerichtet hat

Hinsichtlich der Lebewesen, die der Vernunft entbehren, hat das Zwölftafelgesetz[1] eine Noxalklage eingeführt, wenn sie durch Mutwillen, Triebhaftigkeit oder Wildheit einen Tierschaden anrichten (werden diese Tiere als Schädiger ausgeliefert, führt das für den Beklagten zur Befreiung, weil das Zwölftafelgesetz es so vorgeschrieben hat). Zum Beispiel wenn ein Pferd, das zum Ausschlagen neigt, jemanden mit dem Huf getroffen hat oder ein Rind, das die Eigenart hat, mit den Hörnern anzugreifen, jemanden angegriffen hat. Diese Klage findet aber bei den Tieren statt, die sich gegen ihre [zahme] Natur verhalten; ist dagegen die Wildheit angeboren, entfällt sie. Wenn zum Beispiel ein Bär seinem Eigentümer entlaufen ist und dann Schaden angerichtet hat, kann der frühere Eigentümer nicht belangt werden, weil er aufhört, Eigentümer zu sein, sobald das wilde Tier entwichen ist. Tierschaden aber ist der ohne Unrecht des Handelnden zugefügte Schaden. Weil das Tier keinen Verstand hat, kann man nämlich nicht sagen, daß es ein Unrecht begangen hat. Soweit das, was die Noxalklage betrifft.

1. Im übrigen muß man wissen, daß uns durch das ädilizische Edikt untersagt ist, Hunde, Eber, Wildschweine, Bären oder Löwen dort zu halten, wo ein öffentlicher Weg ist. Und wenn dagegen verstoßen worden ist und vorgetragen wird, ein freier Mensch sei verletzt worden, soll der Eigentümer auf so viel verurteilt werden, wie dem Richter recht und billig erscheint, in anderen Fällen auf das Doppelte des angerichteten Schadens. Neben diesen ädilizischen Klagen wird auch die wegen Tierschadens stattfinden. Gerade bei Strafklagen, die miteinander wegen derselben Sache konkurrieren, hebt nämlich niemals die eine die andere auf.

1 XII tab. 8, 6.

X
De his per quos agere possumus

Nunc admonendi sumus agere posse quemlibet aut suo nomine aut alieno. alieno veluti procuratorio tutorio curatorio, cum olim in usu fuisset alterius nomine agere non posse nisi pro populo, pro libertate, pro tutela. praeterea lege Hostilia permissum est furti agere eorum nomine, qui apud hostes essent aut rei publicae causa abessent quive in eorum cuius tutela essent. et quia hoc non minimam incommoditatem habebat, quod alieno nomine neque agere neque excipere actionem licebat, coeperunt homines per procuratores litigare: nam et morbus et aetas et necessaria peregrinatio itemque aliae multae causae saepe impedimento sunt, quo minus rem suam ipsi exsequi possint.

1. Procurator neque certis verbis neque praesente adversario, immo plerumque ignorante eo constituitur: cuicumque enim permiseris rem tuam agere aut defendere, is procurator intellegitur.

2. Tutores et curatores quemadmodum constituuntur, primo libro expositum est.

Zehnter Titel
Über diejenigen, durch die wir klagen können

Jetzt müssen wir darauf hinweisen, daß man für sich oder für einen anderen klagen kann. Für einen anderen zum Beispiel als Vertreter, als Vormund oder als Pfleger, obwohl es früher so gehalten wurde, daß für einen anderen nicht geklagt werden konnte, außer für das Volk, für die Freiheit oder der Vormundschaft wegen. Zudem ist es durch die lex Hostilia[1] gestattet worden, wegen Diebstahls für diejenigen zu klagen, die sich in der Hand des Feindes befanden oder in Staatsgeschäften abwesend waren oder die unter der Vormundschaft einer dieser Personen standen. Und weil es keine geringe Unbequemlichkeit bedeutete, daß es weder erlaubt war, für einen anderen zu klagen, noch sich für ihn auf eine Klage einzulassen, haben die Menschen begonnen, durch Vertreter zu klagen. Denn Krankheit, Alter, eine dringende Reise sowie viele andere Gründe verhindern oft, daß man seine Angelegenheit selbst erledigen kann.

1. Der Vertreter wird weder mit bestimmten Worten noch in Gegenwart des Gegners bestellt, ja meistens sogar ohne dessen Wissen. Denn wem auch immer du gestattest, in deiner Angelegenheit zu klagen oder dich zu verteidigen, der wird als Vertreter angesehen.

2. Wie Vormünder und Pfleger bestellt werden, ist im ersten Buch dargestellt worden[2].

XI
De satisdationibus

Satisdationum modus alius antiquitati placuit, alium novitas per usum amplexa est.
Olim enim si in rem agebatur, satisdare possessor compellebatur, ut, si victus nec rem ipsam restitueret nec litis aestimationem, potestas esset petitori aut cum eo agendi aut cum fideiussoribus eius. quae satisdatio appellatur iudicatum solvi: unde autem sic appellatur, facile est intellegere:

Elfter Titel
Über die Sicherheitsleistungen

Eine Art der Sicherheitsleistung hat die Vergangenheit anerkannt, eine andere hat die Gegenwart entwickelt. Wenn nämlich früher dinglich geklagt wurde, war der Besitzer gezwungen, Sicherheit zu leisten, damit, falls er als Unterlegener weder die Sache selbst herausgab noch den Streitwert erstattete, der Kläger die Möglichkeit hatte, gegen ihn oder gegen seine Bürgen zu klagen. Diese Sicherheitsleistung heißt 'Daß das Urteil erfüllt wird'. Warum sie aber so

1 Vermutlich 3. Jh. v. Chr.
2 Inst. 4, 1, 14/15; 4, 1, 17–20; 4, 1, 23.

namque stipulatur quis, ut solveretur sibi quod fuerit iudicatum. multo magis is, qui in rem actione conveniebatur, satisdare cogebatur, si alieno nomine iudicium accipiebat. ipse autem qui in rem agebat, si suo nomine petebat, satisdare non cogebatur. procurator vero si in rem agebat, satisdare iubebatur ratam rem dominum habiturum: periculum enim erat, ne iterum dominus de eadem re experiatur. tutores et curatores eodem modo quo et procuratores satisdare debere verba edicti faciebant. sed aliquando his agentibus satisdatio remittebatur.

heißt, ist leicht einzusehen. Denn man läßt sich versprechen, daß erfüllt wird, was das Urteil zuspricht. Um so mehr wurde gezwungen, Sicherheit zu leisten, wer sich auf eine dingliche Klage einließ, wenn er den Prozeß für einen anderen angenommen hatte. Wer aber dinglich klagte, wurde, wenn er für sich Klage erhob, nicht gezwungen, Sicherheit zu leisten. Wenn jedoch ein Vertreter dinglich klagte, wurde er angehalten, Sicherheit dafür zu leisten, daß der Geschäftsherr die Prozeßführung genehmigen werde. Es bestand nämlich die Gefahr, daß der Geschäftsherr wegen derselben Sache abermals klagte. Vormünder und Pfleger mußten, wie man den Worten des Edikts entnahm, in derselben Weise Sicherheit leisten wie Vertreter. Doch manchmal wurde diesen Klägern die Sicherheitsleistung auch erlassen.

1. Haec ita erant, si in rem agebatur. sin vero in personam, ab actoris quidem parte eadem optinebant, quae diximus in actione qua in rem agitur. ab eius vero parte cum quo agitur si quidem alieno nomine aliquis intervenerit, omnimodo satisdaret, quia nemo defensor in aliena re sine satisdatione idoneus esse creditur. quod si proprio nomine aliquis iudicium accipiebat in personam, iudicatum solvi satisdare non cogebatur.

1. So war es, wenn dinglich geklagt wurde. Wurde jedoch eine persönliche Klage erhoben, galt zwar für die Klägerseite dasselbe, was wir für die dingliche Klage ausgeführt haben. Aber auf der Beklagtenseite mußte auf jeden Fall Sicherheit geleistet werden, wenn jemand für einen anderen einen Prozeß führte, weil niemand in fremder Sache ohne Sicherheitsleistung als tauglicher Verteidiger angesehen wird. Wer sich aber in eigener Sache auf eine persönliche Klage eingelassen hatte, wurde nicht gezwungen, die Sicherheit 'Daß das Urteil erfüllt wird' zu leisten.

2. Sed haec hodie aliter observantur. sive enim quis in rem actione convenitur sive personali suo nomine, nullam satisdationem propter litis aestimationem dare compellitur, sed pro sua tantum persona, quod iudicio permaneat usque ad terminum litis, vel committitur suae promissioni cum iureiurando, quam iuratoriam cautionem vocant, vel nudam promissionem vel satisdationem pro qualitate personae suae dare compellitur.

2. Doch heutzutage wird das anders gehandhabt. Wer nämlich in eigener Sache mit einer dinglichen oder einer persönlichen Klage belangt wird, ist nicht gezwungen, des Streitwerts wegen irgendeine Sicherheit zu leisten, sondern nur für seine eigene Person dahin, daß er bis zum Ende des Rechtsstreits im Prozeß verbleibt. Dies wird entweder einem Versprechen unter Eid überlassen, das man eidliche Sicherheitsleistung nennt, oder man zwingt ihn, je nach dem Rang seiner Person ein einfaches Versprechen abzugeben oder Sicherheit zu leisten.

3. Sin autem per procuratorem lis vel infertur vel suscipitur, in actoris quidem persona, si non mandatum actis insinuatum est vel praesens dominus litis in iudicio procuratoris sui personam confirmaverit, ratam rem dominum habiturum satisdationem procurator dare compellitur: eodem

3. Wenn aber die Erhebung der Klage oder die Einlassung auf sie durch einen Vertreter erfolgt, wird der Vertreter auf der Klägerseite gezwungen, dafür Sicherheit zu leisten, daß der Geschäftsherr die Prozeßführung genehmigen wird, wenn nicht die Bevollmächtigung zu den Akten gegeben worden ist oder der anwesende

observando et si tutor vel curator vel aliae tales personae, quae alienarum rerum gubernationem receperunt, litem quibusdam per alium inferunt.

Geschäftsherr die Person des Vertreters vor Gericht legitimiert hat. Ebenso ist zu verfahren, wenn Vormünder oder Pfleger oder vergleichbare andere Personen, die die Verwaltung fremden Vermögens übernommen haben, durch einen anderen gegen Dritte Klage erheben.

4. Sin vero aliquis convenitur, si quidem praesens procuratorem dare paratus est, potest vel ipse in iudicium venire et sui procuratoris personam per iudicatum solvi satisdationis sollemnes stipulationes firmare vel extra iudicium satisdationem exponere, per quam ipse sui procuratoris fideiussor existit pro omnibus iudicatum solvi satisdationis clausulis. ubi et de hypotheca suarum rerum convenire compellitur, sive in iudicio promiserit sive extra iudicium caverit, ut tam ipse quam heredes eius obligentur: alia insuper cautela vel satisdatione propter personam ipsius exponenda, quod tempore sententiae recitandae in iudicio invenietur, vel si non venerit, omnia dabit fideiussor, quae condemnationi continentur, nisi fuerit provocatum.

4. Wenn jedoch jemand verklagt wird, kann er, wenn er am Ort ist und bereit ist, einen Vertreter einzusetzen, selbst vor Gericht erscheinen und die Person seines Vertreters durch förmliche Leistung der Sicherheit 'Daß das Urteil erfüllt wird' legitimieren oder außerhalb des Prozesses eine Sicherheit leisten, durch die er selbst für alle Klauseln der Sicherheitsleistung 'Daß das Urteil erfüllt wird' zum Bürgen seines Vertreters wird. Dabei wird er auch gezwungen, an seinen Sachen ein Pfand zu bestellen, mag er vor Gericht oder außergerichtlich Sicherheit leisten, so daß sowohl er selbst haftet als auch seine Erben. Obendrein ist hinsichtlich seiner eigenen Person eine andere Gewähr oder Sicherheit dafür zu leisten, daß man ihn im Zeitpunkt der Urteilsverkündung vor Gericht antreffen wird oder daß, wenn er nicht kommt, der Bürge alles leistet, was das Urteil enthält, es sei denn, daß Berufung eingelegt worden ist.

5. Si vero reus praesto ex quacumque causa non fuerit et alius velit defensionem subire, nulla differentia inter actiones in rem vel personales introducenda potest hoc facere, ita tamen ut satisdationem iudicatum solvi pro litis praestet aestimatione. nemo enim secundum veterem regulam, ut iam dictum est, alienae rei sine satisdatione defensor idoneus intellegitur.

5. Ist aber der Beklagte aus irgendeinem Grund nicht am Ort und will ein anderer die Prozeßvertretung übernehmen, so kann er das tun — wobei zwischen dinglichen und persönlichen Klagen kein Unterschied zu machen ist —, jedoch so, daß er wegen des Streitwerts die Sicherheit 'Daß das Urteil erfüllt wird' leistet. Gemäß der alten Regel wird nämlich, wie bereits gesagt[1], niemand in fremder Angelegenheit ohne Sicherheitsleistung als tauglicher Verteidiger angesehen.

6. Quae omnia apertius et perfectissime a cottidiano iudiciorum usu in ipsis rerum documentis apparent.

6. Das alles zeigt sich klarer und in allen Einzelheiten anhand des täglichen Gerichtsgebrauchs und durch die Anschauung der Fälle selbst.

7. Quam formam non solum in hac regia urbe, sed et in omnibus nostris provinciis, etsi propter imperitiam aliter forte celebrabantur, optinere censemus, cum necesse est omnes provincias caput omnium nos-

7. Wir bestimmen, daß diese Regelung nicht nur in dieser königlichen Stadt gilt, sondern auch in allen unseren Provinzen, auch wenn aus Unwissenheit vielleicht anders verfahren wurde; denn es ist nötig, daß alle Provinzen dem

1 Inst. 4, 11, 1.

trarum civitatum, id est hanc regiam urbem, eiusque observantiam sequi.

Haupt aller unserer Städte, das heißt dieser königlichen Stadt, folgen und dem, was dort Brauch ist.

XII

De perpetuis et temporalibus actionibus et quae ad heredes vel in heredes transeunt

Hoc loco admonendi sumus eas quidem actiones, quae ex lege senatusve consulto sive ex sacris constitutionibus proficiscuntur, perpetuo solere antiquitus competere, donec sacrae constitutiones tam in rem quam personalibus actionibus certos fines dederunt: eas vero, quae ex propria praetoris iurisdictione pendent, plerumque intra annum vivere (nam et ipsius praetoris intra annum erat imperium). aliquando tamen et in perpetuum extenduntur, id est usque ad finem constitutionibus introductum: quales sunt hae, quas bonorum possessori ceterisque qui heredis loco sunt accommodat. furti quoque manifesti actio, quamvis ex ipsius praetoris iurisdictione proficiscatur, tamen perpetuo datur: absurdum enim esse existimavit anno eam terminari.

1. Non omnes autem actiones, quae in aliquem aut ipso iure competunt aut a praetore dantur, et in heredem aeque competunt aut dari solent. est enim certissima iuris regula ex maleficiis poenales actiones in heredem non competere, veluti furti, vi bonorum raptorum, iniuriarum, damni iniuriae. sed heredibus huiusmodi actiones competunt nec denegantur, excepta iniuriarum actione et si qua alia similis inveniatur. aliquando tamen etiam ex contractu actio contra heredem non competit, cum

Zwölfter Titel

Über unbefristete und befristete Klagen und über solche, die auf die Erben übergehen oder gegen die Erben gehen

An dieser Stelle müssen wir darauf hinweisen, daß zwar die Klagen, die aus Gesetz, Senatsbeschluß oder aus kaiserlichen Konstitutionen hervorgehen, früher regelmäßig unbefristet gewährt wurden, bis kaiserliche Konstitutionen den dinglichen wie den persönlichen Klagen feste Grenzen[1] setzten, daß aber die Klagen, die allein auf der Gerichtsbarkeit des Prätors beruhen, meistens ein Jahr lang bestehen (denn auch die Befehlsgewalt des Prätors selbst dauerte ein Jahr). Zuweilen werden sie jedoch auch unbefristet gewährt, das heißt bis zu der durch die Konstitutionen eingeführten Begrenzung. Solche sind die, die der Prätor dem Nachlaßbesitzer und anderen Personen gewährt, die anstelle des Erben stehen. Auch die Klage wegen manifesten Diebstahls wird, obwohl sie allein aus der Gerichtsbarkeit des Prätors hervorgeht, dennoch unbefristet erteilt; der Prätor hielt es nämlich für widersinnig, sie auf ein Jahr zu begrenzen.

1. Aber nicht alle Klagen, die gegen jemanden nach Zivilrecht zustehen oder vom Prätor gewährt werden, sind Klagen, die auch gegen den Erben zustehen oder gegen ihn gewährt zu werden pflegen. Es ist nämlich eine ganz unzweifelhafte Rechtsregel, daß die Strafklagen aus Delikt nicht gegen den Erben gehen, wie zum Beispiel die Klage wegen Diebstahls, wegen gewaltsam weggenommenen Gutes, wegen Personenverletzung oder wegen widerrechtlichen Schadens. Aber zugunsten der Erben werden Klagen dieser Art erteilt und nicht verweigert, mit Ausnahme der Klage wegen Personenverletzung und jeder anderen, die ihr ähnlich erscheint. Zuweilen geht jedoch auch eine Klage aus Vertrag nicht gegen den Erben, wenn näm-

1 Von Ausnahmen abgesehen im allgemeinen 30 Jahre, in bestimmten Fällen 40 und 100 Jahre, vgl. C. 7, 39, 3 (424); 4 (491); 7 (525); C. 1, 2, 23 (530), ferner Nov. 111 (541) und Nov. 131, 6 (545): statt 100 Jahren 40.

testator dolose versatus sit et ad heredem eius nihil ex eo dolo pervenerit. poenales autem actiones, quas supra diximus, si ab ipsis principalibus personis fuerint contestatae, et heredibus dantur et contra heredes transeunt.

lich der Erblasser sich arglistig verhalten hat und sein Erbe aus dieser Arglist nichts erlangt hat. Wenn aber die Strafklagen, von denen wir soeben gesprochen haben, von den betroffenen Personen selbst rechtshängig gemacht worden sind, werden sie auch den Erben gegeben und gehen auch gegen die Erben.

2. Superest ut admoneamus, quod si ante rem iudicatam is cum quo actum est satisfaciat actori, officio iudicis convenit eum absolvere, licet iudicii accipiendi tempore in ea causa fuisset, ut damnari debeat: et hoc est, quod ante vulgo dicebatur omnia iudicia absolutoria esse.

2. Es bleibt noch darauf hinzuweisen, daß es der Amtspflicht des Richters entspricht, den Beklagten freizusprechen, wenn er vor dem Urteil den Kläger befriedigt, obwohl im Zeitpunkt der Einlassung auf die Klage seine Rechtslage noch so war, daß er eigentlich verurteilt werden müßte. Und das meinte man, wenn man früher gemeinhin sagte, daß alle Prozesse Klagabweisung ermöglichen.

XIII
De exceptionibus

Sequitur, ut de exceptionibus dispiciamus. comparatae sunt autem exceptiones defendendorum eorum gratia, cum quibus agitur: saepe enim accidit, ut, licet ipsa persecutio qua actor experitur iusta sit, tamen iniqua sit adversus eum cum quo agitur.

1. Verbi gratia si metu coactus aut dolo inductus aut errore lapsus stipulanti Titio promisisti, quod non debueras promittere, palam est iure civili te obligatum esse et actio, qua intenditur dare te oportere, efficax est: sed iniquum est te condemnari ideoque datur tibi exceptio metus causa aut doli mali aut in factum composita ad impugnandam actionem.

2. Idem iuris est, si quis quasi credendi causa pecuniam stipulatus fuerit neque numeravit. nam eam pecuniam a te petere posse eum certum est: dare enim te oportet, cum ex stipulatu tenearis: sed quia iniquum est eo nomine te condemnari, placet exceptione pecuniae non numeratae te defendi debere, cuius tempora nos, secundum quod iam superioribus libris scriptum est, constitutione nostra coartavimus.

Dreizehnter Titel
Über die Einreden

Im Folgenden wollen wir uns mit den Einreden näher befassen. Die Einreden sind zur Verteidigung derer geschaffen worden, gegen die geklagt wird. Es kommt nämlich oft vor, daß die Rechtsverfolgung, die der Kläger betreibt, als solche rechtmäßig erscheint, dem Beklagten gegenüber jedoch ungerecht ist.

1. Wenn du zum Beispiel aus Furcht oder infolge von Arglist oder aus Irrtum dem Versprechensempfänger Titius versprochen hast, was du nicht zu versprechen brauchtest, bist du unzweifelhaft nach Zivilrecht verpflichtet, und die Klage, mit der geltend gemacht wird, daß du zu geben verpflichtet bist, ist begründet. Aber es wäre ungerecht, dich zu verurteilen, und deswegen wird dir die Einrede 'aufgrund von Furcht' oder die Einrede der Arglist oder eine auf den Sachverhalt zugeschnittene Einrede gegeben, um die Klage abzuwehren.

2. Dasselbe gilt, wenn jemand sich wegen eines Darlehens, das er gewähren will, die Rückzahlung des Geldes versprechen ließ und das Geld dann nicht ausgezahlt hat. Denn es steht fest, daß er das Geld von dir einklagen kann. Du bist nämlich verpflichtet zu zahlen, weil du aus dem Versprechen haftest. Da es aber ungerecht wäre, dich deswegen zu verurteilen, ist anerkannt, daß du mit der Einrede des nicht ausgezahlten Geldes geschützt werden mußt. Deren Fristen haben wir gemäß dem, was schon in den

3. Praeterea debitor si pactus fuerit cum creditore, ne a se peteretur, nihilo minus obligatus manet, quia pacto convento obligationes non omnimodo dissolvuntur: qua de causa efficax est adversus eum actio, qua actor intendit 'si paret eum dare oportere'. sed quia iniquum est contra pactionem eum damnari, defenditur per exceptionem pacti conventi.

4. Aeque si debitor deferente creditore iuraverit nihil se dare oportere, adhuc obligatus permanet, sed quia iniquum est de periurio quaeri, defenditur per exceptionem iurisiurandi. in his quoque actionibus, quibus in rem agitur, aeque necessariae sunt exceptiones: veluti si petitore deferente possessor iuraverit eam rem suam esse et nihilo minus eandem rem petitor vindicet: licet enim verum sit quod intendit, id est rem eius esse, iniquum est tamen possessorem condemnari.

5. Item si iudicio tecum actum fuerit sive in rem sive in personam, nihilo minus obligatio durat et ideo ipso iure postea de eadem re adversus te agi potest: sed debes per exceptionem rei iudicatae adiuvari.

6. Haec exempli causa rettulisse sufficiet. alioquin quam ex multis variisque causis exceptiones necessariae sint, ex latioribus digestorum seu pandectarum libris intellegi potest.

7. Quarum quaedam ex legibus vel ex his, quae legis vicem optinent, vel ex ipsius

obigen Büchern ausgeführt worden ist[1], durch unsere Konstitution verkürzt[2].

3. Außerdem bleibt der Schuldner, der mit dem Gläubiger formlos vereinbart hat, daß gegen ihn nicht geklagt werden soll, nichtsdestoweniger verpflichtet, weil Schuldverhältnisse durch eine formlose Vereinbarung nicht schlechterdings aufgehoben werden. Deshalb ist die Klage gegen ihn begründet, mit der der Kläger geltend macht: 'Wenn sich erweist, daß er zu geben verpflichtet ist.' Aber weil es ungerecht wäre, ihn entgegen der Vereinbarung zu verurteilen, wird er mit der Einrede der formlosen Vereinbarung geschützt.

4. Ebenso bleibt der Schuldner, der den vom Gläubiger zugeschobenen Eid leistet, er sei nicht verpflichtet zu geben, immer noch verpflichtet; aber weil es unangemessen wäre, wegen Meineids zu ermitteln, wird er mit der Einrede der Eidesleistung geschützt. Auch bei den Klagen, mit denen auf eine Sache geklagt wird, sind in gleicher Weise Einreden erforderlich, wie zum Beispiel, wenn der Besitzer den vom Kläger zugeschobenen Eid leistet, die Sache sei seine, und der Kläger ungeachtet dessen eben diese Sache vindiziert. Denn mag auch zutreffen, was er geltend macht, nämlich, daß die Sache ihm gehöre, so wäre es dennoch unangemessen, den Besitzer zu verurteilen.

5. Ist gegen dich geklagt worden, sei es dinglich oder persönlich, so besteht dessen ungeachtet das Schuldverhältnis[3] fort, und daher kann nach Zivilrecht später in derselben Sache gegen dich geklagt werden. Aber dir muß mit der Einrede der Rechtskraft geholfen werden.

6. Das zur Veranschaulichung vorgetragen zu haben, wird genügen. Aus wie vielen und unterschiedlichen Gründen sonst noch Einreden nötig sind, kann man aus den umfangreicheren Büchern der Digesten oder Pandekten ersehen[4].

7. Alle diese Einreden verdanken ihre Existenz dem Gesetz oder gesetzesgleichen Bestim-

1 Inst. 3, 21.
2 C. 4, 30, 14 (528).
3 Nach justinianischem Recht besteht, anders als im klassischen Recht, bei der dinglichen Klage Einlassungszwang (vgl. D. 6, 1, 68), so daß sich die Klage einem persönlichen Anspruch auf Herausgabe nähert.
4 Vgl. etwa D. 44, 1 – 44, 4.

praetoris iurisdictione substantiam capiunt.

8. Appellantur autem exceptiones aliae perpetuae et peremptoriae, aliae temporales et dilatoriae.

9. Perpetuae et peremptoriae sunt, quae semper agentibus obstant et semper rem de qua agitur peremunt: qualis est exceptio doli mali et quod metus causa factum est et pacti conventi, cum ita convenerit, ne omnino pecunia peteretur.

10. Temporales atque dilatoriae sunt, quae ad tempus nocent et temporis dilationem tribuunt: qualis est pacti conventi, cum convenerit, ne intra certum tempus ageretur, veluti intra quinquennium. nam finito eo tempore non impeditur actor rem exsequi. ergo hi, quibus intra tempus agere volentibus obicitur exceptio aut pacti conventi aut alia similis, differre debent actionem et post tempus agere: ideo enim et dilatoriae istae exceptiones appellantur. alioquin, si intra tempus egerint obiectaque sit exceptio, neque eo iudicio quicquam consequerentur propter exceptionem nec post tempus olim agere poterant, cum temere rem in iudicium deducebant et consumebant, qua ratione rem amittebant. hodie autem non ita stricte haec procedere volumus, sed eum, qui ante tempus pactionis vel obligationis litem inferre ausus est, Zenonianae constitutioni subiacere censemus, quam sacratissimus legislator de his qui tempore plus petierunt protulit, ut et indutias, quas, si ipse actor sponte indulserit vel

mungen oder allein der Gerichtsbarkeit des Prätors.

8. Von den Einreden heißen aber die einen dauernde oder entkräftende, die anderen vorübergehende oder aufschiebende.

9. Dauernde oder entkräftende Einreden sind die, welche den Klägern immer entgegenstehen und den Anspruch, der eingeklagt wird, für immer entkräften, wie die Einrede der Arglist und die Einrede 'was aufgrund von Furcht geschehen ist' sowie die Einrede der formlosen Vereinbarung, sofern vereinbart wurde, daß das Geld überhaupt nicht eingeklagt werden sollte.

10. Vorübergehende oder aufschiebende Einreden sind die, welche zeitweilig entgegenstehen und einen zeitlichen Aufschub gewähren, wie die Einrede der formlosen Vereinbarung, sofern vereinbart wurde, daß innerhalb eines bestimmten Zeitraums nicht geklagt werden sollte, zum Beispiel innerhalb von fünf Jahren. Denn nach Ablauf dieser Zeit ist der Kläger nicht gehindert, den Anspruch durchzusetzen. Folglich müssen diejenigen, denen die Einrede der formlosen Vereinbarung oder eine ähnliche andere entgegengehalten wird, wenn sie vor Zeitablauf klagen wollen, den Prozeß aufschieben und nach Zeitablauf klagen; deshalb werden diese Einreden nämlich auch aufschiebende genannt. Wenn sie dagegen vor Zeitablauf klagen und die Einrede erhoben worden ist und sie mit diesem Prozeß wegen der Einrede überhaupt nichts erlangt haben, konnten sie früher auch nach Zeitablauf nicht klagen, weil sie den Anspruch unbedacht zum Gegenstand eines Prozesses gemacht und verbraucht hatten, womit sie den Anspruch verloren. Wir dagegen wollen, daß dies heutzutage nicht so streng abläuft, ordnen jedoch an, daß derjenige, der es gewagt hat, vor Ablauf der Zeit, die formlos verabredet wurde oder schon im Schuldverhältnis bestimmt ist, Klage zu erheben, unter die Konstitution des Kaisers Zeno fällt[1], die dieser allerkaiserlichste Gesetzgeber hinsichtlich derer, die der Zeit nach zu viel eingeklagt haben, erlassen hat, mit der Folge, daß diejenigen, die solches Unrecht erlitten haben, die Frist, über die sich der Kläger — mag er sie von sich aus eingeräumt haben oder

1 C. 3, 10, 1 (486 oder 487).

natura actionis continet, contempserat, in duplum habeant hi, qui talem iniuriam passi sunt, et post eas finitas non aliter litem suscipiant, nisi omnes expensas litis antea acceperint, ut actores tali poena perterriti tempora litium doceantur observare.

mag sie in der Natur der Klage liegen — hinweggesetzt hat, verdoppelt bekommen und sich nach Ablauf dieser Frist auf die Klage nur einlassen müssen, wenn sie vorher alle Auslagen des Rechtsstreits ersetzt erhalten, damit die Kläger, durch solche Strafe erschreckt, lernen, den Zeitpunkt der Klage zu respektieren.

11. Praeterea etiam ex persona dilatoriae sunt exceptiones: quales sunt procuratoriae, veluti si per militem aut mulierem agere quis velit: nam militibus nec pro patre vel matre vel uxore nec ex sacro rescripto procuratorio nomine experiri conceditur: suis vero negotiis superesse sine offensa disciplinae possunt. eas vero exceptiones, quae olim procuratoribus propter infamiam vel dantis vel ipsius procuratoris opponebantur, cum in iudiciis frequentari nullo perspeximus modo, conquiescere sancimus, ne, dum de his altercatur, ipsius negotii disceptatio proteletur.

11. Außerdem gibt es aufschiebende Einreden, die in der Person begründet sind. Das sind die, welche den Prozeßvertreter betreffen, wie zum Beispiel, wenn jemand durch einen Soldaten oder eine Frau klagen will. Denn den Soldaten ist es nicht gestattet, als Vertreter zu klagen, weder für den Vater oder die Mutter noch für die Ehefrau und nicht einmal aufgrund eines kaiserlichen Reskripts[1]. Ihre eigenen Angelegenheiten können sie jedoch ohne Verstoß gegen die Dienstpflichten besorgen. Über die Einreden aber, die früher gegen Prozeßvertreter wegen Ehrlosigkeit des Vertretenen oder des Vertreters selbst erhoben wurden und die, wie wir festgestellt haben, in den Prozessen keineswegs häufig vorkommen, bestimmen wir, daß sie wegfallen, damit nicht, während über sie gestritten wird, die Entscheidung in der Hauptsache selbst verzögert wird.

XIV
De replicationibus

Interdum evenit, ut exceptio, quae prima facie iusta videatur, inique noceat. quod cum accidit, alia allegatione opus est adiuvandi actoris gratia, quae replicatio vocatur, quia per eam replicatur atque resolvitur vis exceptionis. veluti cum pactus est aliquis cum debitore suo, ne ab eo pecuniam petat, deinde postea in contrarium pacti sunt, id est ut petere creditori liceat: si agat creditor et excipiat debitor, ut ita demum condemnetur, si non convenerit, ne eam pecuniam creditor petat, nocet ei exceptio, convenit enim ita: namque nihilo

Vierzehnter Titel
Über die Repliken

Es kommt gelegentlich vor, daß eine Einrede, die auf den ersten Blick rechtmäßig erscheint, dem Kläger zu Unrecht entgegensteht. Tritt das ein, so ist, um dem Kläger zu helfen, ein weiteres Vorbringen erforderlich; man nennt es Replik, Gegeneinrede, weil durch diese die Geltung der Einrede wieder verdrängt und aufgehoben wird, wie zum Beispiel, wenn jemand mit seinem Schuldner vereinbart, das Geld von ihm nicht einzuklagen, und wenn sie nachher das Gegenteil vereinbaren, das heißt, daß dem Gläubiger erlaubt sein soll zu klagen. Klagt nun der Gläubiger und erhebt der Schuldner die Einrede, er dürfe nur dann verurteilt werden, wenn nicht vereinbart sei, daß der Gläubiger das Geld nicht einklagen soll, so steht dem Gläubiger die Einrede entgegen; es war nämlich so vereinbart.

1 Vgl. C. 2, 12, 7 (223).

minus hoc verum manet, licet postea in contrarium pacti sunt. sed quia iniquum est creditorem excludi, replicatio ei dabitur ex posteriore pacto convento.

1. Rursus interdum evenit, ut replicatio, quae prima facie iusta sit, inique noceat. quod cum accidit, alia allegatione opus est adiuvandi rei gratia, quae duplicatio vocatur.

2. Et si rursus ea prima facie iusta videatur, sed propter aliquam causam inique actori noceat, rursus allegatione alia opus est, qua actori adiuvetur, quae dicitur triplicatio.

3. Quarum omnium exceptionum usum interdum ulterius quam diximus varietas negotiorum introducit: quas omnes apertius ex latiore digestorum volumine facile est cognoscere.

4. Exceptiones autem, quibus debitor defenditur, plerumque accommodari solent etiam fideiussoribus eius: et recte, quia, quod ab his petitur, id ab ipso debitore peti videtur, quia mandati iudicio redditurus est eis, quod hi pro eo solverint. qua ratione et si de non petenda pecunia pactus quis cum reo fuerit, placuit proinde succurrendum esse per exceptionem pacti conventi illis quoque qui pro eo obligati essent, ac si et cum ipsis pactus esset, ne ab eis ea pecunia peteretur. sane quaedam exceptiones non solent his accommodari. ecce enim debitor si bonis suis cesserit et cum eo creditor experiatur, defenditur per exceptionem 'nisi bonis cesserit': sed haec exceptio fideiussoribus non datur, scilicet ideo quia, qui alios pro debitore obligat, hoc maxime

Denn das bleibt nichtsdestoweniger wahr, obwohl sie später das Gegenteil vereinbart haben. Weil es aber ungerecht wäre, den Gläubiger abzuweisen, wird ihm aufgrund der späteren Vereinbarung eine Replik gegeben.

1. Andererseits kommt es gelegentlich vor, daß eine Replik, die auf den ersten Blick rechtmäßig ist, dem Beklagten zu Unrecht entgegensteht. Tritt das ein, so ist, um dem Beklagten zu helfen, ein weiteres Vorbringen erforderlich; man nennt es Duplik.

2. Und wenn wiederum diese auf den ersten Blick rechtmäßig erscheint, aber aus irgendeinem Grund dem Kläger zu Unrecht entgegensteht, so ist erneut ein weiteres Vorbringen erforderlich, womit dem Kläger geholfen wird; man nennt es Triplik.

3. Die Vielfalt geschäftlicher Beziehungen bringt einen Gebrauch all dieser Einreden mit sich, der zuweilen über das hinausgeht, was wir erwähnt haben. Sie alle sind leicht in dem umfassenderen Buch der Digesten[1] genauer kennenzulernen.

4. Die Einreden aber, mit denen der Schuldner geschützt wird, pflegen meistens auch den Bürgen erteilt zu werden. Und mit Recht, weil das, was von ihnen gefordert wird, so angesehen wird, als werde es vom Schuldner selbst gefordert; wird doch der Schuldner den Bürgen im Wege der Auftragsklage das erstatten, was sie für ihn zahlen. Wenn also jemand mit dem Schuldner verabredet hat, das Geld nicht einzuklagen, hat sich aus diesem Grund die Meinung durchgesetzt, daß mit der Einrede der formlosen Vereinbarung auch denen, die sich für den Schuldner verpflichtet haben, ebenso geholfen werden muß, wie wenn der Gläubiger mit ihnen selbst verabredet hätte, dieses Geld von ihnen nicht einzuklagen. Einige Einreden allerdings werden ihnen gewöhnlich nicht erteilt. Es wird nämlich zum Beispiel der Schuldner, wenn er sein Vermögen den Gläubigern überlassen hat und gegen ihn ein Gläubiger klagt, mit der Einrede 'Wenn er nicht das Vermögen den Gläubigern überlassen hat' geschützt. Diese Einrede wird den Bürgen jedoch nicht gegeben und natürlich deshalb nicht, weil, wer andere für seine

1 Vgl. D. 44, 1 – 44, 4.

prospicit, ut, cum facultatibus lapsus fuerit debitor, possit ab his quos pro eo obligavit suum consequi.

Schuldner als Bürgen verpflichtet, vor allem dafür sorgt, daß er, wenn der Schuldner in Vermögensverfall geraten ist, das Seine von denen erlangen kann, die er für ihn als Bürgen verpflichtet hat.

XV
De interdictis

Sequitur, ut dispiciamus de interdictis seu actionibus, quae pro his exercentur. erant autem interdicta formae atque conceptiones verborum, quibus praetor aut iubebat aliquid fieri aut fieri prohibebat. quod tum maxime faciebat, cum de possessione aut quasi possessione inter aliquos contendebatur.

1. Summa autem divisio interdictorum haec est, quod aut prohibitoria sunt aut restitutoria aut exhibitoria. prohibitoria sunt, quibus vetat aliquid fieri, veluti vim sine vitio possidenti, vel mortuum inferenti, quo ei ius erit inferendi, vel in loco sacro aedificari, vel in flumine publico ripave eius aliquid fieri, quo peius navigetur. restitutoria sunt, quibus restitui aliquid iubet, veluti cum bonorum possessori possessionem eorum, quae quis pro herede aut pro possessore possidet ex ea hereditate, aut cum iubet ei, qui vi possessione fundi deiectus sit, restitui possessionem. exhibitoria sunt, per quae iubet exhiberi, veluti eum, cuius de libertate agitur, aut libertum, cui patronus operas indicere velit, aut parenti liberos, qui in potestate eius sunt. sunt tamen qui putant proprie interdicta ea vocari, quae prohibitoria sunt, quia interdicere est denuntiare et prohibere: restitutoria autem et exhibitoria proprie decreta vocari: sed tamen optinuit omnia interdicta appellari, quia inter duos dicuntur.

Fünfzehnter Titel
Über die Interdikte

Im Folgenden wollen wir uns mit den Interdikten oder den Klagen, die an ihrer Stelle verwendet werden, näher befassen. Die Interdikte waren formelhafte Worte, mit denen der Prätor entweder etwas zu tun befahl oder zu tun verbot. Das tat er vor allem dann, wenn man über Besitz oder Quasibesitz stritt.

1. Die oberste Einteilung der Interdikte ist die in verbietende, wiederherstellende und vorweisende. Verbietende sind die, mit denen der Prätor untersagt, daß etwas getan wird, zum Beispiel daß Gewalt gegen den verübt wird, der nicht fehlerhaft besitzt, oder gegen den, der einen Toten dort bestattet, wo er ein Recht zur Bestattung hat, oder mit denen er untersagt, daß an einem sakralen Ort gebaut oder daß in einem öffentlichen Fluß oder an dessen Ufer etwas getan wird, was die Schiffahrt beeinträchtigt. Wiederherstellende Interdikte sind die, mit denen der Prätor befiehlt, daß etwas herausgegeben wird, zum Beispiel wenn er befiehlt, dem Nachlaßbesitzer den Besitz dessen herauszugeben, was jemand als Erbschaftsbesitzer oder als bloßer Eigenbesitzer aus der Erbschaft besitzt, oder wenn er befiehlt, daß demjenigen, der mit Gewalt aus dem Besitz eines Grundstücks vertrieben worden ist, der Besitz zurückgegeben wird. Vorweisende Interdikte sind die, mit denen der Prätor befiehlt, daß etwas vorgewiesen wird, zum Beispiel derjenige, um dessen Freiheit gestritten wird, oder der Freigelassene, dem der Patron Dienstleistungen auferlegen will, oder Kinder zugunsten des Vaters, in dessen Gewalt sie stehen. Es gibt allerdings manche, die meinen, daß im eigentlichen Sinn nur die verbietenden Interdikte als Interdikte bezeichnet werden können, weil 'interdicere' untersagen und verbieten bedeutet, und daß die wiederherstellenden und vorweisenden Interdikte im eigentlichen Sinn Anordnungen heißen. Es hat sich aber gleichwohl durchgesetzt, sie alle Interdikte zu nennen,

weil sie zwischen [inter] zwei Parteien angeordnet werden [dicuntur].

2. Sequens divisio interdictorum haec est, quod quaedam adipiscendae possessionis causa comparata sunt, quaedam retinendae, quaedam reciperandae.

2. Eine weitere Einteilung der Interdikte ist die, daß einige zum Erwerb des Besitzes geschaffen worden sind, einige zur Erhaltung des Besitzes, einige zur Wiedererlangung des Besitzes.

3. Adipiscendae possessionis causa interdictum accommodatur bonorum possessori, quod appellatur quorum bonorum, eiusque vis et potestas haec est, ut, quod ex his bonis quisque, quorum possessio alicui data est, pro herede aut pro possessore possideat, id ei, cui bonorum possessio data est, restituere debeat. pro herede autem possidere videtur, qui putat se heredem esse: pro possessore is possidet, qui nullo iure rem hereditariam vel etiam totam hereditatem sciens ad se non pertinere possidet. ideo autem adipiscendae possessionis vocatur interdictum, quia ei tantum utile est, qui nunc primum conatur adipisci rei possessionem: itaque si quis adeptus possessionem amiserit eam, hoc interdictum ei inutile est. interdictum quoque, quod appellatur Salvianum, adipiscendae possessionis causa comparatum est eoque utitur dominus fundi de rebus coloni, quas is pro mercedibus fundi pignori futuras pepigisset.

3. Zum Erwerb des Besitzes wird dem Nachlaßbesitzer ein Interdikt erteilt, das 'Von welchem Nachlaß' [quorum bonorum] genannt wird[1] und dessen Bedeutung und Wirkung darin bestehen, daß einer das, was er als Erbschaftsbesitzer oder als bloßer Eigenbesitzer aus einem Nachlaß besitzt, dessen Besitz einem anderen zugewiesen worden ist, demjenigen herausgeben muß, dem der Nachlaßbesitz zugewiesen worden ist. Es wird aber angenommen, daß als Erbschaftsbesitzer besitzt, wer annimmt, Erbe zu sein. Als bloßer Eigenbesitzer besitzt, wer ohne Berechtigung eine Erbschaftssache oder auch die ganze Erbschaft in dem Bewußtsein besitzt, daß sie ihm nicht zusteht. Das Interdikt wird aber deswegen als Besitzerwerbsinterdikt bezeichnet, weil es nur demjenigen nützt, der jetzt zum ersten Mal den Besitz der Sache zu erwerben sucht. Wenn daher jemand den Besitz erworben hat und diesen verliert, nützt ihm das Interdikt nichts. Auch das Interdikt, das Salvianum genannt wird, ist zum Erwerb des Besitzes geschaffen worden, und der Grundstückseigentümer macht davon Gebrauch bei den Sachen des Pächters, die dieser als zukünftige Inventarstücke für den Pachtzins verpfändet hatte.

4. Retinendae possessionis causa comparata sunt interdicta uti possidetis et utrubi, cum ab utraque parte de proprietate alicuius rei controversia sit et ante quaeritur, uter ex litigatoribus possidere et uter petere debeat. namque nisi ante exploratum fuerit, utrius eorum possessio sit, non potest petitoria actio institui, quia et civilis et naturalis ratio facit, ut alius possideat, alius a possidente petat. et quia longe commodius est possidere potius quam petere, ideo plerumque et fere semper ingens existit con-

4. Zur Erhaltung des Besitzes sind die Interdikte 'Wie ihr besitzt' [uti possidetis] und 'Auf welcher Seite' [utrubi] geschaffen worden[2], wenn zwei Parteien sich um das Eigentum an einer Sache streiten und vorher zu klären ist, wer von den streitenden Parteien Besitzer und wer Kläger sein soll. Denn wenn nicht vorher festgestellt ist, wem von beiden der Besitz zusteht, kann die Herausgabeklage nicht erhoben werden, weil rechtliche und natürliche Vernunft gebieten, daß der eine besitzen und der andere vom Besitzer herausverlangen muß. Und weil es weitaus vorteilhafter ist, selbst zu besitzen als herauszuverlangen, entsteht deshalb meistens

1 Wortlaut in D. 43, 2, 1 pr.
2 Wortlaut in D. 43, 17, 1 pr.; 43, 31, 1 pr.

tentio de ipsa possessione. commodum autem possidendi in eo est, quod, etiamsi eius res non sit qui possidet, si modo actor non potuerit suam esse probare, remanet suo loco possessio: propter quam causam, cum obscura sint utriusque iura, contra petitorem iudicari solet.

oder fast immer gerade um den Besitz ein großer Streit. Der Vorteil zu besitzen liegt aber darin: Wenn der Kläger nicht beweisen kann, daß die Sache sein Eigentum ist, bleibt der Besitz, wo er ist, mag die Sache auch nicht dem Besitzer gehören. Aus diesem Grund wird, wenn die Berechtigung der beiden Parteien unklar ist, regelmäßig gegen den Kläger entschieden.

4a. Sed interdicto quidem uti possidetis de fundi vel aedium possessione contenditur, utrubi vero interdicto de rerum mobilium possessione. quorum vis et potestas plurimam inter se differentiam apud veteres habebat: nam uti possidetis interdicto is vincebat, qui interdicti tempore possidebat, si modo nec vi nec clam nec precario nanctus fuerat ab adversario possessionem, etiamsi alium vi expulerit aut clam abripuerit alienam possessionem aut precario rogaverat aliquem, ut sibi possidere liceret: utrubi vero interdicto is vincebat, qui maiore parte eius anni nec vi nec clam nec precario ab adversario possidebat. hodie tamen aliter observatur: nam utriusque interdicti potestas quantum ad possessionem pertinet exaequata est, ut ille vincat et in re soli et in re mobili, qui possessionem nec vi nec clam nec precario ab adversario litis contestationis tempore detinet.

4a. Mit dem Interdikt 'Wie ihr besitzt' streitet man aber über den Besitz an einem Grundstück oder an einem Haus, mit dem Interdikt 'Auf welcher Seite' dagegen über den Besitz an beweglichen Sachen. Bedeutung und Wirkung dieser beiden Interdikte waren bei den alten Juristen höchst unterschiedlich. Denn mit dem Interdikt 'Wie ihr besitzt' obsiegte derjenige, der im Zeitpunkt der Interdiktserteilung besaß, wenn er nur den Besitz nicht von seinem Gegner mit Gewalt oder heimlich oder auf Widerruf erlangt hatte, mochte er auch einen anderen mit Gewalt aus dem Besitz vertrieben oder fremden Besitz heimlich ergriffen oder einen anderen gebeten haben, ihm zu erlauben, auf Widerruf zu besitzen. Mit dem Interdikt 'Auf welcher Seite' obsiegte der, der den größten Teil des Jahres dem Gegner gegenüber weder aufgrund von Gewalt noch heimlich noch auf Widerruf besaß. Heutzutage wird jedoch anders verfahren. Denn die Wirkung beider Interdikte ist, was den Besitz betrifft, vereinheitlicht worden, so daß bei einem Grundstück ebenso wie bei einer beweglichen Sache derjenige obsiegt, der dem Kläger gegenüber zur Zeit des Prozeßbeginns den Besitz weder aufgrund von Gewalt noch heimlich noch auf Widerruf innehat.

5. Possidere autem videtur quisque non solum, si ipse possideat, sed et si eius nomine aliquis in possessione sit, licet is eius iuri subiectus non sit, qualis est colonus et inquilinus: per eos quoque, apud quos deposuerit quis aut quibus commodaverit, ipse possidere videtur: et hoc est, quod dicitur retinere possessionem posse aliquem per quemlibet, qui eius nomine sit in possessione. quin etiam animo quoque retineri possessionem placet, id est ut, quamvis neque ipse sit in possessione neque eius nomine alius, tamen si non relinquendae possessio-

5. Es wird angenommen, daß jemand nicht nur besitzt, wenn er selbst besitzt, sondern auch, wenn irgendeiner für ihn den Besitz ausübt, mag dieser auch nicht seiner Gewalt unterworfen sein, wie der Pächter und der Mieter. Auch ist jemand, wie angenommen wird, durch diejenigen selbst Besitzer, denen er etwas in Verwahrung gegeben oder geliehen hat. Und das meint man, wenn man sagt, daß einer sich durch jeden beliebigen, der für ihn Besitz ausübt, den Besitz erhalten kann. Ja sogar mit dem Willen allein kann anerkanntermaßen der Besitz erhalten werden. Obgleich daher jemand weder selbst den Besitz tatsächlich ausübt noch für ihn ein anderer, erhält er sich dennoch, wie angenom-

nis animo, sed postea reversurus inde discesserit, retinere possessionem videtur. adipisci vero possessionem per quos aliquis potest, secundo libro exposuimus. nec ulla dubitatio est, quin animo solo possessionem adipisci nemo potest.

men wird, den Besitz, wenn er sich nicht mit dem Willen, den Besitz aufzugeben, entfernt hat, sondern mit dem Willen, später wieder dahin zurückzukehren. Durch welche Personen man aber Besitz erwerben kann, haben wir im zweiten Buch dargelegt[1]. Und es besteht auch keinerlei Zweifel daran, daß niemand mit dem Willen allein Besitz erwerben kann.

6. Reciperandae possessionis causa solet interdici, si quis ex possessione fundi vel aedium vi deiectus fuerit: nam ei proponitur interdictum unde vi, per quod is qui deiecit cogitur ei restituere possessionem, licet is ab eo qui vi deiecit vi vel clam vel precario possidebat. sed ex sacris constitutionibus, ut supra diximus, si quis rem per vim occupaverit, si quidem in bonis eius est, dominio eius privatur, si aliena, post eius restitutionem etiam aestimationem rei dare vim passo compellitur. qui autem aliquem de possessione per vim deiecerit, tenetur lege Iulia de vi privata aut de vi publica: sed de vi privata, si sine armis vim fecerit, sin autem cum armis eum de possessione expulerit, de vi publica. armorum autem appellatione non solum scuta et gladios et galeas significari intellegimus, sed et fustes et lapides.

6. Zur Wiedererlangung des Besitzes wird ein Interdikt regelmäßig erlassen, wenn jemand mit Gewalt aus dem Besitz an einem Grundstück oder an einem Haus vertrieben worden ist. Denn ihm wird das Interdikt 'Von wo mit Gewalt' [unde vi] verheißen[2], durch das derjenige, der ihn vertrieben hat, gezwungen wird, ihm den Besitz wieder einzuräumen, selbst wenn er gegenüber dem, der ihn mit Gewalt vertrieben hat, aufgrund von Gewalt oder heimlich oder auf Widerruf besaß. Aber gemäß den kaiserlichen Konstitutionen verliert, wie wir oben gesagt haben[3], derjenige, der eine Sache mit Gewalt in Besitz genommen hat, das Eigentum an ihr, wenn sie zu seinem Vermögen gehört; wenn sie eine fremde ist, wird er gezwungen, nach ihrer Rückgabe dem Opfer der Gewalt auch den Schätzwert der Sache zu entrichten. Wer aber jemanden mit Gewalt aus dem Besitz vertreibt, haftet nach der lex Julia über private oder öffentliche Gewalttätigkeit. Wegen privater aber haftet er, wenn er ohne Waffen gewalttätig gewesen ist; wenn er ihn jedoch mit Waffen aus dem Besitz vertrieben hat, wegen öffentlicher Gewalttätigkeit. Wir nehmen aber an, daß mit dem Ausdruck 'Waffen' nicht nur Schilde, Schwerter und Helme gemeint sind, sondern auch Stöcke und Steine.

7. Tertia divisio interdictorum haec est, quod aut simplicia sunt aut duplicia. simplicia sunt, veluti in quibus alter actor, alter reus est: qualia sunt omnia restitutoria aut exhibitoria: namque actor est, qui desiderat aut exhiberi aut restitui, reus is, a quo desideratur, ut restituat aut exhibeat. prohibitoriorum autem interdictorum alia sim-

7. Die dritte Einteilung der Interdikte ist die in einseitige oder zweiseitige. Einseitig sind nämlich diejenigen, bei denen der eine Kläger, der andere Beklagter ist. Solche sind alle wiederherstellenden und vorweisenden Interdikte. Denn wer verlangt, daß etwas entweder vorgewiesen oder wiederhergestellt wird, ist Kläger, und Beklagter ist der, von dem verlangt wird, daß er etwas entweder wiederherstellt oder vorweist. Von den verbietenden Interdikten sind

1 Inst. 2, 9, 4 f.
2 Wortlaut in D. 43, 16, 1 pr.
3 Inst. 4, 2, 1.

plicia sunt, alia duplicia. simplicia sunt, veluti cum prohibet praetor in loco sacro vel in flumine publico ripave eius aliquid fieri (nam actor est, qui desiderat, ne quid fiat, reus, qui aliquid facere conatur): duplicia sunt veluti uti possidetis interdictum et utrubi. ideo autem duplicia vocantur, quia par utriusque litigatoris in his condicio est nec quisquam praecipue reus vel actor intellegitur, sed unusquisque tam rei quam actoris partem sustinet.

dagegen die einen einseitig, die anderen zweiseitig. Einseitig sind zum Beispiel die, bei denen der Prätor verbietet, daß an einem sakralen Ort oder in einem öffentlichen Fluß oder an dessen Ufer etwas getan wird (denn wer verlangt, daß etwas nicht getan wird, ist Kläger, und Beklagter ist, wer etwas zu tun versucht). Zweiseitig sind zum Beispiel die Interdikte 'Wie ihr besitzt' und 'Auf welcher Seite'. Sie heißen aber deswegen zweiseitig, weil bei ihnen die Lage beider Parteien gleich ist und keine bevorzugt als Beklagter oder als Kläger angesehen wird, sondern jede ebenso die Rolle des Beklagten wie die des Klägers einnimmt.

8. De ordine et veteri exitu interdictorum supervacuum est hodie dicere: nam quotiens extra ordinem ius dicitur, qualia sunt hodie omnia iudicia, non est necesse reddi interdictum, sed perinde iudicatur sine interdictis, atque si utilis actio ex causa interdicti reddita fuisset.

8. Über das Verfahren und den ursprünglichen Abschluß der Interdikte zu sprechen, ist heutzutage überflüssig. Denn sooft außerhalb der ordentlichen Gerichtsverfahren Recht gesprochen wird, was heute für alle Prozesse gilt, ist es nicht nötig, Interdikte zu erlassen; vielmehr wird ohne Interdikte ebenso geurteilt, wie wenn die richtige Klage aufgrund eines Interdikts erteilt worden wäre.

XVI
De poena temere litigantium

Sechzehnter Titel
Über die Strafe für mutwillig Prozessierende

Nunc admonendi sumus magnam curam egisse eos, qui iura sustinebant, ne facile homines ad litigandum procederent: quod et nobis studio est. idque eo maxime fieri potest, quod temeritas tam agentium quam eorum cum quibus ageretur modo pecuniaria poena, modo iurisiurandi religione, modo metu infamiae coercetur.

Wir müssen jetzt darauf hinweisen, daß diejenigen, die für das Recht verantwortlich waren, große Sorgfalt darauf verwendet haben, die Menschen von leichtfertigem Prozessieren abzuhalten. Das ist auch unser Bestreben. Und dieses Ziel kann am besten dadurch erreicht werden, daß der Mutwille der Kläger wie der Beklagten bald durch Geldstrafe, bald durch die religiöse Scheu vor dem Eid, bald durch Furcht vor Ehrlosigkeit gezügelt wird.

1. Ecce enim iusiurandum omnibus qui conveniuntur ex nostra constitutione defertur: nam reus non aliter suis allegationibus utitur, nisi prius iuraverit, quod putans se bona instantia uti ad contradicendum pervenit. at adversus infitiantes ex quibusdam causis dupli vel tripli actio constituitur, veluti si damni iniuriae aut legatorum locis venerabilibus relictorum nomine agi-

1. So wird zunächst allen, die verklagt werden, gemäß unserer Konstitution[1] ein Eid auferlegt. Denn der Beklagte kann erst dann Ausführungen zur Sache machen, wenn er vorher schwört, daß er im Glauben, eine gute Sache zu vertreten, dahin gekommen ist, der Klage zu widersprechen. Aber gegen die, die bestreiten, besteht in gewissen Fällen eine Klage auf das Doppelte oder Dreifache, wie zum Beispiel, wenn

1 C. 2, 58, 2 pr. (531).

tur. statim autem ab initio pluris quam simpli est actio veluti furti manifesti quadrupli, nec manifesti dupli: nam ex his causis et aliis quibusdam, sive quis neget sive fateatur, pluris quam simpli est actio. item actoris quoque calumnia coercetur: nam etiam actor pro calumnia iurare cogitur ex nostra constitutione. utriusque etiam partis advocati iusiurandum subeunt, quod alia nostra constitutione comprehensum est. haec autem omnia pro veteris calumniae actione introducta sunt, quae in desuetudinem abiit, quia in partem decimam litis actorem multabat, quod nusquam factum esse invenimus: sed pro his introductum est et praefatum iusiurandum et ut improbus litigator etiam damnum et impensas litis inferre adversario suo cogatur.

wegen widerrechtlichen Schadens oder wegen solcher Vermächtnisse, die heiligen Stätten ausgesetzt sind, geklagt wird. Sogleich von Anfang an auf mehr als das Einfache gehen demgegenüber Klagen wie zum Beispiel die auf das Vierfache wegen manifesten Diebstahls und die auf das Doppelte wegen nichtmanifesten Diebstahls. Denn in diesen Fällen und in gewissen anderen geht die Klage auf mehr als auf das Einfache, gleichgültig ob einer bestreitet oder zugesteht. Ebenso werden auch der Schikane des Klägers Schranken gesetzt. Denn auch der Kläger wird gemäß unserer Konstitution gezwungen zu schwören, daß er nicht aus Schikane klagt. Ebenso leisten die Anwälte der beiden Parteien einen Eid, was in einer anderen Konstitution[1] von uns bestimmt ist. Das alles aber ist anstelle der alten Klage wegen Schikane eingeführt worden, die außer Übung gekommen ist, weil sie den Kläger mit einem Zehntel des Streitwerts bestrafte, was wir nirgends in Gebrauch gefunden haben. Statt dessen ist sowohl der eben erwähnte Eid eingeführt worden als auch die Regel, daß die schikanöse Partei gezwungen wird, dem Gegner auch den Schaden und die Aufwendungen für den Rechtsstreit zu ersetzen.

2. Ex quibusdam iudiciis damnati ignominiosi fiunt, veluti furti, vi bonorum raptorum, iniuriarum, de dolo, item tutelae, mandati, depositi, directis non contrariis actionibus, item pro socio, quae ab utraque parte directa est et ob id quilibet ex sociis eo iudicio damnatus ignominia notatur. sed furti quidem aut vi bonorum raptorum aut iniuriarum aut de dolo non solum damnati notantur ignominia, sed etiam pacti, et recte: plurimum enim interest, utrum ex delicto aliquis an ex contractu debitor sit.

2. Gewisse Klagen machen den Verurteilten ehrlos, zum Beispiel die Klagen wegen Diebstahls, gewaltsam weggenommenen Gutes, wegen Personenverletzungen und wegen Arglist, ferner die direkten Klagen — nicht die Gegenklagen — wegen Vormundschaft, Auftrag und Verwahrung, schließlich die Gesellschafterklage, die von beiden Seiten direkte Klage ist, weswegen jeder aufgrund dieser Klage verurteilte Gesellschafter mit Ehrlosigkeit belegt wird. Aber nicht nur die wegen Diebstahls, wegen gewaltsam weggenommenen Gutes, wegen Personenverletzungen und wegen Arglist Verurteilten werden mit Ehrlosigkeit belegt, sondern auch diejenigen, die sich deswegen verglichen haben, und mit Recht. Es ist nämlich ein sehr großer Unterschied, ob jemand aus Delikt oder aus Vertrag Schuldner ist.

3. Omnium autem actionum instituendarum principium ab ea parte edicti proficiscitur, qua praetor edicit de in ius vocan-

3. Jede Prozeßeinleitung geht von dem Teil des Edikts aus, in dem der Prätor die Ladung vor Gericht regelt. In jedem Fall muß nämlich

1 C. 3, 1, 14, 4 (530).

do: utique enim in primis adversarius in ius vocandus est, id est ad eum vocandus est, qui ius dicturus sit. qua parte praetor parentibus et patronis, item liberis parentibusque patronorum et patronarum hunc praestat honorem, ut non aliter liceat liberis libertisque eos in ius vocare, quam si id ab ipso praetore postulaverint et impetraverint: et si quis aliter vocaverit, in eum poenam solidorum quinquaginta constituit.

der Gegner zuerst vor Gericht geladen werden, das heißt, er muß vor denjenigen geladen werden, der Recht sprechen wird. In jenem Teil ehrt der Prätor Eltern, Freilasser und Freilasserinnen sowie Kinder und Eltern von Freilassern und Freilasserinnen durch das Vorrecht, daß Kinder und Freigelassene diese nur vor Gericht laden dürfen, wenn sie das beim Prätor selbst beantragt und erreicht haben. Lädt jemand sie, ohne dies zu beachten, vor Gericht, hat der Prätor gegen ihn eine Buße von fünfzig Goldmünzen festgesetzt.

XVII
De officio iudicis

Superest, ut de officio iudicis dispiciamus. et quidem in primis illud observare debet iudex, ne aliter iudicet, quam legibus aut constitutionibus aut moribus proditum est.

1. Et ideo si noxali iudicio addictus est, observare debet, ut, si condemnandus videbitur dominus, ita debeat condemnare: 'Publium Maevium Lucio Titio decem aureis condemno aut noxam dedere'.

2. Et si in rem actum sit, sive contra petitorem iudicavit, absolvere debet possessorem, sive contra possessorem, iubere eum debet, ut rem ipsam restituat cum fructibus. sed si in praesenti neget se possessor restituere posse et sine frustratione videbitur tempus restituendi causa petere, indulgendum est ei, ut tamen de litis aestimatione caveat cum fideiussore, si intra tempus quod ei datum est non restituisset. et si hereditas petita sit, eadem circa fructus interveniunt, quae diximus intervenire in singularum rerum petitione. illorum autem fructuum, quos culpa sua possessor non perceperit, in utraque actione eadem ratio paene fit, si praedo fuerit. si vero bona fide pos-

Siebzehnter Titel
Über das Amt des Richters

Es steht noch aus, daß wir das Amt des Richters näher betrachten. Vor allem muß der Richter natürlich darauf achten, daß er nicht anders entscheidet, als durch Gesetze oder Konstitutionen oder durch Gewohnheiten festgelegt ist.

1. Ist er für eine Noxalklage bestellt, hat er deshalb zu beachten, daß er den Eigentümer, wenn er ihn nach seiner Überzeugung zu verurteilen hat, so verurteilen muß: 'Ich verurteile Publius Maevius, an Lucius Titius zehn Goldstücke zu zahlen oder den Schädiger auszuliefern.'

2. Und wenn dinglich geklagt worden ist, muß er, wenn er gegen den Kläger entschieden hat, den Besitzer freisprechen; wenn er aber gegen den Besitzer entschieden hat, muß er diesem befehlen, die Sache selbst nebst den Früchten herauszugeben. Wenn aber der Besitzer sich außerstande erklärt, auf der Stelle herauszugeben, und ersichtlich ohne Verschleppungsabsicht eine Frist zur Herausgabe begehrt, muß sie ihm gewährt werden, vorausgesetzt, er leistet wegen des Streitwerts Sicherheit durch Bürgen für den Fall, daß er innerhalb der ihm eingeräumten Frist nicht herausgibt. Und wenn eine Erbschaft herausverlangt wird, gilt wegen der Früchte dasselbe, was, wie ausgeführt, bei einem Verlangen auf Herausgabe einzelner Sachen gilt. Die Früchte aber, die der Besitzer schuldhaft nicht zieht, werden, wenn er ein 'Räuber'[1] ist, bei beiden Klagen ungefähr nach den gleichen Regeln

1 Das heißt ein bösgläubiger Besitzer.

sessor fuerit, non habetur ratio consumptorum neque non perceptorum: post inchoatam autem petitionem etiam illorum ratio habetur, qui culpa possessoris percepti non sunt vel percepti consumpti sunt.

veranschlagt. Ist er dagegen ein gutgläubiger Besitzer, werden die verbrauchten Früchte nicht veranschlagt und auch nicht die nicht gezogenen. Nach Klageerhebung werden aber auch die Früchte veranschlagt, die der Besitzer schuldhaft nicht gezogen hat oder die er gezogen und verbraucht hat.

3. Si ad exhibendum actum fuerit, non sufficit, si exhibeat rem is cum quo actum est, sed opus est, ut etiam causam rei debeat exhibere, id est ut eam causam habeat actor, quam habiturus esset, si, cum primum ad exhibendum egisset, exhibita res fuisset: ideoque si inter moras usucapta sit res a possessore, nihilo minus condemnatur. praeterea fructuum medii temporis, id est eius, quod post acceptum ad exhibendum iudicium ante rem iudicatam intercessit, rationem habere debet iudex. quod si neget is, cum quo ad exhibendum actum est, in praesenti exhibere se posse et tempus exhibendi causa petat idque sine frustratione postulare videatur, dari ei debet, ut tamen caveat se restituturum: quod si neque statim iussu iudicis rem exhibeat neque postea exhibiturum se caveat, condemnandus sit in id, quod actoris intererat ab initio rem exhibitam esse.

3. Wenn auf Vorlegung geklagt wird, genügt es nicht, daß der Beklagte die Sache vorlegt, sondern es ist erforderlich, daß er die Sache auch in ihrer Rechtslage vorlegt, das heißt, daß der Kläger die Sache in der Lage erhält, in der er sie erhalten hätte, wenn die Sache sofort mit Klageerhebung vorgelegt worden wäre. Ist daher die Sache inzwischen vom Besitzer ersessen worden, so wird er dennoch verurteilt. Außerdem muß der Richter die Früchte der Zwischenzeit veranschlagen, das heißt der Zeit, die von der Einlassung auf die Vorlegungsklage bis zur Entscheidung der Sache abgelaufen ist. Wenn aber der, gegen den auf Vorlegung geklagt worden ist, sich außerstande erklärt, auf der Stelle vorzulegen, und eine Frist zur Vorlegung beantragt und sie ersichtlich ohne Verschleppungsabsicht begehrt, muß sie ihm eingeräumt werden, vorausgesetzt, er leistet Sicherheit dafür, daß er herausgeben wird. Wenn er aber weder auf Befehl des Richters sofort vorlegt noch Sicherheit dafür leistet, daß er später vorlegen wird, muß er in das Interesse verurteilt werden, das der Kläger daran hat, daß die Sache gleich zu Anfang vorgelegt wurde.

4. Si familiae erciscundae iudicio actum sit, singulas res singulis heredibus adiudicare debet et, si in alterius persona praegravare videatur adiudicatio, debet hunc invicem coheredi certa pecunia, sicut iam dictum est, condemnare. eo quoque nomine coheredi quisque suo condemnandus est, quod solus fructus hereditarii fundi percepit aut rem hereditariam corrupit aut consumpsit. quae quidem similiter inter plures quoque quam duos coheredes subsequuntur.

4. Wenn mit der Erbteilungsklage geklagt wird, muß er den einzelnen Erben das Eigentum an den einzelnen Sachen zuweisen, und wenn sich zeigt, daß die Eigentumszuweisung in der Person des einen Miterben die Erbquote überwiegt, muß er diesen, wie schon gesagt[1], zum Ausgleich zugunsten des anderen Miterben auf eine bestimmte Geldsumme verurteilen. Auch muß jemand zugunsten seines Miterben dann verurteilt werden, wenn er die Früchte eines Erbschaftsgrundstücks allein für sich gezogen oder eine Erbschaftssache beschädigt oder verbraucht hat. Das alles aber wird auf entsprechende Weise auch bei mehr als zwei Miterben befolgt.

1 Inst. 4, 6, 20.

5. Eadem interveniunt et si communi dividundo de pluribus rebus actum fuerit. quod si de una re, veluti de fundo, si quidem iste fundus commode regionibus divisionem recipiat, partes eius singulis adiudicare debet et, si unius pars praegravare videbitur, is invicem certa pecunia alteri condemnandus est: quod si commode dividi non possit, vel homo forte aut mulus erit de quo actum sit, uni totus adiudicandus est et is alteri certa pecunia condemnandus.

5. Dasselbe gilt, wenn wegen mehrerer Sachen die Teilungsklage erhoben wird. Wenn wegen einer einzigen Sache geklagt wird, zum Beispiel wegen eines Grundstücks, muß der Richter, wenn dieses Grundstück sich sinnvoll in Teilgrundstücke aufteilen läßt, diese Teile den einzelnen zu Eigentum zuweisen. Und wenn sich zeigt, daß der dem einen zugewiesene Teil dessen Miteigentumsquote überwiegt, ist er zum Ausgleich zugunsten des anderen auf eine bestimmte Geldsumme zu verurteilen. Kann etwas nicht sinnvoll aufgeteilt werden, etwa wenn wegen eines Sklaven oder eines Maultiers geklagt wird, so ist die ganze Sache einem allein zu Eigentum zuzuweisen, und dieser ist zugunsten des anderen auf eine bestimmte Geldsumme zu verurteilen.

6. Si finium regundorum actum fuerit, dispicere debet iudex, an necessaria sit adiudicatio. quae sane uno casu necessaria est, si evidentioribus finibus distingui agros commodius sit, quam olim fuissent distincti: nam tunc necesse est ex alterius agro partem aliquam alterius agri domino adiudicari. quo casu conveniens est, ut is alteri certa pecunia debeat condemnari. eo quoque nomine damnandus est quisque hoc iudicio, quod forte circa fines malitiose aliquid commisit, verbi gratia quia lapides finales furatus est aut arbores finales cecidit. contumaciae quoque nomine quisque eo iudicio condemnatur, veluti si quis iubente iudice metiri agros passus non fuerit.

6. Wenn wegen Grenzregelung geklagt wird, muß der Richter untersuchen, ob eine Eigentumszuweisung notwendig ist. Sie ist freilich in einem Fall notwendig: wenn es nämlich besonders zweckmäßig ist, die Äcker durch deutlichere Grenzen zu unterscheiden, als es früher der Fall war. Denn dann ist es notwendig, einen Teil vom Acker des einen dem Eigentümer des anderen Ackers zu Eigentum zuzuweisen. In dem Fall muß folgerichtig dieser zugunsten des anderen auf eine bestimmte Geldsumme verurteilt werden. Auch muß einer aufgrund dieser Klage dann verurteilt werden, wenn er hinsichtlich der Grundstücksgrenzen irgend etwas arglistig begangen hat, zum Beispiel wenn er Grenzsteine gestohlen oder Grenzbäume gefällt hat. Auch wegen Ungehorsams wird man aufgrund dieser Klage verurteilt, wie zum Beispiel derjenige, der nicht zuläßt, daß die Äcker gemäß dem Befehl des Richters vermessen werden.

7. Quod autem istis iudiciis alicui adiudicatum sit, id statim eius fit cui adiudicatum est.

7. Was aber bei diesen Klagen jemandem zu Eigentum zugewiesen wird, wird sofort Eigentum dessen, dem es zugewiesen ist.

XVIII

De publicis iudiciis

Publica iudicia neque per actiones ordinantur nec omnino quicquam simile habent ceteris iudiciis, de quibus locuti sumus, magnaque diversitas est eorum et in instituendis et in exercendis.

Achtzehnter Titel

Über die öffentlichen Strafverfahren

Die öffentlichen Strafverfahren werden weder nach Klagen geordnet, noch haben sie überhaupt irgendeine Ähnlichkeit mit den Verfahren, von denen wir bisher gesprochen haben. Vielmehr weisen sie in der Einleitung wie in der Durchführung große Unterschiede auf.

1. Publica autem dicta sunt, quod cuivis ex populo executio eorum plerumque datur.

2. Publicorum iudiciorum quaedam capitalia sunt, quaedam non capitalia. capitalia dicimus, quae ultimo supplicio adficiunt vel aquae et ignis interdictione vel deportatione vel metallo: cetera si qua infamiam irrogant cum damno pecuniario, haec publica quidem sunt, non tamen capitalia.

3. Publica autem iudicia sunt haec. lex Iulia maiestatis, quae in eos, qui contra imperatorem vel rem publicam aliquid moliti sunt, suum vigorem extendit. cuius poena animae amissionem sustinet et memoria rei et post mortem damnatur.

4. Item lex Iulia de adulteriis coercendis, quae non solum temeratores alienarum nuptiarum gladio punit, sed etiam eos, qui cum masculis infandam libidinem exercere audent. sed eadem lege Iulia etiam stupri flagitium punitur, cum quis sine vi vel virginem vel viduam honeste viventem stupraverit. poenam autem eadem lex irrogat peccatoribus, si honesti sunt, publicationem partis dimidiae bonorum, si humiles, corporis coercitionem cum relegatione.

5. Item lex Cornelia de sicariis, quae homicidas ultore ferro persequitur vel eos, qui hominis occidendi causa cum telo ambulant. telum autem, ut Gaius noster in interpretatione legis duodecim tabularum scriptum reliquit, vulgo quidem id appellatur,

1. Die Strafverfahren werden aber öffentliche genannt, weil in der Regel jedermann aus dem Volk gestattet ist, sie zu betreiben.

2. Von den öffentlichen Strafverfahren sind einige Kapitalverfahren, einige nicht. Kapitalverfahren nennen wir diejenigen, in denen entweder die Todesstrafe verhängt wird oder die Untersagung von Feuer und Wasser oder die lebenslängliche Verbannung auf eine Insel oder die Bergwerksstrafe. Die übrigen Strafverfahren sind, wenn in ihnen etwa auf Ehrlosigkeit mit einer Vermögensstrafe erkannt wird, zwar auch öffentliche Verfahren, nicht jedoch Kapitalverfahren.

3. Öffentliche Strafverfahren aber sind die folgenden: Das nach der lex Iulia wegen Majestätsverbrechens[1], die ihre Strenge gegen diejenigen richtet, die etwas gegen den Kaiser oder den Staat unternommen haben. Die Strafe besteht in dem Verlust des Lebens, und das Andenken des Schuldigen wird sogar noch nach seinem Tode getilgt.

4. Ebenso ist ein öffentliches Strafverfahren das nach der lex Iulia über die Bestrafung des Ehebruchs[2], die nicht nur die mit dem Schwert bestraft, die in fremde Ehen eindringen, sondern auch diejenigen, die es wagen, ihren unnatürlichen Gelüsten mit Männern nachzugehen. Nach derselben lex Iulia wird aber auch das Verbrechen der Unzucht bestraft, wenn sich jemand ohne Gewaltanwendung an einer Jungfrau oder an einer ehrbaren Witwe vergeht. Als Strafe erlegt dasselbe Gesetz den Verbrechern, wenn es Leute von Stand sind, die Einziehung der Hälfte ihres Vermögens auf, wenn es einfache Leute sind, körperliche Züchtigung und Internierung auf Zeit.

5. Ebenso ist ein öffentliches Strafverfahren das nach der lex Cornelia über die sicarii[3], die Mörder. Das Gesetz verfolgt mit rächendem Schwert die Mörder und die, die ein telum, ein Wurfgeschoß, bei sich haben, um einen Menschen zu töten. Telum wird zwar, wie unser Gaius in seinem Kommentar zu dem Zwölftafelgesetz geschrieben hat[4], gewöhnlich das ge-

1 8 v. Chr., vgl. D. 48, 4.
2 18 v. Chr., vgl. D. 48, 5.
3 81 v. Chr., vgl. D. 48, 8.
4 D. 50, 16, 233, 2.

quod ab arcu mittitur: sed et omne significatur, quod manu cuiusdam mittitur: sequitur ergo, ut et lapis et lignum et ferrum hoc nomine contineatur. dictumque ab eo, quod in longinquum mittitur, a Graeca voce figuratum, ἀπὸ τοῦ τηλοῦ : et hanc significationem invenire possumus et in Graeco nomine: nam quod nos telum appellamus, illi βέλος appellant ἀπὸ τοῦ βάλλεσθαι. admonet nos Xenophon. nam ita scripsit: καὶ τὰ βέλη ὁμοῦ ἐφέρετο, λόγχαι, τοξεύματα, σφενδόναι, πλεῖστοι δὲ καὶ λίθοι. sicarii autem appellantur a sica, quod significat ferreum cultrum. eadem lege et venefici capite damnantur, qui artibus odiosis, tam venenis vel susurris magicis homines occiderunt vel mala medicamenta publice vendiderunt.

6. Alia deinde lex asperrimum crimen nova poena persequitur, quae Pompeia de parricidiis vocatur. qua cavetur, ut, si quis parentis aut filii aut omnino adfectionis eius, quae nuncupatione parricidii continetur, fata properaverit, sive clam sive palam id ausus fuerit, nec non is, cuius dolo malo id factum est, vel conscius criminis existit, licet extraneus sit, poena parricidii punietur et neque gladio neque ignibus neque ulla alia sollemni poena subicietur, sed insutus culleo cum cane et gallo gallinaceo et vipera et simia et inter eius ferales angustias comprehensus, secundum quod regionis qualitas tulerit, vel in vicinum mare vel in amnem proiciatur, ut omni elementorum usu vivus carere incipiat et ei caelum superstiti, terra mortuo auferatur. si quis autem alias cognatione vel adfinitate coniunctas personas necaverit, poenam legis Corneliae de sicariis sustinebit.

nannt, was mit dem Bogen abgeschossen wird; aber es bedeutet auch alles, was jemand mit der Hand wirft. Daraus folgt, daß diese Bezeichnung auch Steine, Holz und Eisen umfaßt. Sie ist abgeleitet von dem, was in die Ferne geworfen wird, gebildet nach dem Griechischen telou, fern. Und diese Bedeutung können wir auch in dem entsprechenden griechischen Wort finden. Denn was wir telum nennen, nennen jene belos, von ballesthai, werfen. Das lehrt uns Xenophon. Denn er hat geschrieben[1]: 'Und gleichzeitig wurden die Geschosse, ta bele, eingesetzt, Lanzen, Pfeile, Schleuderkugeln und sehr viele [von Hand geworfene] Steine.' Sicarii, Mörder, werden nach sica genannt, dem Wort für ein eisernes Messer. Nach demselben Gesetz werden auch die Giftmischer zum Tode verurteilt, die durch verhaßte Künste, mit Gift oder Zaubersprüchen, Menschen umgebracht oder giftige Arzneien öffentlich verkauft haben.

6. Ein weiteres Gesetz, die sogenannte lex Pompeia über die Verwandtenmörder[2], verfolgt das empörendste aller Verbrechen mit einer ungewöhnlichen Strafe. Dieses Gesetz bestimmt[3], daß derjenige mit der Strafe für Verwandtenmord belegt wird, der dem Leben seines Vaters ein vorzeitiges Ende bereitet oder dem seines Sohnes oder überhaupt dem Leben eines so Nahestehenden, daß die Tat noch von der Bezeichnung Verwandtenmord erfaßt wird, mag er das heimlich oder öffentlich gewagt haben. Die gleiche Strafe trifft den, der dazu arglistig angestiftet hat oder Mitwisser des Verbrechens gewesen ist, auch wenn er ein Hausfremder ist. Und er wird weder mit dem Schwert noch durch Feuer hingerichtet noch einer anderen regulären Strafe unterworfen, sondern er wird zusammen mit einem Hund, einem Hahn, einer Schlange und einem Affen in einen ledernen Sack eingenäht und dann in dieser todbringenden Enge je nach Beschaffenheit der Gegend entweder in das nahe Meer oder in einen Fluß geworfen, so daß er noch bei lebendigem Leib jede Verbindung zu den Elementen verliert und dem Lebenden der Himmel, dem Toten die Erde genommen wird. Wenn jemand aber andere ihm durch Ver-

1 Anabasis 5, 2, 14.
2 55 v. Chr., vgl. D. 48, 9.
3 Vgl. auch C. 9, 17, 1 (318–319).

wandtschaft oder Schwägerschaft verbundene Personen tötet, trifft ihn die Strafe aus der lex Cornelia über die Mörder.

7. Item lex Cornelia de falsis, quae etiam testamentaria vocatur, poenam irrogat ei, qui testamentum vel aliud instrumentum falsum scripserit signaverit recitaverit subiecerit quive signum adulterinum fecerit sculpserit expresserit sciens dolo malo. eiusque legis poena in servos ultimum supplicium est, quod et in lege de sicariis et veneficis servatur, in liberos vero deportatio.

7. Des weiteren belegt die lex Cornelia über die Fälschungen[1], die auch Testamentsgesetz genannt wird, denjenigen mit Strafe, der wissentlich und willentlich ein unechtes Testament oder eine andere unechte Urkunde anfertigt, siegelt, geltend macht oder unterschiebt oder ein unechtes Siegel herstellt, schneidet oder setzt. Die Strafe dieses Gesetzes ist bei Sklaven die Todesstrafe, die auch im Gesetz über die Mörder und Giftmischer bestimmt ist, bei Freien dagegen die lebenslängliche Verbannung auf eine Insel.

8. Item lex Iulia de vi publica seu privata adversus eos exoritur, qui vim vel armatam vel sine armis commiserint. sed si quidem armata vis arguatur, deportatio ei ex lege Iulia de vi publica irrogatur: si vero sine armis, in tertiam partem bonorum publicatio imponitur. sin autem per vim raptus virginis vel viduae vel sanctimonialis vel aliae fuerit perpetratus, tunc et peccatores et ei, qui opem flagitio dederunt, capite puniuntur secundum nostrae constitutionis definitionem, ex qua haec apertius possibile est scire.

8. Des weiteren bedroht die lex Iulia über öffentliche und private Gewalttätigkeit[2] diejenigen, die mit oder ohne Waffen Gewalt anwenden. Wenn man aber dem Angeklagten Gewalt mit Waffen nachgewiesen hat, wird er gemäß der lex Iulia über öffentliche Gewalttätigkeit lebenslänglich verbannt, bei Gewalt ohne Waffen wird dagegen ein Drittel seines Vermögens eingezogen. Wenn jedoch eine Jungfrau, eine Witwe, eine Nonne oder eine andere weibliche Person geraubt worden ist, werden sowohl die Täter wie diejenigen, die ihnen Beihilfe zu dem Verbrechen geleistet haben, mit dem Tode bestraft, gemäß der Bestimmung unserer Konstitution[3], aus der das alles genauer entnommen werden kann.

9. Lex Iulia peculatus eos punit, qui pecuniam vel rem publicam vel sacram vel religiosam furati fuerint. sed si quidem ipsi iudices tempore administrationis publicas pecunias subtraxerunt, capitali animadversione puniuntur, et non solum hi, sed etiam qui ministerium eis ad hoc adhibuerunt vel qui subtracta ab his scientes susceperunt: alii vero, qui in hanc legem inciderint, poenae deportationis subiugentur.

9. Die lex Iulia über die Veruntreuung öffentlichen Gutes[4] bestraft diejenigen, die öffentliche, sakrale oder zum Grabgut gehörende Gelder oder Sachen an sich genommen haben. Wenn es aber Richter sind, die während ihrer Amtszeit öffentliche Gelder unterschlagen haben, werden sie mit dem Tode bestraft, und nicht nur sie, sondern auch diejenigen, die ihnen dazu Beihilfe geleistet haben oder wissentlich von ihnen unterschlagenes Gut angenommen haben. Andere hingegen, die unter dieses Gesetz fallen, werden lebenslänglich verbannt.

10. Est inter publica iudicia lex Fabia de plagiariis, quae interdum capitis poenam

10. Zu den öffentlichen Strafverfahren gehört auch das nach der lex Fabia über die Menschen-

---

1 81 v. Chr., vgl. D. 48, 10.
2 Vermutlich 17 v. Chr., vgl. D. 48, 6/7.
3 C. 9, 13, 1 (533).
4 Vermutlich 8 v. Chr., vgl. D. 48, 13.

ex sacris constitutionibus irrogat, interdum leviorem.

11. Sunt praeterea publica iudicia lex Iulia ambitus et lex Iulia repetundarum et lex Iulia de annona et lex Iulia de residuis, quae de certis capitulis loquuntur et animae quidem amissionem non irrogant, aliis autem poenis eos subiciunt, qui praecepta earum neglexerint.

12. Sed de publicis iudiciis haec exposuimus, ut vobis possibile sit summo digito et quasi per indicem ea tetigisse. alioquin diligentior eorum scientia vobis ex latioribus digestorum sive pandectarum libris deo propitio adventura est.

räuber[1]. Sie verhängt in manchen Fällen entsprechend den kaiserlichen Konstitutionen die Todesstrafe, in manchen eine geringere Strafe.

11. Außerdem sind öffentliche Strafverfahren die nach der lex Iulia über die Wahlbeeinflussung durch Stimmenkauf[2], nach der lex Iulia über die Rückerstattung bei Vorteilsannahme im Amt[3], nach der lex Iulia über den Getreidewucher[4] und nach der lex Iulia über nicht gehörig verwendete öffentliche Gelder[5]. Diese Gesetze behandeln besondere Materien und drohen zwar nicht den Verlust des Lebens an, unterwerfen aber diejenigen, die ihre Gebote nicht achten, anderen Strafen.

12. Wir haben aber dies alles über die öffentlichen Strafverfahren ausgeführt, damit es euch möglich war, sie wenigstens andeutungsweise und sozusagen summarisch kennenzulernen. Im übrigen wird euch mit Gottes Hilfe aus den ausführlicheren Büchern der Digesten oder Pandekten eine genauere Kenntnis von ihnen zuteil werden.

1 Vermutlich 209 v. Chr., vgl. D. 48, 15.
2 18 v. Chr., vgl. D. 48, 14.
3 59 v. Chr., vgl. D. 48, 11.
4 Vermutlich 18 v. Chr., vgl. D. 48, 12.
5 Vermutlich 8 v. Chr., vgl. D. 48, 13.

Anhang

I. Glossar

(Verzeichnis erklärungsbedürftiger juristischer Fachwörter.
Die in Klammern gesetzten Zahlen bezeichnen die Hauptstellen in den Institutionen.)

Ädile, kurulische	aediles curules — Magistrate (s. dort) mit polizeilichen Zuständigkeiten und Jurisdiktion in Marktsachen (1,2,7)
ädilizisch	aedilicius — von den Ädilen (s. dort) ausgehend (3,18,2; 4,9)
Amtsrecht	ius honorarium — Recht, das aus den Edikten der Magistrate, insbesondere des Prätors, hervorgeht (1,2,7)
Arrogation	arrogatio — Adoption (Annahme an Kindes Statt) gewaltfreier Personen durch Hoheitsakt des Kaisers (1,11,1) und vordem durch Volksgesetz
Außenerben	heredes extranei — Erben, die nicht der Hausgewalt des Erblassers unterworfen waren (2,19,3)
Duplik	duplicatio — Einrede, mit der der Beklagte eine Replik (s. dort) des Klägers entkräftet (4,14,1)
Edikte der Prätoren	edicta praetorum — Kundmachungen der Prätoren (s. dort) zu Beginn ihres Amtsjahres mit Zusammenstellungen der Klagen, Einreden und sonstigen Rechtsbehelfe (1,2,7)
Emanzipation	emancipatio — Entlassung eines Hauskindes aus der väterlichen Gewalt (1,12,6)
Fideikommiß	fideicommissum — letztwillige Zuwendung durch formlose Bitte des Erblassers an einen erbrechtlich Begünstigten, einem Dritten eine Leistung zu erbringen (2,23; 2,24)
Fideikommissar	fideicommissarius — der durch ein Fideikommiß (s. dort) Bedachte
Gebrauchsrecht	usus — dingliches Recht, eine Sache zu benutzen (ohne Fruchtgenuß) (2,5)
Gewaltunterworfene	ii qui in aliena potestate sunt — Hauskinder und Sklaven (4,7)
Hauserben	sui heredes — Hauskinder, die durch den Tod des Erblassers gewaltfrei werden (2,19,2); in klassischer Zeit auch die Ehefrau, die in der Gewalt des Erblassers stand
Hausgewalt	potestas — Herrschaft des Gewalthabers (Vaters, Eigentümers) über die Gewaltunterworfenen (Hauskinder, Sklaven) (1,8; 1,9; 1,12)
Honorarrecht	ius honorarium — s. Amtsrecht
Injurienklage	actio iniuriarum — prätorische Bußklage wegen Mißachtung fremder Persönlichkeit, z. B. Körperverletzung und Beleidigung (4,4)
Interdikte	interdicta — prätorische Rechtsbehelfe für den Besitzschutz mit beschleunigtem Verfahren, dem häufig ein Nachverfahren folgte (4,15)
Klage mit vorgeschalteten Formelworten	actio praescriptis verbis — Klage, bei der die an der Spitze der Klagformel stehende demonstratio (Bezeichnung der Klaggrundlage) nicht den anerkannten Klagtypen entnommen ist, sondern in einem fallweise formulierten individuellen Sachverhalt besteht (3,24,1)

Kodizill	codicilli — Urkunde mit letztwilligen Verfügungen (außer Erbeinsetzungen und Enterbungen), die in der Regel ein Testament ergänzt (2,25)
Kondiktion	condictio — Klage auf Leistung ohne Bezeichnung des Verpflichtungsgrundes (4,6,15). Anwendbar z. B. bei Klagen aus Darlehen (3,14 pr.; 3,27,6), Stipulation (3,15 pr.), ungerechtfertigter Bereicherung (3,24,6; 3,27,6) und Diebstahl (2,1,26; 3,23,3 a; 4,1,19; 4,6,18)
kondizieren	condicere — eine Kondiktion (s. dort) geltend machen
Konsolidation	consolidatio — Vereinigung des Nießbrauchs mit dem Eigentum in einer Person (2,4,3)
Konstitution	constitutio — kaiserliche Anordnung mit Gesetzeskraft (1,2,6)
Magistrat	magistratus — Amtsträger, (republikanisches) Amt
Manzipation	mancipatio — altertümliches Formalgeschäft zur Übertragung des Eigentums und anderer Herrschaftsrechte, aber auch zur Testamentserrichtung (2,1,41; 2,10,1)
Nachlaßbesitz	bonorum possessio — prätorisches Erbrecht; erbenähnliche Stellung, die der Prätor bestimmten, vom Zivilrecht nicht berücksichtigten Personen verschafft (3,9)
Novation	novatio — Schulderneuerung; Umwandlung einer Obligation in eine neue mittels Stipulation (s. dort) (3,29,3)
Noxalklagen	noxales actiones — Strafklagen gegen den Gewalthaber wegen der Delikte seiner Gewaltunterworfenen (Sklaven und Hauskindern) (4,8)
Patriziat	patriciatus — Würde eines Patriziers (zur Zeit Justinians ein Ehrentitel für bestimmte kaiserliche Beamte) (1,12,4)
pflichtwidriges Testament	testamentum inofficiosum — Testament, in dem der Erblasser bestimmte gesetzliche Erben grundlos enterbt oder übergeht (2,18)
Plebiszit	plebiscitum — auf Antrag eines Volkstribuns ergangener Beschluß der Plebs (s. dort) mit Gesetzeskraft (1,2,4)
Plebs	plebs — Gesamtheit der Plebejer, das heißt alle römischen Bürger mit Ausnahme der Patrizier und später auch der Senatoren (1,2,4)
Prätor	praetor — oberer Magistrat (s. dort), zuständig insbesondere für die Zivilrechtspflege
Prokonsul	proconsul — Statthalter in einer Senatsprovinz
religiose Sachen	res religiosae — unter religiösem Schutz stehende Grabstätten, die dem Privatrechtsverkehr entzogen sind (2,1,7; 9)
Replik	replicatio — Gegeneinrede, mit der der Kläger eine Einrede, exceptio, des Beklagten entkräftet (4,14)
Reskript	rescriptum — schriftlicher Bescheid des Kaisers auf Anfrage, soweit es sich um Rechtsfragen handelt mit gesetzesgleicher Wirkung
Rückkehrrecht	ius postliminii — Recht insbesondere des kriegsgefangenen und daher rechtlosen Römers, der nach seiner Rückkehr rückwirkend in seinen früheren Rechtszustand wieder eintritt (1,12,5)
sakrale Sachen	res sacrae — (bei Justinian) von Priestern geweihte Sachen, z. B. Gotteshäuser, Altäre, die dem Privatrechtsverkehr entzogen sind (2,1,7; 8)

sakrosankte Sachen	res sanctae — unter göttlichem Schutz stehende Sachen, z. B. Stadtmauern und Stadttore, die dem Privatrechtsverkehr entzogen sind (2,1,7; 10)
Sondergut	peculium — faktisch (nicht rechtlich) selbständiges Sondervermögen, das der Gewalthaber (Hausvater, Eigentümer) seinen Gewaltunterworfenen (Hauskindern, Sklaven) zur Bewirtschaftung überläßt
Statusänderung	capitis deminutio — Änderung der bürgerlichen Rechtsstellung, nämlich hinsichtlich Bürgerrecht, Freiheit oder Hausgewalt (1,16)
Stipulation	stipulatio — mündliches Schuldversprechen mit bestimmter Frage- und Antwortform (3,15 ff.)
Talion	talio — Vergeltung von Gleichem mit Gleichem (4,4,7)
Triplik	triplicatio — Einrede, mit der der Kläger eine Duplik (s. dort) des Beklagten entkräftet (4,14,2)
vaterblütig	consanguineus — verwandt durch Abstammung von demselben Vater (3,2,1 ff.)
Vindikation	vindicatio — Klage zur Durchsetzung dinglicher und anderer Herrschaftsrechte (4,6,15)
vindizieren	vindicare — eine Vindikation (s. dort) geltend machen
Völkergemeinrecht	ius gentium — Recht, insbesondere Privatrecht, das bei allen Völkern gilt (1,2,1)
Volkstribun	tribunus plebis — ursprünglich Vorsteher der Plebs (s. dort), später Magistrat (s. dort) des Gesamtvolkes mit mehreren Zuständigkeiten, z. B. in Straf- und Vormundschaftssachen (1,2,4; 1,20 pr.)
wortförmlicher Erlaß	acceptilatio — Rechtsgeschäft mit Frage- und Antwortform, durch das eine Stipulationsschuld erlassen wird (3,29,1)
Zwangserben	heredes necessarii — Erben, die ohne Rücksicht auf ihren Willen Erben werden (Sklaven, Hauskinder) (2,19,1; 2)

II. Römische Kaiser bis Justinian

Augustus	27 v. Chr. – 14 n. Chr.
Tiberius	14–37
Caligula	37–41
Claudius	41–54
Nero	54–68
Galba	68–69
Otho	69
Vitellius	69
Vespasian	69–79
Titus	79–81
Domitian	81–96
Nerva	96–98
Trajan	98–117
Hadrian	117–138
Antoninus Pius	138–161
Mark Aurel	161–180
Lucius Verus (divi fratres)	161–169
Commodus	180–192
Pertinax	193
Didius Julianus	193
Septimius Severus	193–211
Caracalla	211–217
Geta	211–212
Macrinus	217–218
Elagabal	218–222
Severus Alexander	222–235
Maximinus Thrax	235–238
Gordian I.	238
Gordian II.	238
Balbinus	238
Pupienus	238
Gordian III.	238–244
Philippus Arabs	244–249
Philippus II.	247–249

Decius	249–251
Trebonianus Gallus	251–253
Hostilianus	251
Volusianus	251–253
Aemilianus	253
Valerian	253–260
Gallienus	253–268
Claudius Gothicus	268–270
Quintillus	270
Aurelian	270–275
Tacitus	275–276
Florianus	276
Probus	276–282
Carus	282–283
Carinus	283–285
Numerian	283–284
Diokletian	284–305
Maximian	286–305, 307–308, 310
Constantius I. Chlorus	305–306
Galerius	305–311
Severus	306–307
Maxentius	306–312
Licinius	308–324
Maximinus Daia	309–313
Konstantin I. d. Gr.	306–337
Konstantin II.	337–340
Constans	337–350
Constantius II.	337–361
Julianus Apostata	360–363
Jovian	363–364
Valentinian I.	364–375
Valens	364–378
Gratian	367–383
Valentinian II.	375–392
Theodosius I.	379–395

Weströmisches Reich		**Oströmisches Reich**	
Honorius	393/395–423	Arcadius	383/395–408
Constantius III.	421	Theodosius II.	408–450
Johannes	423–425		
Valentinian III.	425–455		
Petronius Maximus	455	Marcianus	450–457
Avitus	455–456		
Majorian	457–461	Leo I.	457–474
Libius Severus	461–465		
Anthemius	467–472		
Olybrius	472		
Glycerius	473–474	Leo II.	474
Nepos	474–475	Zeno	474–475, 476–491
Romulus Augustulus	475–476	Basiliscus	475–476
		Anastasius	491–518
		Justin I.	518–527
		Justinian	527–565

III. In den Institutionen namentlich zitierte Juristen

Aquilius Gallus	Gaius Aquilius Gallus, Prätor 66 v. Chr. (Inst. 3,29,2)
Atilicinus	2. Hälfte des 1. Jh. n. Chr. (Inst. 2,14 pr.)
Cassius	Gaius Cassius Longinus, Konsul 30 n. Chr., gest. unter Vespasian (Inst. 3,23,2; 3,24,4; 3,26,8)
Cato	Marcus Porcius Cato, Konsul 195, Zensor 184 v. Chr., oder sein Sohn Marcus Porcius Cato Licinianus, gest. um 152 v. Chr. (Inst. 1,11,12)
Celsus	Publius Iuventius Celsus (filius), Konsul 115 (?) und 129 n. Chr. (Inst. 2,20,12)
Gaius	Mitte d. 2. Jh. n. Chr., gest. nicht vor 178 n. Chr. (Inst. 4,18,5; Const. Imp. 6)
Julian	Publius Salvius Iulianus, Konsul 148 n. Chr. (Inst. 1,10,9; 1,26,5; 2,1,38; 2,20,9; 16; 18/19/20; 3,8,2; 4,5,2)
Labeo	Marcus Antistius Labeo, gest. zwischen 5 u. 22 n. Chr. (Inst. 2,25 pr.)
Marcellus	Ulpius Marcellus, 2. Hälfte d. 2. Jh. n. Chr. (Inst. 1,4 pr.)
Marcian	Aelius Marcianus, 1. Hälfte d. 3. Jh. n. Chr. (Inst. 1,4 pr.; 4,3,1)
Papinian	Aemilius Papinianus, hingerichtet 212 n. Chr. (Inst. 1,25,2; 1,26,7; 2,1,8; 2,6,9; 2,20,14; 2,23,7; 2,25,1)
Paulus	Iulius Paulus, Anfang d. 3. Jh. n. Chr. (Inst. 2,14 pr.)
Pomponius	Sextus Pomponius, Mitte d. 2. Jh. n. Chr. (Inst. 2,10,5)
Proculus	um 50 n. Chr. (Inst. 3,23,2)
Quintus Mucius	Quintus Mucius Scaevola, Konsul 95 v. Chr., ermordet 82 v. Chr. (Inst. 3,25,2)
Sabinus	Massurius Sabinus, 1. Hälfte d. 1. Jh. n. Chr. (Inst. 2,14 pr.; 2,20,36; 3,23,2; 3,26,6; 8; 4,3,15)
Scaevola	Quintus Cervidius Scaevola, 2. Hälfte d. 2. Jh. n. Chr. (Inst. 1,25,16)
Servius	Servius Sulpicius Rufus, Konsul 51 v. Chr., gest. 43 v. Chr. (Inst. 1,13,1; 3,25,2)
Trebatius	Gaius Trebatius Testa, 2. Hälfte d. 1. Jh. v. Chr. (Inst. 2,25 pr.)

UTB Uni-Taschenbücher GmbH Stuttgart

Band 1274

Kleines Kriminologisches Wörterbuch

Herausgegeben von Prof. Dr. Günther Kaiser, Freiburg, Prof. Dr. Fritz Sack, Hamburg, Dr. Hartmut Schellhoss und Prof. Dr. Hans-Jürgen Kerner, Tübingen. 3., völlig neubearbeitete und erweiterte Auflage. 1993. XVIII, 615 S. DM 46,80 öS 365 sFr 47,80. ISBN 3—8252—1274—2

Band 1279

Einführung in das Strafrecht und Strafprozeßrecht

Von Prof. Dr. Claus Roxin, München, Prof. Dr. Günther Arzt, Bern, und Prof. Dr. Klaus Tiedemann, Freiburg. 2., überarbeitete Auflage. 1988. XIV, 220 Seiten. DM 24,80 öS 194,— sFr 25,30. ISBN 3—8252—1279—3

Band 1303

Das Recht der Bundesrepublik Deutschland

Orientierung, Grundlagen, Funktion. Von Prof. Dr. Hans Albrecht Hesse, Hannover, 1984, XVI, 204 Seiten. DM 6,90 öS 54,— sFr 7,—. ISBN 3—8252—1303—X

Band 1356

Grundriß Gewerblicher Rechtsschutz und Urheberrecht

Mit 50 Fällen und Lösungen. Von Prof. Dr. Hartmut Eisenmann. 2., neubearbeitete Auflage. 1988. XXVII, 378 Seiten. DM 34,80 öS 272,— sFr 35,80. ISBN 3—8252—1356—0

Band 1357

Steuern und Steuerverfahren

Von Prof. Dr. Christian Rasenack, Berlin. 1985. XIX, 350 Seiten. DM 9,80 öS 77,— sFr 10,20. ISBN 3—8252—1357—9

Band 1362

Einführung in das Recht

Aufgaben, Methoden, Wirkungen. Herausgegeben von Prof. Dr. Dieter Grimm, Karlsruhe. 2., überarbeitete Auflage. 1991. XVIII, 351 Seiten. DM 29,80 öS 233,— sFr 30,80. ISBN 3—8252—1362—5

Band 1363

Einführung in das Öffentliche Recht

Verfassung und Verwaltung. Herausgegeben von Prof. Dr. Dieter Grimm, Karlsruhe. 1985. XI, 335 Seiten. DM 29,80 öS 233,— sFr 30,80. ISBN 3—8252—1363—3

Band 1365

Grundkurs im BGB Band 2

Von Prof. Dr. Hans Schulte, Karlsruhe. 3., überarbeitete Auflage. 1992. XIII, 395 Seiten. DM 34,80 öS 272,— sFr 35,80. ISBN 3—8252—1365—X

Band 1366

Grundkurs im BGB Band 3

Fälle mit Lösungen. Von Prof. Dr. Hans Schulte, Karlsruhe. 1991. X, 276 Seiten. DM 24,80 öS 194,— sFr 25,30. ISBN 3—8252—1366—8

Band 1375

Einführung in das Bürgerliche Recht

Von Prof. Dr. Gerhard Otte, Bielefeld. 1986. XI, 367 Seiten, 28 Abbildungen. DM 9,90 öS 77,— sFr 10,20. ISBN 3—8252—1375—7

Band 1376

Privatrecht in der Zwischenprüfung

350 multiple-choice-Aufgaben mit Lösungen zur Vorbereitung und Wissenskontrolle. Von Prof. Dr. Udo Kornblum, Stuttgart, und Prof. Dr. Wolfgang B. Schünemann, Dortmund. 5. neubearbeitete Auflage. 1993. XX, 195 Seiten. DM 26,80 öS 209,— sFr 27,80. ISBN 3—8252—1376—5

Band 1377

Einführung in das Wirtschafts-, Arbeits- und Sozialversicherungsrecht

Herausgegeben von Prof. Dr. Manfred Löwisch, Freiburg. 1985. X, 198 Seiten. DM 6,90 öS 54,— sFr 7,30. ISBN 3—8252—1377—3

Band 1384

Herrschaft und Entwicklung im Nahen Osten: Ägypten

Von Prof. Dr. Peter Pawelka, Tübingen. 1985. XX, 465 Seiten. DM 9,80 öS 77,— sFr 10,20. ISBN 3—8252—1384—6

Band 1395

Katholisches Kirchenrecht

Von Prof. Dr. Richard Puza, Tübingen. 2., überarbeitete Auflage. 1993. XIX, 439 S. DM 39,80 öS 311,— sFr 40,80. ISBN 3—8252—1395—1

Band 1417

Strafrecht — Besonderer Teil

Band 1: Delikte gegen immaterielle Rechtsgüter des Individuums. Von Prof. Dr. Karl-Heinz Gössel, Erlangen. 1988. XX, 475 Seiten. DM 39,80 öS 311,— sFr 40,80. ISBN 3—8252—1417—6

Band 1447

Verwaltungsprozeßrecht

Von Prof. Dr. Götz Frank und Heinrich-Wilhelm Langrehr, Hannover. 1987. XXIII, 236 Seiten. DM 6,90 öS 54,— sFr 7,30. ISBN 3—8252—1447—8

Band 1511

Grundzüge des Völkerrechts

Von Prof. Thomas Buergenthal, Atlanta, Prof. Dr. Doehring, Heidelberg, Prof. Harold G. Maier, Nashville, und Dr. Juliane Kokott, Heidelberg. 1988. XIX, 208 Seiten. DM 26,80 öS 209,— sFr 27,80. ISBN 3—8252—1511—3

Band 1512

Wie man eine wissenschaftliche Arbeit schreibt

Doktorarbeit, Diplomarbeit und Magisterarbeit in den Geistes- und Sozialwissenschaften. Von Prof. Dr. Umberto Eco. Ins Deutsche übersetzt von Prof. Dr. Walter Schick, Erlangen. 6., durchgesehene Auflage der deutschen Ausgabe. 1993. XVII, 271 Seiten. DM 29,80 öS 233,— sFr 30,80. ISBN 3—8252—1512—1

Band 1545

Allgemeiner Teil des BGB

Von Prof. Dr. Ulrich Eisenhardt, Hagen. 3., neubearbeitete Auflage. 1989. XXVIII, 375 Seiten. DM 29,80 öS 233,— sFr 30,80. ISBN 3—8252—1545—8

Band 1642

Einführung in das Staatsrecht

Von Prof. Dr. Ulrich Battis, Hagen, und Prof. Dr. Christoph Gusy, Mainz. 3., neubearbeitete Auflage. 1991. XVIII, 498 Seiten. DM 39,80 öS 311,— sFr 40,80. ISBN 3—8252—1642—X

Band 1764

Corpus Iuris Civilis

Die Institutionen. Text und Übersetzung. Von Prof. Dr. Okko Behrends, Göttingen, Prof. Dr. Rolf Knütel, Bonn, Prof. Dr. Berthold Kupisch, Münster und Prof. Dr. Hans Hermann Seiler, Hamburg. XVIII, 267 Seiten. DM 29,80 öS 233,— sFr 30,80. ISBN 3—8252—1764—7